矢 화살시변
石 돌석변
示(礻) 보일시변
内 짐승발자국유
禾 벼화변
穴 구멍혈밑
立 설립변

六 畫

竹 대죽변·대죽머리
米 쌀미변
糸 실사변
缶 장군부변
网(罒) 그물망
羊(羋) 양양변
羽 깃우변
而 말이을이변
耒 쟁기뢰변
耳 귀이변
聿 붓율
肉(月) 육달월변
臣 신하신
自 스스로자
至 이를지
臼 절구구
舌 혀설변
舛(牟) 어길천밑
舟 배주변
艮 그칠간
色 빛색몸
虍 범호밑
虫 벌레충변
血 피혈변

行 다닐행안
衣(衤) 옷의변
襾(西) 덮을아밑

七 畫

見 볼견변
角 뿔각변
言 말씀언변
谷 골곡변
豆 콩두변
豕 돼지시변
豸 갓은돼지시변
貝 조개패변
赤 붉을적변
走 달아날주변
足 발족변
身 몸신변
車 수레거변
辛 매울신
辰 별진
邑 고을읍
酉 닭유변
釆 분별할채변
里 마을리변

八 畫

金 쇠금변
長(镸) 긴장변
門 문문
阜 언덕부변
隶 밑이변
隹 새추

面 낮면변
革 가죽혁변
韋 가죽위변
音 소리음
頁 머리혈
風 바람풍변
飛 날비몸
食 밥식변
首 머리수
香 향기향

十 畫

馬 말마변
骨 뼈골변
高 높을고
髟 터럭발밑
鬥 싸움투
鬯 술창
鬲 오지병격변
鬼 귀신귀변

十一畫

魚 고기어변
鳥 새조변
鹵 소금밭로변
鹿 사슴록

雨
青
非

黃 누를황
黍 기장서변
黑 검을흑변
黹 바느질치변

十三畫

黽 맹꽁이맹
鼎 솥정
鼓 북고
鼠 쥐서변

十四畫

鼻 코비
齊 가지런할제

十五畫

齒 이치

十六畫

龍 용룡
龜 거북귀

十七畫

龠 피리약변

教育部 選定
教育基礎漢字1800字

漢字單語辭典

辭書部 編

一丁七上三下不
中主丹乃久之乎乘乙九
事二于五云井亡亦
仁今以仙仕代他令伏伐休仰
佛但何住低作位余使例
來信俗保便倫個
備傷傳僞億價元兄
兒入內全兩八六

敎學社

머 리 말

우리말은 형태학상으로는 교착어(膠着語)로서 우랄·알타이 語族에 속한다. 그러나 漢文化를 받아들여 우리말에는 漢字語가 同化되거나 半同化된 형태로 수많이 存在하고 있다. 따라서 漢字를 無視하고 순한글로만 表記하면 뜻을 理解하기 어려운 형편에 있다.

言語는 發展하는 것이므로, 순한글로도 모든 專門的인 學術用語까지 表記해서 理解할 수 있게 되려면, 淨化 내지 發展하는 過程을 거쳐야만 될 것이다.

이 책은 過渡期에 있는 우리 世代가 最小限으로 必要하다고 認定해서 敎育部가 指定한 敎育用 基礎漢字 1,800字를 중심으로 엮은 것이다.

외기 쉽고 알기 쉽게 熟語의 형태로 엮었으므로, 中高等學生은 勿論, 大學生·職場人 모두에게 크게 利用할 價値가 있을 것으로 믿고 自薦하는 바이다.

1980年 3月

編 者 識

일 러 두 기

1. 이 책에 나오는 모든 熟語는 教育用 基礎漢字 중심으로 構成되었
   다.

2. 各項의 왼쪽 漢字는 主가 되는 글자이며, 오른쪽 漢字는 記憶하
   기 좋도록 助演하는 役割을 하게 했다.

3. 主가 되는 漢字의 펜글씨體를 붉은 빛으로 곁들였으며, 中學用
   教育漢字에 한해서는 筆順까지 보이어 利用에 便利하도록 했다.

4. 모든 漢字에는 日本語의 音(가타카나로 쓴 것)과 訓(히라가나로
   쓴 것)을 달았으며, 내세운 낱말에는 되도록 英語를 넣었다.

5. 어떤 特定된 漢字만을 찾으려면 索引表를 利用하면 된다. 그러나
   음만을 알고 있을 때는, 가나다順으로 되어 있어 事實上 索引이 必
   要없을 정도이다. (索引은 '음'과 '획수'의 두 가지가 있다)

聖	148	意	208	閣	13	舞	103	疑	208	【15劃】		墨	103
歲	149	賃	213	綱	17	聞	104	認	211			憫	106
勢	149	慈	214	蓋	19	蜜	107	獎	219	價	12	盤	109
損	153	資	215	慨	18	罰	114	障	220	監	16	髮	110
頌	153	雌	215	遣	23	碧	115	滴	224	概	19	輩	112
愁	156	裝	219	輕	25	福	119	摘	224	儉	21	範	115
逾	158	葬	219	境	26	複	119	漸	228	劍	22	賊	124
睡	158	腸	220	寡	37	鳳	121	精	230	慝	22	膚	124
詩	164	載	222	管	38	腐	123	製	233	潔	24	墳	125
試	164	著	222	慣	38	鼻	127	齊	234	慶	26	憤	125
新	167	賊	225	構	44	賓	129	際	234	稿	32	賜	133
慎	168	跡	225	閨	48	算	136	種	238	課	36	寫	134
暗	172	電	226	旗	55	酸	136	蒸	245	寬	38	賞	137
愛	173	傳	227	緊	56	嘗	138	誌	247	廣	38	緒	142
楊	177	照	236	寧	59	裳	139	盡	249	窮	46	線	144
業	179	罪	240	端	62	像	139	察	253	劇	49	蔬	151
與	180	準	242	團	63	署	142	慚	253	畿	56	誰	155
煙	182	滄	254	對	66	說	146	慘	253	談	63	數	156
鉛	183	債	255	臺	66	誦	154	蒼	254	潭	63	熟	159
葉	185	催	263	圖	68	壽	156	暢	254	踏	64	審	169
鳴	188	稚	269	銅	72	需	157	銃	263	德	66	樂	171
傲	189	置	269	領	82	肅	159	蓄	265	稻	69	鴈	172
溫	189	塔	274	綠	84	僧	163	漆	270	樂	74	養	176
搖	191	遍	280	漏	86	飾	166	寢	270	諒	78	樣	177
腰	191	楓	285	屢	86	實	168	稱	271	慮	79	億	178
遇	195	解	291	幕	91	漁	177	奪	273	練	80	緣	184
愚	195	該	292	漠	92	語	178	態	275	憐	80	熱	184
運	196	鄉	293	滿	92	演	183	頗	278	蓮	81	影	186
園	197	號	299	慢	92	榮	185	飽	283	論	84	銳	187
圓	198	話	303	漫	92	誤	188	漂	284	樓	86	緩	190
源	198	會	306	綿	97	獄	189	漢	289	輪	88	慾	192
違	200	毀	309	鳴	98	遙	192	豪	300	履	90	憂	194
圍	200	攜	310	銘	98	遠	197	魂	301	賣	94	緯	200
遊	202	熙	311	貌	99	僞	201	禍	303	暮	99	慰	201
愈	204	【14劃】		夢	101	維	203	劃	307	模	99	潤	204
飲	206			蒙	101	誘	204			慕	100	儀	208
義	207	歌	11	墓	102	銀	205			廟	102	潛	217

欄	75	譽	187	鷗	43	【23劃】		驛	181	讓	176	廳	260
爛	75	鐵	258	權	47			體	260	鹽	184		
覽	76	鶴	288	讀	70	驚	26	驗	294	蠶	217	【26劃】	
露	83	護	300	襲	162	鑛	39	顯	296	臟	220	讚	252
辯	116	【22劃】		聽	260	戀	81	【24劃】		【25劃】			
續	152			響	293	變	116						
屬	152	鑑	16	歡	304	巖	173	靈	82	蠻	93		

漢字의 起源

한문 글자는 한민족에 의해 만들어지고 씌어 온 글자이다.

전설에 따르면 태고시대에 복희(伏犧)라는 황제가 천지자연의 현상을 관찰하고, 이를 상징화하여 괄패를 만든 것이 그 시초라고 한다. 또 다른 전설에는 그 후의 황제(黃帝)시대에 사관이었던 창힐(蒼頡)이 새와 짐승의 발자국에서 힌트를 얻어 서계(書契)라는 기본적인 글자를 만들었다고도 한다.

그러나 실제로는 회화적(繪畫的)인 것에서 자연발생하여 오랜 세월을 두고 다듬어지고 정리되어 완전한 문자가 되었으리라는 설이 가장 유력하다. 한자가 실제로 쓰이고 있었다고 확인된 것은 은(殷)나라 시대부터인데, 이 시대에는 종이가 없어 거북의 등껍데기와 소의 뼈에다 글자를 새겼는데, 이것이 현대에 와서 수많이 발견되었으며, 이를 갑골문자(甲骨文字)라고 한다.

초기의 글자 수효는 수천에 불과했으나, 점점 늘어나 1716년에 간행된 康熙字典에는 49,000여 자가 수록될 만큼 증가했었다. 그러나 만들기만 하고 쓰이지 않는 글자도 많아 오늘날에 와서는 약 10,000여 자만이 실제로 쓰이고 있다.

우리 나라에 한자가 들어온 것은 三國時代라고 하며, 한글이 제정되기 전에는 한자의 뜻과 음을 빌려 우리말을 표기하기도 했었다. 이것이 이두(吏讀)라는 것인데, 현대의 우리 어법에서는 음만을 따서 표기하며, 쓰이고 있는 한자는 대략 5,000자 정도로 추정된다.

家 (부)宀(갓머리) house ㉿7 かおく
집가
カ・ケ・いえ

家屋(가옥) 사람이 사는 집
家具(가구) 살림에 쓰이는 세간
家事(가사) 집안 일
家産(가산) 집안의 재산
親家(친가) 친정
國家(국가) 나라
農家(농가) 농사 짓는 집

屋
집옥
オク・いえ

可 (부)口(입구) good or bad ㉿2 かひ
옳을가
カ・よい

可否(가부) ①좋음과 좋지 않음 ②가결(可決)과 부결(否決)
可決(가결) 좋다고 결정됨
可觀(가관) ①볼 만함 ②비웃을만함
可能(가능) 될 수 있음
可當(가당) 사리에 맞거나 해낼 수 있음
不可(불가) 옳지 않음. 안 됨
許可(허가) 좋다고 허락함

否
아니부
ヒ・いな

佳 (부)亻(인변) ㉿6 かさく
아름다울가
カ・よい

佳作(가작) 꽤 잘된 작품
佳景(가경) 아름다운 경치
佳麗(가려) 깨끗하고 아름다움
佳人(가인) 아름다운 여자
佳節(가절) 좋은 날. 좋은 계절
佳話(가화) 아름다운 이야기
絕佳(절가) 더없이 훌륭하고 좋음

作
지을작
サ・サク・つくる

歌 (부)欠(하품흠방) song ㉿10 かよう
노래가
カ・うたう

歌謠(가요) 대중적인 노래
歌曲(가곡) 노래를 위한 곡조
歌詞(가사) 노래의 내용이 되는 글
歌手(가수) 노래를 전문으로 부르는 사람
國歌(국가) 나라를 상징하는 노래
軍歌(군가) 사기를 높이는 군인의 노래

謠
노래요
ヨウ・うたい

街 (부)行(다닐행) street ㉿6 がいとう
거리가
ガイ・まち

街頭(가두) 길거리
街道(가도) 넓고 곧은 도로
街路(가로) 도시의 넓은 길
街上(가상) 길거리. 길 위
市街(시가) 도시의 큰 길
商街(상가) 상점이 즐비한 거리

頭
머리두
・トウ・ズ・あたま・かしら

加 (부)力(힘력변) modification ㉿3 かげん
더할가
カ・くわえる

加減(가감) ①더하기와 빼기 ②조절해서 알맞게 함
加工(가공) 인공(人工)을 가하여 딴 물건을 만듦
加盟(가맹) 동맹・연맹 따위에 듦
加入(가입) 보태어 넣음
附加(부가) 덧붙여 보탬

減
덜감
ゲン・へる

價 値

[부]亻(인변) [획]13 value かち

價 값가 カ・あたい　　値 값치 チ・ね・あたい

價　値

價値(가치) 값어치
價格(가격) 물건의 값
價額(가액) 값. 가격
定價(정가) 정한 값
代價(대가) 물건을 주고 받는 값
高價(고가) 비싼 값
物價(물가) 시중의 물건 값

暇 日

[부]日(날일) [획]9 かじつ

暇 한가할가 カ・ひま　　日 날일 ニチ・ジツ・ひ・か

暇　日

暇日(가일) 한가한 날
暇餘(가여) 겨를. 여가
賜暇(사가) 쉬도록 휴가를 줌
請暇(청가) 쉬게 해달라는 청원
寸暇(촌가) 잠시동안의 겨를
閑暇(한가) 한가한 시간
休暇(휴가) 직무를 쉼. 또는 그 기간

假 拂

[부]亻(인변) [획]9 an advance payment かりばらい

假 거짓가 カ・かり　　拂 떨칠불 フツ・はらう

假　拂

假拂(가불) 임시로 지불함
假飾(가식) 거짓 꾸밈
假裝(가장) 다른 모습으로 분장함
假定(가정) 임시로 그렇다고 해 둠
假設(가설) 임시로 설치함
假令(가령) 이를테면. 설혹
假面(가면) 거짓. 또는 탈

各 自

[부]口(입구변) [획]3 each one かくじ

各 각각각 カク・おのおの　　自 스스로자 シ・ジ・みずから

各　自

各自(각자) 제각각. 각각의 자기
各個(각개) 낱낱
各界(각계) 사회의 여러 방면
各位(각위) 여러분
各處(각처) 여러 곳
各樣各色(각양각색) 여러 가지가 각기 다 다름

架 橋

[부]木(나무목) [획]5 bridging かきょう

架 시렁가 カ・かける　　橋 다리교 キョウ・はし

架　橋

架橋(가교) 다리를 놓음
架空(가공) 공중에 건너지름. 또는 가상적임
架線(가선) 전깃줄을 가설함
架設(가설) 건너질러 설비함
十字架(십자가) 십(十)자 모양의 형틀 또는 그런 표적

角 度

[부]角(뿔각) [획](7) angle かくど

角 뿔각 カク・つの　　度 법도 ド・たび

角　度

角度(각도) ①각의 크기 ②측면. 관점(觀點)
角膜(각막) 눈알을 싼 얇은 막
角砂糖(각사탕) 네모진 덩어리 사탕
角材(각재) 네모진 긴 재목
四角(사각) 네모. 네모꼴
牛角(우각) 소의 뿔
頭角(두각) 머리끝. 두드러진 재능이란 비유

13

脚 (৬)月(肉) (육달월변) (획)7 footlights きゃっこう **光** 다리각 빛광 キャク・キャ・あし コウ・ひかり 脚月 肝 胫 脳7脚 光 脚光(각광) 무대 앞의 아래쪽에서 비 쳐 주는 조명. 또는 주목 거리가 된다는 비유 脚氣(각기) 비타민 B의 부족으로 인 한 다리의 병 脚色(각색) 소설 따위를 각본으로 고 치는 일 失脚(실각) ①실수로 발을 헛디딤 ②어떤 위치에서 떨려남	**覺** (৬)見(볼견) (획)13 resolution かくご **悟** 깨달을각 깨달을오 カク・おぼえる・さめる ゴ・さとる 覺 悟 覺悟(각오) 미리 알아차리고 결심함 覺書(각서) ①약속하는 뜻을 적은 문 서 ②외교사절 사이에 교 환하는 문서 感覺(감각) 오관(五官)으로 느끼는 지 각 味覺(미각) 맛을 느끼는 감각 自覺(자각) 스스로 깨달음
閣 (৬)門(문문)The Cabinet (획)6 council かくぎ **議** 누각각 의논할의 カク・たかどの ギ・はかる 閣 議 閣議(각의) 내각의 회의 閣員(각원) 내각의 각장관들 閣下(각하) 신분이 높은 사람을 존경 해서 이르는 말 內閣(내각) 각원들로 이루어진 최고행 정기관 組閣(조각) 내각을 조직함	**刻** (৬)刂(칼도방) (획)6 **骨** 새길각 뼈골 コク・きざむ コツ・ほね 刻 骨 刻骨(각골) 마음속에 깊이 사무침 刻骨難忘(각골난망) 남의 은혜가 마 음속 깊이 새겨져 잊혀지 지 않음 刻刀(각도) 새김칼 刻勵(각려) 부지런히 노력함 時刻(시각) 때. 시간 頃刻(경각) 눈 깜짝할 동안
却 (৬)卩(卪)(병부절) (획)5 rejection きゃっか **下** 물리칠각 아래하 キャク・しりぞ カ・ゲ・した・しも ける ・おりる 却 下 却下(각하) 서류 따위를 도로 물리침 却說(각설) 화제를 바꿀 때 쓰는 머 리말 忘却(망각) 잊어버림 賣却(매각) 팔아버림 燒却(소각) 불에 태워버림	**干** (৬)干(방패간) reclamation (획)(3) かんたく **拓** 방패간 열척 カン・ほす・ひる タク・ひらく 干 二干 拓 干拓(간척) 바다 따위를 막고 육지로 만듦 干滿(간만) 썰물과 밀물 干城(간성) 나라를 지키는 군인 干潮(간조) 썰물 十干(십간) 갑·을·병 …의 열 개의 호칭

間 (⊕門(문문)) indirectness ④4 かんせつ
사이간
カン・ケン・ま・あいだ

接 댈접 セツ・つぐ

間 ｜ 尸 門 門 門 間 間

接

間接(간접) 중간에 사람이나 물건을 끼고 연락되는 관계
間間(간간) 간간이. 더러. 가끔
間食(간식) 군음식. 군것질
間或(간혹) 어쩌다가. 이따금
空間(공간) 사물의 빈 곳. 빈부분
夜間(야간) 밤. 밤사이

肝 (⊕肉(月)(고기육)) ④3 the liver かんぞう
간간
カン・きも

臟 오장장 ゾウ

肝

肝臟(간장) 간. 오장의 하나
肝膽(간담) ①간과 쓸개 ②속마음
肝腸(간장) 간과 창자
肝肺(간폐) 간과 폐
心肝(심간) ①심장과 간장 ②참된 마음
忠肝(충간) 충성스러운 마음

看 (⊕目(눈목)) nursing ④4 かんご
볼간
カン・みる

護 보호할호 ゴ・まもる

看 一 チ 看

護

看護(간호) 병자·노약자 등을 보살핌
看過(간과) 대충 보고 지나침. 또는 못 본 체함.
看手(간수) 망을 보는 사람. 교도관의 옛이름
看取(간취) 내용을 보아서 알아차림
看板(간판) 상점 따위에 내건 표지
看破(간파) 내용을 눈치로 확실히 알아냄

幹 (⊕干(방패간)) management ④10 かんぶ
줄기간
カン・みき

部 떼부 ブ

幹

部

幹部(간부) 단체 따위의 지도급 인물
幹事(간사) 단체에서 주가 되어 일보는 직책
幹線(간선) 철도·도로의 중요한 선
基幹(기간) 근본이 되는 간부
才幹(재간) 재주
主幹(주간) 일을 주재하는 사람

刊 (⊕刀(刂)(칼도)) ④3 publication かんこう
새길간
カン

行 다닐행 コウ・ギョウ・アン・いく・おこなう

刊

行

刊行(간행) 문서를 판으로 만들어 찍음
刊行物(간행물) 인쇄한 책. 출판물
刊本(간본) 인쇄한 책
刊布(간포) 인쇄하여 널리 폄
既刊(기간) 이미 간행됨
續刊(속간) 신문·잡지 따위의 발행을 다시 계속함

簡 (⊕竹(대죽머리)) simplicity ④12 かんたん
편지간
カン・ふだ

單 홀로단 タン

簡

單

簡單(간단) 단출하고 간결함
簡略(간략) 복잡하지 않고 간단함
簡明(간명) 간단하고 명료함
簡素(간소) 간결하고 검소함
簡易(간이) 간단하고 손쉬움
書簡(서간) 편지
儉簡(검간) 검소하고 조촐함

15

姦 ㉠女(계집녀) craftiness
㉢6 かんさ
간사할간
カン・かしましい

詐
속일사
サ・いつわる

姦

詐

姦詐(간사) 간교하고 요사스러움
姦計(간계) 간사한 꾀
姦臣(간신) 간사한 신하
姦惡(간악) 간사하고 악독함
強姦(강간) 강제로 여자를 욕보임
和姦(화간) 부부가 아닌 남녀가 뜻이
맞아 간통함

甘 ㉠甘(달감) submission
㉢(5) かんじゅ
달감
カン・あまい・うまい

受
받을수
ジュ・うける

甘 [一 卄 卅 甘]

受

甘受(감수) 어떤 일을 달게 받음
甘味(감미) 달콤한 맛
甘草(감초) 한약재의 하나
甘言利說(감언이설) 욕심을 내게 하
는 달콤한 말
苦盡甘來(고진감래) 괴로운 일이 지
나면 즐거운 때가 오게 마
련임

懇 ㉠心(마음심) entreaty
㉢13 こんせい
정성간
コン・ねんごろ

請
청할청
セイ・シン・こう・
うける

懇

請

懇請(간청) 간절히 청함
懇曲(간곡) 간절하고 극진함
懇談(간담) 마음을 털어놓고 얘기함
懇望(간망) 절실히 바람
懇切(간절) 지성스럽고 절실함
懇親(간친) 다정하고 친밀함

減 ㉠氵(삼수변) decline
㉢9 げんたい
덜감
ゲン・へる

退
물러갈퇴
タイ・しりぞく

減 [氵 氿 沥 減 減]

退

減退(감퇴) 줄고 쇠퇴함
減少(감소) 덜어서 적어짐
減收(감수) 수입이나 수확이 줄어듦
減員(감원) 인원을 줄임
削減(삭감) 깎아서 줄임
半減(반감) 반으로 줄어듦
節減(절감) 절약하여 줄임

渴 ㉠氵(삼수변) thirst
㉢9 かつぼう
목마를갈
カツ・かわく

望
바랄망
ボウ・のぞむ

渴 [氵 沪 渇 渇 渇]

望

渴望(갈망) 간절히 바람
渴水(갈수) 물이 마름
渴症(갈증) 몹시 목마른 증세
渴求(갈구) 몹시 애쓰며 구함
渴急(갈급) 몹시 급함
枯渴(고갈) 물이나 물자가 바짝 마름
飢渴(기갈) 배고프고 목마름

感 ㉠心(마음심) feeling
㉢9 かんじょう
감동할감
カン・かんずる

情
뜻정
ジョウ・なさけ

感 [丿 咸 咸 咸 感]

情

感情(감정) 미묘한 마음의 움직임
感覺(감각) 오관(五官)의 느낌
感光(감광) 물질이 광선을 받아 변함
感動(감동) 깊이 마음에 느낌
多感(다감) 감각이 풍부함
敏感(민감) 예민하게 느낌
快感(쾌감) 유쾌한 느낌

敢 鬪

[부]攵(등글월문) [획]8 かんとう

굳셀감 カン・あえて

싸울투 トウ・たたかう

敢 鬪

敢鬪(감투) 용감하게 싸움
敢然(감연) 결단하여 실행하는 모양
敢行(감행) 용감하게 해 냄
果敢(과감) 결단성이 있고 용감함
勇敢(용감) 씩씩하고 과감함
敢不生心(감불생심) 감히 엄두도 낼 수가 없음

甲 乙

[부]田(밭전) [획](5) こうおつ

첫째갑 コウ・カン

새을 オツ・イツ

甲 乙

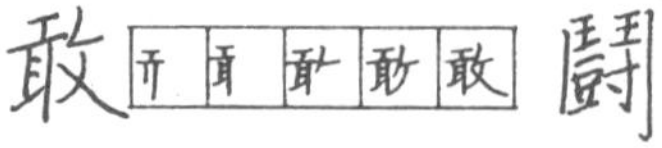

甲乙(갑을) ①첫째와 둘째 ②우열(優劣) ③십간(十干)의 갑과 을
甲年(갑년) 61세가 되는 해. 환갑의 해
甲富(갑부) 첫째가는 부자
甲種(갑종) 으뜸가는 종류
甲皮(갑피) 구두의 창을 제외한 부분
回甲(회갑) 환갑

監 督

[부]皿(그릇명밑) [획]10 superintendent かんとく

볼감 カン・みる

감독할독 トク・ただす

監 督

監督(감독) 보살펴 단속함
監視(감시) 주의하여 지킴
監察(감찰) 감시하여 살핌. 또는 그 사람
校監(교감) 교장을 도와 교무를 감독하는 직책
舍監(사감) 기숙사 따위의 감독을 맡은 직책

江 湖

[부]氵(삼수변) [획]3 こうこ

물강 コウ・え

호수호 コ・みずうみ

江 湖

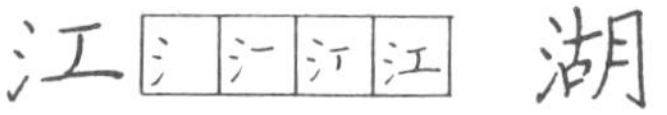

江湖(강호) ① 강과 호수 ② 넓은 세상. 온 천하
江邊(강변) 강가. 강의 주변
江山(강산) 강과 산
江心(강심) 강의 중심
長江(장강) 긴 강
渡江(도강) 강을 건넘

鑑 定

[부]金(쇠금변) [획]14 judgment かんてい

거울감 カン・かがみ・かんがみる

정할정 テイ・ジョウ・さだめる

鑑 定

鑑定(감정) ①옛 그림이나 골동품을 감식함 ②전문가가 어떤 사물에 대해 판단하거나 의견을 제출함
鑑賞(감상) 예술 작품 따위를 음미함
鑑査(감사) 잘 조사해서 살핌
鑑察(감찰) 자세히 보아 살핌

降 雨

[부]阜(阝)(좌부방) [획]7 rainfall こうう

내릴강(항복할항) コウ・ふる・おりる

비우 ウ・あめ

降 雨

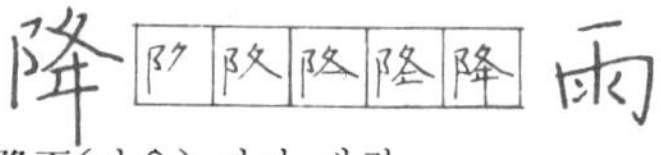

降雨(강우) 비가 내림
降雪(강설) 눈이 내림
降下(강하) 내려감. 또는 낮아짐
降等(강등) 등급이 내려감
降生(강생) 신불이나 성현이 이 세상에 태어남
昇降(승강) 오르고 내림

17

講 (獸)言(말씀언변)
(획)10 lecture-room
こうどう
익힐강   집당
コウ   ドウ

堂

講 計 譜 謙 講 講   堂

講堂(강당) 강의나 모임을 여는 방
講義(강의) 학설의 뜻을 풀이함
講座(강좌) 강의식(講義式)으로 하는
　　　　　 강습회나 그런 책
講師(강사) 강의하는 지도자나 선생
開講(개강) 강의를 시작함
休講(휴강) 강의를 쉼

剛 (獸)刀(刂)(칼도) incorr-
(획)8   uptibility
ごうちょく
굳을강   곧을직
ゴウ·つよい   チョク·ジキ
                 ただす·なおす

直

剛   直

剛直(강직) 마음이 굳세고 곧음
剛健(강건) ①마음이 곧고 굳음
　　　　　 ②필세(筆勢)가 씩씩함
剛柔(강유) 굳셈과 부드러움
剛體(강체) 여간 힘으로는 변하지 않
　　　　　 는 물체
金剛石(금강석) 몹시 단단한 보석. 다
　　　　　　　 이아몬드

強 (獸)弓(활궁변) uncompr-
(획)9   omisingness
きょうこう
굳셀강   단단할경
キョウ·ゴウ·つよい コウ·かたい

硬

強 弓 弓 弹 弹 強   硬

強硬(강경) 굳세게 버팀
強壓(강압) 큰 힘으로 내리누름
強弱(강약) 강함과 약함
強制(강제) 억지로 강요함
富強(부강) 살림이 넉넉하고 나라가
　　　　　 강함
列強(열강) 힘이 센 여러 나라들
補強(보강) 약한 것을 보충하여 튼튼
　　　　　 하게 함

鋼 (獸)金(쇠금변) steel
(획)8   こうてつ
강쇠강   쇠철
コウ·はがね   テツ

鐵

鋼   鐵

鋼鐵(강철) 탄소가 약간 함유된 단단
　　　　　 한 쇠
鋼玉(강옥) 금강석 다음가는 돌
鋼板(강판) 인쇄 기구의 하나
鋼筆(강필) ①철필. 펜 ②오구(烏口)
　　　　　 제도용 기구의 하나
鐵鋼(철강) 강철(鋼鐵)

康 (獸)广(엄호밑)
(획)8   こうねい
편안할강   편안할녕
コウ·やすらか   ネイ·やすんずる

寧

康   寧

康寧(강녕) 건강하고 편안함
康健(강건) 기력과 체력이 강함
康強(강강) 기력이 튼튼함
小康(소강) 조금 마음이 놓임
健康(건강) 몸에 병이 없고 튼튼함
安康(안강) 모든 것이 편안함
平康(평강) 별고 없이 편안함

綱 (獸)糸(실사변)
(획)8   こうりょう
벼리강   거느릴령
コウ·つな   リョウ

領

綱   領

綱領(강령) ①사물의 요지(要旨) ②
　　　　　 근본이 되는 방침
綱紀(강기) 나라를 다스리는 근본 법규
綱目(강목) 사물을 분류하는 큰 단위
　　　　　 와 작은 단위
綱常(강상) 사람으로서 지켜야 할 도
　　　　　 리. 삼강오상(三綱五常)
　　　　　 의 준말
要綱(요강) 대강만 추린 골자

18

改 ㉠攵(등글월문) ㉣3 reformativeness かいりょう 良
고칠개 어질량
カイ・あらためる リョウ・よい

改 コ コ 끄 改   良

改良(개량) 좋게 고침
改善(개선) 잘못을 좋게 함
改正(개정) 잘못을 바르게 고침
改選(개선) 다시 선거함
改稱(개칭) 명칭을 바꿈
悔改(회개) 후회하여 깨달음
變改(변개) 바꾸어 고침

開 ㉠門(문문) exploit 拓
㉣4 かいたく
열개 열척
カイ・あく・ひらく タク・ひらく

開 阝 門 門 門 開   拓

開拓(개척) ①거친 땅을 일구어 논밭을 만듦 ②새로운 분야를 엶
開放(개방) ①열어 놓음 ②자유롭게 함
開店(개점) 가게를 열거나 시작함
開發(개발) ①미개지를 개척함 ②지능을 깨우쳐 줌
公開(공개) 널리 터놓음

皆 ㉠白(흰백) non absence ㉣4 かいきん 勤
다개 부지런할근
カイ・みな キン・つとめる

皆 一 ヒ ビ 比 皆   勤

皆勤(개근) 하루도 빠지지 않고 나감
皆無(개무) 전혀 없음
皆是(개시) 모두. 다
皆濟(개제) ①다 돌려 주거나 바침 ②일이 다 끝남
擧皆(거개) 거의 모두 다

介 ㉠人(사람인) ㉣2 かいい 意
끼일개 뜻의
カイ・すけ イ・おもう

介   意

介意(개의) 마음에 두고 생각함
介入(개입) 사이에 끼여듦
介在(개재) 중간에 끼어 있음
紹介(소개) 사이에서 양쪽의 관계를 맺어 줌
仲介(중개) 사이에서 일을 이루도록 소개함

個 ㉠亻(인변) individualization ㉣8 こべつ 別
낱개 다를별
コ・カ ベツ・わかれる

個 们 们 們 個 個   別

個別(개별) 낱낱을 따로따로 함
個人(개인) 전체에 대한 사사로운 자기
個個(개개) 낱낱. 각개
個性(개성) 개인의 특유한 성격
個體(개체) 독립한 낱낱의 물체
別個(별개) 그것과는 다른 것
各個(각개) ⇨개개(個個)

慨 ㉠忄(心)(입심변) deploring ㉣11 がいたん 歎
분할개 한탄할탄
ガイ・なげく タン・なげく

慨   歎

慨歎(개탄) 분하여 한탄함
慨世(개세) 세상 형편을 한탄함
慨息(개식) 한심스러워 한숨을 쉼
慨恨(개한) 탄식하고 원망함
感慨(감개) 마음에 깊이 느낌
感慨無量(감개무량) 마음에 깊이 사무쳐 가슴에 벅참

槪 觀

槪 (훈)木(나무목변) (획)11
대강개
ガイ・おおむね

觀 general view かいかん
볼관
カン・みる

概観(개관) 대충 살펴봄
概念(개념) 공통된 대체적인 관념
概略(개략) 대략. 개요
概算(개산) 대충 계산함. 또는 그 계산
概要(개요) 대강. 대략(大略)
景概(경개) 경치
大概(대개) 대체적인 사연

更 新

更 (훈)曰(가로왈) (획)3
다시갱・고칠경
コウ・さら・あらたまる

新 renewal こうしん
새신
シン・あたらしい

曰 � 更

更新(갱신) 고치어 새롭게 함
更衣(경의) 옷을 바꾸어 입음
更生(갱생) 죽을 고비에서 다시 살아남
更定(경정) 고치어 다시 정함
更紙(갱지) 좀 거친 양지의 하나
更年期(갱년기) 여자의 월경이 그치는 시기

蓋 瓦

蓋 (훈)艸(艹)(초두밑) (획)10
덮을개
ガイ・おおう

瓦 tile
기와와
ガ・かわら・グラム

蓋瓦(개와) 기와. 지붕을 덮는 물건
蓋世(개세) 세상을 뒤덮을 만큼 큰 기상이나 위력
蓋然(개연) 그럴 것으로 짐작되는 모양
蓋壤(개양) 하늘과 땅. 천지(天地)
方底圓蓋(방저원개) 모가 난 바탕에 둥근 뚜껑. 사물이 서로 어긋나고 맞지 않는다는 비유

去 就

去 (훈)厶(마늘모) (획)3
갈거
キョ・さる

就 きょしゅう
좋을취
シュウ・ジュ・つく

一 十 土 去 去

去就(거취) 가는 것과 오는 것
去來(거래) 돈이나 물건의 대차와 매매
去勢(거세) ①세력을 제거함 ②수컷의 불알을 깜. 또는 암컷의 난소를 제거함
去年(거년) 작년. 지난 해
除去(제거) 덜어서 젖혀 놓음
退去(퇴거) 물러감

客 地

客 (훈)宀(갓머리) (획)6
손객
キャク・カク

地 strange land
따지
ジチ・つち

宀 宁 灾 客

客地(객지) 낯선 땅. 타향
客室(객실) 손님을 접대하는 방
客談(객담) 쓸데 없는 이야기
客死(객사) 객지에서 죽음
客席(객석) 손님이 앉는 자리
旅客(여객) 여행하는 손님
弔客(조객) 조상하러 오는 손님

巨 大

巨 (훈)匸(터진입구변) (획)2
클거
キョ

大 hugeness きょだい
큰대
タイ・ダイ・おおきい

一 厂 厂 臣 巨

巨大(거대) 몹시 큼
巨人(거인) ①큰 사람 ②큰 인물
巨富(거부) 큰 부자
巨物(거물) 큰 인물
巨頭(거두) 우두머리
巨作(거작) 규모가 크고 훌륭한 작품
巨星(거성) 위대한 인물

居 住

居 (부)尸(주검시) residence
획5
살거
キョ・い(お)る

住 きょじゅう
머무를주
ジュウ・すむ

居住(거주) 머물러 삶. 또는 그 집
居處(거처) 사는 곳
居留(거류) 일시적으로 머물러 삶
居室(거실) 평소에 거처하는 방
同居(동거) 같이 삶
別居(별거) 따로 떨어져서 삶
群居(군거) 떼를 지어 삶

距 距 離

距 (부)足(발족변) distance
획5
떨어질거
キョ・へだたる

離 きょり
떠날리
リ・はなれる

距離(거리) 두 곳의 떨어진 길이
距骨(거골) 복사뼈
距今(거금) 지금으로부터
距戰(거전) 적을 막아 싸움
距躍(거약) 뛰어오름. 뛰어넘음
相距(상거) 서로 떨어진 거리

車 馬

車 (부)車(수레거) しゃば
획(7)
수레거・수레차
シャ・くるま

馬
말마
バ・マ・うま

車馬(거마) 차와 말. 곧, 탈것
車道(차도) 차가 다니는 길
車便(차편) 차가 내왕하는 편
車票(차표) 차를 타는 표. 승차권
客車(객차) 손님이 타는 차량
乘車(승차) 차를 탐

拒 否

拒 (부)扌(手)(재방변) refusal
획5 きょひ
막을거
キョ・こばむ

否
아니부
ヒ・いな

拒否(거부) 승낙하지 않고 거절함
拒逆(거역) 명령을 거스름
拒絕(거절) 승낙하지 않고 물리침
拒止(거지) 막아 멈추게 함
拒抗(거항) ⇨항거(抗拒)
拒戰(거전) 항거하여 싸움
抗拒(항거) 버티어 대항함

擧 行

擧 (부)手(손수) きょこう
획14 performance
들거
キョ・あげる

行
다닐행
コウ・ギョウ・アン・いく・おこなう

擧行(거행) ①의식을 치름 ②명령을 시행함
擧手(거수) 손을 위로 들어 올림
擧皆(거개) 거의 다
擧國(거국) 온 나라 모두
擧論(거론) 이야깃거리로 삼음
選擧(선거) 사람을 뽑음
列擧(열거) 일일이 들어서 말함

據 點

據 (부)扌(재방변) きょてん
획13
의지할거
コ・キョ・よる

點
점점
テン

據點(거점) 근거나 의지가 되는 점
據守(거수) 성 따위에 의지해서 지킴
據實(거실) 사실에 의거함
本據(본거) 근본이 되는 것
依據(의거) 근거로 삼아 의지함
占據(점거) 일정한 곳에 자리잡음
證據(증거) 증명이 되는 자료

建 ⑳廴(민책받침) ⑥6 construction けんせつ 設
세울전 / 베풀설
ケン・コン・たてる　セツ・もうける

建 ㇐ ㇕ ㇕ 聿 建 建　設

建設(건설) 새로 세워 만듦
建國(건국) 나라를 세움
建立(건립) 절·탑·동상 따위를 세움
建築(건축) 집·성·다리 따위를 세움
封建(봉건) 명문거족이 나라를 지배하던 옛시대
創建(창건) 처음으로 만들어 세움

健 ⑳亻(인변) ⑨9 sturdiness 壯
굳셀전 / 씩씩할장
ケン・すこやか　ソウ

健　壯

健壯(건장) 몸집이 크고 굳셈
健在(건재) 건강하게 잘 있음
健脚(건각) 다리가 건전하여 잘 걸음 또는 그런 다리
健全(건전) 몸이나 사상이 건실함
健鬪(건투) 씩씩하게 활동함. 잘 싸움
强健(강건) 튼튼하고 건강함

乾 ⑳乙(새을변) ⑩10 けんこん 坤
하늘건·마를건 / 땅곤
カン・ケン・かわく　コン

乾 ㇐ 卋 車 車 乾 乾　坤

乾坤(건곤) ①하늘과 땅 ②남녀. 음양 ③두 괘(卦)의 명칭
乾性(건성) 쉽사리 건조하는 성질
乾魚(건어) 말린 물고기
乾燥(건조) 물기가 없음. 또는 말림
乾材(건재) 한약의 말린 약재
乾濕(건습) 건조함과 습기

傑 ⑳亻(인변) ⑪11 master-piece けっさく 作
빼어날걸 / 지을작
ケツ・すぐれる　サ・サク・つくる

傑　作

傑作(걸작) 뛰어나게 잘된 작품
傑士(걸사) 여러 사람보다 뛰어난 사람
傑出(걸출) 썩 뛰어남. 또는 그런 인물
女傑(여걸) 여자로서 남자못지 않은 뛰어난 인물
英傑(영걸) 영명한 호걸
豪傑(호걸) 기개가 크고 호탕한 사람

件 ⑳亻(인변) ④4 けんめい 名
가지건 / 이름명
ケン・くだん　メイ・ミョウ・な

件　名

件名(건명) 사물이나 서류의 이름
件件(건건) 가지가지. 모든 일
件數(건수) 일이나 사건의 수
事件(사건) 의외에 일어난 사고
事事件件(사사건건) 온갖 일마다. 하는 짓마다
人件費(인건비) 사람에 관한 비용

儉 ⑳亻(인변) ⑬13 thrift けんそ 素
검소할검 / 흴소
ケン　ス・ソ・もと

儉　素

儉素(검소) 검약하고 질박함
儉朴(검박) 검소하고 질박함
儉薄(검박) 너무 아껴 야박함
儉約(검약) 아끼고 낭비하지 않음
朴儉(박검) ⇨검박(儉朴)
勤儉(근검) 부지런하고 검소함
約儉(약검) ⇨검약(儉約)

劍 術

(부)刀(刂)(칼도) fencing
(획)13 けんじゅつ

칼검 꾀술
ケン・つるぎ ジュツ・すべ

劍 術

劍術(검술) 칼을 쓰는 무술, 검도
劍客(검객) 칼을 잘 쓰는 사람
劍舞(검무) 칼춤
劍法(검법) 검술의 법식
刀劍(도검) 크고 작은 모든 칼
長劍(장검) 긴 칼. 큰 칼
銃劍(총검) 총 끝에 낀 칼

格 言

(부)木(나무목변) maxim
(획)6 かくげん

격식격 말씀언
カク・ただす ゲン・ゴン・こと

格 言

格言(격언) 교훈이 될 만한 속담
格心(격심) 마음을 바로 가짐. 또는 그 마음
格外(격외) 규격에 벗어남
骨格(골격) 뼈대
本格(본격) 제대로 정식으로 함
合格(합격) 시험에 붙음

檢 査

(부)木(나무목변) test
(획)13 けんさ

검사할검 조사할사
ケン・しらべる サ

檢 査

檢査(검사) 조사해서 우열을 살핌
檢擧(검거) 범죄용의자를 잡아들임
檢溫(검온) 온도·체온을 재어봄
檢印(검인) 서류·물건을 검사하고 찍는 도장
臨檢(임검) 현장으로 가서 조사함
點檢(점검) 하나하나 조사함

擊 破

(부)手(손수) げきは
(획)13 deapting

칠격 깨뜨릴파
ゲキ・うつ ハ・やぶる

擊 破

擊破(격파) 쳐서 부숨
擊滅(격멸) 쳐서 멸망시킴
擊追(격추) 뒤를 쫓아 침
擊沈(격침) 적의 배를 쳐서 가라앉힘
攻擊(공격) 쳐들어가 부숨
爆擊(폭격) 비행기로 폭탄을 내려뜨려 공격함

憩 息

(부)心(마음심) けいそく
(획)12

쉴게 숨쉴식
ケイ・いこう ソク・いき

憩 息

憩息(게식) 쉼, 휴식(休息)
憩泊(게박) 쉬어 머무름
憩止(게지) 쉼
小憩(소게) 잠깐 쉼
休憩(휴게) 편히 앉아 쉼
休憩室(휴게실) 쉬는 시설이 되어 있는 방

激 動

(부)氵(삼수변) agitation
(획)13 げきどう

과격할격 움직일동
ゲキ・はげしい ドウ・うごく

激 動

激動(격동) 격심하게 변동함
激減(격감) 몹시 줄어듦
激勵(격려) 힘을 내도록 크게 장려함
激論(격론) 격렬한 논쟁
激流(격류) 세차게 흐르는 물
感激(감격) 마음에 크게 느낌
過激(과격) 몹시 심하고 격렬함

犬 (부)犬(犭)(개견) けんば (획)4	馬
개견 ケン・いぬ	말마 バ・マ・うま

犬 一ナ大犬　　馬

犬馬(견마) ①개와 말 ②자기에게 딸린 것
犬馬之勞(견마지로) 남을 위하여 무슨 일이든지 힘을 아끼지 않겠다는 결심
犬羊(견양) ①개와 양 ②약하고 착한 사람이란 비유
愛犬(애견) 개를 사랑함. 또는 그 개
洋犬(양견) 서양종의 개

肩 (부)月(肉)(육달월)epaulet けんしょう (획)4	章
어깨견 ケン・かた	글장 ショウ・あや

肩　　章

肩章(견장) 제복의 어깨에 붙이는 표장
肩骨(견골) 어깨뼈
肩背(견배) 어깨와 등
肩隨(견수) 웃어른 뒤에 따라감
肩輿(견여) 둘이 어깨에 멤
雙肩(쌍견) 양쪽 어깨
兩肩(양견) 두 어깨

見 (부)見(볼견)information けんぶん (획)7	聞
볼견 ケン・みる	들을문 ブン・モン・きく

聞

見聞(견문) 보고 들음. 또는 그 지식
見本(견본) 본보기
見習(견습) 기술 따위를 보고 익힘 또는 그 사람
一見(일견) ①한번 봄 ②언뜻 봄
發見(발견) 어떤 사물을 처음 알아냄
引見(인견) 불러들여 만나봄

絹 (부)糸(실사변) silk きぬおり (획)7	織
비단견 ケン・きぬ	짤직 シキ・ショク

絹　　織

絹織(견직) 명주실로 짬. 또는 피륙
絹絲(견사) 명주실
絹布(견포) 명주
絹本(견본) 명주에 서화를 그린 것
本絹(본견) 진짜 명주실로 짠 피륙
人造絹(인조견) 인조실로 짠 명주
生絹(생견) 생사(生絲)로 짠 천

堅 (부)土(흙토) solidity けんご (획)9	固
굳을견 ケン・かたい	굳을고 コ・かためる

堅 臣臣臣臤堅　　固

堅固(견고) 굳고 단단함
堅持(견지) 굳게 지니고 버팀
堅忍(견인) 꾹 참고 견딤
堅實(견실) 확실하고 틀림이 없음
堅強(견강) 굳세고 힘이 강함
中堅(중견) 단체·군대·사회에서 중심이 되어 일하는 사람

遣 (부)辵(辶)(책받침) けんがい (획)10	外
보낼견 ケン・つかわす	바깥외 ガイ・ゲ・ソト・はずれる

遣　　外

遣外(견외) 해외로 파견함
遣歸(견귀) 돌려 보냄
遣情(견정) 어떤 생각을 발산시킴
遣中(견중) 파견되는 사람 중
分遣(분견) 나누어 파견함
派遣(파견) 임무를 주어 딴 곳으로 보냄

決 ⓟ氵(삼수변) settlement 算
⑩4　けっさん
결단할결　　　　　　셈할산
ケツ・きめる　　　　サ・かぞえる

決 | シ | 氵 | 汀 | 決

決算(결산) 어느 기간 동안의 계산을 마감함
決心(결심) 마음에서 결정함
決定(결정) 틀림없이 작정함
決斷(결단) 마음먹고 단정함
可決(가결) 좋다고 결정을 내림
議決(의결) 회의에서 결정됨

缺 ⓟ缶(장군부변) absence 席
⑩4　けっせき
빠질결　　　　　　자리석
ケツ・かける　　　　セキ

缺

缺席(결석) 출석하지 않음
缺格(결격) 필요한 자격이 더러 모자람
缺損(결손) 사업상의 손해
缺點(결점) 흠. 부족한 점
缺陷(결함) 완전치 못한 흠
補缺(보결) 빈 자리나 부족한 점을 채움
完全無缺(완전무결) 완전하여 흠이 조금도 없음

結 ⓟ糸(실사변) result 果
⑩6　けっか
맺을결　　　　　　과실과
ケツ・むすぶ　　　　カ・はて

結 | 幺 | 糸 | 糸 | 結 | 結

結果(결과) 어떤 행위로 이루어진 결말
結團(결단) 단체를 결성함
結論(결론) 말이나 이론의 끝맺음
結末(결말) 일의 끝맺음
結婚(결혼) 남녀가 혼인을 함
凍結(동결) 얼어붙음. 움직이지 못하게 됨
完結(완결) 완전히 끝이 남

兼 ⓟ八(여덟팔) combine 備
⑩8　けんび
겸할겸　　　　　　갖출비
ケン・かねる　　　　ビ・そなえる

兼

兼備(겸비) 두 가지 이상을 함께 갖춤
兼務(겸무) 두 가지 이상의 일을 겸함
兼用(겸용) 딴 목적으로도 쓸 수 있음
兼有(겸유) 겸하여 가짐
兼任(겸임) 둘 이상의 일을 함께 맡음
兼全(겸전) 여러 가지를 함께 지님
兼行(겸행) 두 가지 이상을 함께 행함

潔 ⓟ氵(삼수변) purity 白
⑩12　けっぱく
깨끗할결　　　　　　흰백
ケツ　　　ハク・ビャク・しろ

潔 | 沣 | 沪 | 渕 | 潔 | 潔

潔白(결백) ①깨끗함 ②허물이 없음
潔廉(결렴) 사심(私心)이 없이 청렴함
潔身(결신) 몸을 결백하게 가짐
不潔(불결) 더러움
簡潔(간결) 간단하고 깨끗함
高潔(고결) 고상하고 깨끗함
淸潔(청결) 맑고 깨끗함

謙 ⓟ言(말씀언변) modesty 虛
⑩10　けんきょ
겸손할겸　　　　　　빌허
ケン・へりくだる　　キョ・むなしい

謙

虛

謙虛(겸허) 겸손하고 소탈함
謙卑(겸비) 겸손하여 자신을 낮춤
謙辭(겸사) 겸손하여 사양함. 또는 그런 말
謙讓(겸양) 겸손하여 사양함
謙稱(겸칭) 겸손하여 일컬음
恭謙(공겸) 삼가 자신을 낮춤

25

京 ⑨宀(돼지해밑) capital 鄕
⑥6 and country
서울경 시골향
キョウ・ケイ キョウ・ゴウ・さと

京 亠 古 卢 亨 京 鄕

京鄕(경향) 서울과 지방
京畿(경기) ①서울 근방 ②도(道)의
　　　　　하나
京城(경성) ①한 나라의 수도 ②서울
　　　　　의 옛 호칭
京仁(경인) 서울과 인천
上京(상경) 서울로 감
入京(입경) 서울로 들어감
離京(이경) 서울을 떠남

經 ⑨糸(실사변) economy 濟
⑥7 けいざい
글경 건널제
ケイ・キョウ・へる サイ・セイ・すむ

經 糸 糸 紅 經 經 濟

經濟(경제) 사회생활에서의 모든 물
　　　　　질적 행위
經過(경과) 사물이 거쳐 가는 과정
經歷(경력) 겪어 온 이력
經理(경리) 재산의 관리. 수불에 관
　　　　　한 일
經常費(경상비) 규칙적으로 쓰게 되
　　　　　는 모든 비용
聖經(성경) 특히 예수교의 신구약

景 ⑨日(날일) scene 致
⑥8 けいち
볕경 이룰치
ケイ・かげ チ・いたす

景 昙 景 景 景 致

景致(경치) 자연의 아름다운 모습
景槪(경개) 경치
景觀(경관) 특색있는 어떤 풍경
景氣(경기) 상업 거래가 왕성한 상태
夜景(야경) 밤의 경치
遠景(원경) 멀리서 보이는 경치
絶景(절경) 더없이 훌륭한 경치

庚 ⑨广(엄호밑) 伏
⑥5 こうふく
일곱째천간경 엎드릴복
コウ(かのえ) フク・ふせる

庚 庐 庚 庚 伏

庚伏(경복) 한여름의 제일 더운 때.
　　　　　삼복
庚方(경방) 정서의 약간 남쪽
庚時(경시) 오후 5~6시
庚戌(경술) 육십갑자의 47째
庚炎(경염) 삼복의 무더위
同庚(동경) 같은 나이

輕 ⑨車(수레거변) 重
⑥7 けいじゅう・
けいちょう
가벼울경 무거울중
ケイ・かるい・ ジュウ・チョウ・
かろやか おもい

輕 豆 車 車 輕 輕 重

輕重(경중) 가벼움과 무거움. 무게
輕減(경감) 덜어서 가볍게 함
輕工業(경공업) 생활필수품을 만드는
　　　　　비교적 단순한 공업
輕傷(경상) 가벼운 부상
輕視(경시) 허술하게 봄
輕快(경쾌) 거뜬하고 유쾌함

耕 ⑨耒(장기뢰변) cultivation 作
⑥4 こうさく
밭갈경 지을작
コウ・たがやす サ・サク・つくる

耕 三 丰 耒 耒 耕 作

耕作(경작) 논밭을 갈아 농사를 함
耕牛(경우) 경작에 쓰이는 소
耕田(경전) 밭을 갊
耕地(경지) 논밭을 갊. 또는 그 땅
耕種(경종) 논밭을 갈아 씨를 뿌림
春耕(춘경) 봄갈이
深耕(심경) 논밭을 깊이 갊

敬 ㉿攵(등글월문) ㉘9 salutation けいれい
공경경
ケイ・うやまう

禮 예도예
レイ・ライ

敬 一 艹 苟 茍 敬

禮

敬禮(경례) 공경하는 뜻으로 절을 함
敬具(경구) 삼가 아뢰었음. 편지 끝에 쓰는 말
敬老(경로) 노인을 공경함
敬遠(경원) 존경하는 체하고 멀리함
敬意(경의) 존경하는 마음
尊敬(존경) 존중히 여겨 공경함

競 ㉿立(설립) ㉘15 contest きょうぎ
다툴경
キョウ・きそう

技 재주기
ギ・わざ

競 立 亢 竟 競

技

競技(경기) ①기술의 우열을 겨룸
②운동경기
競馬(경마) 말이 빨리 달리는 것을 겨루는 노름
競賣(경매) 살 사람이 서로 다투어 값을 올리게 하는 판매방식
競爭(경쟁) 서로 겨루어 다툼

驚 ㉿馬(말마) ㉘13 wonder きょうい
놀랄경
キョウ・おどろく

異 다를이
イ・ことなる

驚 一 艹 芍 敬 驚

異

驚異(경이) 놀라움
驚氣(경기) 아이들의 경풍병
驚起(경기) 깜짝 놀라 일어섬
驚天動地(경천동지) 하늘이 놀라고 땅이 움직임. 세상을 몹시 놀라게 한다는 비유
勿驚(물경) 놀라지 마라

竟 ㉿立(설립) ㉘6 きょうじつ all day long
마칠경
キョウ・おわる

日 날일
ニチ・ジツ・ヒ・か

竟

日

竟日(경일) 온 종일
竟境(경경) 국경
竟場(경장) 경계
竟夕(경석) 하룻밤 동안
竟夜(경야) 밤새도록
究竟(구경) 마지막. 막바지
畢竟(필경) 결국. 끝내는

慶 ㉿心(忄)(마음심) ㉘11 happy event けいじ
경사경
ケイ・よろこぶ

事 일사
ジ・こと

慶 严 严 产 廌 慶

事

慶事(경사) 경사스러운 일
慶節(경절) 경사스러운 날
慶弔(경조) 경사스러운 일과 사람이 죽은 슬픈 일
慶祝(경축) 기꺼운 일을 축하함
慶賀(경하) 경사를 치하함
多慶(다경) 경사로운 일이 많음

境 ㉿土(흙토변) ㉘11 boundary きょうかい
지경경
キョウ・ケイ・さかい

界 지경계
カイ・さかい

境

界

境界(경계) 땅이나 사물이 맞닿은 자리
境內(경내) 경계의 안
境遇(경우) 환경. 처지. 입장(立場)
境土(경토) 나라 안의 땅
佳境(가경) 재미있는 경지
老境(노경) 늘그막
心境(심경) 마음의 상태

鏡 ㈜金(쇠금변) dressing table 臺
㈜11 きょうだい
거울경　집대
キョウ・かがみ　ダイ

鏡　臺

鏡臺(경대) 거울이 달린 화장대
鏡中美人(경중미인) 거울 속의 미인 실속보다 겉치레가 더한 사람
望遠鏡(망원경) 먼 곳이 가깝게 보이는 기구
面鏡(면경) 얼굴만 비쳐보는 조그만 거울

硬 ㈜石(돌석변) hardness 度
㈜7 こうど
단단할경　법도도
コウ・かたい　ド・タク・たび

硬　度

硬度(경도) ①단단한 정도 ②물의 염도(鹽度)의 정도
硬水(경수) 석회·소금기가 많이 함유된 물. 센물
硬化(경화) 물건·의견·태도 따위가 굳세어짐
生硬(생경) ①세상 일에 어둡고 완고함 ②익지 않아 딱딱함

頃 ㈜頁(머리혈) moment 刻
㈜2 けいこく
잠시경　새길각
ケイ・ころ・しばらく　コク・きざむ

頃　刻

頃刻(경각) 눈 깜짝할 사이. 순간
頃步(경보) 반걸음
頃日(경일) 요즈음. 지난 번
頃者(경자) ⇨경일(頃日)
頃田(경전) 50 이랑의 밭
有頃(유경) 잠시 후
午頃(오경) 점심 때쯤

警 ㈜言(말씀언) police 察
㈜13 けいさつ
경계할경　살필찰
ケイ・いましめる　サツ

警　察

警察(경찰) 안녕질서를 맡아보는 행정기관
警告(경고) 잘못이 없도록 주의시킴
警備(경비) 만일을 위한 수비
警鐘(경종) ①세상을 경계하려는 언론 ②비상시를 알리는 종
軍警(군경) 군대와 경찰
夜警(야경) 밤에 순찰을 돌며 경계하는 일

傾 ㈜亻(인변) slope 斜
㈜11 けいしゃ
기울어질경　비낄사
ケイ・かたむく　シャ・ななめ

傾　斜

傾斜(경사) 비스듬히 기울어짐
傾倒(경도) ①기울어뜨림 ②온 정성을 기울임
傾聽(경청) 귀를 기울이고 잘 들음
傾向(경향) 마음이나 형세가 한쪽으로 쏠림
左傾(좌경) 좌익사상으로 기울어짐

徑 ㈜彳(두인변) channel 路
㈜7 けいろ
지름길경　길로
ケイ・こみち　ロ・ジ・みち

徑　路

徑路(경로) 오솔길. 좁은 길
徑道(경도) 지름길. 오솔길
徑情直行(경정직행) 곧이곧대로 행함
徑輪(경륜) 지름과 둘레
直徑(직경) 지름
徑寸(경촌) 직경
半徑(반경) 반지름

卿相

卿 [부]卩(병부절) [획]10 　けいしょう　相

벼슬경 ケイ・キョウ　　서로상 ショウ・ソウ・あい

卿　相

卿相(경상) 재상. 대신
卿雲(경운) 태평세대에 나타난다는 상서로운 구름
卿大夫(경대부) 경(卿)과 대부(大夫) 옛날의 대신급
樞機卿(추기경) 로마 법황의 최고 고문(顧問)

界標

界 [부]田(밭전) [획]4 　かいひょう　標

경계계 カイ・さかい　　표표 ヒョウ

界　標

界標(계표) 경계가 되는 지점에 세운 표지
界面(계면) 두 가지 물건의 경계가 되는 면
視界(시계) 눈에 보이는 한계
業界(업계) 어떤 업종의 세계
限界(한계) 한도가 되는 경계

癸水

癸 [부]癶(필발밑) [획]4 　きすい　水

북방계 キ・みずのと　　물수 スイ・みず

癸　水

癸水(계수) ①여자의 월경 ②중국의 강 이름
癸期(계기) 월경하는 시기
癸方(계방) 북쪽과 동북의 중간 방위
癸坐(계좌) 계방을 등진 좌향
癸亥(계해) 육십갑자의 마지막인 60째

計算

計 [부]言(말씀언변) [획]2 　calculation けいさん　算

셈할계 ケイ・はかる　　셈할산 サン・かぞえる

計　算

計算(계산) 수량을 헤아림. 셈함
計器(계기) 수량을 재는 각종 기구
計量(계량) 분량을 계산함
計理士(계리사) 회계에 관한 모든 사무를 대신 해 주는 직업인
計數(계수) 수효를 셈함.
計劃(계획) 미리 생각해서 작정함

季節

季 [부]子(아들자) [획]5 　season きせつ　節

아우계(계절계) キ　　마디절 セツ・ふし

季　節

季節(계절) 철. 사시의 절기
季刊(계간) 잡지를 1년에 네 번 발행함
季冬(계동) 늦겨울
季父(계부) 아버지의 막내 아우
季氏(계씨) 남의 남동생의 높임말
春季(춘계) 봄철
四季(사계) 네 계절. 춘하추동

溪谷

溪 [부]氵(삼수변) [획]10 　valley けいこく　谷

시내계 ケイ・たに　　골곡 コク・たに

溪　谷

溪谷(계곡) 물이 흐르는 산골짜기
溪澗(계간) 계류(溪流)
溪流(계류) 산골짜기의 수류(水流)
溪水(계수) 산골짜기를 흐르는 물
溪聲(계성) 산골짜기의 졸졸거리는 물소리
淸溪(청계) 맑은 시냇물

鷄

（閔）鳥（새 조）
（획）10
닭 계
ケイ・にわとり

鷄

卵

egg
けいらん
알 란
ラン・たまご

鷄卵(계란) 달걀
鷄冠(계관) 닭의 벼슬
鷄群一鶴(계군일학) 닭 무리 속의 한
  마리의 학. 곧 무능한 여
  럿 가운데 뛰어난 한 사
  람
鷄舍(계사) 닭장
鬪鷄(투계) 닭싸움. 또는 싸움닭

戒

（閔）戈（창 과）
（획）3
경계할 계
カイ・いましめる

command-
ment
かいりつ

律

법률 률
リツ・リチ・のり

戒律(계율) 중이 지켜야 할 규율
戒告(계고) 의무 따위를 지키도록 경
  고함
戒嚴令(계엄령) 비상시에 국가의 원
  수가 계엄을 실시한다는
  명령
戒護(계호) ①계율을 지킴 ②교도소
  안에 보안을 유지함
訓戒(훈계) 가르쳐 타이름

系

（閔）糸（실 사）
（획）1
맬 계
ケイ

system
けいとう

統

거느릴 통
トウ・すべる

系統(계통) 사물의 순서. 조직
系圖(계도) 대대의 계통을 표시한 표
系譜(계보) 집안의 혈통 관계
系列(계열) 조직된 사물의 배열
直系(직계) 혈통 따위의 곧장 내려오
  는 계통
傍系(방계) 직계에서 갈린 계통

械

（閔）木（나무목변）
（획）7
기계 계
カイ

かいき
apparatus

器

그릇 기
キ・うつわ

械器(계기) 기계나 기구(器具)
械用(계용) 기구. 기물(器物)
械栰(계벌) 창 모양으로 된 뗏목
機械(기계) 여러 가지 힘을 모아 작
  동하는 기계
器械(기계) ⇨계기(械器)
兵械(병계) 병기(兵器)

係

（閔）亻（인변）
（획）7
맬 계
ケイ・かかる

けいるい
encumbrance

累

얽힐 루
ルイ・わずらい

係累(계루) ①얽어맴. 얽매임 ②부양
  해야 할 처자와 가족
係戀(계련) 사랑에 얽매임
係員(계원) 한 계에 있는 직원
係長(계장) 한 계의 책임자
係爭(계쟁) 서로 관련된 일로 싸움
關係(관계) 서로 얽혀진 연관

繼

（閔）糸（실사변）
（획）14
이을 계
ケイ・つぐ

continua-
tion
けいぞく

續

이을 속
ゾク・つづく

繼續(계속) 그치지 않고 이어 감
繼母(계모) 아버지의 후취
繼承(계승) 뒤를 이어받음
繼室(계실) 후처. 다시 장가든 아내
後繼者(후계자) 뒤를 이어받은 사람
中繼(중계) 방송 따위를 중간에서 받
  아 전함

契 (부)大(큰대) (획)6　contract けいやく　約
맺을계　약속할약
ケイ・ちぎる　ヤク

契
約

契約(계약) 말이나 문서로 약속함
契機(계기) 어떤 일을 일으키는 기회나 근거
契員(계원) 계를 든 사람
默契(묵계) 말없이도 뜻이 맞아 이루어진 약속
金石之契(금석지계) 쇠나 돌같이 굳은 약속. 또는 그런 교제

階 (부)阝(阜)(좌부방변) (획)9　かいそう　層
섬돌계　층층
カイ・きざはし　ソウ

階
層

階層(계층) ①층층대 ②사회의 각계(各界)
階級(계급) 신분·직위·등급 따위의 사회적 구분
階段(계단) 층층대, 또는 차례
階次(계차) 계급의 차례. 지위의 높낮이
階前(계전) 섬돌 앞. 뜰 앞
層階(층계) 층층대

桂 (부)木(나무목변) (획)6　laurel wreathe けいかん　冠
계수나무계　갓관
ケイ・かつら　カン・かんむり

桂
冠

桂冠(계관) 가장 명예로운 지위. 월계관(月桂冠)
桂月(계월) ①달 ②음력 8월의 별칭
桂皮(계피) 계수나무의 얇은 껍질. 약재·향료로 쓰임
桂花(계화) 계수나무꽃
肉桂(육계) ⇨계피(桂皮)

古 (부)口(입구) (획)2　ここん　今
예고　이제금
コ・ふるい　コン・キン・いま

古 | 一 | 十 | 古 | 古 |

今

古今(고금) ①옛날과 현대 ②옛부터 지금까지
古宮(고궁) 옛 궁궐
古器(고기) 옛날에 쓰던 그릇
古來(고래) 옛부터 지금까지
古文(고문) 옛 글자나 글
萬古(만고) 한없는 오랜 세월
中古(중고) ①반쯤 낡은 물건 ②중간쯤인 옛적

啓 (부)口(입구) (획)8　enlightenment けいもう　蒙
열계　어릴몽
ケイ・ひらく　モウ・こうむる

啓
蒙

啓蒙(계몽) 몽매한 사람을 깨우침
啓發(계발) 식견을 열어 줌
啓示(계시) ①가르쳐 보여 줌 ②신(神)의 가르침
謹啓(근계) 삼가말씀드림. 편지 첫머리에 쓰는 말
拜啓(배계) 절하고 말씀드림. 편지에 쓰임

故 (부)攵(등글월문) (획)5　hindrance こしょう　障
연고고　막힐장
コ・ゆえ　ショウ・さわる

故 | 十 | 古 | 扩 | 扩 | 故 |

障

故障(고장) 기계가 탈이 남
故事(고사) 옛날에 있었던 일
故意(고의) 일부러. 알면서 하는 짓
故鄕(고향) 자기가 낳고 자란 고장
無故(무고) 아무 일도 없음
事故(사고) 뜻밖에 일어난 사건
緣故(연고) 어떤 인연으로 맺어진 관계

固 ㉬口(큰입구변)obstancy ㉭5
こしつ
군을고
コ・かたい

執 잡을집
シツ・とる

固 |ㄇ|冂|冃|固|固

固執(고집) 굳이 주장하고 버팀
固有(고유) 그것만이 가지고 있음
固疾(고질) 좀체 낫지 않는 병
固體(고체) 덩어리로 된 물질
固定(고정) 꽉 정해져 있음
確固(확고) 틀림없고 굳음
堅固(견고) 매우 튼튼함

高 ㉬高(높을고)㉭10
こうてい
높을고
コウ・たかい

低 낮을저
テイ・ひくい

高(高) 亠亠高高

低

高低(고저) 높음과 낮음. 높낮이
高價(고가) 값이 비쌈
高見(고견) 상대방의 높은 의견
高貴(고귀) 높고 귀함
高級(고급) 등급이 높음. 또는 그 등급
坐高(좌고) 앉은 키
最高(최고) 가장 높음

苦 ㉬艹(艸)(초두밑) hard-ship ㉭5
くせい
피로울고
ク・くるしい
にがい

生 날생
セイ・ショウ・いきる
うまれる・はえる

苦 一艹艹芏苦

生

苦生(고생) 괴롭고 어려운 처지에 있
어 괴로움
苦難(고난) 괴롭고 어려움
苦待(고대) 몹시 기다림
苦樂(고락) 괴로움과 즐거움
苦杯(고배) 억울하거나 실패한 고생
辛苦(신고) 애쓰고 고생함
勞苦(노고) 애쓰고 노력한 수고로움

告 ㉬口(입구) announce-ment ㉭4
こくじ
고할고
コク・つぐ

示 보일시
シ・ジ・しめす

告 ㅣ ㅗ 牛 告 告

示

告示(고시) 일반에게 널리 알림
告發(고발) 범죄사실 따위를 단속하
도록 알림
告白(고백) 사실대로 실토함
忠告(충고) 남의 잘못을 고치도록 타
이름
報告(보고) 어떤 사실을 상부에 통고함

考 ㉬老(耂)(늙을로)㉭2
consideration
こうりょ
상고할고
コウ・かんが
える

慮 생각려
リョ・おもん
ばかる

考 十土耂耂考

慮

考慮(고려) 깊이 생각해 봄
考古學(고고학) 유적·유물에 의해 옛
문화를 연구하는 학문
考試(고시) 학력을 알아보고 자격을
주는 시험
考案(고안) 어떤 안을 생각해 냄
考證(고증) 문헌으로 옛 일의 증거를
살핌

枯 ㉬木(나무목변) wither ㉭5
こし
마를고
コ・かれる

死 죽을사
シ・しぬ

枯

死

枯死(고사) 말라 죽음
枯渴(고갈) 물이 바짝 마름
枯草(고초) ①마른 풀 ②마소의 먹이
枯廢(고폐) 오래 되고 낡아서 못 씀
枯旱(고한) 가물어서 식물이 마름
乾枯(건고) 바짝 말라버림
榮枯(영고) 번영함과 쇠퇴함

姑 [부]女(계집녀변) [획]5 こふ 婦

시어미고 — コ・しゅうとめ・おば

지어미부 — フ・よめ

姑 婦

姑婦(고부) 시어머니와 며느리
姑母(고모) 아버지의 자매(姉妹)
姑息(고식) 구차하게 당장 일만 생각함
姑從(고종) 고모의 자녀
小姑(소고) 시누이
外姑(외고) 장모를 이르는 말

鼓 [부]鼓(북고) [획]13 pulse こどう 動

북고 — コ・つづみ・たいこ

움직일동 — ドウ・うごく

鼓 動

鼓動(고동) ①가슴이 뜀 ②북치는 소리
鼓舞(고무) ①북치고 춤을 춤 ②용기를 북돋우어 줌
鼓子(고자) 생식기가 불완전한 남자
鼓掌(고장) 손바닥을 침
小鼓(소고) 조그만 북

庫 [부]广(엄호밑) [획]7 こもん 門

곳집고 — コ・くら

문문 — モン・かど

庫 門

庫門(고문) ①왕궁의 오문(五門)의 하나 ②창고의 문
庫舍(고사) 곳집. 창고의 건물
庫入(고입) 화물을 창고나 보세창고에 보관시킴
車庫(차고) 차를 넣는 곳집
倉庫(창고) 물건을 넣어 두는 시설. 곳집
出庫(출고) 창고에서 꺼냄

稿 [부]禾(벼화변) [획]10 こうりょう contribution fee 料

원고고 — コウ・わら

헤아릴료 — リョウ・はかる

稿 料

稿料(고료) 원고를 쓴 보수. 원고료
稿本(고본) 원고를 맨 책
稿葬(고장) 시체를 짚이나 거적에 싸서 장사를 지냄
稿草(고초) 볏짚
原稿(원고) 책을 엮기 위해 쓴 초본
草稿(초고) 애벌로 쓴 원고

孤 [부]子(아들자변) [획]5 isolation こりつ 立

외로울고 — コ・ひとり・みなしご

설립 — リツ・リュウ・たつ

孤 立

孤立(고립) 도움이 없이 외로이 있음
孤軍(고군) 원군이 없이 고립된 군대. 또는 그런 환경
孤島(고도) 외딴 섬
孤獨(고독) 홀로 있어 외롭기 짝이 없음
孤兒(고아) 부모가 없는 아이

顧 [부]頁(머리혈) [획]12 adviser こもん 問

돌아볼고 — コ・かえりみる

물을문 — モン・とう

顧 問

顧問(고문) 의견을 말하는 직무
顧客(고객) 단골손님
顧返(고반) 뒤를 돌아다봄
顧哀(고애) 돌아다보고 불쌍히 여김
一顧(일고) 한 번 되돌아봄
回顧(회고) 지난 일을 돌이켜봄
後顧(후고) 뒷일이 걱정이 됨

谷 (부)谷(골곡) (획)7 こくふう 風
골곡　　　　　　　바람풍
コク・たに　　　　フウ・かぜ

谷　[宀][八][谷]　風

谷風(곡풍) ①동풍 ②골짜기에서 산쪽으로 치부는 바람
谷泉(곡천) 산골짜기의 샘
谷王(곡왕) 바다의 별칭
谷無虎先生兎(곡무호선생토) 호랑이가 없는 산골짜기에서는 토끼가 선생 노릇을 함. 큰 놈이 없는 데서는 약자가 행세를 한다는 비유

哭 (부)口(입구) (획)7 こっきゅう 泣
울곡　　　　　　　울읍
コク・なく　　　　キュウ・なく

哭　泣

哭泣(곡읍) 소리내어 슬피 욺
哭臨(곡림) 임금이 죽은 신하를 몸소 조문함
哭禮(곡례) 곡하는 예법
哭聲(곡성) 슬피 우는 소리
哀哭(애곡) 처량하게 욺
痛哭(통곡) 매우 슬퍼 크게 욺

曲 (부)曰(가로왈) (획)2 きょくせつ 折
굽을곡　　　　　　꺾을절
キョク・まがる　　セツ・おる

曲　[口][曲][曲][曲]　折

曲折(곡절) ①구불고 꺾임 ②까닭
曲線(곡선) 구부러진 선
曲調(곡조) 음악의 가락
曲筆(곡필) 사실을 왜곡해서 씀
曲解(곡해) 사실을 잘못 이해함
作曲(작곡) 곡조를 지어 꾸밈
歌曲(가곡) 노래. 또는 노래와 곡조

困 (부)口(에운담) (획)4 distress こんきゅう 窮
곤할곤　　　　　　다할궁
コン・こまる　　　キュウ・きわまる

困　[口][冂][用][困][困]　窮

困窮(곤궁) 몹시 가난하고 어려움
困境(곤경) 곤란한 처지
困難(곤란) 몹시 어렵고 궁핍함
困辱(곤욕) 괴로움과 모욕을 당함
困絕(곤절) 가난하여 아무것도 없음
飢困(기곤) 배고프고 고달픔
貧困(빈곤) 가난하여 궁핍함

穀 (부)禾(벼화) (획)10 cereal こくもつ 物
곡식곡　　　　　　만물물
コク・もみ　　　　ブツ・モツ・もの

穀　[土][吉][車][橐][穀]　物

穀物(곡물) 곡식의 총칭
穀類(곡류) 곡식 종류
穀酒(곡주) 곡식으로 만든 술
穀倉(곡창) ①곡식을 넣는 곳간 ②곡식이 많이 나는 고장
米穀(미곡) 쌀
新穀(신곡) 햇곡식

坤 (부)土(흙토변) (획)5 こんとく 德
땅곤　　　　　　　큰덕
コン　　　　　　　トク

坤　[土][圤][坤][坤]　德

坤德(곤덕) 대지(大地)의 덕. 부덕(婦德)이란 뜻으로도 쓰임
坤靈(곤령) 땅의 신령
坤宮(곤궁) 황후 또는 그 처소
坤時(곤시) 오전 3〜4 시
坤三絕(곤삼절) 곤괘의 형상의 하나
乾坤(건곤) 하늘과 땅

34

骨 ㊙骨(뼈골) ㊾10 こつにく	肉 고기육 ニク
뼈골 コツ・ほね	

骨 (月 冎 丹 骨 骨)　肉

骨肉(골육) ①뼈와 살 ②육친(肉親)
骨子(골자) 뼈. 또는 요점
骨折(골절) 뼈가 부러짐
骨格(골격) 뼈대. 뼈의 조직
氣骨(기골) 쉽사리 굽히지 않는 기개
白骨(백골) 오래 된 송장의 뼈
人骨(인골) 사람의 뼈

空 ㊙穴(구멍혈) the air ㊾3 くうちゅう	中 가운데중 チュウ・なか
빌공 クウ・そら	

空 (丶 ハ 宀 穴 空)　中

空中(공중) 하늘. 중천
空間(공간) 빈 곳
空路(공로) 항공기가 다니는 길
空論(공론) 헛된 의논
空腹(공복) 빈 배. 빈속
虛空(허공) 아무것도 없는 하늘
航空(항공) 비행기로 하늘을 비행함

工 ㊙工(장인공)progression ㊾(3) こうてい	程 법정 テイ・ほど
장인공 コウ・ク	

工 (一 丁 工)　程

工程(공정) 일해 나가는 과정
工具(공구) 공작에 쓰이는 연장
工夫(공부) 학문·기술을 배우고 익힘
工業(공업) 원료로 물건을 만드는 일
工錢(공전) 물건을 만든 품삯
起工(기공) 공사를 시작함
細工(세공) 잔일을 하는 수공

共 ㊙八(여덟팔) ㊾4 co-operation きょうどう	同 한가지동 ドウ・おなじ
함께공 キョウ・とも	

共 (一 十 卅 井 共)　同

共同(공동) 여럿이 같이 함
共感(공감) 그 의견과 똑같이 느낌
共謀(공모) 같이 일을 꾀함
共榮(공영) 같이 번영함
共通(공통) 두루 통용됨
公共(공공) 여러 사람의 사회
反共(반공) 공산주의를 반대함

功 ㊙力(힘력) merits and ㊾3 demerits こうか	過 허물과 カ・すぎる・あやまち
공공 コウ・いさお	

功 (丁 工 功 功)　過

功過(공과) 공로와 허물
功德(공덕) ①공로와 인덕 ②불도를 닦은 덕
功勞(공로) 힘쓴 공덕
功利(공리) ①공로와 이익 ②공명과 이욕
功績(공적) 공훈. 쌓은 공로
武功(무공) 싸움터에서 세운 공
有功(유공) 공로가 있음

公 ㊙八(여덟팔) common ㊾2 こうきょう	共 한가지공 キョウ・とも
공평할공 コウ・おおやけ	

公 (八 公 公)　共

公共(공공) 사회 일반
公開(공개) 사회에 탁 털어놓음
公課(공과) 국가기관에서 부과하는 모든 부담
公金(공금) 개인의 소유가 아닌 공적인 돈
公立(공립) 공공단체의 설립
主人公(주인공) 주인되는 사람
至公(지공) 지극히 공평함

35

孔 ㉿子(아들자) Confucius and Mencius
㉿ 1
こうもう
孟
구멍공
コウ・あな
맏맹
モウ

孔

孟

孔孟(공맹) 옛 성현인 공자와 맹자
孔明(공명) 대단히 밝음
孔門(공문) 공자의 제자
孔夫子(공부자) 공자에 대한 높임말
孔老(공로) 공자와 노자(老子)
毛孔(모공) 털구멍
鼻孔(비공) 콧구멍

攻 ㉿攵(등글월문) attack
㉿ 3
こうげき
擊
칠공
コウ・せめる
칠격
ゲキ・うつ

攻

擊

攻擊(공격) ①나아가 적을 침 ②엄하게 논박함
攻落(공락) 공격하여 함락시킴
攻掠(공략) 쳐서 빼앗음
攻勢(공세) 공격하는 태세
侵攻(침공) 공격하여 침범함
難攻(난공) 공격하기가 어려움

供 ㉿亻(인변) supply
㉿ 6
きょうきゅう
給
받을공
キョウ・ク・そなえる・とも
줄급
キュウ・たまう

供

給

供給(공급) 요구가 있어 제공함. 시장에 내놓음
供養(공양) ①부모를 봉양함 ②부처나 영전에 올림
供出(공출) 나라에서 필요할 때 농작물 따위를 내놓음
提供(제공) 바치어 이바지함

恐 ㉿心(마음심)
㉿ 6
きょうく
fear
懼
두려울공
キョウ・おそれる
두려울구
ク・おそれる

恐

懼

恐懼(공구) 몹시 두려워함
恐恐然(공공연) 염려하고 두려워 하는 모양
恐脅(공협) 무섭게 을러댐
恐迫(공박) 무섭게 으르고 대듦
恐水病(공수병) 미친 개에게 물려서 생긴 병. 광견병(狂犬病)
可恐(가공) 두려워할 만함

恭 ㉿心(마음심) respect
㉿ 6
きょうけい
敬
공손할공
キョウ・うやうやしい
공경경
ケイ・うやまう

恭

敬

恭敬(공경) 삼가서 예로 높임
恭待(공대) 공손하게 대우함
恭順(공순) 고분고분함
恭賀(공하) 삼가 축하함
恭謙(공겸) 공손하고 겸손함
勤恭(근공) 부지런하고 공손함

貢 ㉿貝(조개패)
㉿ 3
contribution
こうけん
獻
바칠공
コウ・みつぐ
바칠헌
ケン・コン

貢

獻

貢獻(공헌) 이바지함
貢納(공납) 공물을 바침
貢馬(공마) 공물로 바치던 말
貢物(공물) 백성이 나라에 바치던 물건
貢米(공미) 공물로 바치던 쌀
朝貢(조공) 조정에 바치는 공물

果 ⑨木(나무목) fruit
④4 かじつ
실과과
カ・はたす

果 [口 日 旦 早 果]

果實(과실) 과수에 여는 열매
果敢(과감) 결단성이 강함
果物(과물) 과일. 과실
果然(과연) 정말로. 참으로
結果(결과) 일의 결말
成果(성과) 이루어진 결과
效果(효과) 일의 결말이 나타낸 보람

實 열매실
ジツ・み

實

課 ⑨言(말씀언변) task
④8 かぎょう
구실과
カ

課 [言 評 評 課 課]

課業(과업) 해야 할 업무나 공부
課目(과목) 할당된 항목이나 학과
課稅(과세) 세금을 매김
課程(과정) 할당된 일이나 학과
賦課(부과) 세금 따위를 할당함
日課(일과) 날마다 해야 할 일
學課(학과) 학교에서 가르치는 과목

業 업업
ギョウ・わざ

業

科 ⑨禾(벼화변) subject
④4 かもく
과목과
カ・しな

科 [ニ 千 禾 禾 科]

科目(과목) 분류한 한 부문
科擧(과거) 옛날의 관리 채용 시험
科料(과료) 벌금형의 하나
科學(과학) 넓은 의미의 이론적인 모든 학문
科會(과회) 대학에서 한 과끼리 모이는 회합
眼科(안과) 눈에 관한 의료의 분과
全科(전과) 모든 과목

目 눈목
モク・め

目

過 ⑨辵(辶)(책받침) past
④9 かこ
지날과
カ・すぎる・あやまち

過 [口 円 丹 咼 過]

過去(과거) 이미 지나간 때
過大(과대) 너무 큼. 지나치게 큼
過失(과실) 부주의로 저지른 잘못
過程(과정) 일이 되어 가는 도중
過分(과분) 분수에 넘침
通過(통과) 어떤 곳을 지나감
大過(대과) 큰 허물

去 갈거
キョ・さる

去

戈 ⑨戈(창과)
④4 かけん
창과 spear and sword
カ・ほこ

戈

戈劍(과검) 창과 칼. 무기
戈甲(과갑) 창과 갑옷
戈船(과선) 악어의 해를 막기 위해 배 밑에 창을 장비한 배
戈矛(과모) 창
戈盾(과순) 창과 방패

劍 칼검
ケン・つるぎ

劍

瓜 ⑨瓜(외과)
④(5) かでん
오이과
カ・うり

瓜

瓜田(과전) 오이밭
瓜田不納履(과전불납리) 오이밭을 지나갈 때는 신이 벗어졌다고 엎드려서 다시 고치면 오이를 딴다는 오해를 받으니까 삼가라는 뜻
瓜年(과년) 여자의 15～16세 때
破瓜(파과) 여자의 월경이 시작되는 시기

田 밭전
デン・た

田

誇 張

[부]言(말씀언변) [획]6 exaggeration こちょう

자랑할과 コ・ほこる　　베풀장 チョウ・はる

誇　張

誇張(과장) 실제보다 크게 보태어 말함
誇大妄想(과대망상) 현실에 맞지 않게 과장해서 엉뚱한 생각을 하는 정신상태
誇示(과시) 뽐내어 자랑함
誇色(과색) 뽐내는 안색
自誇(자과) 스스로 자신을 자랑함

寡 默

[부]宀(갓머리) [획]11 taciturnity かもく

적을과 カ・すくない　　잠잠할묵 モク・だまる

寡　默

寡默(과묵) 침착하고 말이 없음
寡聞(과문) 들은 지식이 적음
寡婦(과부) 남편을 잃은 아내
寡少(과소) 아주 적음
寡守(과수) 과부로 혼자 지냄
多寡(다과) 많음과 적음
孤寡(고과) 고아와 과부

郭 公

[부]阝(邑)(우부방) [획]8 cuckoo かっこう

둘레곽 カク・くるわ　　공평할공 コウ・おおやけ

郭　公

郭公(곽공) ①뻐꾸기의 별칭 ②꾝두각시
郭內(곽내) 성곽의 안
郭外(곽외) 성곽의 바깥
城郭(성곽) 성(城). 성루
外郭(외곽) 바깥 둘레
輪郭(윤곽) 테두리. 대체의 모양

官 吏

[부]宀(갓머리) [획]5 official かんり

벼슬관 カン・つかさ　　아전리 リ

官  吏

官吏(관리) 벼슬아치. 옛날의 공무원
官界(관계) 관리의 사회
官權(관권) 정부・관청의 권리
官紀(관기) 관청의 규율
官民(관민) 공무원과 일반 민간인
高官(고관) 지위가 높은 관리
法官(법관) 사법관

關 係

[부]門(문문) [획]11 relation かんけい

관계할관 カン・かかわる　　맬계 ケイ・かかる

關  係

關係(관계) 서로 관련을 맺음
關門(관문) ①국경이나 요새의 성문 ②뚫고 나가야 할 난관
關心(관심) 어떤 일을 늘 마음에 둠
關與(관여) 일에 관계함
相關(상관) 서로 얽히는 관계
難關(난관) 어려운 고비

館 宇

[부]食(밥식변) [획]8 かんう

객사관 カン・やかた　　집우 ウ

館　宇

館宇(관우) 집. 건물
館員(관원) 관에서 일을 보는 사람
館長(관장) 관(館)자가 붙은 기관의 우두머리
新館(신관) 새로 지은 건물
別館(별관) 딴 채로 지은 건물
旅館(여관) 여객을 숙박시키는 시설

管 ⑨竹(대죽) ㉞8 かんしょう management
대롱관
カン・くだ

掌 손바닥장 ショウ・てのひら

管 掌

管掌(관장) 자기가 맡아 봄
管見(관견) 대통구멍으로 내다보듯 하는 좁은 소견
管理(관리) 사무·물건을 맡아 보살핌
管下(관하) 맡아보는 구역 안
管絃樂(관현악) 관악기·현악기 등의 여러 악기로 합주하는 음악
保管(보관) 맡아서 잘 간직함

冠 ⑨冖(민갓머리) ㉞7 かんぜつ consummation
갓관
カン・かんむり

絶 끊을절 ゼツ・たえる

冠 絶

冠絶(관절) 으뜸가게 뛰어 남
冠禮(관례) 옛날에 남자가 20세가 될 때 올리던 예식
冠婚喪祭(관혼상제) 관례(冠禮)·혼례 (婚禮)·상례(喪禮)·제례 (祭禮)의 네 가지 의식
鷄冠(계관) ①닭의 벼슬 ②맨드라미
王冠(왕관) ①왕이 쓰는 관 ②우승 자가 된 명예

貫 ⑨貝(조개패) ㉞4 penetration かんてつ
꿸관
カン・つらぬく

徹 통할철 テツ・とおる

貫 徹

貫徹(관철) 끝까지 힘써 꿰뚫음
貫通(관통) ①꿰뚫음 ②앞뒤가 잘 통함
貫鄕(관향) 시조가 산 땅. 본관. 본 (本)
一貫(일관) 끝까지 뜻을 변치 않음
本貫(본관) ⇨관향(貫鄕)

寬 ⑨宀(갓머리) ㉞12 tolerance かんよう
너그러울관
カン・ひろい

容 얼굴용 ヨウ・いれる

寬 容

寬容(관용) 너그럽게 받아들임
寬待(관대) 너그럽게 대접함
寬恕(관서) 너그럽게 용서함
寬大(관대) 마음이 너그럽고 큼
寬仁(관인) 너그럽고 성품이 어질음
寬厚(관후) 너그럽고 후함
寬弘(관홍) 마음이 너그럽고 큼

慣 ⑨忄(心)(입심변) ㉞11 custom かんれい
익숙할관
カン・なれる

例 법식례 レイ・たとえる

慣 例

慣例(관례) 습관이 된 전례
慣性(관성) 물체가 현재의 상태를 유지하려는 성질
慣習(관습) 습관이 된 풍습
慣用(관용) 습관적으로 늘 씀
慣行(관행) 습관이 되어 늘 행함
習慣(습관) 익혀 온 버릇

廣 ⑨广(엄호밑) ㉞12 plaza ひろば
넓을광
コウ・ひろい

場 마당장 ジョウ・ば

廣 | 产 | 序 | 庿 | 廣 | 廣

場

廣場(광장) 넓은 마당
廣告(광고) 널리 알도록 선전함
廣大(광대) 넓고 큼
廣木(광목) 무명으로 넓게 짠 피륙
廣野(광야) 넓은 들
廣義(광의) 넓은 범위로 생각한 뜻
廣範圍(광범위) 넓게 잡은 테두리

光

(뜻)儿(어진사람인)
(획)4

①light
こうみょう

빛광
コウ・ひかり

明

밝을명
メイ・ミョウ・
あける・あかるい

光 〔ㅣ � ㅛ 光 光〕

明

光明(광명) ①밝은 빛 ②밝은 희망
光復(광복) 잃었던 국권을 되찾음
光線(광선) 빛. 빛의 줄기
光陰(광음) 세월
觀光(관광) 다른 고장이나 외국을 두
　　　　　루 살피고 구경함

塊

(뜻)土(흙토변)
(획)10

かいたん

흙덩이괴
カイ・かたまり

炭

숯탄
タン・すみ

塊

炭

塊炭(괴탄) 덩어리로 된 석탄
塊狀(괴상) 덩어리로 된 모양
塊鑛(괴철) 쇳덩이
塊土(괴토) 흙덩이
金塊(금괴) 금덩어리
肉塊(육괴) 고깃덩어리

鑛

(뜻)金(쇠금변)
(획)15

mine
こうざん

쇳돌광
コウ

山

멧산
サン・やま

鑛

山

鑛山(광산) 광물을 파내는 산
鑛脈(광맥) 광물이 나는 줄기
鑛石(광석) 쇠붙이가 포함된 광물
鑛物(광물) 돌이나 흙에 함유된 무기
　　　　　질
鑛業(광업) 광물에 관한 사업
金鑛(금광) 금이 나오는 광산
炭鑛(탄광) 석탄·무연탄이 나오는 광
　　　　　산

愧

(뜻)忄(心)(입심변)
(획)10

きしょく

부끄러울괴
キ・はじる

色

빛색
ショク・シキ・いろ

愧

色

愧色(괴색) 부끄러워하는 안색
愧懼(괴구) 부끄럽고 두려움
愧服(괴복) 미안해서 복종함
愧死(괴사) 죽어야 할 만큼 세상에 면
　　　　　목이 없음
愧恥(괴치) 몹시 부끄럽고 창피함
感愧(감괴) 수치감을 느낌

掛

(뜻)扌(手)(재방변)
(획)8

かけず

걸괘
カイ・かける

圖

그림도
ズ・はかる

掛

圖

掛圖(괘도) 걸어 놓고 보는 학습용의
　　　　　그림
掛念(괘념) 마음에 두고 잊지 않음
掛歷(괘력) 벽에 거는 일력이나 월력
掛佛(괘불) 그려서 걸어 놓은 불상
掛意(괘의) ⇨괘념(掛念)
掛鐘(괘종) 벽에 거는 시계

怪

(뜻)忄(心)(입심변)
(획)5

mysterious
かいい

괴이할괴
カイ・あやしい

異

다를이
イ・ことなる

怪

異

怪異(괴이) 이상야릇하고 기괴함
怪鬼(괴귀) 도깨비
怪談(괴담) 괴상한 이야기
怪力(괴력) 이상한 힘
怪物(괴물) 괴상한 물건이나 인물
奇怪(기괴) 기이하고 괴상함
神怪(신괴) 귀신같은 기괴한 일

壞滅

壞 [부]土(흙토) [획]16
かいめつ domolition **滅**

무너뜨릴괴 카イ・こわす
멸할멸 メツ・ほろぼす

壞 滅

壞滅(괴멸) 무너뜨려 멸망시킴
壞決(괴결) 무너짐. 붕괴
壞爛(괴란) 상하고 헐음
壞損(괴손) 체면을 더럽힘
壞敗(괴패) 무너지고 상함
壞血病(괴혈병) 비타민C의 부족증
破壞(파괴) 깨뜨려 무너뜨림

橋梁

橋 [부]木(나무목변) [획]12
bridge きょうりょう **梁**

다리교 キョウ・はし
들보량 リョウ・はり

橋 梁

橋梁(교량) 다리
橋脚(교각) 다리를 받치는 기둥
橋頭(교두) 다리가 있는 어귀
架橋(가교) 다리를 놓음
陸橋(육교) 건널목에 놓은 구름다리
鐵橋(철교) 쇠로 만든 다리

交通

交 [부]亠(돼지해밑) [획]4
comm-unication こうつう **通**

사귈교 コウ・かわす・まじわる
통할통 ツウ・かよう・とおる

交 通

交通(교통) 사람·화물의 내왕과 운반. 또는 의사전달(意思傳達)
交代(교대) 서로 번갈아 대신함
交流(교류) 서로 주고 받아 통함
交際(교제) 서로 사귀고 왕래함
外交(외교) 외부에 대한 교제. 특히 외국과의 교제

敎育

敎 [부]攵(등글월문) [획]7
education きょういく **育**

가르칠교 キョウ・おしえる
기를육 イク・そだてる

敎 育

敎育(교육) 학문이나 기술을 가르쳐 기름
敎科(교과) 학교에서 가르치는 과목
敎壇(교단) 교사가 강의하는 단
敎理(교리) 어떤 종교의 원리
敎養(교양) 지덕을 배우고 익혀 인격을 닦음
佛敎(불교) 석가가 시조인 종교의 하나

校正

校 [부]木(나무목) [획]6
proof-reading こうせい **正**

학교교 コウ・くらべる
바를정 セイ・ショウ・ただしい

校 正

校正(교정) 인쇄물 따위를 원고대로 바로잡음
校旗(교기) 학교를 상징하는 기
校舍(교사) 학교의 건물
校庭(교정) 학교의 운동장
再校(재교) 두 번째로 보는 교정(校正)
母校(모교) 자기가 졸업한 학교

郊外

郊 [부]⻏(邑)(우부방) [획]6
suburb こうがい **外**

들교 コウ
바깥외 ゲ・ガイ・そと・ほか

郊 外

郊外(교외) 시가지 밖의 들판
郊里(교리) 마을
郊原(교원) 들판
郊野(교야) ⇨교원(郊原)
近郊(근교) 가까운 교외
四郊(사교) 서울의 네 변두리의 교외
遠郊(원교) 먼 교외

較 ㊐車(수레거변) ㊊6　こうりょう 量
비교할교
コウ・カク・くらべる
헤아릴량
リョウ・はかる

較　量

較量(교량) 견주어 헤아림
較然(교연) 뚜렷이 드러난 모양
較藝(교예) 재주를 겨루어 평가함
比較(비교) 서로 맞대어 재어 봄
較略(교략) 대략. 대강

九 ㊐乙(새을) ㊊1　きゅうせつ 折
아홉구
ク・キュウ・ここのつ
꺾을절
セツ・おる

九　ノ　九　　折

九折(구절) 꼬불꼬불한 모양
九重(구중) 겹겹이 쌓임
九星(구성) 주역에서 말하는 아홉 개
　　의 별. 이 별로 운명을
　　감정한다고 함
十中八九(십중팔구) 열에서 여덟이나
　　아홉 가량의 가능성

巧 ㊐工(장인공) adroitness ㊊2　こうみょう 妙
공교로울교
コウ・たくみ
묘할묘
ミョウ・たえ

巧　妙

巧妙(교묘) 썩 묘하게 잘됨
巧詐(교사) 교묘하게 남을 속임
巧舌(교설) 교묘한 말
巧言令色(교언영색) 교묘한 말과 보
　　기좋게 꾸미는 얼굴빛
巧拙(교졸) 교묘함과 졸렬함
精巧(정교) 세밀하고 꼼꼼함

口 ㊐口(입구) ㊊(3)　こうごう slogan 號
입구
コウ・ク・くち
이름호
ゴウ・さけぶ

口　丨　口　口　　號

口號(구호) 모임이나 행진 따위에서
　　외치는 간결한 말
口蓋(구개) 입천장
口頭(구두) 직접 입으로 하는 말
口舌(구설) 시비 따위의 시끄러운 말
人口(인구) 사람의 수효
入口(입구) 들어가는 문이나 어귀

矯 ㊐矢(살시변) guidance ㊊12　きょうどう 導
바로잡을교
キョウ・ためる
이끌도
ドウ・みちびく

矯　導

矯導(교도) 죄인 따위를 바로 인도함
矯角殺牛(교각살우) 소의 뿔을 바로
　　잡으려다 소를 죽이게 됨
　　조그만 문제에 얽매이다
　　가 큰 일을 그르친다는
　　비유
矯首(교수) 머리를 듦
矯正(교정) 곧게 바로잡음

求 ㊐水(물수) job-hunting ㊊2　きゅうしょく 職
구할구
キュウ・もとむ
직분직
ショク・つかさどる

求　一　十　才　求　求　　職

求職(구직) 직업을 구함
求得(구득) 구하여 얻음
求人(구인) 사람을 구함
求婚(구혼) 혼인할 상대를 구함
要求(요구) 필요해서 청구함
探求(탐구) 더듬어 찾아 구함
請求(청구) 달라고 요구함

救 ㉠攵(등글월문) relief 援
㉣7 きゅうえん
구원할구 도울원
キュウ・すくう エン・たすける

救 一 十 求 求 救 援

救援(구원) 곤란한 처지를 도와 줌
救命(구명) 목숨을 건져 줌
救濟(구제) 곤란한 사람을 구하여 줌
救助(구조) 구원하여 도와 줌
救護(구호) 도와서 보호함
救急(구급) 위급한 처지를 구해 줌

究 ㉠穴(구멍혈) inquiry 明
㉣2 きゅうめい
다할구 밝을명
キュゥ・きわめる メイ・ミョウ・
あける・あかるい

究 丶 宀 灾 灾 究 明

究明(구명) 사리를 궁리하여 밝힘
究極(구극) 극도에 달함. 막바지
究察(구찰) 자세히 조사하여 밝힘
研究(연구) 깊이 조사하여 밝힘
追究(추구) 근본을 캐고 들어 연구함
探究(탐구) 더듬어 찾아서 밝힘

久 ㉠丿(삐침) きゅうえん 遠
㉣2 eternity
오랠구 멀원
キュウ・ひさしい エン・とおい

久 丿 勹 久 遠

久遠(구원) 아득히 멀고 오램
久交(구교) 오랜 사귐
久而敬之(구이경지) 길이길이 공경함
久懷(구회) 오랜 회포
永久(영구) 길이길이. 영원(永遠)
長久(장구) 길고 오램. 아주 오램
恒久(항구) 바뀌지 않고 오래 감

句 ㉠口(입구) paragraph 節
㉣2 くせつ
맡아볼구 마디절
ク・くぎり セツ・ふし
귀절귀

句 勹 勺 句 句 節

句節(구절) 한 토막의 글이나 말
句讀法(구독법・구두법) 글의 중간에
점이나 다른 부호를 찍는
방법
句法(구법) 시가나 문장의 글귀를 만
드는 법
佳句(가구) 좋은 글귀
難句(난구) 어려운 어구(語句)

舊 ㉠臼(절구구) old style 式
㉣12 きゅうしき
예구 법식
キュウ・ふるい シキ・のり

舊 一 艹 萑 崔 舊 式

舊式(구식) 옛스러운 방식
舊稿(구고) 전에 써 둔 원고
舊習(구습) 옛적 습관
舊態(구태) 옛 모습
親舊(친구) 오래 두고 사귄 벗
復舊(복구) 옛 모습 대로 회복시킴
新舊(신구) 새로운 것과 낡은 것

具 ㉠八(여덟 팔)embodiment 現
㉣6 ぐげん
갖출구 나타날현
グ・そなえる ゲン・あらわれる

具 具 現

具現(구현) 구체적으로 나타냄
具備(구비) 빠짐없이 다 갖춤
具申(구신) 정상을 일일이 아룀
具體(구체) 전체를 자세히 드러내어
모두 갖춤
農具(농구) 농사에 쓰이는 모든 기구
寢具(침구) 잠잘 때 쓰이는 모든 물건

俱 〔훈〕亻(인변) 〔획〕8 ぐぞん
함께구
ク・グ・とも

俱

俱存(구존) 부모가 다 살아 계심
俱沒(구몰) 부모가 다 별세함
俱備(구비) 다 갖추어짐
俱全(구전) 모두 갖추어져 완전함
俱現(구현) 내용이 모두 드러남
俱樂部(구락부) 연구, 친목을 위한 단
　체. "club"의 번역어

存 있을존 ソン・ゾン

存

鷗 〔훈〕鳥(새조) 〔획〕11 おうめい
갈매기구
オウ・かもめ

鷗

鷗盟(구맹) 은거하여 갈매기를 벗삼
　고 지냄
鷗汀(구정) 갈매기가 있는 물가
白鷗(백구) 갈매기

盟 맹세할맹 メイ・ちかう

盟

區 〔훈〕匚(터진에운담) 〔획〕9 zone くいき
구역구
ク・くぎり

區

區域(구역) 갈라 놓은 지역
區間(구간) 어떤 지점(地點)들의 사이
區別(구별) 나누어 구분함
區劃(구획) 지역을 여럿으로 나눈 것
地區(지구) 나뉘어 있는 지역
選擧區(선거구) 선거하기 위해 정한
　일정한 지구

域 지경역 イキ・さかい

域

苟 〔훈〕艹(艸)(초두밑) 〔획〕5 こうしょ destitution
구차할구
コウ・いやしくも・
かりそめ

苟

苟且(구차) 옹색하여 딱함
苟得(구득) 얻어서는 안 될 것을 얻음
苟命(구명) 구차한 목숨
苟言(구언) 구차한 말
苟安(구안) 일시적인 안일을 꾀함
苟從(구종) 분별없이 좇아다님

且 또차 ショ・かつ

且

驅 〔훈〕馬(말마) 〔획〕11 くし
몰구
ク・かる・かける

驅

驅使(구사) ①사람이나 동물을 몰아쳐
　부림 ②자유자재로 다룸
驅迫(구박) 몹시 괴롭힘. 학대함
驅逐(구축) 몰아서 쫓아버림
驅蟲(구충) 기생충・해충을 없앰
先驅(선구) 앞장서서 개척함
競驅(경구) 앞을 다투어 뜀

使 부릴사 シ・つかう

使

拘 〔훈〕扌(手)(재방변) 〔획〕5 custody こうりゅう
거리낄구
コウ・ク・
かかわる

拘

拘留(구류) 피의자를 잡아 둠
拘禁(구금) 구속하여 가둠
拘束(구속) ①자유롭지 못하게 제한
　함 ②체포하여 가둠
拘引(구인) 체포하여 데리고 감
拘置(구치) 붙잡아 가둠
不拘(불구) 거리끼지 않음. 상관 없음

留 머무를류 リュウ・とどめる

留

狗 (変)犭(개사슴록변) (획)5 くとう
개구
コウ・ク・いぬ

狗

狗盜(구도) 좀도둑
狗馬(구마) ①개와 말 ②신하가 임금을 대할 때의 자기 비칭. 「~之心(지심)」
羊頭狗肉(양두구육) 양의 머리를 내걸고 개고기를 팖. 속이 외관을 따르지 못한다는 비유
走狗(주구) 앞잡이

盜 とう・ぬすむ
도둑도
トウ・ぬすむ

盜

龜 (변)龜(거북구) tortoise and dragon (획)16
거북구・거북귀・터질균
キ・キン・かめ

龜

龜龍(구룡) 거북과 용. 장수를 축하하는 비유
龜鑑(귀감) 본보기. 모범
龜甲(귀갑) 거북의 등껍질
龜板(귀판) 거북의 배의 껍데기
龜裂(균열) 갈라져 터짐
龜手(균수) 얼어서 터진 손

龍 りゅうりょう
용룡
リュウ・リョウ

龍

丘 (변)一(한일) (획)4 きゅうりょう
언덕구
キュウ・おか

丘

丘陵(구릉) 언덕. 낮은 산
丘里之言(구리지언) ①속담 ②근거없는 헛말
丘木(구목) 무덤 가에 있는 나무
丘墓(구묘) 무덤
丘坂(구판) 언덕과 고개

陵
무덤릉
リョウ・みささぎ

陵

構 (변)木(나무목변) construction こうぞう (획)10
얽을구
コウ・かまえる

構 [栲 栳 栲 構 構]

構造(구조) 짜서 만듦
構內(구내) 큰 건물의 울 안
構圖(구도) 전체의 조화가 잡히도록 배치하는 도면 구성
構想(구상) 생각을 체계가 있는 것으로 구성함. 또는 그 생각
虛構(허구) 근거가 없는 헛된 구상

造 ぞう・つくる
지을조
ゾウ・つくる

造

懼 (변)忄(心)(입심변) (획)18 くぜん
두려울구
ク・おそれる

懼

懼然(구연) 두려워서 떠는 모양
懼內(구내) 남편이 아내를 두려워함
懼振(구진) 두려워 벌벌 떪
懼意(구의) 두려워하는 마음
悚懼(송구) 마음에 두렵고 미안함

然
그럴연
ゼン・ネン・しかり

然

球 (변)王(玉)(구슬옥변) bulb きゅうこん (획)7
공구
キュウ・たま

球 [王 玒 玨 球 球]

球根(구근) 식물의 둥근 뿌리
球技(구기) 공으로 겨루는 모든 운동 경기
球形(구형) 공같이 생긴 모양
眼球(안구) 눈알. 눈동자
電球(전구) 전기의 불을 켜는 부분
庭球(정구) 구기의 하나, 테니스

根
뿌리근
コン・ね

根

45

國 (훈)囗(에운담변) the State
(획)8
こっか
나라국
コク・くに

家
집가
カ・ケ・いえ・や

國 [門][同][國][國][國]

家

國家(국가) 나라
國庫(국고) 나라의 돈을 맡아보는 기관
國立(국립) 나라에서 세움
國民(국민) 나라의 백성
大國(대국) 큰나라
外國(외국) 남의 나라. 다른 나라
祖國(조국) 조상부터 살아 온 나라

君 (훈)口(입구)   monarch
(획)4
くんしゅ
임금군
クン・きみ

主
주인주
シュ・ス・おも・めし

君 [フ][コ][ヨ][尸][君]

主

君主(군주) 임금. 왕
君國(군국) 임금이 다스리는 나라
君臣(군신) 임금과 신하
君王(군왕) 임금. 군주
明君(명군) 어질고 똑똑한 임금
夫君(부군) 남편을 이르는 말
幼君(유군) 아직 어린 임금

菊 (훈)艸(++)(초두밑) chry-
(획)8   santhemum
きくか
국화국
キク

花
꽃화
か・はな

菊

花

菊花(국화) 엉거시과의 화초. 국화꽃
菊月(국월) 음력 9월의 별칭
菊版(국판) 폭 63밀리, 길이 93밀리
의 책의 크기
野菊(야국) 들국화
殘菊(잔국) 늦가을에 쓸쓸히 남아 있
는 국화꽃

郡 (훈)阝(邑)(우부방) magist-
(획)7   rate of country
ぐんしゅ
고을군
グン・こおり

守
지킬수
シュ・ス・モリ・まもる

郡 [ヨ][尸][君][郡][郡]

守

郡守(군수) 행정기관인 군의 우두머리
郡民(군민) 군에 사는 백성들
郡界(군계) 군의 경계
郡廳(군청) 군의 일을 보는 관청
一郡(일군) 한 군. 한 고을
隣郡(인군) 이웃하고 있는 군
市郡(시군) 시(市)와 군

局 (훈)尸(주검시밑)
(획)4   localization
きょくげん
판국
キョク

限
한정한
ゲン・かぎる

局

限

局限(국한) 어떤 범위 안으로 한정함
局面(국면) ①승패를 다루는 판의 형
세 ②사건이 변해 가는
형편
局部(국부) ①전체의 한 부분 ②남
녀의 생식기
本局(본국) 국(局)자가 붙은 기관의
본부
戰局(전국) 전쟁의 형편

軍 (훈)車(수레거변)   troop
(획)2
ぐんたい
군사군
グン

隊
떼대
タイ

軍 [冖][ヨ][車][軍]

隊

軍隊(군대) 일정한 편제로 짜인 군인
軍刀(군도) 군인이 차는 칼
軍備(군비) 국방이나 전쟁에 대한 준
비
軍人(군인) 군에 뽑힌 모든 사람
空軍(공군) 하늘을 방어하는 군대
全軍(전군) 모든 군대. 군인 전체
友軍(우군) 자기편의 군대. 아군(我軍)

群

(부)羊(主)(양양변) crowd
(획)7　　ぐんしゅう
무리군
グン・むれ・むらがる

群

群衆(군중) 많이 모인 사람들
群居(군거) 떼를 지어 삶
群島(군도) 모여 있는 여러 섬들
群小(군소) 수많은 작은 것들
群雄割據(군웅할거) 많은 영웅들이 각
　　　지방에서 세력을 떨침
拔群(발군) 무리 속에서 뛰어남

衆

무리중
シュウ・シュ

衆

宮

(부)宀(갓머리)　　court
(획)7　　きゅうてい
집궁
キュウ・ク・グウ・みや

宮

宮廷(궁정) 임금이 있는 대궐
宮女(궁녀) 대궐에서 일하던 나인
宮人(궁인) ⇨궁녀(宮女)
宮中(궁중) 대궐 안
東宮(동궁) 왕세자. 또는 왕세자의 궁
龍宮(용궁) 용왕이 산다는 궁전
迷宮(미궁) 복잡해서 해결하기 어려
　　　운 사물의 비유

廷

조정정
テイ

廷

屈

(부)尸(주검시밑) humilia-
(획)5　　　　tion
　　　　くつじょく
굽힐굴
クツ・かがむ

屈

屈辱(굴욕) 남에게 굽혀야 하는 치욕
屈曲(굴곡) 이리저리 굽어 꺾임
屈伏(굴복) 항복하거나 힘에 겨워 꿇
　　　어 엎드림
屈伸(굴신) 몸의 굽힘과 펴
不屈(불굴) 굽히지 않음
卑屈(비굴) 비겁하고 천함

辱

욕될욕
ジョク・はじ

辱

窮

(부)穴(구멍혈밑) distress
(획)10　　きゅうじょう
다할궁
キュウ・きわめる

窮

窮狀(궁상) 궁하여 괴로운 상태
窮境(궁경) 궁한 처지
窮理(궁리) 이치를 깊이 연구함
窮相(궁상) 궁해 보이는 얼굴
窮地(궁지) 매우 어려운 처지
困窮(곤궁) 가난함
無窮(무궁) 끝이 없음

狀

모양상·모양장
ジョウ・かたち

狀

弓

(부)弓(활궁)　bow and
(획)(3)　　　arrow
　　　　ゆみや
활궁
キュウ・ゆみ

弓 | ㄱ | ㄱ | 弓 |

弓矢(궁시) 활과 화살
弓房(궁방) 활을 만들던 곳
弓手(궁수) 활 쏘는 사람
弓術(궁술) 활 쏘는 재주
弓馬(궁마) ①활과 말 ②궁술과 마
　　　술 ③무술(武術)
強弓(강궁) 힘이 센 활

矢

화살시
シ・や

矢

卷

(부)㔾(병부절변)
(획)6　　かんしゅ
　　first volume
책권
カン・ケン・まき・まく

卷 | 丷 | 半 | 夫 | 夬 | 卷 |

卷首(권수) 책의 첫머리. 권두
卷末(권말) 책의 뒷부분
卷頭(권두) ⇨권수(卷首)
卷數(권수) 책의 수
卷尺(권척) 줄자. 감게 된 자
上卷(상권) 두 권으로 된 책의 첫권
席卷(석권) 마구 떨쳐 휩쌈

首

머리수
シュ・くび

首

권세권 木(나무목) 18 right 利
ケン・ゴン 이할리 リ・きく

權 木 枠 権 權 權 利

權利(권리) 법률의 보호를 받는 능력
權威(권위) 권력과 위세. 위력
權謀術數(권모술수) 교묘하게 남을 속이는 술책
利權(이권) 이익을 얻게 되는 권리
職權(직권) 업무상의 권한
債權(채권) 남에게서 받을 돈 따위의 권리

주먹권 手(손수) 6 boxing 鬪
ケン・こぶし 싸울투 トウ・たたかう

拳 鬪

拳鬪(권투) 주먹으로 치는 경기
拳拳(권권) ①쥐고 놓지 않음 ②삼가 받드는 모양 ③극진히 사랑하는 모양
拳銃(권총) 총신이 짧은 총. 피스톨(pistol)
强拳(강권) 센 주먹
空拳(공권) 빈 주먹
鐵拳(철권) 힘이 센 주먹

권할권 力(힘력) 18 promotion 獎
カン・すすめる 권면할장 ショウ・すすめる

勸 艹 苗 苩 蓸 勸 獎

勸獎(권장) 권하여 힘쓰게 함
勸告(권고) 타일러 권함
勸農(권농) 농사를 권장함
勸誘(권유) 권해서 하도록 함
勸酒(권주) 술을 권함
勸學(권학) 학문에 힘쓰라고 권함
强勸(강권) 억지로 하라고 권함

그럴궐 厂(민엄호밑) 10 outset 初
ケツ・その 처음초 ショ・はつ・はじめ

厥 初

厥初(궐초) 시초. 처음. 최초
厥女(궐녀) 그 여자. 그녀
厥明(궐명) ①그 이튿날 ②다음날의 날이 밝을 무렵
厥尾(궐미) 짧은 꼬리나 그런 개
厥者(궐자) 그 사람의 낮춤말
厥後(궐후) 그 후

문서권 刀(칼도) 6 けんめん 面
ケン 낯면 メン・つら・おも・おもて

券 面

券面(권면) 채권 따위의 금액이 써 있는 쪽
券契(권계) 약속어음
券面額(권면액) 권면에 적힌 금액
券書(권서) 약속한 증서
食券(식권) 식사를 타는 표
株券(주권) 주식의 소유를 증명하는 증서

귀할귀 貝(조개패) 5 honored guest 賓
キ・たっとい・とうとい 손빈 ヒン

貴 口 中 虫 虫 貴 賓

貴賓(귀빈) 귀한 손님
貴骨(귀골) 귀하게 자란 사람. 또는 잔약한 사람
貴社(귀사) 상대방의 회사에 대한 높임말
高貴(고귀) 높고 귀함
富貴(부귀) 돈이 많고 지체가 높음

歸 ㉕止(그칠지) ㉔14　home-ward
돌아볼귀
キ・かえる

航 きこう
배항
コウ

歸

航

歸航(귀항) 배나 항공기가 출발지로 돌아옴
歸家(귀가) 집으로 돌아옴
歸國(귀국) 본국으로 돌아옴
歸路(귀로) 돌아가는 길
歸順(귀순) 적이 굴복하고 순종함
復歸(복귀) 본디의 자리나 상태로 회복함
不歸(불귀) 돌아오지 않음. 곧 죽음

規 ㉕見(볼견) ㉔4　regulation
법규
キ・のり

律 きりつ
법률
リツ・リチ・のり

規

律

規律(규율) 일정한 법규. 규칙
規格(규격) 일정한 표준. 격식
規模(규모) 사물의 구조나 크기
規則(규칙) 지켜야 할 법칙
法規(법규) 법으로 정한 규정
正規(정규) 바른 규정
例規(예규) 관례로 된 규칙

鬼 ㉕鬼(귀신귀) ㉔(10)　ghost
귀신귀
キ・おに

神 きしん
귀신신
シン・ジン・かみ・こう

鬼

神

鬼神(귀신) 눈에 안 보이는 혼귀
鬼哭(귀곡) 죽은 원귀의 울음소리
鬼工(귀공) 귀신같이 뛰어난 솜씨
鬼面(귀면) 귀신의 얼굴. 또는 그런 모습
鬼語(귀어) 귀신이 한다는 말
百鬼(백귀) 백 가지 귀신. 온갖 귀신
惡鬼(악귀) 악한 귀신

閨 ㉕門(문문) ㉔6　けいしゅう
안방규
ケイ・ねや

秀
빼어날수
シュウ・ひいでる

閨

秀

閨秀(규수) 학문과 재주가 뛰어난 여자
閨房(규방) 안방. 침실
閨中(규중) 부녀자가 거처하는 방 안
閨中處女(규중처녀) 안방 속에만 있는 처녀
孤閨(고규) 여자가 홀로 자는 침실
空閨(공규) 남편없이 홀로 지내는 쓸쓸한 방

叫 ㉕口(입구변) ㉔2　shout
부르짖을규
キョウ・さけぶ

號 きょうごう
이름호
ゴウ・さけぶ

叫

號

叫號(규호) 큰 소리로 부르짖음
叫苦(규고) 비명을 지름
叫叫(규규) 밀리서 외치는 소리
叫門(규문) 문을 두드려 안내를 바람
叫聲(규성) 부르짖는 소리
大叫(대규) 크게 외침
絶叫(절규) 힘껏 외침

均 ㉕土(흙토변) ㉔4　uniformity
고를균
キン・ひとしい

一 きんいつ
한일
イチ・イツ・ひとつ

均 | 一 | 十 | 土 | 均 | 均

一

均一(균일) 똑같이 고름
均等(균등) 차별없이 똑같음
均齊(균제) 균형이 잡혀 고르고 가지런함
平均(평균) ①똑같이 고르게 함 ②둘 이상인 것의 중간 수치(數値)

菌 (부)艸(⺾)(초두밑) (획)8　fungus　きんるい
버섯균　キン・きのこ

類 무리류　ルイ・たぐい

菌

類

菌類(균류) 은화식물의 하나. 버섯무리
菌根(균근) 공생작용을 하는 뿌리
菌桂(균계) 육계의 한 가지
菌毒(균독) 버섯 종류가 가진 독
細菌(세균) 박테리아. 미균(黴菌)
病菌(병균) 병을 퍼뜨리는 세균

劇 (부)刀(刂)(칼도) (획)13　げきへん
심할극　ゲキ・はげしい

變 변할변　へん・かわる

劇

變

劇變(극변) 급작스런 변화
劇團(극단) 연극하는 단체
劇烈(극렬) 과격하고 맹렬함
劇藥(극약) 성질이 독하여 지나치면 목숨을 잃는 약
劇作家(극작가) 연극을 창작하는 작가
歌劇(가극) 노래로 엮어진 연극. 오페라(opera)

極 (부)木(나무목변) (획)9　きょくりょく
다할극　キョク・ゴク・きわめる

力 힘력　リョク・リキ・ちから

極 朽 柯 柿 極 極

力

極力(극력) 있는 힘을 다함. 힘껏
極難(극난) 몹시 어려움
極端(극단) ①맨 끝 ②한쪽으로 치우침
極度(극도) 더할나위없이 심한 정도
極盡(극진) 힘과 마음을 다함
至極(지극) 극심한 데까지 이름

近 (부)辵(辶⻍)(책받침) (획)4　recent times　きんだい
가까울근　キン・コン・ちかい

代 대신할대　ダイ・よ・かわる

近 丿 亻 斤 斤 近 近

代

近代(근대) 가까운 지난 시대. 또는 현대
近近(근근) 근일 수일 후
近似(근사) 아주 비슷함
近視(근시) 먼 곳의 것을 잘 못 보는 시력
遠近(원근) 멀고 가까움
最近(최근) 가장 가까운 날 요즈음

克 (부)儿(어진사람인발) (획)5　victory　こくふく
이길극　コク・かつ

服 옷복　フク

克

服

克服(극복) 어려운 일을 이겨냄
克己(극기) 자신의 욕망을 자제(自制)함
克明(극명) 속속들이 자세히 밝힘
克勵(극려) 사사로운 정이나 욕심을 극복함
克復(극복) 이겨서 본디의 상태로 되돌림

勤 (부)力(힘력) (획)11　labor　きんろう
부지런할근　キン・つとめる

勞 수고로울로　ロウ・いたわる

勤 艹 苫 苇 菫 勤

勞

勤勞(근로) 심신을 수고롭게 하여 일함
勤勉(근면) 부지런히 노력함
勤務(근무) 봉급을 받고 나가 일함
勤續(근속) 한 곳에서 오래 근무함
缺勤(결근) 일을 쉬고 안 나감
出勤(출근) 근무처로 일하러 나감
通勤(통근) 집에서 다니면서 근무함

根 ⊕木(나무목변) source 源
⊜6 こんげん
뿌리근 근원원
コン・ね ゲン・みなもと

根 十 木 杧 椚 根 根 源

根源(근원) 근본이 되는 밑바탕
根幹(근간) ①뿌리와 줄기 ②사물의
　　　　　　바탕이나 중심
根本(근본) 사물의 밑바탕. 근원
根絕(근절) 뿌리째 뽑아 없앰
根治(근치) 병을 뿌리째 고쳐 없앰
病根(병근) 병의 뿌리. 병의 근원

謹 ⊕言(말씀언변) 賀
⊜11 congratulation
きんが
삼갈근 축하할하
キン・つつしむ ガ・いわう

謹 賀

謹賀(근하) 삼가 축하함
謹賀新年(근하신년) 삼가 새해를 축
　　　　　　하함
謹啓(근계) 삼가 아룀. 편지 첫머리
　　　　에 쓰는 말
謹愼(근신) 언행을 조심함
謹嚴(근엄) 엄격하여 조심성스러움
溫謹(온근) 온순하고 조심성이 있음

斤 ⊕斤(날근변) 量
⊜(4) きんりょう
날근 헤아릴량
キン・おの リョウ・はかる

斤 量

斤量(근량) 근으로 헤아린 무게
斤兩(근량) 근으로 단 무게
斤數(근수) 몇 근이냐 하는 수
斤重(근중) 근으로 나타낸 무게
每斤(매근) 한 근 한 근마다
千斤(천근) 한 근의 천배. 또는 몹시
　　　　　무겁다는 비유

金 ⊕金(쇠금) gold and 銀
⊜(8) silver
きんぎん
쇠금・성김 은은
キン・コン・かね ギン・しろがね

金 人 今 全 金 金 銀

金銀(금은) 금과 은
金庫(금고) ①돈이나 중요한 물건을
　　　　넣는 쇠로 만든 궤 ②국
　　　　가나 공공기관의 현금 출
　　　　납기관
金利(금리) 돈의 이자
元金(원금) 본전
現金(현금) 현재 실제로 있는 돈

僅 ⊕亻(인변) littleness 少
⊜11 きんしょう
겨우근 적을소
キン・わずか ショウ・すくない

僅 少

僅少(근소) 아주 적음
僅僅(근근) 겨우. 간신히
僅僅得生(근근득생) 간신히 살아감
僅僅扶持(근근부지) 겨우 버티며 유
　　　　　　지하고 있음
僅存(근존) 간신히 존속됨
僅可(근가) 겨우. 간신히

今 ⊕人(사람인) 時
⊜2 こんじ・いまどき
이제금 때시
コン・キン・いま ジ・とき

今 人 스 今 時

今時(금시) 이제. 지금
今年(금년) 올해
今明間(금명간) 오늘이나 내일 사이
今般(금반) 이번
今夜(금야) 오늘 밤
昨今(작금) 어제와 오늘. 요즈음
現今(현금) 지금. 현재

禁忌

禁 [부]示(보일시) [획]8 taboo きんき **忌**

금할금 꺼릴기
キン・きんずる キ・いむ

禁 | 木 | 林 | 林 | 埜 | 禁 | 忌

禁忌(금기) 꺼리어 금하고 안함
禁輸(금수) 수입이나 수출을 금함
禁漁(금어) 고기잡이를 금함
禁煙(금연) 담배를 금함
禁酒(금주) 술을 금함. 술을 끊음
嚴禁(엄금) 절대로 못 하도록 금함
解禁(해금) 금했던 것을 해제함

琴線

琴 [부]王(玉)(구슬옥변) [획]8 きんせん **線**

거문고금 줄선
キン・こと セン・すじ

琴 線

琴線(금선) ①거문고의 줄 ②감동하여 같이 느끼는 마음
琴曲(금곡) 거문고의 곡조
琴譜(금보) 거문고의 악보
木琴(목금) 나무로 만든 타악기의 하나
心琴(심금) 큰 감동을 느끼는 미묘한 심정

錦衣

錦 [부]金(쇠금변) [획]8 きんい **衣**

비단금 옷의
キン・にしき イ・エ・ころも

錦 衣

錦衣(금의) 비단 옷
錦衣還鄕(금의환향) 출세하여 고향으로 뽐내고 돌아감
錦上添花(금상첨화) 비단 위에 꽃을 더함. 아름다운 일에 더욱 아름다움이 겹침
錦衣玉食(금의옥식) 좋은 옷과 좋은 음식 호화로운 생활

及第

及 [부]丿(삐침) [획]2 pass きゅうだい **第**

미칠급 차례제
キュウ・およぶ ダイ・テイ

及 | 丿 | 乃 | 及 | 第

及第(급제) 시험에 합격함
及其也(급기야) 마침내. 필경에는
及落(급락) 급제와 낙제
普及(보급) 널리 미치도록 퍼뜨림
言及(언급) 어떤 문제에까지 말이 미침
論及(논급) 논의가 어떤 문제에 미침

禽獸

禽 [부]内(짐승발자국유) [획]8 animals きんじゅう **獸**

새금 짐승수
キン・とり ジュウ・けもの・けだもの

禽 獸

禽獸(금수) 날짐승과 길짐승. 곧, 동물
禽鳥(금조) 날짐승. 새
禽獲(금획) 사로잡음
家禽(가금) 집에서 기르는 조류. 닭·오리 따위
鳴禽(명금) 고운 목소리로 우는 새
生禽(생금) 산 채로 잡음

給與

給 [부]糸(실사변) [획]6 allowance きゅうよ **與**

줄급 더불여
キュウ・たまう ヨ・あたえる

給 | 幺 | 糸 | 糸人 | 給 | 與

給與(급여) 돈이나 물자를 줌. 또는 그 금품
給料(급료) 일급이나 월급. 보수
給食(급식) 식사를 제공함
給油(급유) 기름을 공급함
官給(관급) 관청에서 지급함
配給(배급) 고루 분배함
昇給(승급) 일급·월급이 오름

急 進

急
(훈)心(마음심)
(획)5
きゅうしん
급할급
キュウ・いそぐ

進
나갈진
シン・すすむ

急 ㄅ ㅅ ㅋ ㅋ 急   進

急進(급진) ①급히 나아감 ②이상을
　　　　　급하게 실현하려고 함
急激(급격) 급하고 격렬함
急告(급고) 급히 알림
急報(급보) 급히 보고함. 또는 그 보고
急行(급행) ①빨리 감 ②급행열차
緊急(긴급) 긴요하고 급함

己 身

己
(훈)己(몸기)
(획)(3)
きしん
self
몸기
コ・キ・おのれ

身
몸신
シン・み

己 [ㄱ 己]   身

己身(기신) 자기 몸. 자신(自身)
己物(기물) 자기 물건
己未運動(기미운동) 기미년(己未年)
　　　　　즉 1919년에 일어난 우리
　　　　　민족의 독립운동
利己(이기) 자기 이익만 꾀함
自己(자기) 제 몸. 저 자신
知己(지기) 아는 사람

級 數

級
(훈)糸(실사변)
(획)4
series
きゅうすう
차례급
キュウ・しな

數
셀수
ス・スウ・かず・かぞえる

級   數

級數(급수) 일정한 법칙에 의한 순서
級友(급우) 같은 학급의 벗
級長(급장) 학급의 학생 대표. 반장
同級(동급) 같은 급수
首級(수급) 으뜸가는 차례
學級(학급) 같은 교과를 배우는 등급

記 錄

記
(훈)言(말씀언변)
(획)3
record
きろく
기록할기
キ・しるす

錄
기록할록
ロク・しるす

記 ㄹ 言 計 記   錄

記錄(기록) ①어떤 사실을 적음 ②운
　　　　　동경기의 득점수
記念(기념) 오래 기억하고 잊지 않음
記名(기명) 이름을 적음
記事(기사) 신문이나 잡지에 실린 글
明記(명기) 분명히 적음
手記(수기) 경험 따위를 손수 적음
日記(일기) 나날의 기록

肯 定

肯
(훈)肉(月)(육달월변)
(획)4
affirmance
こうてい
즐길긍
コウ・かえんずる

定
정할정
テイ・ジョウ・さだめる

肯   定

肯定(긍정) 그렇다고 인정함
肯可(긍가) 가하다고 용인함
肯諾(긍낙) 쾌히 승낙함
肯從(긍종) 즐겨 따름
肯志(긍지) 찬성한다는 뜻
首肯(수긍) 고개를 끄덕여 승인함

起 伏

起
(훈)走(달아날주변)
(획)3
undulation
きふく
일어날기
キ・おきる・おこる

伏
엎드릴복
フク・ふせる

起 土 ㅕ 走 起 起   伏

起伏(기복) ①높낮이 ②성쇠(盛衰)
起居(기거) ①일어남과 앉음 ②일상
　　　　　생활
起工(기공) 공사 따위를 시작함
起動(기동) ①몸을 일으키고 움직임
　　　　　②기관이 운전을 시작함
起死回生(기사회생) 병이나 실패한 처
　　　　　지에서 다시 재생함
興起(흥기) 떨쳐 일어남. 왕성하게 됨

其 (부)八(여덟팔) (획)6

그기
キ・その・それ

그 밖의 / そのた and others

他 다를타
タ・ほか

其 一 廿 甘 其 其

他

其他(기타) 그 밖에. 그 외에
其間(기간) 그 동안
其實(기실) 사실인즉. 실제의 형편
其前(기전) 그 전. 그러기 전
其後(기후) 그 후. 그 뒤
無出其右(무출기우) 그보다 더 뛰어난 인물이나 물건이 없음

氣 (부)气(기운기밑) (획)6 / 气(기운기밑) climate きこう

기운기
キ・ケ

候 기후후
コウ・そうろう

氣 一 气 気 氛 氣

候

氣候(기후) 계절의 춥고 더운 상태
氣槪(기개) 굽히지 않는 꿋꿋한 의기
氣高萬丈(기고만장) 일이 뜻대로 잘 되어 지나치게 기운이 펼 펄 남
大氣(대기) 공중이나 우주의 기체(氣體)
元氣(원기) 기운. 정기
天氣(천기) 날씨. 일기

期 (부)月(달월) (획)8 / period きかん

기약기
キ・ゴ

間 사이간
カン・ケン・ま・あいだ

期 廿 甘 其 期 期

間

期間(기간) 정해진 동안
期待(기대) 믿고 기다림
期成(기성) 성취하기를 기약함
期必(기필) 꼭 이루도록 기약함
期限(기한) 미리 정한 한정된 시기
滿期(만기) 기한이 다 참
定期(정기) 규칙적으로 정해진 기간

技 (부)扌(手)(재방변) (획)4 / technique ぎじゅつ

재주기
ギ・わざ

術 꾀술
ジュツ・すべ

技 扌 扌 扩 扩 技

術

技術(기술) 공예(工藝) 따위의 재주
技巧(기교) 공예나 예술상의 재주나 수법
技能(기능) 재주. 재능
技法(기법) 하는 법. 수법
長技(장기) 특별히 잘하는 재주
特技(특기) 특별히 잘하는 기술
妙技(묘기) 기묘한 재주

基 (부)土(흙토) (획)8 / base きばん

터기
キ・もと・もとい

盤 소반반
バン

基 一 土 甘 其 基 基

盤

基盤(기반) 사물의 밑바탕. 토대
基幹(기간) 본바탕이 되는 줄기
基金(기금) 어떤 목적을 위한 기본금이나 자본
基本(기본) 사물의 기초·근본
基準(기준) 기본이 되는 표준
國基(국기) 나라의 기초
根基(근기) 뿌리를 잡은 터전

幾 (부)幺(작을요변) (획)9 / geometry きか

몇기
キ・いくつ

何 어찌하
カ・なに

幾 幺 丝 丝 丝 幾 幾

何

幾何(기하) ①얼마 ②공간에 관한 수학. 기하학
幾時(기시) 얼마쯤 되는 시간
幾次(기차) 몇 차례
幾許(기허) 얼마. 얼마쯤
幾至死境(기지사경) 거의 죽을 지경에 이름
庶幾(서기) 거의

旣成

旣 [부]无(이미기방) [획]7 きせい 成

이미기 キ・すでに / 이룰성 セイ・なる

旣成(기성) 이미 이루어졌음
旣定(기정) 이미 정해짐
旣得(기득) 이미 자기것이 된 것
旣往(기왕) 이미 과거에
旣婚(기혼) 이미 결혼했음
旣知(기지) 이미 알고 있음
皆旣食(개기식) 해가 전부 가려지는 일식. 달이 전부 가려지는 월식

旗手

旗 [부]方(모방변) [획]10 standard-bearer きしゅ 手

기기 キ・はた / 손수 シュ・て

旗手(기수) 기를 드는 사람
旗章(기장) 기에 그려진 표지(標識)
旗標(기표) ⇨기장(旗章)
校旗(교기) 학교를 상징하는 기
國旗(국기) 국가를 상징하는 기
軍旗(군기) 군대의 표장이 되는 기
社旗(사기) 회사의 표장이 되는 기

紀元

紀 [부]糸(실사변) [획]3 era きげん 元

벼리기 キ・のり / 으뜸원 ゲン・ガン・もと

紀元(기원) ①건국(建國)의 첫해 ②연수(年數)를 세는 첫해
紀綱(기강) 법도. 근본이 되는 대강(大綱)
紀行(기행) 여행에서 견문한 것을 적음
官紀(관기) 관청의 규율
世紀(세기) ①100년을 한 단위로 한 시대 ②연대(年代)

欺心

欺 [부]欠(하품흠몸) [획]8 ぎしん deceiving oneself 心

속일기 ギ・あざむく / 마음심 シン・こころ

欺心(기심) 자기의 양심을 속임
欺詐(기사) 남을 속임. 사기
欺世(기세) 세상을 속임
欺笑(기소) 남을 속여 비웃음
欺惑(기혹) 속여 미혹시킴
詐欺(사기) 남을 속임
欺弄(기롱) 남을 속여 놀림

忌避

忌 [부]心(마음심) [획]3 evasion きひ 避

꺼릴기 キ・いむ / 피할피 ヒ・のがれる

忌避(기피) 꺼리어 피함
忌故(기고) 기제(忌祭)를 지냄
忌日(기일) ①어버이가 돌아간 날 ②꺼리는 불길한 날
忌祭(기제) 기일(忌日)에 지내는 제사
忌中(기중) 상중(喪中)임
大忌(대기) 크게 꺼리고 싫어함

奇蹟

奇 [부]大(큰대) [획]5 miracle きせき 蹟

기이할기 キ・あやしい / 자취적 セキ・あと

奇蹟(기적) 상식으로는 이해할 수 없는 기이한 일
奇怪(기괴) 기이하고 괴상함
奇妙(기묘) 신기하고 묘함
奇數(기수) 홀수
數奇(수기) 운수가 사나움
珍奇(진기) 진귀하고 기이함

騎士

騎 [부]馬(말마변) [획]8 knight きし 士

말탈기 キ・のる　　선비사 シ・さむらい

騎　士

騎士(기사) ①말탄 사람 ②유럽에서 옛날에 말을 탄 무사
騎馬(기마) 말을 탐. 또는 그 말과 사람
騎手(기수) 경마장 따위에서 말을 전문으로 타는 사람
騎虎之勢(기호지세) 말을 타고 달리고 있는 형세. 곧 도중에 중지할 수 없는 처지

棄兒

棄 [부]木(나무목) [획]8 foundling きじ 兒

버릴기 キ・すてる　　아이아 ジ・こ

棄　兒

棄兒(기아) 아이를 내다가 버림
棄却(기각) 버리고 쓰지 않음
棄權(기권) 권리를 포기함
棄材(기재) 버림받은 인재(人才)
揚棄(양기) 초월하여 높은 단계로 통일됨. 지양(止揚)
廢棄(폐기) 내버리고 안 씀

寄宿

寄 [부]宀(갓머리) [획]8 lodging きしゅく 宿

부칠기 キ・よる　　잘숙 シュク・やど・とまる

寄　宿

寄宿(기숙) 남의 집에 붙여서 숙식함
寄稿(기고) 원고를 보내어 싣게 함
寄留(기류) 남의 집이나 타향에서 잠시 몸붙여 삶
寄食(기식) 남의 집에서 먹고 있음
寄贈(기증) 물건을 거져 보내 줌
投寄(투기) 남에게 물건을 부침

祈願

祈 [부]示(보일시변) [획]4 supplication きがん 願

빌기 キ・いのる　　원할원 ガン・ねがう

祈　願

祈願(기원) 신불에 빌고 원함
祈穀(기곡) 농사 잘 되기를 빎
祈求(기구) 간절히 구함
祈雨(기우) 비가 오기를 빎
祈祝(기축) 빌어 축수함
祈請(기청) 신불에 빌고 청함
望祈(망기) 바라고 빎

豈不

豈 [부]豆(콩두) [획]3 how couldn't (あに…ざらんや) 不

어찌기・승전악개 ガイ・あに　　아닐불(부) フ・ブ(ず)

豈　不

豈不(기불) 어찌 …하지 않으랴.「豈不爾思(어찌 너를 생각지 않으랴)」
豈樂(개악) 싸움에 이기고서 울리는 음악
豈弟(개제) 편안히 즐김

企劃

企 [부]人(사람인) [획]4 plan きかく 劃

꾀할기 キ・くわだてる　　그을획 カク・くぎる

企　劃

企劃(기획) 일을 꾸며 계획함
企及(기급) 꾀하여 이루었음
企待(기대) 이루어지기를 바라고 기다림
企圖(기도) 일을 꾸미려고 꾀함
企望(기망) 계획하여 되기를 바람
企業(기업) 영리를 목적으로 하는 생산 사업

畿 內

[부]田(밭전) [획]10 きない

경기기 キ — 안내 ダイ・ナイ・うち

畿 內

畿內(기내) 수도(首都)에서 가까운 지역 일대
畿湖(기호) 경기도・황해도의 남부 충청북도와 충청남도의 북부지역의 총칭
京畿(경기) ①서울에 가까운 지역 ②경기도
近畿(근기) 서울에 가까운 지역

機 械

[부]木(나무목변) [획]12 machine きかい

기계기 キ・はた — 기계계 カイ

機 械

機械(기계) 동력의 힘을 이용하는 장치
機甲(기갑) 최신 과학을 이용한 병기
機關(기관) ①활동 장치가 있는 기계 ②어떤 목적을 위한 조직체
機構(기구) 조직. 구조(構造)
失機(실기) 기회를 놓침
好機(호기) 좋은 기회

飢 餓

[부]食(밥식변) [획]2 hunger きが

굶주릴기 キ・うえる — 굶주릴아 ガ・うえる

飢 餓

飢餓(기아) 굶주림
飢渴(기갈) 배고프고 목마름
飢死(기사) 굶어죽음
飢者甘食(기자감식) 배고픈 사람은 무엇을 먹으나 맛이 좋음. 궁하면 좋고 나쁜 것을 가리지 않는다는 비유
飢寒(기한) 배고프고 추위에 떪

緊 縮

[부]糸(실사) [획]8 retrenchment きんしゅく

요긴할긴 キン・きびしい — 오그라들축 シュク・ちぢむ

緊 縮

緊縮(긴축) 바짝 줄임
緊急(긴급) 긴요하고 몹시 급함
緊密(긴밀) 빈틈없이 엄밀하게 함
緊迫(긴박) 매우 절박함
緊張(긴장) ①조심성있게 정신을 바짝 차림 ②팽팽하게 함
要緊(요긴) 꼭 필요하고 소중함

器 具

[부]口(입구) [획]13 appliance きぐ

그릇기 キ・うつわ — 갖출구 グ・そなわる

器 具

器具(기구) 그릇. 간단한 연장
器官(기관) 생물의 활동하는 조직
器物(기물) 그릇. 작은 세간
器樂(기악) 악기로만 연주하는 음악
便器(변기) 대소변을 받는 용기
利器(이기) 이로운 물건
土器(토기) 질그릇

吉 祥

[부]口(입구) [획]3 きっしょう lucky sign

길할길 キツ・キチ・よい — 상서로울상 ショウ

吉 | 一 | 十 | 士 | 吉 | 吉 | 祥

吉祥(길상) 길한 징조. 좋은 일
吉報(길보) 좋은 소식
吉事(길사) 경사스러운 일
吉日(길일) 좋은 날
吉凶(길흉) 길함과 흉함
大吉(대길) 크게 길함
不吉(불길) 길하지 못함

57

那 ㉠阝(邑)(우부방) なへん
㉡4 邊
where
어찌나
ナ ヘン・ベ・ほとり
가변

那 邊

那邊(나변) 어느 곳. 어디
那間(나간) 언제쯤
那事(나사) 무슨 일
那時(나시) 어느 때. 하시(何時)
那中(나중) 그 곳. 그 속
那處(나처) ①어느 곳 ②저 곳
支那(지나) 중국의 대륙을 이르는 말

難 ㉠隹(새추) impregna-
㉡11 bility
なんこう
攻
어려울난
ナン・がたい・ むずかしい
칠공
コウ・せめる

難 芢 莣 茣 艱 難 攻

難攻(난공) 치기 어려움
難工事(난공사) 어렵고 힘드는 공사
難解(난해) 풀기가 어려움
非難(비난) 헐뜯음
災難(재난) 재화. 어려운 재액
避難(피난) 재난을 피함

諾 ㉠言(말씀언변) だくひ
㉡9 否
허락할낙
ダク
아니부
ヒ・いな

諾 否

諾否(낙부) 허락함과 허락하지 않음
諾諾(낙낙) 남의 말을 잘 듣는 모양
諾從(낙종) 승낙하여 따름
受諾(수락) 청을 받아들여 승낙함
承諾(승낙) 좋다고 허락함
快諾(쾌락) 쾌히 승낙함
許諾(허락) 허용함. 들어 줌

南 ㉠十(열십) south-land
㉡7 なんこく
國
남녘남
ナ・ナン・みなみ
나라국
コク・くに

南 十 古 南 南 南 國

南國(남국) 남쪽 나라
南端(남단) 남쪽 끝
南部(남부) 남쪽 부분
南村(남촌) 남쪽에 있는 마을
江南(강남) 강의 남쪽
東南(동남) 동쪽과 남쪽 사이
南下(남하) 남쪽으로 내려감

暖 ㉠日(날일) heating
㉡9 だんぼう
房
따뜻할난
ダン・あたたかい
방방
ボウ・ふさ

暖 昄 昤 晬 暖 暖 房

暖房(난방) ①따뜻한 방 ②방을 따뜻하게 함
暖爐(난로) 땔감을 넣어 방을 따뜻하게 하는 제구
暖流(난류) 해류(海流)의 하나로, 따뜻한 물줄기
溫暖(온난) 따뜻함
寒暖計(한난계) 온도를 재는 제구.온도계(溫度計)

男 ㉠田(밭전) man and
㉡2 woman
だんじょ
女
사내남
ダン・ナン・おとこ
계집녀
ジョ・ニョ・ め・おんな

男 冂 田 田 男 男 女

男女(남녀) 남자와 여자
男相(남상) 남자처럼 생긴 여자의 얼굴
男性(남성) ①남자 ②남자의 성질
男裝(남장) 여자가 남자차림을 함
男湯(남탕) 남자만 들어가는 목욕탕
美男(미남) 아름답게 생긴 남자
長男(장남) 큰아들

納 ⊕糸(실사변) ④4 tax payment のうぜい 稅
들일납 ノウ・トウ・ナ・ナン・おさめる 세금세 ゼイ

納

稅

納稅(납세) 세금을 납부함
納期(납기) 세금 따위를 내는 기한
納付(납부) 납입
納入(납입) 세금 따위를 바침
返納(반납) 되돌려 보냄
出納(출납) 금품을 내주고 받아들임

乃 ⊕ノ(삐침) ④1 from…to ないし 至
이에내 ダイ・ナイ 이를지 シ・いたる

乃 ノ 乃

至

乃至(내지) 순서나 정도를 나타낼 때 그 중간을 생략할 적에 쓰는 말. 「500 乃至 1000」
乃父(내부) 아들에 대한 아버지의 자칭
乃者(내자) 전자에. 이전에. 전날
乃兄(내형) 아우에 대한 형의 자칭
人乃天(인내천) 사람이 곧 한울(하늘)이라고 하는 천도교의 교리

娘 ⊕女(계집녀) ④7 maidens じょうし 子
딸낭 ジョウ・むすめ 아들자 シ・ズ・こ

娘

子

娘子(낭자) ①처녀. 소녀 ②딸 ③어머니 ④아내. 부인
娘子軍(낭자군) 여자로 편성된 군대 여군(女軍)
娘家(낭가) 외갓집
娘娘(낭낭) ①어머니 ②황후. 왕비
小娘(소낭) 작은 소녀

奈 ⊕大(큰대) ④5 how (いかん) 何
어찌내・어찌나 ナ 어찌하 カ・なに(なん)

奈

何

奈何(내하) 어찌함. 「奈何오(어찌하랴)」
奈己(내기) 영천(榮川)의 옛이름
奈落(나락) ①지옥. 범어(梵語)의 Naraks 의 번역어 ②극장의 무대 밑을 이르는 말 ③비참한 환경의 비유

內 ⊕入(들입) ④2 ないがい 外
안내 ナイ・ダイ・うち 바깥외 ガイ・ゲ・そと・ほか・はずす

內 ｜ 口 内 内

外

內外(내외) ①안과 밖 ②부부 ③남녀 간에 예의로 얼굴을 마주 대하지 않던 일
內勤(내근) 집 안에서 근무함
內幕(내막) 일의 속내
對內(대내) 내부에 대한 것
場內(장내) 어떤 장소의 안

耐 ⊕而(말이을이변) ④3 sustenance たいきゅう 久
견딜내 タイ・たえる 오랠구 キュウ・ひさしい

耐

久

耐久(내구) 오래 견딤
耐飢(내기) 주림을 견디어 냄
耐忍(내인) ⇨인내(忍耐)
耐辱(내욕) 부끄러움을 참음
耐寒(내한) 추위를 견딤
耐火(내화) 불에 견딤
忍耐(인내) 참고 견딤

女 ⊕女(계집녀) woman ㉿(3) じょし 子
계집녀 아들자
ジョ・ニョ・め・おんな シ・ズ・こ

女 〈 𡿨 女　　子

女子(여자) 여성
女權(여권) 모든 면에서의 여자의 권리
女流(여류) 여성. 여자인 입장
女息(여식) 딸
婦女(부녀) 모든 여자. 부녀자
淑女(숙녀) 정숙한 여자. 교양이 있는 여자
處女(처녀) 아직 시집가지 않은 여자

寧 ⊕宀(갓머리) peaceful day ㉿11 ねいじつ 日
편안할녕 날일
ネイ ジツ・ニチ・ひ

寧　　日

寧日(영일) 일이 없고 마음이 편안한 날
寧居(영거) 마음 편히 삶
寧歲(영세) 일이 없고 평화로운 해
寧處(영처) 마음놓고 편안히 삶
康寧(강녕) 편안하여 걱정이 없음
安寧(안녕) 별고없이 편안히 있음

年 ⊕干(방패간) ねんこう 功
㉿3
해년 이바지할공
ネン・とし コウ・ク

年 ⺊ ⺊ ⺈ 年　　功

年功(연공) 여러 해 근무한 공로
年間(연간) 한 해 동안
年度(연도) 사무상으로 구분한 1년
年頭(연두) 새해의 첫머리
年長者(연장자) 나이가 많은 사람
每年(매년) 해마다
數年(수년) 몇 해. 여러 해

怒 ⊕心(마음심) rage ㉿5 どき 氣
성낼노 기운기
ド・いかる・おこる キ・ケ

怒 女 奴 奴 怒 怒　　氣

怒氣(노기) 노여운 기색
怒發大發(노발대발) 몹시 노하고 성을 냄
怒號(노호) ①성내어 부르짖음 ②바람・물결의 세찬 소리
激怒(격노) 몹시 노함
大怒(대노) 크게 노함
憤怒(분노) 분하게 여겨 노함

念 ⊕心(마음심) desire ㉿4 ねんがん 願
생각념 원할원
ネン ガン・ねがう

念 人 今 念 念　　願

念願(염원) 생각하고 있는 소원
念頭(염두) 머리 속에 넣고 잊지 않음
念外(염외) 생각도 안 했음
念珠(염주) 보리자를 실에 꿴 물건
斷念(단념) 생각하지 않기로 함
信念(신념) 변하지 않는 굳은 생각
雜念(잡념) 다른 여러 가지 생각

奴 ⊕女(계집녀변) slave ㉿2 どひ 婢
종노 계집종비
ド・ヌ ヒ

奴　　婢

奴婢(노비) 남자 종과 여자 종
奴主(노주) 종과 주인
農奴(농노) 옛날에 유럽에서 농사를 시키던 노예
賣國奴(매국노) 나라를 팔아먹는 놈
守錢奴(수전노) 돈 모으기에만 급급한 사람

努力

努 [부]力(힘력) [획]5
effort
どりょく

努 힘쓸노
ド・つとめる

力 힘력
リョク・リキ・ちから

努　力

努力(노력) 힘을 들여 애씀
努力家(노력가) 노력하는 사람
努目(노목) 성을 내어 눈을 부라림
努肉(노육) 궂은살

腦炎

腦 [부]月(肉)(육달월변) [획]9
encephalitis
のうえん

腦 머릿골뇌
ノウ

炎 불꽃염
エン・ほのお

腦　炎

腦炎(뇌염) 뇌수에 생기는 염증
腦裏(뇌리) 뇌 안. 마음 속
腦貧血(뇌빈혈) 뇌의 피가 부족해져서 생기는 병
腦神經(뇌신경) 뇌를 중심으로 얼굴에까지 퍼진 신경
頭腦(두뇌) 머리의 뇌. 지능적 작용

農業

農 [부]辰(별진) [획]6
agriculture
のうぎょう

農 농사농
ノウ

業 일업
ギョウ・ゴウ・わざ

農 [曲 曲 曲 芦 農] 業

農業(농업) 논밭에 작물을 심어 가꾸는 일
農家(농가) 농사짓는 집
農耕(농경) 논밭을 갈아 농사를 지음
農具(농구) 농사짓는데 쓰이는 연장
農林(농림) 농업과 임업
貧農(빈농) 가난한 농가
大農(대농) 대규모로 짓는 농사・농가

惱苦

惱 [부]忄(심방변) [획]9
のうく
agony

惱 괴로워할뇌
ノウ・なやむ

苦 괴로울고
ク・くるしい

惱　苦

惱苦(뇌고) 근심으로 몹시 괴로워함
惱殺(뇌쇄) 애가 타도록 괴롭힘. 특히 여자가 남자를 몹시 매혹한다는 뜻
惱神(뇌신) 정신을 번거롭게 함
苦惱(고뇌) 괴로워서 몹시 번민함
煩惱(번뇌) 번거롭고 괴로움
心惱(심뇌) 심중의 괴로움

濃霧

濃 [부]氵(삼수변) [획]13
dense fog
のうむ

濃 짙을농
ノウ・こい

霧 안개무
ム・きり

濃　霧

濃霧(농무) 짙은 안개
濃淡(농담) 진함과 묽음
濃度(농도) 진하거나 되다란 정도
濃色(농색) 짙은 색
濃熟(농숙) 무르녹듯이 익음
濃厚(농후) ①짙음 ②진함
濃愁(농수) 짙은 시름

能力

能 [부]月(肉)(육달월) [획]6
ability
のうりょく

能 능할능
ノウ

力 힘력
リョク・リキ・ちから

能 [厶 育 能 能 能] 力

能力(능력) 해 낼 수 있는 힘
能動(능동) ①제 마음에서 내켜서 함 ②대상에게 작용을 미치게 함
能率(능률) 일정한 시간에 효과를 내는 능력
能小能大(능소능대) 크고 작은 모든 일에 두루 통함
可能(가능) 할 수 있음

泥 (튀)氵(삼수변)
(획)5
mud
でいど
진흙니
デイ・どろ
泥

土
土(흙토)
ト・ド・つち
흙토
土

泥土(이토) 진흙
泥金(이금) 금가루를 아교에 녹인 것
泥水(이수) 진흙탕물
泥炭(이탄) 토탄(土炭)
泥海(이해) 진흙탕. 진창길
泥行(이행) 진흙길을 감
泥灰(이회) 물에 이긴 회

丹 (튀)丶(점)
(획)3
single-hearted
たんしん
붉을단
タン・あか
丹 ⎕ ⎕ ⎕

心
心(마음심)
シン・こころ
마음심
心

丹心(단심) 정성스러운 마음
丹粧(단장) 산뜻하게 꾸밈
丹靑(단청) ①붉은 색과 푸른색 ②채
   색. 색칠을 함
丹楓(단풍) ①단풍나무 ②늦가을에
   잎이 물드는 현상
朱丹(주단) 곱고 붉은 빛

多 (튀)夕(저녁석)
(획)3
be fortunate
たふく
많을다
タ・おおい
多 ⎕ ⎕ ⎕ ⎕

福
福(복복)
フク
복복
福

多福(다복) 복이 많음
多難(다난) 어려움이 많음
多年(다년) 여러 해
多多益善(다다익선) 많을수록 좋음
多大(다대) 많고 큼
多樣(다양) 여러 가지임
石多風多女多(석다풍다여다) 돌과 바
   람과 여자가 많음, 제주
   도를 이르는 말

但 (튀)亻(인변)
(획)5
proviso
ただしがき
다만단
タン・ただし
但 ⎕ ⎕ ⎕ ⎕

書
書(글서)
ショ・かく
글서
書

但書(단서) 본문 외에 "但"자를 쓰고
   덧붙여서 어떤 조건이나
   예외를 나타내는 말
但只(단지) 다만. 겨우. 오직
非但(비단) 그뿐만 아니라

茶 (튀)艹(초두밑)
(획)6
tea and fruits
ちゃか・さか
차풀다・차차
チャ・サ
茶

果
果(과실과)
カ・はたす
과실과
果

茶果(다과) 차와 과일
茶道(다도) ①차를 끓이고 마시는 예
   도 ②차를 만드는 법
茶飯事(다반사) 밥 먹듯이 예사로운 일
茶房(다방) 차를 파는 집
紅茶(홍차) 차나무의 잎을 발효해서
   만든 차

單 (튀)口(입구)
(획)9
simplicity
たんじゅん
홀단
タン・ひとえ
單 ⎕ ⎕ ⎕ ⎕

純
純(순수할순)
ジュン
순수할순
純

單純(단순) 복잡하지 않고 간단함
單價(단가) 낱개를 단위로 한 가격
單獨(단독) 단 하나. 혼자
單身(단신) 혼자
單位(단위) 수나 양의 최소 기준
名單(명단) 명부. 이름을 적은 것
傳單(전단) 선전용의 작은 인쇄물. 삐
   라

62

短 ㊓矢(화살시변) ㊝7 short piece たんぺん	篇 책편 ヘン
짧을단 タン・みじかい	

短 ｜ ㇄ ㇒ 矢 短   篇

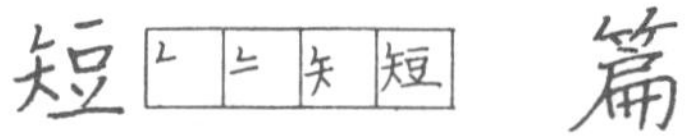

短篇(단편) 짤막한 문학작품
短期(단기) 짧은 기간
短命(단명) 명이 짧음
長短(장단) ①길고 짧음 ②장점과 단점
一長一短(일장일단) 좋은 점도 있고 나쁜 점도 있음

段 ㊓殳(갖은둥글월문) ㊝5 ①section だんらく	落 떨어질락 ラク・おちる
조각단 タン・ダン	

段   落

段落(단락) ①글의 큰 대목 ②일이다 된 끝
段階(단계) ①계단 ②순서
階段(계단) 층층대
手段(수단) 일을 꾸리는 꾀나 방법
初段(초단) 바둑·유도 따위의 유단자의 맨 아래의 단

端 ㊓立(설립변) ㊝9 clue たんしょ	緒 실마리서 ショ・チョ・お
끝단 タン・はし・は・はた	

端 ㇒ ㇕ 汕 渊 端   緒

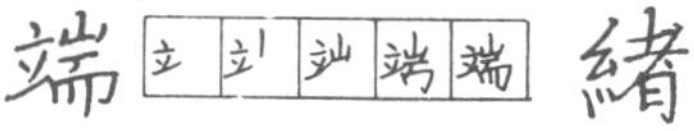

端緒(단서) 일의 시초. 실마리
端雅(단아) 바르고 아담함
端午(단오) 음력 5월 5일의 명절
端正(단정) 바르고 얌전함
萬端(만단) 여러가지 방법
末端(말단) 사물의 맨 끝
兩端(양단) 양쪽 끝. 두 끝

壇 ㊓土(흙토) ㊝13 pause だんじょう	上 위상 ジョウ・かみ・うえ・あがる・のぼる
단단 ダン	

壇   上

壇上(단상) 연단 따위의 위
壇下(단하) 연단 따위의 아래쪽
教壇(교단) ①교실에서 강의하는 단 ②교육계
文壇(문단) 문인(文人)들의 사회
祭壇(제단) 제사를 지내는 단
花壇(화단) 꽃을 가꾸는 조금 높은 땅

旦 ㊓日(날일) ㊝1 たんせき	夕 저녁석 セキ・ゆう・ゆうべ
아침단 タン・あした	

旦   夕

旦夕(단석) 아침과 저녁. 조석(朝夕)
旦明(단명) 밝을녘
元旦(원단) 정월 초하루 아침
一旦(일단) 한 번. 잠깐. 우선

檀 ㊓木(나무목변) ㊝13 だんくん	君 임금군 クン・きみ
박달나무단 ダン・まゆみ	

檀 栴 椢 檀 檀 檀   君

檀君(단군) 우리 민족의 시조
檀弓(단궁) 박달나무로 만든 활
檀紀(단기) 단군이 나라를 세운 첫해를 기준으로 따지는 기원 (단군 기원의 준말)

斷 絶

[부]斤(날근변) severance
[획]14
だんぜつ

끊을단 / 끊을절

タン・たつ・ことわる　ゼツ・たえる

斷　絶

斷絶(단절) ①끊음. 끊어짐 ②자손이 끊어짐
斷決(단결) 잘라 결정함
斷交(단교) 교제를 끊음
斷念(단념) 생각을 버림
斷面(단면) 베어 낸 면
切斷(절단) 잘라서 끊음
中斷(중단) 중간에 그만둠

團 束

[부]囗(에운담몸)
[획]11
regulation

둥글단 / 묶을속

ダン・トン　ソク・たば

團　束

團束(단속) 감독하여 다잡음
團結(단결) 여러 사람이 둥글게 뭉침
團圓(단원) ①둥근 모양 ②소설·연극 따위가 완결됨
團合(단합) 마음을 합쳐 단결함
一團(일단) 한 패거리
青年團(청년단) 청년으로 조직된 단체

達 成

[부]辶(辵)(책받침)
[획]9
achievement
たっせい

통달할달 / 이룰성

タツ　セイ・ジョウ・なる

達　十 土 幸 幸 達　成

達成(달성) 뜻한 바를 이룸
達見(달견) 뛰어난 의견
達人(달인) 그 방면 일에 환한 사람
通達(통달) 능숙하고 잘함
到達(도달) 어떤 목적지에 다다름
速達(속달) 빨리 배달케 하는 우편 속달우편

談 話

[부]言(말씀언변) speech
[획]8
だんわ

이야기할담 / 말씀화

ダン　ワ・はなす

談　言 訁 訁 訁 談　話

談話(담화) ①이야기 ②단체나 개인이 입장을 밝히는 선언
談笑(담소) 이야기하면서 웃음
談判(담판) 시비를 가리기 위해 쌍방이 따지고 의논함
面談(면담) 직접 만나서 얘기함
閑談(한담) 한가로운 이야기

淡 白

[부]氵(삼수변) frank-ness
[획]8
たんぱく

묽을담 / 흰백

タン・あわい　ハク・ビャク・しろい

淡　白

淡白(담백) ①욕심이 없고 깨끗함 ②음식의 맛이 산뜻하고 개운함
淡泊(담박) ⇨담백(淡白)
淡水(담수) 짠 맛이 없는 맑은 물
淡黃(담황) 엷은 황색
冷淡(냉담) 인정이 없어 차고 데면데면함
雅淡(아담) 말쑥하고 조촐함

潭 水

[부]氵(삼수변)
[획]12
たんすい

못담 / 물수

タン・ふち　スイ・みず

潭　水

潭水(담수) 연못의 물
潭潭(담담) ①깊고 넓은 모양 ②찌는 듯이 더운 모양
潭思(담사) 깊이 생각함
潭深(담심) ①못이 깊음 ②연구가 깊음
綠潭(녹담) 푸르른 못

64

擔 ㉘扌(재방변) guaranty
㉘13 たんぽ
멜담
タン・かつぐ・になう

保
보호할보
ホ・たもつ

擔

保

擔保(담보) ①채권(債權)의 보증으로
　받는 물건 ②재물을 잡히
　고 돈을 꿈
擔架(담가) 병자나 흙을 담아 나르는
　기구. 들것
擔當(담당) 일을 맡아서 함. 또는 그
　사람
擔任(담임) 책임을 맡음. 또는 그 사람
負擔(부담) 맡아 책임을 짐

踏 ㉘足(발족변)
㉘8 とうしゅう
밟을답
トウ・ふむ

襲
엄습할습
シュウ・おそう

踏

襲

踏襲(답습) 선인(先人)이 하던 대로
　그대로 밟아서 이어감
踏步(답보) 제자리걸음
踏査(답사) 실제로 현장에 가서 조사함
踏破(답파) 걸어다님
前人未踏(전인미답) 이전 사람이 한
　번도 밟아보지 않았음

答 ㉘竹(대죽머리) examin-
㉘6　　ation paper
とうあん
대답할답
トウ・こたえる

案
책상안
アン

答 | 𥫗 | 𥫗 | 𥫗 | 答 |

案

答案(답안) 시험문제를 해답한 종이
答禮(답례) 남에게서 받은 예를 갚음
答辯(답변) 물음에 대한 대답
答辭(답사) 축사 따위에 대한 답례의
　말
答信(답신) 답장
報答(보답) 은혜나 호의에 대한 담례
筆答(필답) 글로 써서 대답함

堂 ㉘土(흙토)
㉘8
집당
ドウ

山
멧산
サン・やま

堂 | 尙 | 堂 | 堂 | 堂 | 堂 |

山

堂山(당산) 땅이나 마을의 수호신이
　있다는 곳
堂堂(당당) 위엄이 있고 떳떳한 모양
堂叔(당숙) 아버지의 사촌
滿堂(만당) 집안에 가득함
佛堂(불당) 부처님을 모신 집
食堂(식당) 주로 식사를 파는 집

畓 ㉘田(밭전)
㉘4
논답

農
농사농
ノウ

畓

農

畓農(답농) 논농사. 벼농사
畓穀(답곡) 논에서 나는 곡식.
畓主(답주) 논의 임자
畓土(답토) 논으로 된 땅
乾畓(건답) 마른 논
玉畓(옥답) 기름진 좋은 논
田畓(전답) 밭과 논

當 ㉘田(밭전)
㉘8 とうだい
those days
마땅할당
トウ・あたる

代
대신할대
ダイ・タイ・かわる
よ・しろ

當 | 尙 | 尙 | 當 | 當 | 當 |

代

當代(당대) ①현대 ②그 시대
當局(당국) 그 일을 맡은 정부의 기관
當面(당면) ①일이 목전에 닥침 ②지
　금의 경우
當身(당신) ①그대 ②윗사람 자신
可當(가당) 마땅함
擔當(담당) 일을 맡아 처리함

唐 ㉻口(입구) ㉻7 とうし

당나라당
トウ・から

唐

唐詩(당시) ①당나라 시대의 시 ②한
　　　　시(漢詩)
唐突(당돌) 올차고 도랑도랑함
唐畫(당화) ①당나라 시대의 그림
　　　　②중국 그림
唐賢(당현) 당나라 때의 현인
荒唐(황당) 언행이 거칠고 주책이 없
　　　　음

詩 글시 シ

詩

大 ㉻大(큰대) ㉻(3) large and small だいしょう

큰대
タイ・ダイ・　ショウ・こ・ちいさい
おおきい

大 ｜一 ナ 大

大小(대소) 크고 작음
大家(대가) ①큰 집 ②큰댁 ③뛰어난
　　　　전문가
大過(대과) 큰 허물
強大(강대) 강하고 큼
寛大(관대) 너그럽게 봄

小 작을소

小

糖 ㉻米(쌀미변) ㉻10 sugar とうぶん

사탕당・사탕탕
トウ

糖

糖分(당분) 설탕의 성분
糖尿病(당뇨병) 당분이 오줌에 섞여
　　　　나오는 병
乳糖(유당) 젖에 함유된 당분
雪糖(설탕) 가루로 된 사탕제품
沙糖(사탕) 알사탕. 또는 설탕
製糖(제당) 설탕을 제조함

分 나눌분 フン・ブン・ブ・わける

分

代 ㉻イ(인변) ㉻3 speak for だいべん

대신할대
ダイ・タイ・よ・
かわる・しる

代 ｜イ 亻 代 代

代辯(대변) 대신하여 의견을 말함
代金(대금) 물건의 값
代讀(대독) 대신 읽음
代書(대서) 대신 써 줌
初代(초대) 처음 대
現代(현대) 지금 시대

辯 말잘할변 ベン

辯

黨 ㉻黑(검을 흑) ㉻8 faction とうは

무리당
トウ

黨

黨派(당파) 당에서 갈라진 분파
黨首(당수) 정당의 대표자
黨員(당원) 정당에 든 회원
黨爭(당쟁) 당파 사이의 싸움
朋黨(붕당) 주의나 이해를 같이하는
　　　　동지들의 단체
新黨(신당) 새로 조직한 정당

派 물갈래파 ハ

派

待 ㉻イ(두인변) ㉻6 treatment たいぐう

기다릴대
タイ・まつ

待

待遇(대우) 예로써 대접함
待望(대망) 바라고 기다림
待接(대접) ①예를 갖추어 대우함
　　　　②음식을 제공함
苦待(고대) 몹시 기다림
優待(우대) 특별히 잘 대우함
歡待(환대) 기꺼이 접대함

遇 만날우 グウ・あう

遇

66

對 ⑨寸(마디촌) ④11 대할대 タイ・ツイ・ こたえる	counter-plan たいさく 策 사책 サク・はかりごと

對  策

對策(대책) 대응하는 방책
對決(대결) 서로 맞서서 겨룸
對句(대구·대귀) 짝을 맞춘 글귀
對內(대내) 내부에 대한 것
對話(대화) 마주 얘기를 함
相對(상대) 마주 대하여 줌

貸 ⑨貝(조개패) loan
④5 たいしゃく 借
빌릴대 빌차
タイ・かす シャク・かりる

貸 借

貸借(대차) 꾸어줌과 꾸어옴
貸金(대금) 돈을 빌려 줌. 또는 그 돈
貸付(대부) 이자와 기한을 정하고 금품을 빌려 줌
賃貸(임대) 세를 받고 빌려 줌
假貸(가대) ①너그럽게 용서함 ②너그러운 마음으로 빌려 줌

帶 ⑨巾(수건건) たいさい
④8 妻
띠대 아내처
タイ・おび サイ・つま

帶 妻

帶妻(대처) 아내를 둠. 아내를 거느림
帶劍(대검) 칼을 허리에 참. 또는 그 칼
帶同(대동) 함께 데리고 감
帶水(대수) 물기를 띰
冠帶(관대) 관과 띠
溫帶(온대) 지구의 따뜻한 지대

隊 ⑨阝(阜)(좌부방)
④9 caravan
たいしょう 商
떼대 장사상
タイ・むれ ショウ・あきなう

隊 商

隊商(대상) 사막을 왕래하는 단체 상인
隊列(대열) 줄을 지은 행렬
隊員(대원) 대(隊)에 편입된 구성원
隊長(대장) 대(隊)의 우두머리
入隊(입대) 대에 들어감
編隊(편대) 대를 짜서 이룸
艦隊(함대) 군함으로 짠 편대

臺 ⑨至(이를지) ledger
④8 だいちょう 帳
돈대대 휘장장
ダイ チョウ・とばり

臺 帳

臺帳(대장) 경리의 토대가 되는 장부
臺木(대목) 접목(接木)의 밑나무
臺本(대본) 연극·영화의 각본
臺詞(대사) 각본에 따라 배우가 하는 말
舞臺(무대) ①연극하는 자리 ②활동하는 자리
燭臺(촉대) 초를 꽂아 불을 켜는 받침대

德 ⑨彳(두인변) moral influence
④12 とくぼう 望
큰덕 바랄망
トク ボウ・のぞむ

德 望

德望(덕망) 덕이 있고 인망이 있음
德談(덕담) 잘되라고 비는 말
德分(덕분) 남에게서 받는 고마움
德行(덕행) 어질고 너그러운 행실
道德(도덕) 사람으로서 지켜야 할 도리
美德(미덕) 아름다운 덕행
不德(부덕) 어질지 못하여 덕이 없음

刀 (부)刀(刂)(칼도)
(획)(2)
とうじん

칼도
トウ・かたな

双
칼날인
ジン・は

刀 [ㄱ 刀]

双

刀刃(도인) 칼의 날이 선 부분
刀銘(도명) 칼에 새겨 넣은 도공(刀工)의 이름이나 글
刀尺(도척) 가위와 자
食刀(식도) 부엌에서 쓰는 칼. 식칼
名刀(명도) 유명한 칼
快刀(쾌도) 잘 드는 칼

道 (부)辶(辵)(책받침)
(획)9
morality
どうとく

길도
ドウ・みち

德
큰덕
トク

道 [艹 芢 首 道]

德

道德(도덕) 사람으로서 지켜야 할 도리
道令(도령) 총각의 딴이름
道路(도로) 큰길
道理(도리) 사람으로서 지켜야 할 바른 길
武道(무도) 무술
書道(서도) 글씨를 쓰는 예도
車道(차도) 차가 다니게 된 길

到 (부)刂(刀)(칼도) arrival
(획)6
とうちゃく

이를도
トウ・いたる

着
붙을착
チャク・ジャク・きる・つく

到 [� 至 至 到]

着

到着(도착) 목적지에 다다름
到來(도래) 이르러서 옴
到處(도처) 가는 곳마다
周到(주도) 조심성이 두루 미침
達到(달도) 도달함. 와서 닿음
殺到(쇄도) 세차게 몰려듦

島 (부)山(메산)
(획)7
しまぐに

섬도
トウ・しま

國
나라국
コク・くに

島 [亻 自 鳥 島 島]

國

島國(도국) 섬으로 된 나라
島民(도민) 섬에 사는 사람들
島影(도영) 섬의 생김새
孤島(고도) 외따로 떨어져 있는 섬
半島(반도) 삼면만 바다로 둘러싸인 지형
列島(열도) 떼를 지어 죽 늘어선 섬

度 (부)广(엄호밑) liberality
(획)6
どりょう

법도도・헤아릴탁
ト・ド・タク・たび

量
분량량
リョウ・はかる

度 [广 庐 庐 度 度]

量

度量(도량) ①너그럽고 깊은 생각 ② 길이와 부피
度數(도수) ①거듭되는 횟수 ②각도·온도 따위의 정도를 나타내는 수
度外(도외) 마음에 두지 않음
高度(고도) 높이의 정도
度支(탁지) 국가의 재정

徒 (부)彳(두인변) clique
(획)7
ととう

무리도
ト・あだ・いたずら

黨
무리당
トウ

徒 [彳 彳 彳 彳 徒]

黨

徒黨(도당) 뜻을 같이하는 무리들
徒勞(도로) 헛된 수고
徒步(도보) 걸어서 감
徒手(도수) 맨손. 빈손
徒食(도식) 놀고 먹음
生徒(생도) 사관학교의 학생
信徒(신도) 종교를 믿는 사람

68

都	賣
(邑)(우부방) ㊅9 whole-sale	
도읍도 ト・ツ・みやこ	팔매 バイ・うる

都 ⼟ ⼧ 者 者 都 都 　賣

都賣(도매) 도거리로 팖
都買(도매) 도거리로 사들임
都散賣(도산매) 도매와 산매
都合(도합) 모두. 합쳐서
古都(고도) 옛 도읍
首都(수도) 서울
還都(환도) 서울로 되돌아옴

挑	戰
(재방변) challenge ㊅6 ちょうせん	
돋울도(돋울조) チョウ・いどむ	싸움전 セン・いくさ・ たたかう

挑　戰

挑戰(도전) 싸움을 걺
挑燈(도등) 등불을 돋아 더 밝게 함
挑發(도발) 부추겨 충동함
挑出(도출) 끌어내거나 돋우어냄
挑禍(도화) 화를 일으킴
挑達(도달) 뜀. 달림

圖	面
(에운담) drawing ㊅11 ずめん	
그림도 ト・ズ・はかる	낯면 メン・おも・ おもて・つら

圖 ⼌ 圂 冔 圖 圖 圖　面

圖面(도면) 설계도. 도본
圖謀(도모) 꾀함
圖書(도서) 서적과 그림
企圖(기도) 기획하여 꾀함
略圖(약도) 대충만 그린 그림
地圖(지도) 땅의 모양을 그린 것

桃	源
(나무목변) Utopia ㊅6 とうげん	
복숭아도 トウ・もも	근원원 ゲン・みなもと

桃　源

桃源(도원) 신선이 산다는 곳. 별천
지(別天地) 도원경(桃源
境)의 준말
桃紅李白(도홍이백) 복숭아꽃은 붉고
오얏꽃은 흼. 미인의 모습
을 비유한 말
桃花(도화) 복숭아꽃
天桃(천도) 하늘 위에 있다는 복숭아

倒	置
(인변) inversion ㊅8 とうち	
넘어질도 トウ・たおれる	둘치 チ・おく

倒　置

倒置(도치) 거꾸로 둠. 앞뒤를 바꿈
倒壞(도괴) 무너짐. 무너뜨림
倒產(도산) ①재산을 탕진함. 파산(破
產) ②아이가 거꾸로 나옴
倒錯(도착) 아래위가 뒤바뀜
壓倒(압도) 남을 눌러 이김
打倒(타도) 쳐서 쓰러뜨림

跳	梁
(발족변) rampancy ㊅6 ちょうりょう	
뛸도・뛸조 チョウ・おどる	들보량 リョウ・はり

跳　梁

跳梁(도량) 함부로 날뜀
跳躍(도약) 뛰어오름
跳驅(조구) 말을 빨리 달림
廣跳(광도) 멀리뛰기

69

逃 (튀)辶_(辵)(책받침) escape
(획)6 とうひ
달아날도
トウ・にげる

逃

逃避(도피) 달아나 몸을 피함
逃亡(도망) 피하여 멀리 달아남
逃妄(도망) 사리에 어두움
逃身(도신) 몸을 피해 도망침
逃走(도주) 달아남. 도망침
逃脫(도탈) 도망하여 벗어남
逃散(도산) 도망하여 흩어짐

避 피할피
ヒ・さける

避

途 (튀)辶_(辵)(책받침)
(획)7 by the way
とちゅう
길도
ト・みち

途

途中(도중) ①아직 도착하지 않은 중
간. 일이 끝나지 않은 동안
途上(도상) 길 위. 노상(路上)
途次(도차) 가는 길에
半途(반도) 반쯤 되는 길
前途(전도) 앞길. 장래
中途(중도) 일이 끝나기 전인 중간

中 가운데중
チュウ・なか

中

渡 (튀)氵(삼수변)
(획)9 とらい
건널도
ト・わたる

渡

渡來(도래) 해외에서 배를 타고 옴
渡江(도강) 강을 건넘
渡美(도미) 미국으로 건너감
渡世(도세) 세상을 살아감
渡日(도일) 일본으로 건너감
過渡(과도) 지나가는 과정(過程)
引渡(인도) 내어 줌

來 올래
ライ・く(こ・き)る

來

稻 (튀)禾(벼화변) とうさく
(획)10 (いなさく)
벼도
トウ・いね

稻

稻作(도작) 벼농사
稻苗(도묘) 볏모
稻熱病(도열병) 벼줄기에 생기는 병
稻田(도전) 밭벼를 심는 밭
稻蟲(도충) 벼를 해치는 벌레
陸稻(육도) 밭벼
早稻(조도) 올벼

作 지을작
サ・サク・つくる

作

陶 (튀)阝(阜)(좌부방)
(획)8 potter's work
とうき
질그릇도
トウ

陶

陶器(도기) 오지그릇. 옹기
陶工(도공) 옹기를 만드는 사람
陶然(도연) 술에 취해 기분이 좋음
陶醉(도취) 어떤 일에 열중함
陶化(도화) ①남을 교화시킴 ②육성함
陶土(도토) 옹기를 만드는 흙

器 그릇기
キ・うつわ

器

導 (튀)寸(마디촌) どうせん
(획)13
이끌도
ドウ・みちびく

導

導線(도선) 전기를 끄는 철선
導迎(도영) 잘 인도하여 맞이함
導入(도입) 끌어들임
導體(도체) 열이나 전기를 통하는 물체
導火線(도화선) ①화약이 터지도록 불을 당기는 심지 ②사건의 직접 원인

線 줄선
セン

線

盗 (튀)皿(그릇명) robber とうぞく 賊
(획)7
도둑도 도둑적
トウ・ぬすむ ゾク

盗 賊

盗賊(도적) 남의 물건을 훔치는 사람
　　　　　도둑
盗難(도난) 도둑을 맞는 재난
盗伐(도벌) 산의 나무를 몰래 벰
盗用(도용) 도둑질해서 씀
強盗(강도) 폭력으로 도둑질하는 행
　　　　　위나 그 사람
大盗(대도) 큰 도둑

毒 (튀)毋(말무) poison どくやく 藥
(획)4
독할독 약약
ドク ヤク・くすり

毒 藥

毒藥(독약) 독이 있는 약
毒物(독물) ①독이 있는 물질 ②악
　　　　　독한 사람이나 짐승
毒手(독수) ①남을 해치는 악인의 손
　　　　　②악독한 꾀
中毒(중독) 독이 있는 물질에 침해됨
害毒(해독) 해로운 독

讀 (튀)言(말씀언변) reading どくしょ 書
(획)15
읽을독・귀절두 글서
トク・よむ ショ・かく

讀 言 言 言 言 讀 書

讀書(독서) 책을 읽음
讀者(독자) 책・신문・잡지의 구독자
句讀(구두) 글의 중간에 점 따위를 넣
　　　　　는 일
愛讀(애독) 사랑하여 즐겨 읽음
購讀(구독) 사서 읽음
精讀(정독) 자세히 정성들여 읽음

督 (튀)目(눈목) urge とくれい 勵
(획)8
감독할독 힘쓸려
トク レイ・はげむ

督 勵

督勵(독려) 감독하고 장려함
督促(독촉) 재촉하여 다그침
督察(독찰) 감독하고 관찰함
督學(독학) 학사를 감독함
監督(감독) 감시하고 독려함. 또는 그
　　　　　사람
總督(총독) 전체를 거느리고 감독함

獨 (튀)犭(개사슴 monopol-
(획)13 록변) ization
　　　　　どくせん 占
홀로독 점칠점
ドク・ひとり セン・しめる

獨 犭 犭 獨 獨 獨 占

獨占(독점) 혼자 독차지함
獨立(독립) 혼자 남에게 의지하거나
　　　　　지배를 받지 않고 섬
獨身(독신) 동지나 배우자가 없는 사람
獨學(독학) 혼자 책으로 공부함
孤獨(고독) 외롭고 쓸쓸함
單獨(단독) 혼자. 홀로

篤 (튀)竹(대죽머리) とくし 志
(획)10
도타울독 뜻지
トク・あつい シ・こころざし

篤 志

篤志(독지) 독실하고 친절한 뜻
篤工(독공) 공부에 힘씀
篤誠(독성) 독실한 성의
篤實(독실) 성실(誠實)함
篤學(독학) 독실하게 공부함
篤行(독행) 독실한 행동
謹篤(근독) 조심성이 있고 성실함

71

豚 ㉾豕(돼지시) pig-pen 舍
㉾4 とんしゃ
돼지돈 집사
トン・ぶた シャ・いえ

豚

舍

豚舍(돈사) 돼지우리
豚犬(돈견) ①돼지와 개 ②자기의 아
들을 낮추어 이르는 말
豚兒(돈아) 자기 아들의 겸칭
豚肉(돈육) 돼지고기
養豚(양돈) 돼지를 기름
家豚(가돈) 자기 아들의 겸칭

同 ㉾口(입구) alliance 盟
㉾3 どうめい
한가지동 맹세할맹
ドウ・おなじ メイ・ちかう

同 冂 冂 冋 同

盟

同盟(동맹) 같은 목적을 위해 서로 협
력할 것을 맹세함. 또는
그 조직
同感(동감) 똑같이 자기도 느낌
同氣間(동기간) 같은 부모의 형제자
매 사이
同夫人(동부인) 아내와 같이 나란히 감
同情(동정) 남의 어려움을 딱하게 여
겨 도와줌

敦 ㉾攵(등글월문) とんこう 厚
㉾8
도타울돈 두터울후
トン・あつい コウ・あつい

敦

厚

敦厚(돈후) ①인정이 두터움 ②사물
에 정성을 들임
敦篤(돈독) 인정이 두터움
敦化(돈화) 두터운 교화(敎化)

洞 ㉾氵(삼수변) village 里
㉾6
골동・꿸통 마을리
トウ リ・さと

洞 氵 氵 汩 洞

里

洞里(동리) ①행정구역인 동과 이(里)
②또는 마을
洞長(동장) 동회의 우두머리
洞察(통찰) 전체를 잘 살핌
洞燭(통촉) 잘 헤아려 살핌
近洞(근동) 가까운 동리
隣洞(인동) 이웃 동리

突 ㉾穴(구멍혈밑) break 破
㉾4 through
とっぱ
부딪칠돌 깨드릴파
トツ・つく ハ・やぶる

突

破

突破(돌파) 뚫고 나아감
突起(돌기) 불쑥 솟음. 또는 그 물체
突發(돌발) 별안간 일이 발생함
突入(돌입) 갑자기 뛰어듦
突出(돌출) 쑥 내밈
激突(격돌) 격렬하게 맞부딪침
直突(직돌) 곧장 부딪쳐 들어감

童 ㉾立(설립) どうがん 顔
㉾7
아이동 얼굴안
ドウ ガン・かお

童 立 音 帝 童

顔

童顔(동안) 어린이같은 천진스런 얼굴
童男童女(동남동녀) 사내아이와 계집
아이
童謠(동요) 어린이의 노래
童貞(동정) 이성과 육체 관계가 전혀
없음
使童(사동) 심부름하는 아이
兒童(아동) 어린이

71

冬 眠

[부]夂(뒤져올치) [획]2 hibernation とうみん

겨울동 トウ・ふゆ　　잘면 ミン・ねむる

冬  眠

冬眠(동면) 겨울에 동물이 땅 속에서 숨어서 지내는 현상
冬期(동기) 겨울철
冬至(동지) 24 절기의 하나. 가장 밤이 긴 날
三冬(삼동) 겨울의 석 달 동안
越冬(월동) 겨울을 살아 넘김

東 西

[부]木(나무목) [획]4 east and west とうざい

동녘동 トウ・ひがし　　서녘서 セイ・サイ・にし

東  西

東西(동서) 동쪽과 서쪽
東方(동방) 동쪽
東宮(동궁) ①왕세자 ②왕세자의 궁
東海(동해) 동쪽바다
極東(극동) ①동쪽 끝 ②동부 아시아
海東(해동) 한국의 옛 이름
之東之西(지동지서) 주견이 없이 갈팡질팡함

動 機

[부]力(힘력) [획]9 motive どうき

움직일동 ドウ・うごく　　베틀기 キ・はた

動  機

動機(동기) 어떤 일의 실마리
動亂(동란) 난리. 전쟁
動力(동력) 기계를 움직이게 하는 힘 전력・수력 따위
動脈(동맥) 심장에 전신으로 피를 보내는 핏줄
擧動(거동) 행동거지
移動(이동) 움직여 옮김

銅 像

[부]金(쇠금변) [획]6 bronze statue どうぞう

구리동 ドウ・あかがね　　형상상 ゾウ・ショウ・かたち

銅 像

銅像(동상) 구리로 만든 사람의 형상
銅綠(동록) 구리에 생기는 녹
銅山(동산) 구리를 채굴하는 광산
銅色(동색) 구리빛
銅錢(동전) 구리로 만든 돈. 동화(銅貨)
赤銅(적동) 적동광의 구리
靑銅(청동) 구리와 주석의 합금

桐 油

[부]木(나무목변) [획]6 tung oil とうゆ

오동동 トウ・ドウ・きり　　기름유 ユ・あぶら

桐 油

桐油(동유) 유동의 씨로 짠 기름
桐油紙(동유지) 동유를 발라 결은 종이
桐君(동군) 거문고의 딴이름
桐孫(동손) 오동나무의 작은 가지
油桐(유동) 대극과의 낙엽 교목
梧桐(오동) ①벽오동나무 ②새의 하나

凍 傷

[부]冫(이수변) [획]8 frostbite とうしょう

얼동 トウ・こおる　　상할상 ショウ・キズ・いたむ

凍 傷

凍傷(동상) 추위에 얼어서 생긴 상처
凍結(동결) 얼어붙음. 꼼짝도 안 하게 됨
凍太(동태) 얼은 명태
凍死(동사) 얼어서 죽음
凍餓(동아) 가난하여 춥고 배고픔
解凍(해동) 겨울의 얼은 것이 봄이 되어 풀림

斗 (부)斗(말두) (획)(4)
말두
ト
とりょう

量
용량량
リョウ・はかる

斗 ` ニ 斗

斗量(두량) ①말로 될 만한 분량 ②많은 분량 ③얼마 안 되는 분량
斗穀(두곡) 말로 될 만한 곡식
斗落(두락) 논의 면적 단위. 마지기 약 200평 내지 300평
斗酒(두주) 말술. 말로 될 만한 술
大斗(대두) 큰 말. 열 되가 드는 말

鈍 (부)金(쇠금변) (획)4 stolidity どんかん
무딜둔
ドン・にぶい

感
느낄감
カン

鈍

鈍感(둔감) 감각이 둔함
鈍器(둔기) 무딘 칼 따위의 연장
鈍朴(둔박) 미련하면서도 순박함
鈍才(둔재) 무딘 재주. 또는 그런 사람
愚鈍(우둔) 어리석고 둔함
利鈍(이둔) 날카로움과 무딤
遲鈍(지둔) 느리고 아둔함

豆 (부)豆(콩두) (획)(7) bean curd とうふ
콩두
トウ・ズ・まめ

腐
썩을부
フ・くさる

豆 ロ 豆

豆腐(두부) 콩으로 만든 음식의 하나
豆芽(두아) 콩나물
豆油(두유) 콩기름
豆乳(두유) 콩으로 만든 인조 우유
豆太(두태) 콩과 팥
綠豆(녹두) 푸른 빛이 나는 팥의 하나
小豆(소두) 팥

得 (부)彳(두인변) (획)8 gain and loss とくしつ
얻을득
トク・える・うる

失
잃을실
シツ・うしなう

得 彳 彳 彳 彳 得

得失(득실) 얻음과 잃음
得男(득남) 아들을 낳음
得勢(득세) 세력을 얻음
得點(득점) 경기 따위에서 얻은 점수
納得(납득) 어떤 사리를 이해함
所得(소득) 얻는 수익
體得(체득) 몸소 겪고 터득함

頭 (부)頁(머리혈) (획)7 brain ずのう
머리두
ト・トウ・ズ・あたま・かしら

腦
뇌뇌
ノウ

頭 豆 豆 頭 頭 頭

腦

頭腦(두뇌) 머리골. 또는 지능
頭角(두각) 남보다 두드러지게 뛰어남을 이르는 말
頭髮(두발) 머리털
街頭(가두) 길거리
先頭(선두) 앞장

等 (부)竹(대죽머리) (획)6 grade とうきゅう
무리등
トウ・など・ひとしい

級
등급급
キュウ

等 ⺮ ⺮ 生 竺 等

級

等級(등급) 높낮이의 차례
等等(등등) 여러 가지를 열거하고 그 외의 것을 생략한다는 뜻 따위
等分(등분) 똑같이 나눔
優等(우등) 우세한 등급
平等(평등) 우열이 없이 동등함
何等(하등) 아무런. 아무렇지도 않은

登山

登 [부]癶(필발밑) [획]7　mountain-climbing とざん　山

오를등 ト・トウ・のぼる　메산 サン・やま

登　山

登山(등산) 산에 오름
登校(등교) 학교에 출석함
登記(등기) ①장부에 적음 ②등기소에 민법상의 권리를 기록케 함
登龍門(등용문) 출세하는 관문
登場(등장) 어떤 장소나 무대에 오름

落花

落 [부]艹(艸)(초두밑) [획]9　らっか　花

떨어질락 ラク・おちる　꽃화 カ・はな

落　花

落花(낙화) 꽃이 떨어짐
落落長松(낙락장송) 가지가 축 늘어진 큰 소나무
落淚(낙루) 눈물이 뚝뚝 떨어짐
落望(낙망) 희망이 없어져 낙심함
落選(낙선) 선거에 떨어짐
沒落(몰락) 멸망하여 형편없이 되거나 없어짐
村落(촌락) 마을. 부락

燈火

燈 [부]火(불화) [획]12　lamp-light とうか　火

등불등 トウ・ひ　불화 カ・ひ

燈　火

燈火(등화) 등불
燈油(등유) 등불에 쓰이는 기름
燈下不明(등하불명) 등잔 밑이 오히려 어두움
燈火可親(등화가친) 가을 밤은 선선해서 글 읽기에 좋다는 말
電燈(전등) 전기로 켜는 등
螢光燈(형광등) 형광을 내는 전등의 하나

樂園

樂 [부]木(나무목) [획]11　paradise らくえん　園

즐길락・풍류악・즐길요 ラク・ガク・たのしい　동산원 エン・その

樂　園

樂園(낙원) 살기 좋은 곳
樂觀(낙관) 근심하지 않고 좋게 봄
樂天(낙천) ①자기의 처지를 즐겁게 여김 ②일을 서두르지 않고 천천히 함
樂山樂水(요산요수) 산수를 보고 즐김
⇨악기(樂器)

羅列

羅 [부]罒(网)(그물망) [획]14　array られつ　列

벌일라 ラ・つらなる　벌릴렬 レツ・ならべる

羅　列

羅列(나열) 죽 벌려 놓음
羅唐(나당) 신라와 당나라
羅針盤(나침반) 방위를 측정하는 기구
網羅(망라) 죽 늘어놓음
森羅(삼라) 많은 나무처럼 늘어섬
新羅(신라) 한국의 옛 나라의 하나

洛陽

洛 [부]氵(삼수변) [획]6　らくよう　陽

물이름락 ラク　볕양 ヨウ・ひ

洛　陽

洛陽(낙양) ①중국의 하남성(河南省)의 수도. ②서울. 수도(首都)
洛陽紙價貴(낙양지가귀) 낙양의 종이값이 오름. 책이 잘 팔려 종이값이 오른 옛일에서 책이 잘 나감을 이르는 비유
京洛(경락) 서울. 수도

75

絡 ⑤糸(실사변) ⑥6　bundle　束

絡 이을락　ラク　　　　묶을속　ソク・たば　束

絡

絡束(낙속) 한데 묶음
絡頭(낙두) 말 갈기의 장식품의 하나
絡車(낙차) 실을 켜서 감는 물레
經絡(경락) 침을 놓는 자리
連絡(연락) 서로 사정을 알리고 관계
　　　　를 이어 감
脈絡(맥락) ①혈액의 연락 ②몰래 기
　　　　맥을 서로 통합

卵 ⑤卩(병부절) ⑤5　yolk　黄
알란　ラン・たまご　누를황　コウ・オウ・き

卵 [卯ㄱ 夘ㄱ 卵]　黄(黄)

卵黄(난황) 알의 노른자위
卵白(난백) 알의 흰자위
卵狀(난상) 달걀같은 모양
卵生(난생) 알에서 태어남
鷄卵(계란) 달걀
産卵(산란) 알을 낳음
小卵(소란) 작은 알

亂 ⑤乙(새을) ⑤12　らんりつ confusion　立
어지러울난　ラン・みだれる　설립　リツ・リュウ・たつ

亂　立

亂立(난립) 어지럽게 여럿이 나서서
　　　　북적거림
亂局(난국) 어지러운 판국
亂動(난동) 함부로 행동함
內亂(내란) 나라 안의 반란
動亂(동란) 반란군에 의한 난동
戰亂(전란) 전쟁. 난리

蘭 ⑤艹(초두밑) ⑤17　らんきゃく　客
난초란　ラン　손객　カク・キャク

蘭　客

蘭客(난객) 좋은 벗
蘭交(난교) 뜻이 맞는 벗과의 교제
蘭秀菊芳(난수국방) 난초와 국화의 그
　　　　윽한 향기
蘭草(난초) 난초과의 다년생 풀
玉蘭(옥란) 백목련
風蘭(풍란) 난초의 한 가지

欄 ⑤木(나무목변) ⑤17　railing らんかん　干
난간란　ラン　방패간　カン・ひる

欄　干

欄干(난간) 층계 따위의 가장자리를
　　　　막은 물건
欄內(난내) 책이나 신문의 줄이 쳐진
　　　　안쪽
欄外(난외) 책·신문의 가장자리에 친
　　　　줄 밖
空欄(공란) 서류 따위의 글씨가 없는
　　　　빈 곳

爛 ⑤火(불화변) ⑤17　らんまん full blooming　漫
난만할란　ラン　부질없을만　マン

爛　漫

爛漫(난만) ①꽃 따위가 만발한 모양
　　　　②밝고 뚜렷하게 나타난
　　　　모양 ③물건이 가득 찬
　　　　모양
爛爛(난란) 번쩍거리고 빛나는 모양
爛發(난발) 꽃이 한창 만발함
爛熟(난숙) ①무르익음 ②아주 능통
　　　　함
腐爛(부란) 썩어 문드러짐

覽勝

覽 [부]見(볼견) [획]14 らんしょう 勝

볼람 ラン　　이길승 ショウ・かつ

覽　勝

覽勝(남승) 좋은 경치를 찾아 구경함
覽古(남고) 고적을 찾아 옛 모습을 생각함
覽觀(남관) 구경함. 관람
觀覽(관람) 구경함
遊覽(유람) 돌아다니며 구경하고 놂
回覽(회람) 돌려가면서 봄

浪費

浪 [부]氵(삼수변) [획]7 waste ろうひ 費

물결랑 ロウ・なみ　　허비할비 ヒ・ついやす

浪　費

浪費(낭비) 금품을 헤프게 마구 씀
浪漫的(낭만적) 공상적임. 로맨틱함
浪說(낭설) 헛소문
浪志(낭지) 두서 없는 생각
放浪(방랑) 정처없이 떠돌아다님
流浪(유랑) 방랑(放浪)
風浪(풍랑) 바람과 파도

藍色

藍 [부]艹(艸)(초두밑) [획]14 indigo あいいろ 色

쪽람 ラン・あい　　빛색 ショク・シキ・いろ

藍　色

藍色(남색) 남빛
藍本(남본) 그림의 초벌. 또는 근거로 삼는 원본
藍青(남청) 짙고 검푸른 빛
甘藍(감람) 양배추
出藍(출람) 제자가 스승보다 학문이 뛰어남

郎君

郎 [부]阝(邑)(우부방) [획]7 ろうくん my husband 君

사내랑 ロウ　　임금군 クン・きみ

郎　君

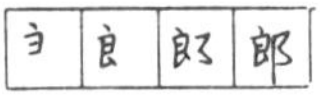

郎君(낭군) 자기 남편을 이르는 말
郎子(낭자) 남의 아들에 대한 경칭
郎材(낭재) 신랑감
佳郎(가랑) 좋은 신랑
新郎(신랑) 새 신랑. 장가가는 사나이

濫發

濫 [부]氵(삼수변) [획]14 over-issue らんぱつ 發

넘칠람 ラン・みだりに　　필발 ハツ・ホツ

濫　發

濫發(남발) 함부로 마구 발행함
濫讀(남독) 함부로 아무것이나 읽음
濫伐(남벌) 나무를 마구 벰
濫費(남비) 함부로 소비함
濫用(남용) 함부로 씀
濫作(남작) 마구 아무렇게나 지음
越濫(월람) 마구 넘쳐 흐름

朗誦

朗 [부]月(달월) [획]7 recitation ろうしょう 誦

밝을랑 ロウ・ほがらか　　욀송 ショウ・となえる

朗　誦

朗誦(낭송) 소리내어 읽거나 욈
朗讀(낭독) 소리내어 읽음
朗朗(낭랑) ①목소리가 명랑한 모양 ②밝고 환한 모양
朗詠(낭영) 소리높여 시가(詩歌)를 읊음
明朗(명랑) 밝고 쾌활함
清朗(청랑) 날씨가 쾌청함

廊
(부) 广(엄호밑)
(획)10　ろうびょう
행랑랑
ロウ

廊

廊廟(낭묘) 정사(政事)를 보는 곳. 조정(朝廷)
廊底(낭저) 행랑
廊廟之器(낭묘지기) 재상이 되어 나라의 일을 볼 만한 인재
廊下(낭하) ①행랑 ②복도. 골마루
畫廊(화랑) 그림을 전람시키는 방

廟
사당묘
ビョウ

廟

略
(부) 田(밭전변) sketch map
(획)6　りゃくず
간략할략
リャク・ほぼ

略

略圖(약도) 간단히 대충 그린 그림
略歷(약력) 간단하게 적은 이력
略史(약사) 대강만 적은 역사
略字(약자) 한문글자의 획을 줄여 간단하게 쓴 글자
簡略(간략) 간단하게 줄임
謀略(모략) 남을 해치려는 꾀

圖
그림도
ト・ズ・はかる

圖

來
(부) 人(사람인)　visit
(획)6　らいほう
올래
ライ・く(こ・き)る

來　一ァ爪來來

來訪(내방) 찾아와 봄
來年(내년) 올해의 다음 해
來往(내왕) 오고 감
去來(거래) 물건이나 돈의 상업적 행위
外來(외래) 외국에서 건너옴
以來(이래) 그로부터 이후

訪
찾을방
ホウ・たずねる・おとずれる

訪

掠
(부) 扌(재방변)　despoliation
(획)8　りゃくだつ
노략질할략
リャク・かすめる

掠

掠奪(약탈) 폭력으로 빼앗음
掠盜(약도) 노략질함
掠治(약치) 채찍질하여 죄인을 다스림
侵掠(침략) ①남의 것을 폭력으로 빼앗음 ②남의 영토를 침범함
奪掠(탈략) 폭력으로 노략질을 함

奪
빼앗을탈
ダツ・うばう

奪

冷
(부) 冫(이수변)　freezing
(획)5　れいとう
찰랭
レイ・ひえる・つめたい・さます

冷　冫氵汄冷冷

冷凍(냉동) 차게 하여 얼림
冷却(냉각) 차갑게 식힘
冷淡(냉담) 무관심하고 쌀쌀함
冷待(냉대) 쌀쌀하게 대접함
冷藏庫(냉장고) 음식을 차게 저장하는 궤나 시설
寒冷(한랭) 춥고 차가움

凍
얼동
トウ・こおる

凍

良
(부) 艮(그칠간)　good people
(획)1　りょうみん
어질량
リョウ・よい

良　ヨ良良良

良民(양민) 선량한 백성
良家(양가) 지체가 있는 좋은 집안
良否(양부) 좋으냐 나쁘냐
良俗(양속) 좋은 풍속
改良(개량) 좋게 뜯어 고침
善良(선량) 착하고 어짊
順良(순량) 순하고 착함

民
백성민
シン・たみ

民

兩 ㉡入(들입)compatibility
㉱6　りょうりつ
두량
リョウ　　　　설립
　　　　　リツ・リョウ・たつ

兩 冂 雨 兩 兩 兩

立

兩立(양립) 둘이 함께 맞섬. 공존함
兩家(양가) 두 집안
兩難(양난) 이러기도 어렵고 저러기
　　　　도 어려움
兩斷(양단) 둘 중의 하나로 결단함
兩者(양자) 두 사람. 두 쪽. 두 가지
一兩日(일양일) 하루나 이틀 사이

梁 ㉡木(나무목)
㉱7　りょうさい
들보량
リョウ　　　재주재
　　　　　サイ

梁

才

梁材(양재) 대들보가 될 만한 재목.
　　　　곧, 좋은 인재(人材)
樑麗(양려) 들보
梁上君子(양상군자) 대들보 위에 숨
　　　　어 있는 군자. 곧 도적을
　　　　좋게 이르는 말
橋梁(교량) 다리

量 ㉡里(마을리)
㉱5　りょうき
용량량
リョウ・はかる

量 昌 昌 昌 量 量

器 ㉡그릇기
キ・うつわ

器

量器(양기) ①분량을 되는 그릇. 말.
　　　　되 따위 ②소임을 이행할
　　　　만한 재량
量田(양전) 논밭을 측량함
量地(양지) 땅을 측량함
計量(계량) 분량을 헤아림
力量(역량) 힘. 능력
才量(재량) 재간과 도량

糧 ㉡米(쌀미변)　corn
㉱12　りょうこく
양식량
リョウ・ロウ・かて

糧

穀 ㉡곡식곡
コク

穀

糧穀(양곡) 양식으로 쓰일 곡식
糧道(양도) 군량(軍糧)을 수송하는 길
糧米(양미) 양식으로 쓰일 쌀
糧食(양식) ①식량 ②군량(軍糧)
穀糧(곡량) 곡식으로서의 양식
兵糧(병량) 군량
資糧(자량) 노자와 식량

凉 ㉡冫(이수변)
㉱8　りょうき
서늘할량
リョウ・すずしい

凉 氵 冴 冴 凉 凉

氣 ㉡기운기
キ・ケ

氣

凉氣(양기) 서늘한 기운
凉雨(양우) 서늘한 비
凉陰(양음) 서늘한 나무그늘
凉天(양천) 서늘한 날씨
凉秋(양추) ①서늘한 가을 ②음력 9
　　　　월의 별칭
納凉(납량) 서늘한 바람을 쏘임

諒 ㉡言(말씀언변) unders-
㉱8　tanding
　　りょうかい
믿을량
リョウ　　　풀해
　　　　　ゲ・カイ・とく

諒

解

諒解(양해) 사정을 잘 이해함
諒恕(양서) 사정을 살펴 용서함
諒知(양지) 살피어 알고 이해함
海諒(해량) 널리 양해함
諒察(양찰) 양해하고 살핌
惠諒(혜량) 양찰해 준다는 말의 높임
　　　　말

旅 ⓤ方(모방변) ⓦ6 traveler りょかく・りょきゃく	客 손객 カク・キャク
나그네려 リョ・たび	

旅 方 方 旅 旅 旅 | 客

旅客(여객) 여행하는 손님
旅券(여권) 외국여행에 필요한 증명서
旅路(여로) 여행길. 나그네 길
旅程(여정) 여행하는 이수나 차례
旅裝(여장) 여행할 차림
旅行(여행) 타향으로 다니며 구경함
行旅(행려) 나그네

勵 ⓤ力(힘력) ⓦ15 れいせい diligence	精 정할정 セイ・ショウ
힘쓸려 レイ・はげむ	

勵 | 精

勵精(여정) 정신을 쏟아 힘쏨
勵節(여절) 절조(節操)를 장려함
勵行(여행) 힘써 실행함
激勵(격려) 기운내서 하라고 힘껏 권함
督勵(독려) 감독하여 노력하게 함
奮勵(분려) 기운을 내어 힘쓰게 함
奬勵(장려) 권하여 힘쓰게 함

麗 ⓤ鹿(사슴록) ⓦ8 れいがん / 顔 얼굴안 ガン・かお

麗 | 顔

麗顔(여안) 아름다운 얼굴
麗代(여대) 고려 시대
麗美(여미) 아름답고 고움
麗人(여인) 아름답게 생긴 사람. 미인
佳麗(가려) 예쁘고 아름다움
秀麗(수려) 산수의 경치가 뛰어나게 아름다움

力 ⓤ力(힘력) ⓦ(2) emphasis りきせつ / 說 말씀설 セツ

力 フ 力 | 說

力說(역설) 극력 주장함
力不足(역부족) 힘이 모자람
力士(역사) 특히 힘이 센 사람
力作(역작) 힘들여 지은 좋은 작품
有力(유력) 힘이 있음. 유망함
注力(주력) 힘을 기울임
體力(체력) 육체적인 힘

慮 ⓤ心(마음심) ⓦ11 りょがい / 外 바깥외 ガイ・ゲ・そと・ほか

慮 | 外

慮外(여외) 의외(意外). 뜻밖임
慮無所不到(여무소부도) 생각이 미치지 않는 데가 없이 자상함
考慮(고려) 생각해 봄
心慮(심려) 마음으로 걱정함
淺慮(천려) 얕은 생각

歷 ⓤ止(그칠지) ⓦ12 history れきし / 史 역사사 シ

歷 厂 厈 歷 麻 歷 | 史

歷史(역사) 인류의 변천·흥망의 기록
歷歷(역력) 뚜렷하여 분명함
歷訪(역방) 차례차례 방문함
歷任(역임) 여러 지위를 지내어 겪음
經歷(경력) 경험한 이력
履歷(이력) 겪은 경력
學歷(학력) 공부한 경력

曆書

曆 ㉠日(날일) ㉣12　almanac　書
책력력　　　　　　　　글서
レキ・こよみ　　　　ショ・かく

曆　　　書

曆書(역서) 역학에 관한 책
曆法(역법) 책력을 만드는 방법
曆學(역학) 책력에 관한 학문
舊曆(구력) 음력
新曆(신력) 양력
月曆(월력) 달력
日曆(일력) 하루하루 떼게 된 책력

鍊金

鍊 ㉠金(쇠금변) ㉣9　alchemy　金
단련할련　　　　　　쇠금
レン　　　　　　　　キン・かね

鍊　　　金

鍊金(연금) 쇠를 불에 달구어 두드림
鍊氣(연기) 정신을 단련함
鍊磨(연마) ①단련하고　갊　②깊이
　　　　　　그 도를 닦음. 단련함
鍊武(연무) 무술을 닦음
洗鍊(세련) ①단련되어 어색하지 않음
　　　　　　②지식과 기술이 능숙함

連鎖

連 ㉠辶(辵)(책받침) ㉣7　link-age　鎖
이을련　　　　　　　　쇠사슬쇄
レン・つらなる　　　　サ・くさり

連 亘 車 連　　　鎖

連鎖(연쇄) 연이어 맺어짐
連結(연결) 서로 이어 맺음
連絡不絕(연락부절) 서로 왕래하여 끊
　　　　　임이 없음
連發(연발) 계속 발생함. 계속 나감
連勝(연승) 계속 이김
關連(관련) 서로 관계가 있음

憐憫

憐 ㉠忄(심방변) ㉣12　compassion　憫
불쌍히여길련　　　　　민망할민
レン・リン・　　　　　ビン・あわれむ
あわれむ

憐　　　憫

憐憫(연민) 불쌍히 여김
憐惜(연석) 불쌍히 여겨 아낌
可憐(가련) 불쌍하고 애처로움
同病相憐(동병상련) 같은 처지에 있
　　　　　는 사람은 서로 불쌍히 여
　　　　　김

練習

練 ㉠糸(실사변) ㉣9　exercise　習
익힐련　　　　　　　　익힐습
レン・ねる　　　　　　シュウ・ならう

練 幺 糸 紀 紳 練　　　習

練習(연습) 되풀이하여 익힘
練磨(연마) 학문이나 기술을 갈고 익힘
練兵(연병) 병사를 훈련시킴
未練(미련) ①익숙하지 못함 ②단념
　　　　　하지 못함
洗練(세련) 단련하여 서투른 데가 없음
熟練(숙련) 익숙하여 잘함

聯盟

聯 ㉠耳(귀이변) ㉣11　league　盟
잇닿을련　　　　　　　맹세할맹
レン　　　　　　　　　メイ・ちかう

聯　　　盟

聯盟(연맹) 같은 목적을 위해 같은 행
　　　　　동을 하기로 맹세한 단체
聯立內閣(연립내각) 둘 이상의 정당
　　　　　이 협력해서 조직한 내각
聯邦(연방) 몇 나라가 합쳐서 이룩된
　　　　　나라
國聯(국련) 국제 연합. 유엔(U.N)
關聯(관련) 관계되어 얽혀 있음

戀 愛

[부]心(마음심) [획]19 love れんあい

戀 그리워할련 レン・こい・こいしい
愛 사랑애 アイ・あいする

戀 愛

戀愛(연애) 남녀간의 사랑
戀戀(연련) 그리워서 잊지 못하는 모양
戀慕(연모) ①사랑하여 그리워함 ②공경하여 사모함
悲戀(비련) 슬픈 결과로 끝나는 사랑
失戀(실연) 사랑에 실패함

蓮 池

[부]艹(艸)(초두밑) [획]11 れんち

蓮 연꽃련 レン・はす
池 못지 ち・いけ

蓮 池

蓮池(연지) 연꽃을 심은 못
蓮實(연실) 연밥
蓮花(연화) 연꽃
蓮花世界(연화세계) 걱정이 없는 극락세계
白蓮(백련) ①흰 연꽃 ②백목련
木蓮(목련) 목련과의 낙엽 교목

列 島

[부]刂(刀)(칼도) [획]4 れっとう

列 벌릴렬 レツ・ならぶ
島 섬도 トウ・しま

列 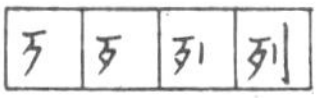 島

列島(열도) 연달아 있는 여러 섬
列强(열강) 여러 강대국
列擧(열거) 모조리 들어 말함
列席(열석) 자리를 나란히 함
列車(열차) 객차・화차가 여러 개 달린 차
隊列(대열) 죽 늘어선 줄
整列(정열) 나란히 늘어섬

烈 士

[부]灬(火)(불화) [획]6 patriot れっし

烈 매울렬 レツ
士 선비사 シ

烈  士

烈士(열사) 절의를 굳게 지키는 사람
烈女(열녀) 정절이 굳은 여자
烈風(열풍) 세게 부는 바람
烈火(열화) 맹렬하게 타오르는 불
猛烈(맹렬) 몹시 세차고 사나움
先烈(선열) 나라를 위해 목숨을 바친 열사

裂 開

[부]衣(옷의) [획]6 れっかい

裂 찢을렬 レツ・さく
開 열개 カイ・あく・ひらく

裂 開

裂開(열개) 찢기어 벌어짐. 터져서 열림
裂果(열과) 익으면 껍질이 벌어져 열매가 흩어지는 과실
裂膚(열부) ①피부를 찢음 ②추위가 몹시 심하다는 비유
決裂(결렬) ①갈갈이 찢어짐 ②의견이 맞지 않아 헤어짐

劣 勢

[부]力(힘력) [획]4 inferiority れっせい

劣 용렬할렬 レツ・おとる
勢 권세세 セイ・いきおい

劣 勢

劣勢(열세) 세력이 뒤떨어짐. 또는 그 세력
劣等(열등) 낮은 등급. 남만 못함
劣惡(열악) 품질이 나쁨
劣品(열품) 질이 나쁜 물건
卑劣(비열) 비굴하고 용렬함
優劣(우열) 우세함과 열등함

廉 恥

[부]广(엄호밑) [획]10 れんち

廉 청렴할렴 レン

恥 부끄러울치 チ・はじ

廉恥(염치) 청렴하여 부끄러움을 아는 마음
廉價(염가) 싼 값
廉儉(염검) 청렴하고 검소함
廉探(염탐) 몰래 내막을 탐문함
淸廉(청렴) 성품과 행실이 곧고 깨끗함
破廉恥(파렴치) 염치를 몰라 언행이 비열함

嶺 峯

[부]山(메산) [획]14 peak れいほう

嶺 재령 レイ・リョウ・みね

峯 봉우리봉 ホウ・みね

嶺峯(영봉) 신령스런 봉우리
嶺東(영동) 강원도의 대관령에서 동쪽을 이르는 말
嶺南(영남) 경상남북도의 별칭
嶺底(영저) 높은 고개의 아래쪽
山嶺(산령) 산꼭대기. 산봉우리
雪嶺(설령) 눈에 덮인 산봉우리

令 達

[부]人(사람인) [획]3 れいたつ instruction

令 명령할령 レイ

達 통달할달 タツ

令達(영달) 명령이 전달됨
令妹(영매) 남의 손아래 누이의 높임말
令夫人(영부인) 남의 아내의 높임말
令息(영식) 남의 아들의 높임말
令日(영일) 경사스러운 날
命令(명령) ①윗사람의 분부 ②관청의 분부
法令(법령) 법률과 명령

零 細

[부]雨(비우) [획]5 trivial れいさい

零 떨어질령 レイ・(ゼロ)

細 가늘세 サイ・ほそい・こまかい

零細(영세) 몹시 작고 변변치 않음
零度(영도) 도수의 기점이 되는 도(度)
零落(영락) ①초목의 잎이 말라 떨어짐 ②쇠퇴함 ③죽어 없어짐 ④망하여 가난하게 됨
零時(영시) 밤 12시 직후의 시간

領 事

[부]頁(머리혈) [획]5 consul りょうじ

領 거느릴령 リョウ

事 일사 ジ・ズ・こと

領事(영사) 외국에 주재하는 외교관의 하나
領空(영공) 영토와 영해 위의 하늘
領官(영관) 소령・중령・대령의 총칭
領內(영내) 영토 안
領導(영도) 거느리고 지도함
頭領(두령) 우두머리
受領(수령) 받아넣음

靈 魂

[부]雨(비우) [획]16 soul れいこん

靈 신령령 レイ

魂 넋혼 コン・たましい

靈魂(영혼) 넋. 육체를 지배한다는 혼령
靈感(영감) 미묘한 감정으로 생기는 감응
靈妙(영묘) 영특하고 기묘함
靈藥(영약) 영묘한 약
亡靈(망령) 죽은이의 영혼
神靈(신령) 만물을 지배한다는 신

例

㉤亻(인변)
㉥6
illustrative sentence
れいぶん

법식례
レイ・たとえる

文

글월문
ブン・モン・ふみ

例 | 亻 | 亻 | 仍 | 佅 | 佅 | 例

文

例文(예문) 예로 든 짧은 글
例規(예규) 관례와 규칙
例年(예년) 평소와 다름없는 지나간 해
例事(예사) 흔히 있는 일
例外(예외) 보통이 아닌 특별한 예
事例(사례) 전례나 실례
實例(실례) 실제로 있는 예

露

㉤雨(비우)
㉥12
ろしゅく
camping out

이슬로
ロ・つゆ

宿

잘숙
シュク・やどる

露 | 吜 | 雨 | 霏 | 霏 | 露

宿

露宿(노숙) 한데서 잠
露骨(노골) 뼈를 드러내듯이 사실을 털어놓음
露店(노점) 길거리에서 하는 장사
露天(노천) 지붕이 없는 곳
白露(백로) 24절기의 하나
草露(초로) 풀에 맺힌 이슬. 덧없다는 비유

禮

㉤示(보일시변)
㉥13
manners
れいせつ

예도례
レイ

節

마디절
セツ・ふし

禮 | 礻 | 礻 | 禮 | 禮 | 禮

節

禮節(예절) 예의와 절도. 예법
禮物(예물) ①혼인 따위에 주고 받는 선물 ②사례로 보내는 물품
禮訪(예방) 예로써 방문함
禮服(예복) 의식에 입는 옷
答禮(답례) 답으로 보내는 예물
失禮(실례) 예의에 벗어남

老

㉤老(耂)(늙을노)
㉥(6)
ろうじゃく
decrepitude

늙을로
ロウ・おいる

弱

약할약
ジャク・よわい

老 | + | 土 | 尹 | 耂 | 老

弱

老弱(노약) ①늙어서 쇠약함 ②늙은 이와 어린이
老大家(노대가) 나이먹어 경험이 많은 뛰어난 사람
老少同樂(노소동락) 늙은이와 젊은이가 같이 놀고 즐김
老患(노환) 노쇠해서 생긴 병

路

㉤足(발족변)
㉥6
ろひ
travelling expenses

길로
ロ・じ・みち

費

허비할비
ヒ・ついやす

路 | 𧾷 | 𧾷 | 𧾷 | 趵 | 路

費

路費(노비) 길을 오가는데 쓰는 돈
路上(노상) 길 위. 길바닥
路程(노정) 길의 이수(里數). 또는 여행의 경로
路中(노중) 길 가운데
街路(가로) 큰길. 거리
大路(대로) 큰길. 넓은 길
通路(통로) 지나다니는 길

勞

㉤力(힘력)
㉥10
ろうりょく
effort

수고할로
ロウ・いたわる

力

힘력
リョク・リキ・ち から

勞 | 𣃁 | 炏 | 炏 | 癶 | 勞

力

勞力(노력) 노동력. 육체적인 일
勞苦(노고) 괴롭게 애씀
勞動(노동) 육체적인 노무
勞務(노무) 노력을 들이는 직무
勞資(노자) 노동자와 자본가
過勞(과로) 너무 일하여 지침
慰勞(위로) 달래어 위안을 줌

爐 (부)火(불화변) fireside 邊
(획)16 ろへん

화로로　　　　　　　　　　가변
ロ　　　　　ヘン・ベ・あたり

爐　　　　　　邊

爐邊(노변) 화롯가. 난롯가
爐煙(노연) 향로의 연기
反射爐(반사로) 간접열로 쇠붙이를 녹
　　　이는 시설
風爐(풍로) 숯불을 피우는 기구
火爐(화로) 불을 담아 두고 손을 쬐거
　　　나 방 안을 더웁게 하는
　　　기구

錄 (부)金(쇠금변) recording 音
(획)8 ろくおん

기록할록　　　　　　　　소리음
ロク　　　　オン・イン・おと

錄　　　　　　音

錄音(녹음) 테이프나 레코드에 소
　　　리를 넣음
錄寫(녹사) 문서를 베껴 적음
錄用(녹용) 채용함
錄畫(녹화) 어떤 광경을 사진으로 찍
　　　어 놓음
登錄(등록) 법에 따라 관청 장부에 올
　　　림
目錄(목록) 품목이나 차례를 적은 것

綠 (부)糸(실사변)
(획)8 りょくいん 陰

푸를록　　　　　　　　　그늘음
ロク・リョク・みどり　　イン・かげ

綠 糹 糿 綷 綵 綠　　陰

綠陰(녹음) 푸른 나뭇잎의 그늘
綠水(녹수) 푸른 물
綠衣紅裳(녹의홍상) 연두 저고리에 다
　　　홍치마. 곧 젊은 여자의
　　　곱게 차린 맵시
綠化(녹화) 산에 나무를 심어 푸르게
　　　함
新綠(신록) 초여름의 나무잎이 우거
　　　진 푸르름

鹿 (부)鹿(사슴록) antler 角
(획)(11) ろっかく

사슴록　　　　　　　　　　뿔각
ロク・しか　　　カク・つの・すみ

鹿　　　　　　角

鹿角(녹각) 사슴의 뿔
鹿皮(녹피) 사슴의 가죽
鹿死誰手(녹사수수) 천하가 누구의 것
　　　이 될 것이냐 하는 비유
鹿血(녹혈) 사슴의 피
射鹿(사록) 사슴을 쏨

祿 (부)示(보일시변)
(획)8 ろくしゃく 爵

복록　　　　　　　　　　벼슬작
ロク　　　　　　　シャク

祿　　　　　　爵

祿爵(녹작) 봉록과 벼슬
祿命(녹명) 사람이 타고난 운명
祿仕(녹사) 봉록을 받고 벼슬을 함
爵祿(작록) ⇨녹작(祿爵)
食祿(식록) 녹봉. 벼슬아치에게 주는
　　　보수
福祿(복록) 복과 녹

論 (부)言(말씀언변) treatise 文
(획)8 ろんぶん

논의할론　　　　　　　　글월문
ロン　　　　　　　ブン・ふみ

論 言 訒 訡 訡 論　　文

論文(논문) 연구 결과를 발표하는 글
論功(논공) 공의 대소를 의논해서 정
　　　함
論壇(논단) 논의하는 사회. 언론계
論說(논설) 신문의 사설
論題(논제) 논의할 제목
空論(공론) 헛된 이론
討論(토론) 서로 의견을 토의함

弄 (부)廾(밑스물입) joke 談
(획)4
희롱할롱　　　　　　　　　말씀담
ロウ　　　　　　　　　　　ダン

弄　　　　　　　　　　談

弄談(농담) 농으로 하는 실없는 말
弄巧成拙(농교성졸) 지나치게 솜씨를
　　　　부리다가 오히려 서투르
　　　　게 됨
弄月(농월) 달을 보며 즐김
飜弄(번롱) 놀리며 희롱함
才弄(재롱) 어린애가 아양을 떨고 재
　　　　주를 부림

料 (부)斗(말두) fee 金
(획)6　　りょうきん
헤아릴료　　　　　　　　　쇠금
リョウ　　　　　　　　　キン・かね

料 | 丷 | 半 | 米 | 料二 | 料 　金

料金(요금) 수수료로 내는 돈
料得(요득) 헤아려 알게 됨
料理(요리) ①음식을 조리함. 또는 그
　　　　음식 ②처리함
料亭(요정) 요리집
無料(무료) 요금을 안 받음
燃料(연료) 땔감. 연탄·석유 따위

雷 (부)雨(비우밑) thunder 聲
(획)5　　らいせい
우뢰뢰　　　　　　　　　　소리성
ライ・かみなり　セイ・ショウ・こえ

雷　　　　　　　　　聲

雷聲(뇌성) 천둥소리
雷擊(뇌격) 수뢰(水雷)로 적의 배를 침
雷管(뇌관) 화약에 불이 붙도록 끼는
　　　　부품
雷同(뇌동) 덩달아 남을 따름
雷雨(뇌우) 우레와 더불어 오는 비
落雷(낙뢰) 벼락이 떨어짐
避雷(피뢰) 벼락을 피함

了 (부)亅(갈고리궐)
(획)1　　りょうとく
마칠료　　understanding 얻을득
リョウ・おわる　　トク・える・うる

了　　　　　　　　　得

了得(요득) 깨달아 앎
了承(요승) 알아차림
校了(교료) 교정이 다 끝남
滿了(만료) 기한 따위가 다 끝남
修了(수료) 어떤 과정을 다 마침
完了(완료) 다 끝을 냄
終了(종료) 다 끝남

賴 (부)貝(조개패) dependence 力
(획)9　　らいりょく
힘입을뢰　　　　　　　　　힘력
ライ・たのむ・　リキ・リョク・
たよる　　　　　ちから

賴　　　　　　　　　力

賴力(뇌력) 남의 힘을 입음
賴子(뇌자) 직업이 없는 무뢰한
無賴(무뢰) 의지할 것이 없는 불량한
　　　　사람
信賴(신뢰) 믿고 의지함
依賴(의뢰) 남에게 의지함

龍 (부)龍(용룡) りゅうぐう 宮
(획)(16)
용룡　　　　　　　　　　　집궁
リョウ・リュウ・　キュウ・グウ・
たつ　　　　　　ク・みや

龍　　　　　　　　　宮

龍宮(용궁) 바다속에 있다는 대궐
龍頭蛇尾(용두사미) 머리는 용이고 꼬
　　　　리는 뱀임. 곧, 처음은 크
　　　　지만 끝이 시원치 않다는
　　　　비유
登龍門(등용문) 입신출세할 관문
虎龍(호룡) 호랑이와 용. 두 강자의
　　　　비유

屢 (튀)尸(주검시밑)
(획)11 repeatedly
るじ 次
여러루 차례차
ル・しばしば シ・ジ・つぐ

屢

次

屢次(누차) 여러 차례. 여러 번
屢屢(누누) 여러 번
屢代(누대) 여러 대
屢日(누일) 여러 날
屢回(누회) 여러 번

涙 (튀)氵(삼수변)
(획)8 るいすい
tear 水
눈물루 물수
ルイ・なみだ スイ・みず

涙

水

涙水(누수) 눈물
涙落(누락) 눈물이 떨어짐
涙眼(누안) 눈물어린 눈
感涙(감루) 감격하거나 감사해서 나
　　　오는 눈물
血涙(혈루) 피눈물
紅涙(홍루) ①피눈물 ②미인의 눈물

樓 (튀)木(나무목)
(획)11 ろうかく
閣
다락루 누각각
ロウ カク

樓

閣

樓閣(누각) 다락집. 누대
樓觀(누관) 망루(望樓)
樓上(누상) 누각의 위. 망루의 위
望樓(망루) 망을 보는 누각
靑樓(청루) 매춘부가 있는 집
紅樓(홍루) ①부잣집의 부녀가 거처
　　　하는 곳 ②기생집

漏 (튀)氵(삼수변)
(획)11 electric
leakage
ろうでん 電
샐루 번개전
ロウ・もる デン

漏

電

漏電(누전) 습기나 전도체(傳導體)를
　　　타고 전기가 새어나감
漏氣(누기) 축축한 기운
漏落(누락) 기록 따위에서 빠짐
漏濕(누습) 습기가 스며 나옴
遺漏(유루) 새어 빠짐. 탈루(脫漏)
漏屋(누옥) 비가 새는 집

累 (튀)糸(실사) accumulation
(획)5 るいせき 積
여러루 쌓을적
ルイ・かさなる セキ・つむ・つもる

累

積

累積(누적) 쌓이고 쌓임
累加(누가) 거듭 보탬
累計(누계) 소계(小計)의 합계. 총계
　　　(總計)
累累(누루・누누) 물건이 겹쳐 쌓임
累進(누진) 지위・수량 따위가 자꾸
　　　올라감
連累(연루) 범죄에 관계됨

柳 (튀)木(나무목)
(획)5 りゅういん
陰
버들류 그늘음
リュウ・やなぎ イン・かげ

柳 | 木 | 朴 | 杉 | 栁 | 柳

陰

柳陰(-유음) 버드나무의 그늘
柳煙(유연) 버드나무에 낀 연기나 아
　　　지랑이
柳絲(유사) 버들가지
細柳(세류) 가는 버들가지
花柳(화류) ①꽃과 버들 ②남자를 상
　　　대로 노는 계집
楊柳(양류) 버드나무

87

留 ㊔田(밭전) studying abroad りゅうがく 學	六 ㊔八(여덟팔) sixth sense ろっかん 感
머무를류 ㊓5 ル·リュウ·とめる	배울학 ガク·まなぶ

留 ⟮ 留 ⟯ 學

留學(유학) 외국으로 가서 공부함
留念(유념) 마음에 두고 잊지 않음
留宿(유숙) 남의 집에 머물러 묵음
留意(유의) ①마음에 둠 ②주의함
留置(유치) 사람이나 물건을 잡아 놓음
保留(보류) 결정을 잠시 유보함
停留(정류) 차 따위가 머물러 섬

六 ㊔八(여덟팔) ㊓2
여섯록 ロク·むつ
六 ⟮ 二 亠 六 ⟯
느낄감 カン
感

六感(육감) 경험과 추리로 느끼는 예민한 감각
六甲(육갑) 육십갑자의 준말
六法(육법) 여섯 가지 법. 곧, 헌법·형법·민법·상법·형사소송법·민사소송법
六旬(육순) ①60일 ②60세
忘八(망팔) 팔덕(八德)을 잊은 무뢰한
二八(이팔) 이팔청춘

流 ㊔氵(삼수변) running water りゅうすい 水
흐를류 ㊓7 リュウ·ル·ながれる
물수 スイ·みず
流 ⟮ 氵 沃 泞 流 流 ⟯ 水

流水(유수) 흐르는 물
流動(유동) 물처럼 이리저리 움직임
流失(유실) 물에 씻겨 흘러가서 없어짐
流行(유행) 세상에 널리 퍼짐
急流(급류) 세차게 흐르는 물
逆流(역류) 거꾸로 흐름

陸 ㊔阝(阜)(좌부방) ㊓8 りくせん 戰
뭍륙 リク
싸움전 セン·いくさ·たたかう
陸 ⟮ 阝 阣 阹 陸 陸 ⟯ 戰

陸戰(육전) 육지에서 싸우는 전투
陸橋(육교) 구름다리. 육지에 가설한 다리
陸路(육로) 육지로 가는 길
陸上(육상) 뭍 위
陸地(육지) 뭍
大陸(대륙) 지역이 넓은 육지
離陸(이륙) 육지를 떠나 하늘로 오름

類 ㊔頁(머리혈) resemblance るいじ 似
무리류 ㊓10 ルイ·たぐい
같을사 ジ·にる
類 似人

類似(유사) 서로 비슷함
類例(유례) 비슷한 사례
類萬不同(유만부동) 많은 것이 비슷하지만 서로 다름
類語(유어) 비슷한 뜻의 말
同類(동류) 같은 종류
分類(분류) 종류에 따라 나눔

倫 ㊔人(인변) morals りんり 理
윤리륜 ㊓8 リン
다스릴리 リ
倫 ⟮ 伀 伶 伶 倫 倫 ⟯ 理

倫理(윤리) 사람으로서 지켜야 할 도리
倫紀(윤기) 윤리와 기강
不倫(불륜) 도덕에 어긋남
五倫(오륜) 다섯 가지 인륜. 부자·군신·부부·장유·붕우 사이의 도의
人倫(인륜) 사람의 도리

輪 禍

輪 [부]車(수레거변) [획]8 auto-mobile accident りんか 禍

바퀴륜 リン・わ

화재화 カ・わざわい

輪 禍

輪禍(윤화) 차로 인한 재화. 교통 사고

輪讀(윤독) 돌려가면서 차례로 읽음

輪轉機(윤전기) 신문 따위를 인쇄하는 고속 인쇄기

輪番(윤번) 차례로 번을 듦

五輪(오륜) 다섯 개의 바퀴. 올림픽의 상징

率 己

率 [부]玄(검을현) [획]6 己

비례률・거느릴솔 ソツ・ひきいる

몸기 コ・キ・おのれ

率 己

率己(율기) 자기 자신을 단속함

能率(능률) 일을 해 나가는 속도

比率(비율) 다른 것과 비교한 율도

利率(이율) 이자의 비율

效率(효율) 일의 능률

⇨솔선(率先)

律 動

律 [부]彳(두인변) [획]6 rhythm りつどう 動

법률 リツ・リチ

움직일동 ドウ・うごく

律 | 彳 | 彳⁻ | 彳⁼ | 律 | 律 | 動

律動(율동) 일정한 주기(周期)로 변화해 가는 운동

律客(율객) 음률에 밝은 사람. 가객(歌客)

律調(율조) 음계에 따른 가락. 선률

規律(규율) 지켜야 할 법규나 계율

法律(법률) 나라에서 정한 법

自律(자율) 스스로 자신을 제어하고 다스림

隆 昌

隆 [부]阝(阜)(좌부방) [획]9 prosperity りゅうしょう 昌

높을륭 リュウ

창성할창 ショウ

隆 昌

隆昌(융창) 힘차게 번성함

隆起(융기) 불룩하게 솟아나옴

隆名(융명) 높은 명성

隆盛(융성) 힘차게 번창함

隆興(융흥) 기운차게 일어남

豊隆(풍륭) 풍요하게 번성함

興隆(흥륭) 흥하여 번성함

栗 房

栗 [부]木(나무목) [획]6 りつぼう 房

밤률 リツ・くり

방방 ボウ・ふさ

栗 房

栗房(율방) 밤송이

栗木(율목) 밤나무

栗園(율원) 밤나무의 동산

栗刺(율자) 밤송이의 가시

生栗(생률) ①날밤 ②제사에 쓰기 위해 특별히 깎은 밤

黃栗(황률) 황밤

陵 丘

陵 [부]阝(阜)(좌부방) [획]8 hill りょうきゅう 丘

큰언덕릉 リョウ・みささぎ

언덕구 キュウ・おか

陵 丘

陵丘(능구) 언덕

陵墓(능묘) 임금이나 왕비의 무덤

陵犯(능범) 업신여겨 범함

陵園(능원) 능묘

陵幸(능행) 임금이 능에 거동함

丘陵(구릉) 언덕

王陵(왕릉) 임금의 무덤

里 (튀)里(마을리) mileage
(획)(7) りてい
마을리　　　길정
リ・さと　　テイ・ほど

程

里 口曰曰甲里　程

里程(이정) 길의 이수
里民(이민) 동리 사람
里數(이수) ①길을 리(里)로 따진 길
　　　　　이 ②한 면(面)의 이의
　　　　　수호
里會(이회) 이민(里民)의 회의
洞里(동리) 동과 이. 이동
鄕里(향리) 고향

梨 (튀)木(나무목) pear-
(획)7 blossoms
배리　　　꽃화 りか
リ・なし　　カ・はな

花

梨　花

梨花(이화) 배나무의 꽃
梨木(이목) 배나무
梨園(이원) ①배나무를 심은 동산 ②
　　　　　연극계 ③옛날에 아악을
　　　　　가르치던 곳
鳳梨(봉리) 파인애플(pineapple)

理 (튀)玉(王)(구슬옥변)
(획)7 reason
다스릴리　　말미암을유 りゆう
リ　　　　ユウ・ユ・ユイ・よる

由

理 王 王 环 珇 玾 理　由

理由(이유) 까닭. 연유
理念(이념) 생각. 관념
理論(이론) 원리를 따져 시비를 논함
理想(이상) 실현시켰으면 하는 최선
　　　　　의 상태
理致(이치) 사물의 조리
無理(무리) 이치에 안 맞음. 억지임
眞理(진리) 참된 원리

李 (튀)木(나무목)
(획)3 りか
오얏리　　꽃화
リ・すもも　カ・はな

花

李　花

李花(이화) 오얏나무의 꽃
李桃(이도) 앵두의 별칭
李下不整冠(이하부정관) 오얏나무 밑
　　　　　을 지날 때 갓을 고쳐 쓰
　　　　　면 오얏을 따는 줄로 오
　　　　　해받기 쉬우니 삼가라는
　　　　　말. 곧, 의심받을 일을 하
　　　　　지 말라는 비유

利 (튀)刂(刀)(칼도) benefit
(획)5 りえき
이로울리　　더할익
リ・きく　　エキ・ヤク

益

利 二 千 禾 禾 利　益

利益(이익) ①유익하고 도움이 됨 ②
　　　　　장사에서 이문이 생김. 또
　　　　　는 그 이문
利權(이권) 이익과 권리
利己(이기) 자기 이익만 꾀함
利潤(이윤) 장사로 남는 이익
不利(불리) 이롭지 못함
勝利(승리) 이김

吏 (튀)口(입구)
(획)3 りどう
아전리　　길도
リ　　　　ドウ・みち

道

吏　道

吏道(이도) ①관리로서 지켜야 할 도
　　　　　리 ②⇨이두(吏讀)
吏讀(이두) 한자의 음과 뜻을 빌려서
　　　　　우리말을 표기하던 일
吏屬(이속) 아전들. 옛날 하급 관리
官吏(관리) 관청의 공무원
汚吏(오리) 행실이 옳지 못한 관리

離 (튀)隹(새추) (획)11 parting りべつ 別
떠날리 다를별
리・はなれる ベツ・わかれる

離

別

離別(이별) 서로 헤어짐
離間(이간) 두 사람 사이가 나빠지도
록 고자질을 함
離散(이산) 헤어져 따로따로 흩어짐
離脫(이탈) 떨어져나가 관계를 끊음
距離(거리) 두 지점의 길이
分離(분리) 나뉘어 떨어짐

隣 (튀)阝(阜)(좌부방) (획)12 contiguity りんせつ 接
이웃린 이을접
リン・となり セツ

隣

接

隣接(인접) 이웃하여 붙어 있음
隣家(인가) 이웃집
隣境(인경) 인접한 경계
隣邦(인방) 이웃나라
近隣(근린) 가까운 이웃
交隣(교린) 이웃나라와 사귐
善隣(선린) 이웃과 의좋게 지냄

裏 (튀)衣(옷의) (획)7 back りめん 面
속리 낯면
리・うら メン・つら・おも

裏

面

裏面(이면) ①뒷쪽. 속. 안 ②배후의
사실
裏書(이서) ①종이 뒤에 적음 ②어
음・증권 따위에 일정한
방식에 따라 표시를 기록
함 ③확실하다는 것을 보
증함
腦裏(뇌리) 언뜻 생각이 떠오르는 머
리 속

林 (튀)木(나무목변) (획)4 りんりつ 立
수풀림 설립
リン・はやし リツ・リュウ・たつ

林 一 十 才 木 林

立

林立(임립) 수풀처럼 수많이 늘어섬
林産物(임산물) 산림・임야의 산물
林泉(임천) 숲 사이의 샘
書林(서림) 책방
原始林(원시림) 한 번도 베어낸 적이
없는 옛부터 있는 숲

履 (튀)尸(주검시밑) (획)12 personal history りれき 歷
신리 지낼력
リ・はく レキ

履

歷

履歷(이력) 학업・직업의 경력
履修(이수) 공부 따위를 마침
履行(이행) 실제로 행함. 실행함
履氷(이빙) 얇은 얼음을 밟음. 위험
하다는 비유
不履行(불이행) 해야 할 일을 실행
안함
木履(목리) 나무로 만든 신. 나막신

臨 (튀)臣(신하신변) (획)11 temporization りんじ 時
임할림 때시
リン・のぞむ ジ・とき

臨

時

臨時(임시) ①일시적임. 잠시 ②시기
에 임함. 때가 닥침
臨檢(임검) 현장에 가서 검사함
臨迫(임박) 시기가 닥쳐옴
臨床(임상) 병상(病床)에 임함
君臨(군림) 왕자의 지위에 섬
來臨(내림) 오심. 광림함

立身

立 [부]立(설립) [획]5

りっしん
sucess in life

立 설립 リツ・リュウ・たつ
身 몸신 シン・み

立 身

立身(입신) ①사람으로서의 덕을 갖춤 ②성공함
立脚(입각) 근거를 두어 그 입장에 섬
立件(입건) 사건으로 성립시킴
立會(입회) 현장에서 지켜 봄
建立(건립) 건물을 세움
對立(대립) 마주 대항함
創立(창립) 새로 만들어 조직함

磨滅

磨 [부]石(돌석) [획]11

wear and tear
まめつ

磨 갈마 マ・みがく
滅 멸할멸 メツ・ほろぶ

磨 滅

磨滅(마멸) 닳아서 없어짐
磨刀(마도) 칼을 갊
硏磨(연마) 갈고 닦음
切磨(절마) 학문과 덕행을 닦음

馬力

馬 [부]馬(말마) [획]10

horse-power
ばりき

馬 말마 バ・ま・うま
力 힘력 リョク・リキ・ちから

馬 力

馬力(마력) ①짐싣는 말의 힘 ②동력(動力)의 힘의 단위
馬車(마차) 말이 끄는 수레
馬夫(마부) 말을 부리는 사람
馬草(마초) 말에게 먹일 풀·꼴
競馬(경마) 말달리기
乘馬(승마) 말을 탐

莫大

莫 [부]艹(艸)(초두밑) [획]7

enormousness
ばくだい

莫 말막 バク・ボ
大 큰대 タイ・ダイ・おおきい

莫 大

莫大(막대) 몹시 크거나 많음
莫强(막강) 몹시 강함
莫上莫下(막상막하) 위도 아니고 아래도 아니어서 우열의 차가 없음
莫逆(막역) 서로 뜻이 맞음. 썩 친함
莫重(막중) 아주 중대함

麻絲

麻 [부]麻(삼마) [획]11

hemp thread
あさいと

麻 삼마 マ・あさ
絲 실사 シ・いと

麻 絲

麻絲(마사) 삼실
麻魚(마어) 삼치
麻衣(마의) 흰 삼베옷. 상복
麻織(마직) 삼으로 짠 피륙
麻布(마포) 삼베
麻風(마풍) 마파람
大麻(대마) 삼. 마(麻)
亞麻(아마) 아마과의 1년생 식물

幕間

幕 [부]巾(수건건) [획]11

interval
まくま

幕 휘장막 マク・バク
間 사이간 ケン・カン・ま・あいだ

幕 間

幕間(막간) 연극의 막이 내린 사이
幕後(막후) ①막의 뒤 ②어떤 일을 뒤에서 조정하고 교섭하는 일
映寫幕(영사막) 영화를 비치는 막
終幕(종막) ①마지막 막 ②끝판
黑幕(흑막) ①검은 막 ②알 수 없는 뒷공론

漠 (문)氵(삼수변) vagueness 然
(획)11 ばくぜん
아득할막 그럴연
バク ゼン・ネン・しかし

漠 然

漠然(막연) 아득하고 확실치 않아 예
　　　측할 수 없음
漠漠(막막) 끝이 없이 넓은 모양
漠漠大海(막막대해) 한없이 넓은 바다
空漠(공막) 막연하고 허전한 모양
寂漠(적막) 조용하고 쓸쓸함
荒漠(황막) 거칠고 한없이 넓음

滿 (문)氵(삼수변) satiety 腹
(획)11 まんぷく
가득할만 배복
マン・みちる フク・はら

滿 |氵|沪|沸|滿|満|滿| 腹

滿腹(만복) 많이 먹어 배가 부름
滿開(만개) 꽃이 활짝 핌
滿期(만기) 일정한 기한이 다 참
滿員(만원) 정원이 다 참
圓滿(원만) 둥글둥글하여 만사가 편
　　　안함
未滿(미만) 아직 차지 않고 부족함
充滿(충만) 가득 참

萬 (문)艹(艸)(초두밑) 全
(획)9 faultlessness
まんぜん
일만만 온전할전
マン・バン ゼン・まったく

萬 |一|艹|苩|萬|萬| 全

萬全(만전) 조금도 실수가 없이 완전
　　　함
萬國(만국) 온갖 나라. 세계의 모든
　　　나라
萬難(만난) 온갖 어려움
萬無(만무) 그럴 리가 전혀 없음
萬有(만유) 우주의 온갖 물체
千萬(천만) ①만의 천곱 ②절대로 그
　　　렇지 않음

慢 (문)忄(심방변) pride 心
(획)11 まんしん
게으를만 마음심
マン シン・こころ

慢 心

慢心(만심) 자기를 과신하는 우쭐거
　　　리는 마음
慢性(만성) 오래 끌어 쉽게 끝나지 않
　　　는 성질
慢然(만연) 똑똑하지 않고 희미한 모양
欺慢(기만) 속이고 거만하게 놂
怠慢(태만) 게으르고 느림

晚 (문)日(날일) 年
(획)7 ばんねん
old age
늦을만 해년
バン ネン・とし

晚 |昖|晀|晼|睁|晚| 年

晚年(만년) 노년. 늘그막
晚覺(만각) 늦게야 깨달음
晚到(만도) 때가 지난 뒤에 도착함
晚成(만성) 나이를 먹은 후에 성공함
晚時之歎(만시지탄) 일이 잘 되기는
　　　했으나 너무 늦어 한스러
　　　움
早晚間(조만간) 일든 늦든 간에. 머
　　　지않아

漫 (문)氵(삼수변) tour 遊
(획)11 まんゆう
부질없을만 놀유
マン・そぞろ コ・コウ・あそぶ

漫 遊

漫遊(만유) 이리저리 구경하러 다님
漫步(만보) 한가한 걸음걸이
漫然(만연) 막연함
漫筆(만필) 마음내키는 대로 쓰는 글
　　　만록(漫錄). 수필
散漫(산만) 어수선함
浪漫(낭만) 로맨틱함. 낭만주의

蠻 勇

[부]虫(벌레충) [획]19 reckless courage ばんゆう

오랑캐만 バン・えびす　　날랠용 コウ・いさましい

蠻 勇

蠻勇(만용) 사리를 모르고 함부로 날뛰는 용기
蠻人(만인) 야만인. 미개인
蠻族(만족) 야만인의 종족
蠻行(만행) 야만스러운 행동
南蠻(남만) 남쪽의 미개인
群蠻(군만) 떼지어 있는 많은 야만인

忙 劇

[부]忄(심방변) [획]3 ぼうげき

바쁠망 ボウ・いそがしい　　심할극 ゲキ

忙 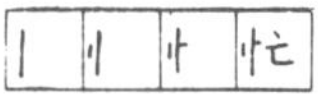 劇

忙劇(망극) 몹시 바쁨
忙殺(망쇄) 매우 바쁨
忙迫(망박) 일에 몰려 매우 바쁨
忙中閑(망중한) 바쁜 가운데에도 한가한 짬이 있음
多忙(다망) 바쁜 일이 많음
奔忙(분망) 몹시 분주함

末 期

[부]木(나무목) [획]1 period まっき

끝말 マツ・すえ　　바랄기 キ

末  期

末期(말기) 끝나는 시기
末年(말년) 늘그막. 노년
末端(말단) 맨 끝
末路(말로) ①마지막 길 ②망하는 길
末職(말직) 맨 아래의 직위
結末(결말) 마무리가 된 끝
終末(종말) 맨 마지막

忘 却

[부]心(마음심) [획]3 oblivion ぼうきゃく

잊을망 ボウ・わすれる　　물리칠각

忘 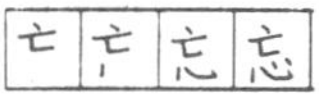 却

忘却(망각) 잊어버림
忘年會(망년회) 가는 해의 괴로움을 씻기 위해 마시고 노는 회
忘失(망실) 잃어 없어짐
備忘(비망) 잊지 않도록 적어둠
忘恩(망은) 은혜를 저버림
不忘(불망) 잊지 않음

亡 命

[부]亠(돼지해머리) [획]1 exile ぼうめい

망할망　　목숨명 メイ・ミョウ・いのち

亡 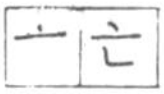 命

亡命(망명) 정치적 이유에서 외국으로 도망침
亡國(망국) 나라를 망침. 또는 망한 나라
亡身(망신) 잘못으로 인해 자기의 체면을 손상시킴
亡人(망인) 죽고 없는 사람
死亡(사망) 죽음
興亡(흥망) 흥함과 망함

望 鄕

[부]月(달월) [획]7 homesickness ぼうきょう

바랄망 ボウ・モウ・のぞむ　　시골향 キョウ・ゴウ

望  鄕

望鄕(망향) 고향을 그리워함
望斷(망단) 바라던 일이 실패함
望臺(망대) 파수를 보는 높은 대
望月(망월) ①달을 바라봄 ②음력 보름날의 달
渴望(갈망) 목마르게 바람
絶望(절망) 희망이 끊어짐

茫 ㉨++(艸)(초두밑) vast 漠
㉢6 ぼうばく
망망할망 아득할막
ボウ バク

茫 漠

茫漠(망막) 아득하고 막연한 모양
茫茫(망망) 멀고 아득한 모양
茫洋(망양) 한없이 넓고 아득한 모양
茫然自失(망연자실) 정신을 잃고 어
　리둥절함

每 ㉨母(어미모) まいじ 事
㉢2 everything
매양매 일사
マイ・ごと ジ・ズ・こと

每 | ノ | ト | ナ | 毎 | 毎 事

每事(매사) 일마다. 모든 일
每時(매시) 시간마다
每樣(매양) 늘. 항상
每月(매월) 달마다. 다달이
每人(매인) 사람마다. 각 개인
每日(매일) 날마다
每次(매차) 차례마다. 언제나

妄 ㉨女(계집녀) もうどう 動
㉢3 blind action
망녕될망 움직일동
モウ・ボウ・みだり ドウ・うごく

妄 動

妄動(망동) 분수가 없는 망령된 행동
妄擧(망거) 망령스러운 짓
妄靈(망령) 늙거나 올바른 정신이 아
　닌 사람의 정상을 벗어난
　행동
妄發(망발) 망령된 말을 함
老妄(노망) 늙어서 망령을 부리는 일
迷妄(미망) 사리에 어둡고 마음이 어
　지러움

買 ㉨貝(조개패) corruption 收
㉢5 ばいしゅう
살매 거둘수
バイ・かう シュウ・おさめる

買 | 冖 | 罒 | 罒 | 冒 | 買 収

買收(매수) ①사들임 ②남의 마음을
　　　　　금품 따위로 달램
買氣(매기) 물건을 사려는 기세
買名(매명) 이름을 날리려고 함
買受(매수) 물건을 사서 받아들임
買入(매입) 사들임
收買(수매) 사들임

罔 ㉨网(四)(그물망) 測
㉢3 inordinate
그물망 잴측
モウ・ボウ ソク・はかる

罔 測

罔測(망측) 이치에 안 맞아 헤아릴 수
　없음
罔極(망극) 어버이의 은혜가 끝이 없음
罔然(망연) 정신을 못 차려 멍한 모양
欺罔(기망) 남을 속임
迷罔(미망) 마음이 복잡하여 갈피를
　못 잡음

賣 ㉨貝(조개패) buying 買
㉢8 and selling
ばいばい
팔매 살매
バイ・うる バイ・かう

賣 | 士 | 吉 | 害 | 賣 | 賣 買

賣買(매매) 팔고 삼. 거래
賣却(매각) 팔아버림
賣渡(매도) 팔아넘김
賣上高(매상고) 판매한 총액
賣店(매점) 큰 건물 안에 있는 작은
　가게
發賣(발매) 팔기 시작함. 일반에게 상
　품을 팖
特賣(특매) 특별히 팖

妹 ㉿女(계집녀변) sister's husband
㉿5
夫
누이매 지아비부
マイ・いもうと フ・おっと

妹 夫

妹夫(매부) 누이의 남편
妹氏(매씨) 남의 누이동생의 존칭
妹弟(매제) 손아래 누이의 남편
妹兄(매형) 손위 누이의 남편
男妹(남매) 오빠와 누이동생
令妹(영매) 남의 누이동생의 존칭
姉妹(자매) 여자 형제

媒 ㉿女(계집녀변) medium
㉿9
介
ばいかい
중매할매 끼일개
バイ カイ

媒 介

媒介(매개) 중간에서 관계를 맺어 줌
媒煙(매연) ①그을음이 섞인 연기 ②
석탄의 그을음
媒合(매합) 혼인을 중매함
仲媒(중매) 혼인을 중간에 서서 이루
어지게 하는 일. 또는 그
사람

梅 ㉿木(나무목변) plum
㉿7
蘭
and orchid
ばいらん
매화매 난초난
バイ・うめ ラン

梅 蘭

梅蘭(매란) 매화와 난초
梅實(매실) 매화나무의 열매
梅花(매화) 매화나무의 꽃
梅蘭菊竹(매란국죽) 매화·난초·국화
대. 그림의 소재로 흔히
쓰이며, 사군자(四君子)
라고 함
寒梅(한매) 겨울에 피는 매화

麥 ㉿麥(보리맥) malt
㉿11
芽
ばくが
보리맥 싹아
バク・むぎ ガ・め・めぐむ

麥 芽

麥芽(맥아) ①보리싹 ②엿기름
麥農(맥농) 보리 농사
麥嶺(맥령) 보릿고개. 음력 4.5월
麥作(맥작) 보리 농사
麥酒(맥주) 보리로 빚은 술
小麥(소맥) 밀
精麥(정맥) 보리를 찧음

埋 ㉿土(흙토변) burial
㉿7
葬
まいそう
묻을매 장사지낼장
マイ・うめる ソウ・ほうむる

埋 葬

埋葬(매장) ①시체를 땅에 묻어 장사
함 ②못된 사람을 사회적
으로 맥을 못쓰게 함
埋立(매립) 땅을 메워 높이 올림
埋沒(매몰) 파묻음. 파묻힘
埋伏(매복) 몰래 숨어서 대기함
埋藏(매장) 묻어 감춤. 묻혀 있음
暗埋(암매) 몰래 파묻음

脈 ㉿月(肉)
㉿6
絡
(육달월변)みゃくらく
맥맥 이을락
ミャク ラク・からむ

脈 絡

脈絡(맥락) 맥이 서로 이어져 있는 계
통
脈管(맥관) 혈관
脈絡貫通(맥락관통) 조리가 맞아 내
용이 일관되고 있음
脈脈(맥맥) 끊이지 않고 계속되는 모
양
山脈(산맥) 산의 줄기
診脈(진맥) 맥을 짚어 병을 진단함

孟 (曽)子(아들자) もうとう 冬
(획)5
맏맹 겨울동
モウ トウ・ふゆ

孟 冬

孟多(맹동) 추운 겨울. 첫 겨울
孟母三遷(맹모삼천) 맹자의 어머니가
　　그 아들의 교육을 위해 환
　　경 좋은 곳으로 세 번 이
　　사를 했다는 고사
孟子(맹자) 공자 다음간다는 옛 성현
孔孟(공맹) 공자와 맹자

盲 (曽)目(눈목) blind-man 人
(획)3 もうじん
소경맹 사람인
モウ・めくら ジン・ニン・ひと

盲 人

盲人(맹인) 장님. 소경
盲者丹靑(맹자단청) 소경이 단청을 구
　　경함. 곧 알지도 못하면
　　서 아는체한다는 비유
盲從(맹종) 덮어놓고 남이 하라는대
　　로 따름
文盲(문맹) 전혀 글을 모름
色盲(색맹) 색깔을 구분 못하는 병증
夜盲(야맹) 밤눈이 어두움

猛 (曽)犭(犬) ferocious 犬
(개사슴록변) dog
(획)8 もうけん
사나울맹 개견
モウ・たけし ケン・いぬ

猛 犬

猛犬(맹견) 사나운 개
猛烈(맹렬) 사납고 세참
猛省(맹성) 깊이 반성함
猛獸(맹수) 몹시 사나운 짐승
猛爆(맹폭) 맹렬한 폭격
勇猛(용맹) 용감하고 세참
壯猛(장맹) 씩씩하고 용맹함

免 (曽)儿(어진사람인) 疫
(획)6 immunity
면할면 めんえき
メン・まぬかれる 염병역
　　　　　　エキ・ヤク

免 [자형 필순칸] 疫

免疫(면역) 어떤 병을 안 앓게 됨
免稅(면세) 세금을 면제함
免除(면제) 책임・채무・세금 따위를
　　면하게 함
免許(면허) 어떤 일에 대한 허가
免凶(면흉) 농사의 흉작은 면함
罷免(파면) 직장에서 내보냄

盟 (曽)皿(그릇명) covenant 約
(획)8 めいやく
맹세할맹 약속할약
メイ・ちかう ヤク

盟 約

盟約(맹약) 어떤 약속을 굳게 함. 또
　　는 그 조직
盟邦(맹방) 동맹을 맺은 나라
盟友(맹우) 친교를 맺은 벗
盟主(맹주) 맹약을 맺은 우두머리
加盟(가맹) 어떤 동맹에 가입함
同盟(동맹) 행동을 같이 하기로 맹세
　　함. 또는 그 조직

勉 (曽)力(힘력) study 學
(획)7 べんがく
힘쓸면 배울학
ベン ガク・まなぶ

勉 [자형 필순칸] 學

勉勵(면려) 힘쓰게 함
勉强(면강) ①애써 힘씀. 노력함 ②
　　억지로 시킴
勉力(면력) 애쓰고 힘씀
勉學(면학) 공부를 열심히 함
勸勉(권면) 타일러 힘쓰게 함
勤勉(근면) 부지런히 힘씀

面 識

面 ㉠面(낯면)acquaintance ㉱(9) めんしき

낯면
メン・つら・
おも・おもて

알식
シキ

面　ア　而　面　面

識

面識(면식) 안면을 알고 있음
面談(면담) 직접 만나서 얘기함
面刀(면도) 수염을 깎는 칼
面目(면목) 체면. 떳떳한 낯
內面(내면) 안쪽의 면
外面(외면) 얼굴을 대하지 않고 딴 곳
　　　　을 봄

滅 亡

滅 ㉠氵(삼수변) downfall ㉱10 めつぼう

멸할멸
メツ・ほろびる

망할망
ボウ・モウ・ない

滅

亡

滅亡(멸망) 망하여 없어짐
滅門(멸문) 한 집안이 망하여 없어짐
滅敵(멸적) 적을 쳐서 없앰
滅族(멸족) 한 가족이나 종족이 다 없
　　　　어짐
滅種(멸종) 씨가 없어짐
明滅(명멸) 불이 켜졌다 꺼졌다 함
不滅(불멸) 멸망하지 않음

眠 食

眠 ㉠目(눈목변) ㉱5 みんしょく

잠잘면
ミン・ねむる

밥식
ショク・ジキ・
くう・たべる

眠　目　目　目　眠　眠

食

眠食(면식) 잠자고 먹는 일. 침식
多眠(동면) 곤충 따위가 땅 속에서 겨
　　　　울을 나는 일. 겨울잠
安眠(안면) 편안히 잠
永眠(영면) 영원히 잠이 듦. 곧 죽음

名 實

名 ㉠口(입구) ㉱3 めいじつ

이름명
メイ・ミョウ・な

열매실
ジツ・み・みのる

名　ノ　ク　夕　名　名

實

名實(명실) 알려진 이름과 실제
名曲(명곡) 뛰어난 악곡
名單(명단) 관계자의 이름을 적은 것
名士(명사) 이름있는 사람
名山大川(명산대천) 이름난 산과 큰
　　　　내
名案(명안) 뛰어난 좋은 생각
指名(지명) 이름을 대고 지정함

綿 密

綿 ㉠糸(실사변) scrupulosity ㉱8 めんみつ

솜면
メン・わた

빽빽할밀
ミツ・ひそか

綿

密

綿密(면밀) 자세하여 치밀함
綿綿(면면) ①이어져 끊어지지 않는
　　　　모양 ②세밀한 모양
綿布(면포) ①무명 ②솜과 피륙
純綿(순면) 잡물이 섞이지 않은 순수
　　　　한 무명
連綿(연면) 면면히 이어져 있는 모양

命 脈

命 ㉠口(입구) ㉱5 めいみゃく

목숨명
メイ・ミョウ・いのち

맥맥
ミャク

命　人　人　命　命　命

脈

命脈(명맥) ①목숨. 생명 ②사물의
　　　　요긴한 부분
命令(명령) 분부. 윗사람의 영
命名(명명) 이름을 붙임
命中(명중) 겨냥한 곳에 바로 맞음
短命(단명) 명이 짧음
生命(생명) 목숨

明答
明 [부]日(날일변) [획]4
めいとう proper reply
밝을명 メイ・ミョウ・あける・あかるい
答 대답할답 トウ・こたえる

明答(명답) 정확하고 알맞는 대답
明渡(명도) 집 따위를 내어 줌
明細(명세) 자세한 세목
公明(공명) 공평하고 명백함
鮮明(선명) 뚜렷하고 명백함
證明(증명) 어떤 사실을 틀림없다고 밝힘

冥想
冥 [부]冖(민갓머리) [획]8
meditation めいそう
어두울명 メイ・ミョウ
想 생각상 ソ・ソウ・おもう

冥想(명상) 조용히 눈을 감고 깊이 생각함
冥界(명계) 저승
冥冥之志(명명지지) 조용하고 정성스러운 뜻
冥府(명부) 저승. 명계
幽冥(유명) 깊숙하고 어두움. 또는 저세상

鳴動
鳴 [부]鳥(새조) [획]3
rumbling めいどう
울명 メイ・なく・なる
動 움직일동 ドウ・うごく

鳴動(명동) 울리어 진동함
鳴琴(명금) 거문고를 탐
鳴禽(명금) 제비・참새・꿩 따위의 날짐승
鳴鍾(명종) 종을 침
共鳴(공명) 남의 의견에 찬동함
悲鳴(비명) 슬픈 부르짖음

母國
母 [부]母(말무) [획]1
mother country ぼこく
어머니모 ボ・はは
國 나라국 コク・くに

母國(모국) 자기가 태어난 나라
母女(모녀) 어머니와 딸
母性愛(모성애) 자식에 대한 어머니의 본능적인 사랑
母體(모체) 근본이 되는 물체
老母(노모) 늙은 어머니
父母(부모) 아버지와 어머니

銘心
銘 金(쇠금변) [획]6
impression on one's mind めいしん
새길명 メイ・しるす
心 마음심 シン・こころ

銘心(명심) 마음에 새겨 잊지 않음
銘刻(명각) 금석에 글씨를 새김. 또는 그 글씨
刻銘(각명) 금석에 새긴 글씨
碑銘(비명) 비석에 새긴 글씨
座右銘(좌우명) 늘 가까이 두고 반성할 재료로 삼는 교훈

毛皮
毛 [부]毛(털모) [획](4)
fur もうひ・けがわ
털모 モウ・け
皮 가죽피 ヒ・かわ

毛皮(모피) 털이 붙은 가죽
毛骨(모골) 터럭과 뼈
毛根(모근) 털의 뿌리
毛布(모포) 담요
毛筆(모필) 붓
黃毛筆(황모필) 족제비의 털로 만든 붓
毫毛(호모) 가는 털. 모발

暮 ㉠日(날일) ㊀11 ボ・くれる
저물모

景 ぼけい 경치경 ケイ

一 艹 莫 莫 暮　景

暮景(모경) 저물어 갈 무렵의 경치
暮色(모색) 해가 질 무렵의 경치
暮鍾(모종) 해질 무렵의 종소리
暮春(모춘) 늦은 봄
歲暮(세모) 그 해가 저무는 때. 연말
朝暮(조모) 아침과 저녁. 조석
日暮(일모) 해가 넘어감

模 ㉠木(나무목변) ㊀11 モ・ボ model もはん
법모

範 법범 ハン・のり

模　範

模範(모범) 본받을 만한 것. 본보기
模倣(모방) 흉내냄. 본받음
模寫(모사) 본떠서 그대로 그림
模造(모조) 본떠서 만듦
規模(규모) 사물의 구조나 조직. 또
　　　　 는 그 크기
模表(모표) 모범

某 ㉠木(나무목) ㊀5 ボウ・それがし
아무모

種 씨종 シュ・たね

某　種

某種(모종) 어떤 종류. 어떤 사단
某年(모년) 어떤 해
某某(모모) 누구누구. 아무아무
某人(모인) 어떤 사람
某日(모일) 어떤 날. 아무 날
某地(모지) 어느 땅. 어떤 곳
某處(모처) 어느 곳. 아무 곳

矛 ㉠矛(창모변) ㊀(5) ム・ほこ contradiction むじゅん
창모

盾 방패순 ジュン・たて

矛　盾

矛盾(모순) ①창과 방패 ②앞뒤가 맞
　　　　 지 않고 어긋남
矛之利(모지리) 창이 날카로움
矛戈(모과) 창

謀 ㉠言(말씀언변) ㊀9 ボウ・はかる strategy ぼうりゃく
꾀모

略 간략할략 リャク

謀　略

謀略(모략) 남을 해치려는 꾀
謀利(모리) 이익만을 꾀함
謀叛(모반) 나라를 배반하여 반란을
　　　　 일으킴
謀士(모사) 꾀를 잘 내는 사람
權謀(권모) 형편에 따른 모략
無謀(무모) 꾀가 없이 어리석음
策謀(책모) 모략과 방략

貌 ㉠豸(갖은돼지시변) ㊀7 ボウ・かたち form
모양모

樣 모양양 ヨウ・さま

貌　樣

貌樣(모양) 꼴. 모습. 상태
貌言(모언) 겉만 번지르르하고 실속
　　　　 이 없는 말
貌侵(모침) 몸집이 작음. 또는 모양
　　　　 이 단작스럽고 보기 흉함
面貌(면모) 얼굴 따위의 겉모양
美貌(미모) 예쁜 여자의 얼굴
體貌(체모) 체면

募 (튀)力(힘력)　collection　集
(씌)11　　　ぼしゅう
뽑을모　　　　　　모일집
ボ・つのる　　　シュウ・あつめる・つどう

募　　　　　　　集

募集(모집) 널리 모아 뽑음
募金(모금) 기부금 따위를 사방에서 모음
募兵(모병) 병사를 모집함. 모군(募軍)
募債(모채) 공채(公債) 따위를 모음
公募(공모) 널리 일반에게서 모집함
應募(응모) 모집에 응하여 나아감

目 (튀)目(눈목)　purpose　的
(씌)(5)　　　もくてき
눈목　　　　　　　적실할적
モク・ボク・め　　　テキ・まと

目 ｜ 冂 月 目　　　的

目的(목적) 실현하거나 도달하려는 목표
目禮(목례) 눈짓으로만 인사함
目錄(목록) 책의 내명을 순서대로 적은 것
目不忍見(목불인견) 차마 눈으로 볼 수가 없이 참혹함
面目(면목) 체면. 낯
耳目(이목) 귀와 눈. 생김새

慕 (튀)心(마음심)　ぼれん　戀
(씌)11
사모할모　　　　　사모할련
ボ・したう　　　レン・こい・こいしい

慕　　　　　　　戀

慕戀(모련) 그리워 사모함
慕心(모심) 그리워하는 마음
慕情(모정) 그리워 하는 정
敬慕(경모) 공경하고 사모함
思慕(사모) 잊혀지지 않아 그리워함
戀慕(연모) 사랑하고 그리워함
追慕(추모) 죽은 사람을 그리워함

牧 (튀)牛(소우변)　cattle-breeding　畜
(씌)4　　　ぼくちく
칠목　　　　　　　가축축
ボク・まき　　　チク

牧　　　　　　　畜

牧畜(목축) 가축을 놓아 먹임
牧童(목동) 가축을 치는 아이
牧師(목사) ①기독교의 교직의 하나 ②옛날의 벼슬아치의 하나
牧場(목장) 가축을 기르는 곳
農牧(농목) 농사와 목축
放牧(방목) 가축을 놓아 기름

木 (튀)木(나무목)　wooden　造
(씌)(4)　　　もくぞう
나무목　　　　　　지을조
モク・ボク・き　　ゾウ・つくる

木 一 十 オ 木　　　造

木造(목조) 나무로 만들었음
木工(목공) 나무로 물건을 만드는 일 또는 그 사람
木器(목기) 나무그릇
木製(목제) 나무로 만듦
枯木(고목) 말라 죽은 나무
植木(식목) 나무를 심음

沐 (튀)氵(삼수변)　bathing　浴
(씌)4　　　もくよく
머리감을목　　　　목욕할욕
モク　　　　　　　ヨク・あびる

沐　　　　　　　浴

沐浴(목욕) 머리를 감고 몸을 씻음. 탕욕(湯浴)
沐髮(목발) 머리를 감음. 세발(洗髮)
沐浴湯(목욕탕) 목욕할 시설이 있는 곳
沐恩(목은) 은혜를 입음
湯沐(탕목) 더운 물에 목욕함

睦 (부)目(눈목변) friend-ship (획)8 ぼくしん
화목할목
ボク・むつまじい

睦

睦親(목친) 화목하고 친하게 지냄. 친목(親睦)
睦友(목우) 형제간의 우애가 좋음
睦族(목족) 동족끼리 화목하게 지냄
敦睦(돈목) 사이가 두텁고 친함
親睦(친목) 친하고 화목하게 지냄
和睦(화목) 뜻이 맞아 정답게 지냄

親 친할친
シン・おや・したしい

親

蒙 (부)艹(초두밑) (획)10
어릴몽 もうり profitable
モウ・こうむる

蒙

蒙利(몽리) 이익을 봄. 또는 그 이익
蒙古(몽고) 중국 서북부에 있는 나라
蒙固(몽고) 어리석고 고집이 셈
蒙喪(몽상) 상복(喪服)을 입음
蒙恩(몽은) 은혜를 입음
童蒙(동몽) 어리고 몽매함
愚蒙(우몽) 어리석고 몽매함

利 이할리
リ・きく

利

沒 (부)氵(삼수변) devotion (획)4 ぼっとう
빠질몰
ボツ・モツ

沒

沒頭(몰두) 어떤 일에 열중함
沒却(몰각) ①없애버림 ②잊음. 염두에 없음
沒落(몰락) 멸망함
沒死(몰사) 모두 죽어버림
沒收(몰수) 모두 빼앗음
沒人情(몰인정) 인정이 없음
沈沒(침몰) 물에 가라앉아 없어짐

頭 머리두
トウ・ズ・あたま

頭

卯 (부)卩(병부절) (획)4 ぼうげつ
토끼묘
ボウ・(う)

卯 ｨ ｨ ｨ 卯

卯月(묘월) 음력 2월의 별칭
卯末(묘말) 묘시(卯時)의 끝. 상오 7시가 되기 바로 전
卯日(묘일) 일진이 토끼인 날
卯飯(묘반) 아침밥
卯飮(묘음) 식전의 해장

月 달월
ガツ・ゲツ・つき

月

夢 (부)夕(저녁석) vision (획)11 むそう
꿈몽
ム・ゆめ

夢 一 艹 苗 莇 夢

夢想(몽상) 꿈 속과 같은 헛된 공상
夢想不到(몽상부도) 꿈에서조차 생각할 수 없음
夢中(몽중) 꿈 속
吉夢(길몽) 좋은 일이 있을 꿈
凶夢(흉몽) 어수선한 불길한 꿈
現夢(현몽) 꿈에 나타남

想 생각상
ソウ・ソ・おもう

想

妙 (부)女(계집녀변) feat (획)4 みょうぎ
묘할묘
ミョウ

妙 女 女 奵 妙 妙

妙技(묘기) 기묘한 재주
妙計(묘계) 기묘한 꾀
妙理(묘리) 묘한 이치
妙案(묘안) 기묘한 생각
奇妙(기묘) 기이하고 묘함
微妙(미묘) 섬세하고 복잡함
靈妙(영묘) 영검하기 짝이 없음

技 재주기
ギ・わざ

技

苗木

苗 [부]艹(艸)(초두밑) [획]5 — 木

a set
なえぎ

묘종묘 ビョウ・なえ — 나무목 モク・ボク・き

苗 木

苗木(묘목) 모종할 어린 나무
苗床(묘상) 모를 기르는 자리
苗板(묘판) 못자리
晩苗(만묘) 늦모. 늦게 내는 묘종
良苗(양묘) 좋은 묘목
種苗(종묘) ①종자의 묘목 ②식물의 씨를 뿌려 기름

戊夜

戊 [부]戈(창과) [획]1 — 夜

ぼや

다섯째천간무 ボ・(つちのえ) — 밤야 ヤ・よ・よる

戊 夜

戊夜(무야) 새벽 4시 전후. 오경(五更)
戊午史禍(무오사화) 조선 연산군 4년에 일어난 사화

廟社

廟 [부]广(엄호밑) [획]12 — 社

びょうしゃ

사당묘 ビョウ — 모일사 シャ・やしろ

廟 社

廟社(묘사) 종묘(宗廟)와 사직
廟堂(묘당) 역대 임금의 영을 모신 곳. 조정 또는 정부
廟議(묘의) 조정의 의논
家廟(가묘) 한 집안의 사당
宗廟(종묘) 역대 임금의 위패를 모신 집

茂盛

茂 [부]艹(艸)(초두밑) [획]5 — 盛

exuberance
もせい

무성할무 モ・しげる — 성할성 セイ・さかん

茂 盛

茂盛(무성) 초목 따위가 왕성하게 우거짐
茂林(무림) 나무가 무성한 숲
茂生(무생) 무성하게 자라남
茂異(무이) 재능이 뛰어남. 또는 그런 사람
繁茂(번무) 초목이 무성함

墓地

墓 [부]土(흙토) [획]11 — 地

graveyard
ぼち

무덤묘 ボ・はか — 땅지 ジ・チ・つち

墓 地

墓地(묘지) 무덤이 있는 땅
墓所(묘소) 무덤이 있는 곳
墓祭(묘제) 산소에서 지내는 제사
墓誌(묘지) 죽은 사람의 신분・행적 등을 적은 글
墓穴(묘혈) 무덤의 구덩이
省墓(성묘) 조상의 묘소를 찾아감

武官

武 [부]止(그칠지) [획]4 — 官

military officer
ぶかん

호반무 ブ・ム — 벼슬관 カン

武 官

武官(무관) 군대관계의 현역인 관리
武器(무기) 전쟁에 쓰이는 모든 기구
武力(무력) 군대의 전투하는 힘
武術(무술) 무예의 기술
武裝(무장) 전투할 수 있는 장비
文武(문무) 문관(文官)과 무관
步武(보무) 저벅저벅 걷는 걸음걸이

務 (류)力(힘 력) ⑨9
힘쓸무
ム・つとめる

望
바랄망
ボウ・モウ・のぞむ

務 乛 矛 矛 矜 務 務

望

務望(무망) 꼭 해 달라고 힘써 바람.
　　　　절망(切望)
務實(무실) 참되도록 힘씀
勤務(근무) 부지런히 일함
急務(급무) 급한 용무
庶務(서무) 일반적인 사무
義務(의무) 해야 할 책임

貿 (류)貝(조개 패) trade ⑨5 ぼうえき
무역할무
ボウ

易
바꿀역・쉬울이
エキ・イ・やすい

貿

易

貿易(무역) 외국과 장사를 함
貿穀(무곡) 곡식을 무역하여 사들임
貿貿(무무) ①눈이 흐릿한 모양 ②무
　　　　식하여 예절에 어두운 모
　　　　양
貿米(무미) 쌀을 무역해 들임
貿草(무초) 이익을 보려고 담배를 삼

無 (류)灬(火)(불화) unrea- ⑨8 sonableness むり
없을무
ム・ブ・ない

理
다스릴리
リ

無 ㇐ ㇐ ㇐ 無 無

理

無理(무리) ①이치에 맞지 않음 ②억
　　　　지로 우기거나 하려고 함
無故(무고) 탈이 없이 잘 있음
無關(무관) ①관계가 없음 ②마음에
　　　　거리낄 것이 없음
無數(무수) 한없이 많음
虛無(허무) 허황됨

霧 (류)雨(비우밑) dissipate ⑨11 むさん
안개무
ム・きり

散
흩을산
サン・ちる

霧

散

霧散(무산) 안개처럼 사라지고 맑
霧消(무소) 안개처럼 사라짐
霧笛(무적) 안개를 주의하라는 경적
霧集(무집) 안개처럼 많이 모임
霧合(무합) 안개처럼 모여듦
雲霧(운무) 구름과 안개
朝霧(조무) 아침 안개

舞 (류)舛(牛)(어긋천) ⑨8 stage ぶたい
춤출무
ブ・まい・まう

臺
집대
ダイ

舞 舞 舞 舞 舞 舞

臺

舞臺(무대) ①연극・춤 따위를 상연
　　　　하는 장소 ②활동할 수
　　　　있는 바탕
舞曲(무곡) 춤을 위해 만든 악곡
舞樂(무악) 춤출 때 연주하는 아악
歌舞(가무) 노래와 춤
亂舞(난무) 마구 춤을 추거나, 함부
　　　　로 날뜀
圓舞(원무) 원형으로 돌며 추는 서양춤

墨 (류)土(흙토) ⑨12 ぼっかく
먹묵
ボク・すみ

客
손객
カク・キャク

墨 里 黑 黑 墨 墨

客

墨客(묵객) 시화(詩畫)를 즐기는 풍
　　　　류객
墨守(묵수) 자기 의견을 굳이 지켜
　　　　굽히지 않음
墨畫(묵화) 먹물로 그린 그림
墨汁(묵즙) 먹물
墨紙(묵지) 복사에 쓰이는 검은 종이

104

黙

黑(검을흑변)
4
overlooking
もっか

잠잠할묵
モク・だまる

黙

黙過(묵과) 모르는 체 넘겨버림. 눈 감아 줌
黙考(묵고) 마음속으로 생각함
黙念(묵념) ①묵묵히 생각함 ②마음 속으로 기도함. 묵도
黙殺(묵살) 알고도 문제삼지 않음
寡黙(과묵) 말이 별로 없음
沈黙(침묵) 말이 없이 가만히 있음

過

過
지날과
すぎる
カ・あやまち・すぎる

聞

耳(귀이)
8
ぶんけん

들을문
ブン・モン・きく

聞 門門門聞聞

聞見(문견) 듣고 본 것. 견문
聞識(문식) 견문과 지식
聞知(문지) 들어서 앎
見聞(견문) 보고 들은 것
所聞(소문) 들려 오는 풍문
新聞(신문) 새로운 소식을 전하는 출 판물

見

見
볼견
ケン・みる

門

門(문문)
(8)
もんぜん

문문
モン・かど

門 ｜ ｜ ｜ ｜ ｜ 門

門前(문전) 문 앞. 대문 앞
門人(문인) 제자
門中(문중) 본과 성이 같은 집안
門戸(문호) 집의 출입구
正門(정문) 가운데에 세운 큰 문
通用門(통용문) 평시에 드나드는 문

前

前
앞전
ゼン・まえ

文

文(글월문)
(4)
literary
department
ぶんか

글월문
ブン・モン・ふみ

文 ゛ナ文

文科(문과) ①대학의 전공과목의 하 나 ②옛날의 과거(科擧) 의 한 과목
文物(문물) 문화의 산물
文法(문법) 글을 짜고 꾸미는 법칙
美文(미문) 아름다운 글
例文(예문) 예로 든 글
條文(조문) 하나하나 조목으로 쓴 글

科

科
과정과
カ

問

口(입구)
8
subject
もんだい

물을문
モン・とん・とう

問 ｜ ｜ 門門問

問題(문제) ①해답을 요구하는 물음 ②해결해야 할 일 ③시끄 러운 일
問答(문답) 물음과 대답
問安(문안) 안부를 물음
問議(문의) 물어보고 의논함
訪問(방문) 남을 찾아가 만남
疑問(의문) 이상스럽게 생각되는 일

題

題
제목제
ダイ

勿

ケ(쌀포몸)
2
of course
もちろん

말물
モチ・ブツ・なかれ

勿 ノク勹勿

勿論(물론) 말할 것도 없음
勿驚(물경) 놀라지 마라. 엄청나게도
勿問(물문) 묻지 않음. 묻지 말라
勿入(물입) 들어오지 말 것
勿藥(물약) 약을 쓸 필요가 없음. 약 을 쓰지 않음
勿施(물시) 베풀지 말라

論

論
의논할론
ロン

物 ㉵牛(牛) (소우변) ㉵4 worldly desires ぶつよく
만물물
ブツ・モツ・もの

慾
욕심욕
ヨク

物｜ー ナ 牜 牜 物 物

物慾(물욕) 돈이나 물건에 대한 욕심
物價(물가) 물건의 값. 시세
物件(물건) 사람 이외의 모든 물질
物望(물망) 일반의 인정을 받은 명망
物心(물심) 물질과 마음
古物(고물) 헌 물건
財物(재물) 재산이 되는 물건

味 ㉵口(입구변) ㉵5 palate みかく
맛미
ミ・あじ

覺
깨달을각
カク・おぼえる

味｜ロ 叮 吁 味 味

味覺(미각) 혀의 맛을 느끼는 감각
味讀(미독) 글의 내용을 깊이 새기면
　　　서 읽음
加味(가미) 한약에 다른 재료를 가입
　　　함
妙味(묘미) 미묘한 맛이나 취향
意味(의미) 말의 뜻
調味料(조미료) 음식의 맛을 내는 양념
興味(흥미) 흥취를 느끼는 재미

米 ㉵米(쌀미) ㉵(6) rice べいこく
쌀미
ベイ・マイ・こめ

穀
곡식곡
コク

米｜ 丷 半 米 米

米穀(미곡) 쌀
米價(미가) 쌀값. 쌀의 시세
米麥(미맥) 쌀과 보리
米作(미작) 벼농사
白米(백미) 흰 쌀
精米(정미) 벼를 찧어 쌀을 만듬
玄米(현미) 겉껍질만 벗긴 쌀

美 ㉵羊(羊)(양양) ㉵3 fine arts びじゅつ
아름다울미
ビ・うつくしい

術
재주술
ジュツ

美｜ 丷 芏 羊 美

美術(미술) 미를 표현하는 예술. 그
　　　림・조각 따위
美談(미담) 칭찬할 만한 이야기
美名(미명) 그럴듯한 명목
美容(미용) 얼굴을 아름답게 함
美粧(미장) 머리나 얼굴을 곱게 다듬음
優美(우미) 뛰어나게 아름다움

未 ㉵木(나무목) ㉵1 incompletion みかん
아닐미
ミ・(ひつじ)

完
완전할완
ガン

未｜ 二 キ 才 未

未完(미완) 아직 끝나지 않음
未開(미개) ①문화가 아직 낮음 ②꽃
　　　이 아직 피지 않음
未決(미결) 아직 결정이 나지 않음
未亡人(미망인) 과부
未成年(미성년) 아직 어른이 아닌 남
　　　녀

尾 ㉵尸(주검시) ㉵4 tail plane びよく
꼬리미
ビ・お

翼
날개익
ヨク・つばさ

尾｜ ㄱ 尸 尸 屋 尾

尾翼(미익) 꼬리날개. 비행기의 뒤쪽
　　　날개
尾骨(미골) 꼬리뼈
尾大(미대) ①꼬리가 큼 ②일의 끝이
　　　크게 벌어짐
尾行(미행) 몰래 뒤를 밟음
交尾(교미) 짐승의 홀레
後尾(후미) 뒤쪽의 끝

迷 (튀)辶(辵)(책받침) 획6 labyrinth めいきゅう
헤맬미
メイ・まよう

宮 집궁
キュウ・グウ・ク・みや

迷宮(미궁) 한번 들어가면 빠져나올 수 없다는 궁전. 갈피를 잡을 수 없다는 비유
迷路(미로) 방향을 알 수 없는 복잡한 길
迷夢(미몽) 미혹되어 꿈에서 헤매이는 것 같은 정신
迷兒(미아) 길을 잃은 아이

民 (튀)氏(각시씨) 획1 race みんぞく
백성민
ミン・たみ

族 겨레족
ゾク

民 [コ ア, 尸, 尸, 民]

民族(민족) 혈통・언어 등이 같은 인간의 집단
民家(민가) 일반 국민의 집
民權(민권) 국민의 권리
民度(민도) 국민의 문화. 빈부의 정도
民俗(민속) 일반 국민의 풍습・관례 따위
國民(국민) 한 나라의 백성
官民(관민) 관청과 민간

微 (튀)彳(두인변) 획10 smile びしょう
작을미
ビ

笑 웃음소
ショウ・えむ・わらう

微笑(미소) 빙긋이 웃는 웃음
微量(미량) 얼마 안 되는 분량
微力(미력) 작은 힘. 자기 힘의 낮춤말
微妙(미묘) 미세하고 묘함
輕微(경미) 가볍고 아주 작음
隱微(은미) 작아서 알기 어려움

敏 (튀)攵(등글월문) 획7 sensitiveness びんかん
민첩할민
ビン・さとい

感 느낄감
カン

敏感(민감) 감각이 예민함
敏速(민속) 재빠름. 날램
敏活(민활) 민첩하고 활발함
機敏(기민) 눈치와 행동이 빠름
銳敏(예민) 감각이나 생각이 날카로움
聰敏(총민) 총명하고 민첩함
不敏(불민) 어리석고 미련함

眉 (튀)目(눈목) 획4 びもく
눈썹미
ビ・ミ・まゆ

目 눈목
モク・ボク・め

眉目(미목) ①눈썹과 눈 ②얼굴의 생김새
眉間(미간) 두 눈썹 사이
眉宇(미우) 얼굴 모양
眉月(미월) 초승달
白眉(백미) 가장 뛰어난 인물이란 비유
愁眉(수미) 수심에 찬 눈썹
兩眉(양미) 두 눈썹

憫 (튀)忄(심방변) 획12 びんぜん
민망할민
ビン・あわれむ

然 그럴연
ゼン・ネン・しかし

憫然(민연) 가엾이 여기는 모양
憫笑(민소) 민망히 여겨 웃음
憫迫(민박) 근심이 목전에 임박함

密 (부)宀(갓머리) (획)8 secret conversation みつだん
빽빽할밀 ミツ・ひそか

談 말씀담 ダン

密 宀 灾 灾 灾 密　談

密談(밀담) 남몰래 하는 이야기
密告(밀고) 몰래 일러바침
密賣(밀매) 법을 어기고 몰래 팖
密書(밀서) 몰래 보내는 편지
密航(밀항) 몰래 배를 타고 외국으로 감
細密(세밀) 자상하고 치밀함
親密(친밀) 썩 친함

拍 (부)扌(재방변) (획)5 clap はくしゅ
손뼉칠박 ハク・ヒョウ

手 손수 シュ・て

拍　手

拍手(박수) 손뼉을 침
拍掌大笑(박장대소) 손뼉을 치며 크게 웃음
拍車(박차) ①말을 탈 때 신는 구두 뒤축에 달린 쇠붙이 바퀴 ②더욱 전진하도록 재촉하는 일
拍拍(박박) 새가 푸드덕거리는 모양

蜜 (부)虫(벌레충) (획)8 honeybee みつばち
꿀밀 ミツ

蜂 벌봉 ホウ・はち

蜜　蜂

蜜蜂(밀봉) 꿀벌
蜜水(밀수) 꿀물
蜜月(밀월) 결혼한 직후의 즐거운 한 달 동안
蜜花(밀화) 누른 빛깔의 호박의 일종 장식품으로 씀
蜂蜜(봉밀) 벌꿀

迫 (부)辶(辵)(책받침) (획)5 persecution はくがい
닥칠박 ハク・せまる

害 해할해 ガイ

迫　害

迫害(박해) 몹시 괴롭게 함
迫擊(박격) 바짝 다가가서 침
迫頭(박두) 가까이 닥쳐옴
迫力(박력) 힘차게 밀고 가는 힘
窮迫(궁박) 매우 궁하게 됨
促迫(촉박) 매우 급하게 됨
脅迫(협박) 으르대어 겁을 줌

泊 (부)氵(삼수변) (획)5 anchorage はくしゅう
배댈박 ハク・とまる

舟 배주 シュウ・ふね

泊　舟

泊舟(박주) 배를 육지에 댐
泊船(박선) ⇨박주(泊舟)
泊如(박여) ①마음이 고요하고 욕심이 없음 ②물이 넓은 모양
宿泊(숙박) 여관 따위에 머물러 묵음
漂泊(표박) 정처없이 떠돌아다님

朴 (부)木(나무목) (획)2 simplicity ぼくそ
순박할박 ボク

素 흴소 ソ・ス

朴　素

朴素(박소) 순박하고 꾸밈이 없음
朴茂(박무) 정직하고 인정이 두터움
朴野(박야) 꾸밈이 없고 촌스러움
素朴(소박) ⇨박소(朴素)
質朴(질박) 순박하고 단순함
厚朴(후박) 후나무의 껍질. 한약재로 쓰임

博 士

博 ㉿十(열십) doctor
㉿10 はくし・はかせ
넓을박
ハク・バク・ひろい

士 선비사
シ・さむらい

博 士

博士(박사) 일정한 전문적 지식을 가
진 사람에게 주는 호칭
博物(박물) 온갖 사물
博識(박식) 보고 들은 것이 많음
博愛(박애) 모든 사람을 널리 사랑함
博學(박학) 학문이 썩 넓음
深博(심박) 깊고 넓음

飯 米

飯 ㉿食(밥식변) rice
㉿4 はんまい
밥반
ハン・めし

米 쌀미
ベイ・マイ・こめ

飯 米

飯米(반미) 밥을 짓는 쌀
飯器(반기) 밥그릇
飯店(반점) 중국 음식점・호텔
飯酒(반주) 식사 때 마시는 술
麥飯(맥반) 보리밥
白飯(백반) 흰밥. 쌀밥
夕飯(석반) 저녁밥

薄 情

薄 ㉿艹(艸)(초두밑)
㉿13 cold-hearted
はくじょう
엷을박
ハク・うすい

情 뜻정
ジョウ・なさけ

薄 情

薄情(박정) 인정이 없음
薄利多賣(박리다매) 적은 이익으로 많
이 팖
薄命(박명) 기박한 운명. 또는 짧은 명
薄學(박학) 변변치 못한 학식
刻薄(각박) 매정하고 쌀쌀함
輕薄(경박) 언행이 경솔하고 천함

半 額

半 ㉿十(열십) half amount
㉿3 はんがく
반반
ハン・なかば

額 이마액
ガク・ひたい

半 額

半額(반액) 반값
半減(반감) 반으로 줄어듦
半開(반개) ①반쯤 열림 ②꽃이 반쯤 핌
半島(반도) 삼면이 바다인 육지
半信半疑(반신반의) 반은 믿어지고 반
은 의심스러움
半熟(반숙) 반만 익음

反 對

反 ㉿又(또우) objection
㉿2 はんたい
돌이킬반
ハン

對 대할대
タイ・ツイ

反 對

反對(반대) ①남의 의견에 대립하여
맞섬 ②사물이 서로 정
반대의 현상을 나타냄
反共(반공) 공산주의를 반대함
反動(반동) 어떤 동작에 대한 반대 행위
反問(반문) 되받아 물음
背反(배반) 등지고 반대함
相反(상반) 서로 전혀 대립됨

般 樂

般 ㉿舟(배주변)
㉿4 amusement
はんらく
일반반
ハン

樂 즐길락
ラク・ガク・たのしい

般 樂

般樂(반락) 즐겁게 놂
般遊(반유) 즐기고 놂
般若(반야) Prajna의 번역어
般還(반환) 돎. 돌림
過般(과반) 지난 번
今般(금반) 이번
全般(전반) 전체. 여러가지

盤 ㊀皿(그릇명발침)
㊃10
ばんせき・ばんじゃく
소반반
バン

石
돌석
セキ・シャク・コク・いし

盤

石

盤石(반석) 넓고 평평한 큰 돌
盤石之安(반석지안) 지극히 견고하여
　편안함
羅針盤(나침반) 방향을 잡는데 쓰이
　는 기구
旋盤(선반) 쇠를 깎고 다듬는 기계
音盤(음반) 레코드. 디스크
地盤(지반) 근거가 되는 바탕

叛 ㊀又(또우)
㊃7
배반할반
ハン・ホン・そむく

はんき

旗
기기
キ・はた

叛

旗

叛旗(반기) 반란을 표시하는 깃발
叛徒(반도) 반란하는 무리들
叛亂(반란) 배반하는 난리
叛逆(반역) 역모를 꾀함
謀叛(모반) 나라를 배반함
逆叛(역반) 반대하여 역모함
離叛(이반) 배반함

班 ㊀王(玉)
㊃6
(구슬옥변)
나눌반
ハン

grizzled
hair
はんぱく

白
흰백
ハク・ビャク・しろ

班

白

班白(반백) 머리털이 반은 희고 반은
　검음
班列(반열) ①신분・계급의 차례 ②줄
洞班(동반) 말단 행정 구역인 동과 반
兩班(양반) 옛날의 특권 계급

發 ㊀癶(필발밑)
㊃7
필발
ハツ・ホツ

growth
はついく

育
기를육
イク・そだてる

發 | 癶 | 癶 | 癶 | 癶 | 發

育

發育(발육) 발생하여 성장함
發覺(발각) 숨겼던 일이 드러남
發給(발급) 발행하여 줌
發明(발명) 어떤 새로운 것을 생각해
　냄
亂發(난발) 함부로 쏘거나 발행함
始發(시발) 발동하기 시작함. 출발함
自發(자발) 스스로 하려고 함

返 ㊀辶(辵)(책받침)
㊃4
돌아올반
ヘン・かえす

return
へんのう

納
들입납
ノウ・トウ・ナ・
ナン・おさめる

返

納

返納(반납) 도로 돌려 바침
返付(반부) 돌려 보냄
返償(반상) 도로 돌려 갚음
返送(반송) 돌려 보냄
返還(반환) 돌려 보냄. 반송
往返(왕반) 가고 옴. 왕복

拔 ㊀扌(재방변)
㊃5
뺄발
バツ・ぬく

ばっぽん

本
근본본
ホン・もと

拔

本

拔本(발본) 뿌리째 뽑아버림
拔群(발군) 여럿 가운데서 뛰어남
拔刀(발도) 칼을 뺌
拔俗(발속) 속스러운 것을 벗어남
奇拔(기발) 신기하게 뛰어남
不拔(불발) 견고하여 흔들리지 않음
選拔(선발) 골라서 뽑아냄

髮

(日)髟(터럭발밑)
(획)5
はっぷ

터럭발
ハツ・かみ

髮

髮膚(발부) 머리털과 피부. 곧 몸
髮短心長(발단심장) 늙어서 머리는 짧
고 적으나 생각은 깊음
髮際(발제) 목 뒤에 생기는 부스럼
金髮(금발) 서양사람의 금색 머리털
短髮(단발) 머리를 짧게 깎는 머리모
양의 하나
長髮(장발) 길게 기른 머리털

膚

살갗부
フ・はだ

膚

防

(日)阝(阜)(좌부방)
(획)4
defense
ぼうび

방비할방
ボウ・ふせぐ

防　阝 阝 阼 防 防

防備(방비) 적을 막기 위해 미리 마
련함
防共(방공) 공산주의의 세력을 막아냄
防空(방공) 공습을 방비함
防犯(방범) 범죄를 미리 막음
防止(방지) 막아서 못하게 함
防寒(방한) 추위를 막음
國防(국방) 나라의 방비

備

갖출비
ビ・そなえる

備

方

(日)方(모방)
(획)(4)
policy
ほうしん

모방
ホウ・かた

方　丶 一 亐 方

方針(방침) 일의 방향과 방법
方今(방금) 이제 금방
方式(방식) 일정한 형식
方言(방언) 사투리
方向(방향) 향하는 쪽
雙方(쌍방) 양쪽
漢方(한방) 한약의 처방

針

바늘침
シン・はり

針

放

(日)攵(등글월문)
(획)4
release
ほうめん

놓을방
ホウ・はなす

放　亐 方 圹 放

放免(방면) 풀어 내어 줌. 석방
放念(방념) 걱정을 놓음
放談(방담) 털어놓고 얘기함
放賣(방매) 내놓아 팖
放任(방임) 내버려 둠
開放(개방) 열어 젖뜨림
解放(해방) 얽매었던 것이 풀림

免

면할면
メン・まぬかれる

免

房

(日)戶(모방)
(획)4

방방
ボウ・ふさ

房　ヨ 戶 戶 房 房

房帳(방장) ①방 안에 치는 휘장 ②
모기장
空房(공방) ①빈 방 ②여자 혼자 사
는 방
冷房(냉방) ①찬 방 ②방을 서늘하게
함
獨房(독방) ①혼자 쓰는 방 ②한 명
만 가두는 감방
僧房(승방) 중이 거처하는 방

帳

휘장장
チョウ・はる

帳

訪

(日)言(말씀언변)
(획)4
visit
ほうもん

찾을방
ホウ・たずねる・
おとずれる

訪　言 言 計 訪 訪

訪問(방문) 남을 찾아 봄
訪客(방객) 찾아 온 손님
來訪(내방) 사람이 찾아 옴
尋訪(심방) 물어서 찾아 옴
往訪(왕방) 가서 찾아 봄
探訪(탐방) 탐문하며 찾아 감

問

물을문
モン・とう・とん

問

111

芳 (부)艹(艸)(초두밑) (획)4 blooming age ほうねん
꽃다울방 ホウ・かんばしい

年 해년 ネン・とし
芳 年

芳年(방년) 여자의 젊은 나이. 한창 피어날 무렵
芳名(방명) 남의 이름의 존칭
芳草(방초) 향기로운 풀. 싱그러운 풀
芳香(방향) 향기로운 좋은 냄새
芳信(방신) 꽃이 핀다는 소식. 화신 (花信)

做 (부)人(인변) (획)8 resemblance ほうじ
본뜰방 ホウ・ならう

似 같을사 ジ・にる
做 似

做似(방사) 비슷하게 닮음
做刻(방각) 모방하여 새김
做此(방차) 이것과 같이 본뜸
做古(방고) 옛것을 모방함
模倣(모방) 본떠 흉내냄

傍 (부)亻(인변) (획)10 hearing ぼうちょう
곁방 ボウ・かたわら

聽 들을청 チョウ・きく
傍 聽

傍聽(방청) 옆에서 보며 들음
傍系(방계) 갈려 나간 계통
傍觀(방관) 곁에서 보기만 함
傍證(방증) 간접적인 증거
路傍(노방) 길가. 길 옆
道傍(도방) 길가. 노방
兩傍(양방) 양쪽 가장자리

邦 (부)阝(邑)(우부방) (획)4 ほうか
나라방 ホウ・くに

家 집가 ケ・カ・や・いえ
邦 家

邦家(방가) 나라. 국가
邦慶(방경) 나라의 경사
邦人(방인) 자기 나라 사람
邦土(방토) 국토
邦貨(방화) 나라의 화폐나 화물
聯邦(연방) 여러 개로 나누인 큰 나라
友邦(우방) 이웃 나라. 친한 나라

妨 (부)女(계집녀변) (획)4 interruption ぼうがい
방해할방 ボウ・さまたげる

害 해할해 ガイ
妨 害

妨害(방해) 헤살을 놓아 못하게 하거나 해를 끼침
妨止(방지) 헤살을 놓아 못하게 막음
妨工害事(방공해사) 헤살을 놓아 일을 해롭게 함
無妨(무방) 방해가 되지 않음. 상관없음

拜 (부)手(扌)(손수) (획)5 はいどく
절배 ハイ・おがむ

讀 읽을독・귀절두 トク・ドク・トウ・よむ
拜 三手扌三拜 讀

拜讀(배독) 남의 글을 공경하여 읽음
拜禮(배례) 절을 함
拜別(배별) 작별의 높임말
拜受(배수) 삼가 받음
拜顔(배안) 삼가 직접 뵘
拜聽(배청) 삼가 잘 들음
崇拜(숭배) 높이 우러러 공경함

杯 盤

杯 (부)木(나무목변) (획)4　はいばん
잔배
ハイ・さかずき

盤
소반반
バン

杯 十 木 木 杦 杯　　盤

杯盤(배반) 술잔과 쟁반
杯酒(배주) 잔에 부은 술
金杯(금배) 금칠을 한 술잔. 또는 컵
一杯一杯又一杯(일배일배우일배) 한
　　잔 한 잔 거듭 술을 마
　　심 옛 시에 나오는 말
一杯酒(일배주) 한 잔의 술

配 偶

配 (부)酉(닭유변) (획)3　spouse はいぐう
짝배
ハイ・くばる

偶
짝우
グウ・たまたま

配　　偶

配偶(배우) 배필. 부부
配達(배달) 물건을 돌려 줌
配付(배부) 나누어 줌
配車(배차) 차를 배치함
配匹(배필) 부부. 짝. 배우
均配(균배) 고루 나누어 줌
分配(분배) 나누어 돌려줌

倍 加

倍 (부)人(인변) (획)8　doubling ばいか
갑절할배
バイ

加
더할가
カ・くわえる

倍　　加

倍加(배가) 갑절을 더함
倍舊(배구) 그전보다 갑절이 되게 함
倍數(배수) 갑절이 되는 수
倍增(배증) 배로 늚
百倍(백배) 백 곱절
事半功倍(사반공배) 일은 반밖에 안하
　　고도 공적은 갑절이나 됨

排 斥

排 (부)扌(재방변) exclusion (획)8　はいせき
물리칠배
ハイ

斥
물리칠척
セキ・しりぞける

排　　斥

排斥(배척) 물리쳐 배격함
排擊(배격) ①물리쳐 내침 ②헐뜯어
　　침
排氣(배기) 속의 공기를 내뿜음
排水(배수) 물을 밖으로 내보냄
排除(배제) 물리쳐 제거함
安排(안배) 정돈하여 배치함

培 養

培 (부)土(흙토변) cultivation (획)8　ばいよう
북돋을배
バイ・つちかう

養
기를양
ヨウ・やしなう

培　　養

培養(배양) ①초목을 북돋아 기름
　　　　②사물을 발달시킴
培根(배근) 뿌리를 북돋아 줌
培植(배식) ①북돋아 심음 ②인물을
　　　　길러 키움
栽培(재배) 초목을 가꾸어 기름

輩 出

輩 (부)車(수레거) (획)8　はいしゅつ
무리배
ハイ・やから

出
날출
シュツ・スイ・
でる・だす

輩　　出

輩出(배출) 인재(人材)가 쏟아져 나옴
輩流(배류) 나이와 신분이 비슷한 또래
輩作(배작) 여럿이 같이 지음
同輩(동배) 나이와 처지가 비슷한 동료
先輩(선배) 나이·출신·경력 등이 자
　　기보다 앞선 사람

背 ⑼月(肉)(육달월) betrayal はいはん 叛
⑴5
등배 배반할반
ハイ・せ ハン・ホン・そむく

背 叛

背叛(배반) 신의를 저버리고 돌아섬
背景(배경) ①그림이나 사진 따위의 뒤쪽의 경치 ②배후의 세력 ③주변의 정경
背信(배신) 신의를 배반함
背任(배임) 맡은 임무를 어김
腹背(복배) 배와 등
違背(위배) 어긋남. 위반됨

伯 ⑼人(인변)good match はくちゅう 仲
⑴5
맏백 버금중
ハク チュウ・なか

伯 仲

伯仲(백중) ①맏형과 둘째 형 ②서로 비슷하여 우열이 없음
伯母(백모) 큰어머니
伯叔(백숙) ①형과 아우 ②백부와 숙부
伯仲之勢(백중지세) 서로 힘이 어금지금하여 우열을 가리기 어려운 형세
畫伯(화백) 화가의 높임 말

白 ⑼白(흰백) しらつる・
⑴(5) しろづる 鶴
흰백 학학
ハク・ビャク・しろい カク・つる

白 [㇆白白] 鶴

白鶴(백학) 흰 학. 두루미
白骨難忘(백골난망) 죽어서 백골이 되어도 은혜를 잊을 수 없음
白旗(백기) ①흰 기 ②항복한다는 뜻의 흰 기
明白(명백) 너무나 환하고 뚜렷함
黑白(흑백) ①옳고 그름 ②검정과 하양

柏 ⑼木(나무목변) pine-nuts 子
⑴5
잣백 아들자
ハク・かしわ シ・ス・こ

柏 子

柏子(백자) 잣
柏子仁(백자인) 측백나무 열매의 씨
柏酒(백주) 잣나무의 잎을 넣고 빚은 술
多柏(동백) 동백나무의 열매
松柏(송백) ①소나무와 잣나무 ②잣을 솔잎에 꿴 것

百 ⑼白(흰백) ひゃっか 貨
⑴1
일백백 재물화
ヒャク カ

百 [一丁百百] 貨

百貨(백화) 온갖 물건. 온갖 화물
百年佳約(백년가약) 결혼하여 일생을 같이 살 언약
百年河清(백년하청) 아무리 시간이 흘러도 해결될 가망이 없다는 비유
百方(백방) ①온갖 방법 ②온갖 방면
數百(수백) 여러 백

番 ⑼田(밭전) numerical order ばんごう 號
⑴7
번수번 이름호
バン ゴウ

番 [千釆番番番] 號

番號(번호) 차례를 표시하는 숫자나 부호
番番(번번) 번번이. 매번
番地(번지) 땅에 번호를 붙인 것
去番(거번) 지난번
順番(순번) 순서. 차례
輪番(윤번) 돌려가면서 하는 순번

煩 惱

[부]火(불화변) [획]9

evil passion
ぼんのう

煩: 번거로울번 ハン・ボン・わずらわしい

惱: 괴로워할뇌 ノウ・なやむ

煩 惱

煩惱(번뇌) 고민으로 인한 심신의 괴로움
煩熱(번열) ①무더위 ②가슴이 답답한 괴로움
煩雜(번잡) 번거롭고 복잡함
除煩(제번) 번거로운 인사말을 뺀다는 말로, 편지 서두에 쓰는 말

繁 雜

[부]糸(실사) [획]11

complexity
はんざつ

繁: 번성할번 ハン・しげる

雜: 섞일잡 ザツ

繁 雜

繁雜(번잡) 번거롭고 어수선함
繁多(번다) 번거롭고 많음
繁盛(번성) 번화하게 창성함
繁榮(번영) 왕성하게 발전함
繁華(번화) 번거롭고 화려함
繁昌(번창) 번화하게 창성함
繁忙(번망) 번거롭고 바쁨

飜 譯

[부]飛(날비몸) [획]12

translation
ほんやく

飜: 번득일번 ホン・ひるがえる

譯: 통변할역 ヤク・わけ

飜 譯

飜譯(번역) 다른 나라 말로 옮김
飜弄(번롱) 마음대로 희롱함
飜案(번안) ①안건을 뒤집음 ②외국 작품의 배경・무대・인물 따위를 바꾸어서 번역함
飜然(번연) ①펄럭이는 모양 ②마음을 바꾸는 모양
飜意(번의) 생각을 바꿈

伐 採

[부]人(인변) [획]4

deforestation
ばっさい

伐: 칠벌 バツ

採: 캘채 サイ・とる

伐 | 亻 | 仁 | 代 | 伐 | 伐 | 採

伐採(벌채) 나무를 베어냄
伐木(벌목) 나무를 벰
伐罪(벌죄) 죄를 추궁함
伐草(벌초) 무덤의 풀을 깎음
間伐(간벌) 산의 나무를 드문드문 베어냄
殺伐(살벌) 무시무시하고 날카로움

罰 金

[부]网(罒)(그물망) [획]9

fine
ばっきん

罰: 벌벌 バツ・バチ

金: 쇠금 キン・かね

罰 金

罰金(벌금) 잘못에 대한 재산형
罰責(벌책) 꾸짖어 벌함
罰則(벌칙) 벌을 주는 규칙
賞罰(상벌) 상을 주는 것과 벌하는 것
天罰(천벌) 하늘이 내리는 벌
刑罰(형벌) 범죄에 대한 처벌
罰杯(벌배) 벌로 마시는 술

凡 愚

[부]几(안석궤) [획]1

ぼんぐ

凡: 무릇범 ボン・ハン・およそ

愚: 어리석을우 グ・おろか

凡 | 丿 | 几 | 凡 | 愚

凡愚(범우) 평범하고 어리석음
凡例(범례) 책머리에 주의할 점을 적은 글. 일러두기
凡夫(범부) 보통 사람. 보통 남자.
凡人(범인) 평범한 사람
大凡(대범) 사물에 심상하고 까다롭지 않음

犯 罪

犯 [부]犭(개사슴록변) crime 罪
[획]2 はんざい

범할범 허물죄
ハン・おかす ザイ・つみ

犯 罪

犯罪(범죄) 죄를 저지름. 또는 그 죄
犯法(범법) 법을 범함
犯人(범인) 죄를 저지른 사람
犯則(범칙) 법칙이나 규칙을 어김
犯行(범행) 범죄의 행위
輕犯(경범) 가벼운 범죄
主犯(주범) 범죄의 주동자

法 令

法 [부]氵(삼수변) statute 令
[획]5 ほうれい

법법 명령할령
ホウ・ハツ・ホツ レイ

法 [氵|氵|汁|汢|法] 令

法令(법령) 법률과 명령
法律(법률) 나라의 법
法案(법안) 법률의 원안
法典(법전) 법. 또는 그 책
法廷(법정) 재판하는 곳
國法(국법) 나라의 법
合法(합법) 법에 합치됨

範 圍

範 [부]竹(대죽머리) extent 圍
[획]9 はんい

법범 둘레위
ハン・のり イ・かこう

範 圍

範圍(범위) 일정한 한계
範例(범례) 본보기
規範(규범) ①일정한 법식을 갖춘 것 ②본보기
師範(사범) 본보기가 될 만한 스승
垂範(수범) 모범적인 행동을 스스로 보여줌

壁 紙

壁 [부]土(흙토) wall-paper 紙
[획]13 かべがみ

벽벽 종이지
ヘキ・かべ シ・かみ

壁 紙

壁紙(벽지) 벽에 바르는 종이
壁報(벽보) 벽에 써 붙여서 여러 사람에게 알리는 보도
壁岸(벽안) 낭떠러지
壁畫(벽화) 벽에 그린 그림
石壁(석벽) 돌로 된 벽
絕壁(절벽) 깎아세운 듯한 낭떠러지

汎 濫

汎 [부]氵(삼수변) flood 濫
[획]3 はんらん

넓을범 넘칠람
ハン ラン・みだりに

汎 濫

汎濫(범람) 넘쳐 흐름
汎說(범설) 종합적인 설명
汎神論(범신론) 만물이 다 신이라는 종교관
汎心論(범심론) 만물에 다 마음이 있다는 학설
汎稱(범칭) 널리 통틀어서 일컫는 명칭

碧 溪

碧 [부]石(돌석) 溪
[획]9 へきけい

푸를벽 시내계
ヘキ ケイ

碧 溪

碧溪(벽계) 푸른 시내
碧山(벽산) 숲이 푸른 산
碧眼(벽안) 푸른 눈. 서양사람의 눈
碧玉(벽옥) 푸른 빛이 나는 옥
碧昌牛(벽창우) 크고 억센 소. 고집이 센 사람의 비유
碧海(벽해) 푸른 바다

116

變 言(말씀언) change 化
      ᄬ16   へんか
변할변   화할화
ヘン・かわる   カ・ケ・ばける

變 信 蘇 蘇 夢 變   化

變化(변화) 달라져 바뀜
變更(변경) 바꾸어 고침
變動(변동) 움직여 변함
變色(변색) 색깔이 변함
不變(불변) 변하지 않음
事變(사변) 전쟁 따위의 변고
災變(재변) 재난으로 인한 변고

便 亻(인변) toilet 所
      ᄬ7   べんじょ
똥오줌변   바소
편할편   ショ・ところ
ベン・ビン・たより

便   所

便所(변소) 뒷간
便器(변기) 대소변을 받아 내는 용기
便秘(변비) 대변이 잘 안 나오는 증세
大便(대변) 똥
小便(소변) 오줌
⇨편리(便利)

辯 辛(매울신) discussion 論
      ᄬ14   べんろん
말잘할변   의논할논
ベン   ロン

辯   論

辯論(변론) 사리를 밝혀 논함. 또는
            그 논의
辯明(변명) 사실을 말로 밝힘
辯士(변사) 연설·강연을 하는 사람
辯才(변재) 말재주
口辯(구변) 말재주
多辯(다변) 말이 많음
雄辯(웅변) 썩 잘하는 말

辨 辛(매울신) explanation 明
      ᄬ9   べんめい
분변할변   밝을명
ベン・   メイ・ミョウ・ミン
わきまえる   ・あける・あかるい

辨   明

辨明(변명) 사리를 명확하게 밝힘
辨論(변론) 사리를 따져 말함
辨別(변별) 사물의 같지 않음을 알아
            냄
辨證(변증) 변별하여 증명함
辨說(변설) 시비를 분별해서 말함

邊 辶(辵)(책받침) frontier 境
      ᄬ15   へんきょう
가변   경계경
ヘン   キョウ・さかい

邊   境

邊境(변경) 국경이 되는 변두리
邊利(변리) 변돈의 이자
邊方(변방) ⇨변경(邊境)
邊防(변방) 변경의 방비
江邊(강변) 강가
海邊(해변) 바닷가
官邊(관변) 관청에 관계되는 것

別 刂(刀)(칼도) another name 稱
      ᄬ5   べっしょう
다를별   일컬을칭
ベツ・わかれる   ショウ

別 口 吕 吊 別   稱

別稱(별칭) 달리 일컫는 이름
別居(별거) 가족이 따로 헤어져 삶
別故(별고) 별다른 탈
別世(별세) 세상을 떠남
告別(고별) 이별을 알림. 특히 죽은
            이와의 영별
性別(성별) 남녀의 구분
種別(종별) 종류의 구별

丙 ㉠一(한일) ㉕4
남녘병
ヘイ・(ひのえ)

夜 へいや
밤야
ヤ・よ・よる

丙 [二 厂 丙 丙 丙]

夜

丙夜(병야) 밤 12시 전후의 두 시간.
　　　　병시(丙時)
丙科(병과) 과거의 성적에 따른 등급
　　　　의 하나
丙子胡亂(병자호란) 조선 인조 14년
　　　　에 청국이 침략해 온 난리
丙種(병종) 셋째 가는 등급

竝 ㉠立(설립변) ㉕5
아우를병
ヘイ・ならべる

設 へいせつ
베풀설
セツ・もうける

竝

設

竝設(병설) 아울러 함께 설치함
竝記(병기) 함께 같이 적음
竝列(병렬) 줄을 섬. 나란히 한 줄로
　　　　됨
竝用(병용) 아울러 같이 씀
竝行(병행) 아울러 함께 함

病 ㉠疒(병질엄) ㉕5
병들병
ビョウ・やまい・やむ

苦 びょうく
괴로울고
ク・くるしい

病 [疒 疒 疒 病 病]

苦

病苦(병고) 병으로 인한 고통
病死(병사) 병으로 죽음
病床(병상) 병자가 눕는 침상
病勢(병세) 병의 형세
萬病(만병) 온갖 병
流行病(유행병) 계절적인 옮는 병

屛 ㉠尸(주검시밑) ㉕8 folding screen
병풍병
ヘイ・ビョウ

風 びょうぶ
바람풍
フウ・フ・かぜ

屛

風

屛風(병풍) 바람을 막는 세간
屛居(병거) 은퇴해서 조용히 삶
屛語(병어) 몰래 이야기함
屛帳(병장) 병풍과 장막
屛氣(병기) 숨을 죽이고 가슴을 졸임
屛退(병퇴) 조심스럽게 물러감
曲屛(곡병) 머릿병풍

兵 ㉠八(여덟팔) ㉕5 barracks
군사병
ヘイ・ヒョウ

營 へいえい
경영할영
エイ・いとなむ

兵 [ノ ィ 广 斤 丘 兵]

營

兵營(병영) 병사들이 거처하는 구역
　　　　이나 건물
兵力(병력) 군대와 병기를 합친 힘
兵舍(병사) 군대가 거처하는 집
兵卒(병졸) 군사
强兵(강병) 강한 군사
空兵(공병) 항공병. 공군
海兵(해병) 해군의 병사

保 ㉠亻(인변) ㉕7 security
보호할보
ホ・たもつ

障 ほしょう
가리울장
ショウ・さわる

保 [亻 亻 亻 仴 伢 保]

障

保障(보장) 장해가 없도록 보증함
保健(보건) 건강을 보전함
保留(보류) 잠시 뒤로 미룸
保安(보안) 사회의 안녕질서를 유지함
保育(보육) 어린이를 보호하여 기름
安保(안보) 안전을 보장함
確保(확보) 확실히 지님

步 (부)止(그칠지) ①pace
(획)3 ほちょう

걸음보
ホ・フ・ブ・あ
ゆむ・あるく

調 고를조
チョウ・しらべ
る・ととのえる

步　止 屮 ᶁ 步

調

步調(보조) ①걸음걸이. 또는 그 속
　도 ②여러 사람의 같은
　행동의 일치·불일치
步道(보도) 사람이 다니게 된 길
步行(보행) 걸음. 걸어감
獨步(독보) 혼자 걸음. 또는 추종자
　가 없음
寸步(촌보) 조금 걷는 걸음

譜 (부)言(말씀언변)
(획)12 genealogy
ふけい

계보보
フ

系 계통계
ケイ

譜

系

譜系(보계) 한 족속에 딸림. 또는 그
　기록 족보
譜記(보기) 가계(家系)의 기록
樂譜(악보) 음악의 곡조를 적은 부호
音譜(음보) 악보(樂譜)
花譜(화보) 꽃에 대한 이름·시기
　따위를 적은 책

報 (부)土(흙토)
(획)9 information
ほうどう

갚을보
ホウ・むくいる

道 길도
ドウ・みち

報 幸 幸丶 幸阝 報 報

道

報道(보도) 국내외의 소식을 알려 줌
　또는 그 소식
報告(보고) 윗사람이나 상부에 사정
　을 아룀
報復(보복) 앙갚음
報恩(보은) 은혜를 갚음
急報(급보) 급히 알림
電報(전보) 전신으로 보내는 소식

補 (부)衣(옷의변)
(획)7 assistance
ほさ

기울보
ホ・おぎなう

佐 도울좌
サ

補

佐

補佐(보좌) 윗사람을 도와드림
補强(보강) 더욱 튼튼하게 함
補缺(보결) 결원이나 결점을 보충함
補給(보급) 물품을 뒷바라지해 줌
補充(보충) 보태어 채워 넣음
修補(수보) 갖추어 보태고 고침
轉補(전보) 다른 직책에 보함

普 (부)日(날일) common
(획)8 ふつう

넓을보
フ

通 통할통
ツウ・ツ・とおる・かよう

普

通

普通(보통) 일반적임
普及(보급) 널리 퍼지게 함
普選(보선) 보통선거. 일반선거
普施(보시) 은혜를 널리 베풂
普信閣(보신각) 서울 종로에 있는 종
　각
普恩(보은) 두루 은혜를 베풂

寶 (부)宀(갓머리) treasure
(획)17 ほうぶつ・た
からもの

보배보
ホウ・たから

物 만물물
ブツ・モツ・もの

寶

物

寶物(보물) 보배로운 물건
寶鑑(보감) ①귀한 거울 ②모범이 될
　사물
寶庫(보고) ①재물을 넣어 두는 곳집
　②물자가 많이 산출되는
　땅
寶貨(보화) 귀중한 재물
國寶(국보) 나라의 보배

福 ㉠示(보일시변) ㉣9 welfare ふくり

복복
フク

利 이할리
リ・きく

福 礻 𥘅 福 福 福　利

福利(복리) 행복과 이익. 행운
福券(복권) 제비에 뽑히면 상을 주는 증표
福不福(복불복) 행운과 불운(不運)
福相(복상) 복스럽게 생긴 얼굴
萬福(만복) 온갖 복
祝福(축복) 행복하기를 축원함
禍福(화복) 재화와 행운

復 ㉠彳(두인변) ㉣9 review ふくしゅう

다시복
다시부
フク

習 익힐습
シュウ・ならう

復　習

復習(복습) 배운 것을 다시 익힘
復舊(복구) 그 전 모양으로 회복함
反復(반복) 되풀이함
往復(왕복) 가는 것과 돌아오는 것
回復(회복) 병 따위가 나아 다시 건강해짐
⇨부흥(復興)

伏 ㉠彳(인변) ㉣4 preparation ふくせん

엎드릴복
フク・ふせる

線 줄선
セン

伏 亻 亻 仆 伏 伏　線

伏線(복선) 뒤로 숨겨진 계교
伏望(복망) 엎드려 처분을 바람
伏兵(복병) 몰래 숨겨 둔 군사
起伏(기복) ①지세의 높낮이 ②일의 강약성쇠
三伏(삼복) 한여름의 무더위. 초복·중복·말복
降伏(항복) 적에게 굴복함

腹 ㉠月(肉)(육달월변) ㉣9 ふくはい

배복
フク・はら

背 등배
ハイ・せ・せい・そむく

腹　背

腹背(복배) 배와 등
腹壁(복벽) 복강 둘레의 벽
腹部(복부) 배가 있는 부분
腹式呼吸(복식호흡) 숨을 뱃속으로 깊이 쉬는 호흡
滿腹(만복) 많이 먹어 배가 부름
私腹(사복) 자기 개인의 이익을 취함

服 ㉠月(달월변) ㉣4 costume ふくそう

옷복
フク

裝 꾸밀장
ソウ・ショウ・よそおう

服 月 𦜝 𦚏 服 服　裝

服裝(복장) 옷차림
服務(복무) 직무에 종사함
服色(복색) ①옷차림 ②신분·직업에 따른 복장
服藥(복약) 약을 먹음
校服(교복) 학교에서 제정한 복장
私服(사복) 사사로운 옷차림
歎服(탄복) 감탄하여 마지 않음

複 ㉠衣(옷의변) ㉣9 copy ふくしゃ

겹칠복
フク

寫 베낄사
シャ・うつす

複　寫

複寫(복사) ①거듭 베낌 ②여러 장을 똑같이 찍어 냄
複線(복선) ①겹줄 ②궤도가 두 길임
複式(복식) 두 항목 이상으로 하는 셈법
複雜(복잡) 갈피가 많아 어수선함
複合(복합) 둘 이상이 합쳐짐
重複(중복) 같은 일이 되풀이됨

卜 ㉿卜(점칠복) ㉬2 ぼくせん 占
점칠복
ボク セン・しめる・うらなう 점칠점

卜 | ﾉ | ﾄ 占

卜占(복점) 점을 침
卜居(복거) 살 곳을 가려서 정함
卜術(복술) 점치는 술법
卜債(복채) 점치는 대가로 주는 돈이
      나 물건
卜定(복정) 점을 쳐서 결정함
占卜(점복) 점을 침. 또는 점장이

逢 ㉿辶(辵)(책받침) ㉬7 變
만날봉
ホウ・あう 변할변
ヘン・かわる

逢 | ﾉ | 夂 | 夆 | 奉 | 逢 變

逢變(봉변) 변을 당함
逢別(봉별) 만남과 이별
逢福(봉복) 복된 운수를 만남
逢賊(봉적) 도둑을 만남
逢著(봉착) 딱 맞부딪침
逢禍(봉화) 화를 당함
相逢(상봉) 서로 만남

本 ㉿木(나무목) ㉬1 instinct ほんのう 能
근본본
ホン・もと 능할능
ノウ・あたう

本 | 一 | 十 | オ | 木 | 本 能

本能(본능) 타고난 성능. 능력
本論(본론) 핵심이 되는 논설
本末(본말) 처음과 끝
本部(본부) 어떤 기관의 중심이 되는
      곳
本性(본성) 본디의 성질
資本(자본) 밑천. 자금
製本(제본) 책을 꿰매어 만듦

峯 ㉿山(메산) ㉬7 ほうとう 頭
봉우리봉
ホウ・みね 머리두
トウ・ズ・あたま

峯 頭

峯頭(봉두) 산봉우리
峯勢(봉세) 산봉우리의 형태
奇峯(기봉) 기이하게 생긴 봉우리
高峯(고봉) 높은 산봉우리
上峯(상봉) 산의 맨꼭대기
主峯(주봉) 여러 봉우리 가운데서 으
      뜸가는 봉우리

奉 ㉿大(큰대) ㉬5 service ほうし 仕
받들봉
ブ・ホウ・たてまつる 벼슬사
シ・つかえる

奉 | 三 | 声 | 夫 | 秦 | 奉 仕

奉仕(봉사) 남을 위하여 일함
奉公(봉공) 국가・사회를 위해 몸과
      마음을 씀
奉讀(봉독) 남의 글을 만들어 읽음
奉迎(봉영) 귀인을 맞음
奉職(봉직) 직무에 종사함
信奉(신봉) 좋게 여겨 믿고 받듦

蜂 ㉿虫(벌레충변) ㉬7 bees and butterflies ほうちょう 蝶
벌봉
ホウ・はち 나비접
チョウ

蜂 蝶

蜂蝶(봉접) 벌과 나비
蜂起(봉기) 벌떼같이 일어남
蜂蜜(봉밀) 벌꿀
蜂房(봉방) 벌집
蜂出(봉출) 벌떼처럼 떼지어 나옴
蜜蜂(밀봉) 꿀벌
女王蜂(여왕봉) 왕벌

封 (閉)寸(마디촌) feudalism　(劃)6　ほうけん

封 세울건

봉할봉
ホウ・フウ

建
세울건
ゴン・ケン・たてる

封

建

封建(봉건) 제후를 봉하여 영내를 다
　　스리게 하던 일. 옛날의
　　사회제도
封墳(봉분) 무덤 위에 흙을 쌓음
封鎖(봉쇄) ①봉하여 꼭 잠금 ②외부
　　와의 교통을 끊어 고립하
　　게 함
同封(동봉) 함께 봉해 넣음
密封(밀봉) 단단히 봉하여 꼭 막음

扶 (閉)扌(재방변)　(劃)4　contribution　ふじょ

扶 도울부
フ

助
도울조
ジョ・すけ・たすける

扶 | 十 | 扌 | 扩 | 扶 | 扶

助

扶助(부조) 도와 줌
扶養(부양) 도와 주어 기름
扶育(부육) 도와 주며 기름
扶助金(부조금) 부조로 주는 돈
扶護(부호) 도와서 보호함
相扶相助(상부상조) 서로 붙들어 주
　　고 도와 줌

鳳 (閉)鳥(새조)　(劃)3　phoenix and dragon　ほうりゅう

鳳 새봉
ホウ・おおとり

龍
용룡
リョウ・リュウ
・たつ

鳳

龍

鳳龍(봉룡) 봉황새와 용
鳳樓(봉루) ①아름다운 누각 ②부녀
　　가 거처하는 누각
鳳仙花(봉선화) 봉숭아
鳳聲(봉성) 안부를 전해달라고 쓸 때
　　상대방의 말을 높이는 용어
靈鳳(영봉) 영검한 봉황새

父 (閉)父(아비부)　(劃)(4) father and son　ふし

父 아비부
フ・ちち

子
아들자
シ・ス・こ

父 | ハ | ゲ | 父

子

父系(부계) 아버지 계통
父女(부녀) 아버지와 딸
父母(부모) 아버지와 어머니
父傳子傳(부전자전) 대대로 아버지에
　　게서 아들로 전함
家父(가부) 자기 아버지
嚴父(엄부) 엄격한 부친

夫 (閉)大(큰대)　(劃)1　husband and wife　ふうふ

夫 사내부
フウ・おっと

婦
지어미부
フ

夫 | 二 | 扌 | 夫

婦

夫婦(부부) 남편과 아내·내외
夫君(부군) 남편
夫役(부역) 국가나 공공단체가 부과
　　하는 노역
夫人(부인) 남의 아내의 존칭
漁夫(어부) 고기잡이하는 사람
人夫(인부) 품팔이꾼
丈夫(장부) 남자. 사나이

富 (閉)宀(갓머리) rich man　(劃)9　ふしゃ

富 부자부
フ・とむ

者
놈자
シャ・もの

富 | 宀 | 宀 | 㐭 | 富 | 富

者

富者(부자) 재산이 많은 사람
富强(부강) 부유하고 강함
富國(부국) 나라가 부자임
富貴(부귀) 재산이 많고 몸이 귀함
巨富(거부) 큰 부자
村富(촌부) 시골 부자
貧富(빈부) 가난함과 넉넉함

部 (부) ß(邑)(우부방) troop
(획) 8
떼부
ブ

隊
떼대
タイ
ぶたい

部 ﾅ 立 咅 部 部

隊

部隊(부대) 군대의 한 부분
部內(부내) 어떤 부의 내부
部落(부락) 동리
部數(부수) 책의 수효
部首(부수) 한자를 옥편으로 찾아볼 때
　　　　길잡이가 되는 부분
內部(내부) 어떤 범위의 안

浮 (부) 氵(삼수변)vagabond
(획) 7
뜰부
フ・うく

浪
물결랑
ロウ・なみ
ふろう

浮 氵 氵 沪 浮 浮

浪

浮浪(부랑) 일정한 거처가 없이 떠돌
　　　　아다님
浮橋(부교) 배를 잇대어 놓은 다리
　　　　주교(舟橋)
浮世(부세) 덧없는 세상
浮揚(부양) 둥둥 떠오름
浮沈(부침) ①떴다 가라앉다 함 ②
　　　　운명이 흥했다 망했다 함

婦 (부) 女(계집녀변) woman
(획) 8
지어미부
フ

人
사람인
ジン・ニン・ひと
ふじん

婦 女 妇 妇 婦 婦

人

婦人(부인) 결혼한 여자
婦女(부녀) 일반 여자
婦德(부덕) 남의 아내로서 지켜야 할
　　　　도덕
婦道(부도) 남의 아내로서 지켜야 할
　　　　도리
夫婦(부부) 남편과 아내. 내외
產婦(산부) 해산한 여자
新婦(신부) 새색시

復 (부) 彳(두인변) revival
(획) 9
다시부
다시복
フク
ふっこう

興
일흥
コウ・おこる

復 彳 彳 沪 復 復

興

復興(부흥) 다시 세력을 회복하여 흥
　　　　함
復活(부활) ①죽었다가 다시 되살아
　　　　남 ②폐지했던 것을 다
　　　　시 씀 ③쇠퇴했던 것이
　　　　다시 활기를 찾음
復生(부생) 없어졌던 것이 다시 생김
　　　　⇨복습(復習)

否 (부) 口(입구)
(획) 4
아니부
ヒ・いな
denial

定
정할정
テイ・ジョウ・さだめる
ひてい

否 ㇋ 才 不 否 否

定

否定(부정) 그렇다고 인정하지 않음
否決(부결) 의안 따위가 통과되지 않음
否認(부인) 그렇지 않다고 보거나 주
　　　　장함
否票(부표) 반대하는 표
拒否(거부) 거절하여 받아들이지 않음
眞否(진부) 진정인지 아닌지의 여부
贊否(찬부) 찬성과 불찬성

付 (부) 亻(인변)
(획) 3
부칠부
フ・つける
grant

與
더불여
ヨ・あたえる
ふよ

付

與

付與(부여) 줌. 부쳐 줌
付刊(부간) 출판함
付上(부상) 편지・물건을 부쳐드림
付送(부송) 물건을 부쳐 보냄
交付(교부) 내어 줌. 직접 줌
送付(송부) 보내 줌
還付(환부) 되돌려 보냄. 돌려 줌

符 合

[부]竹(대죽머리)
[획]5
coincidence
ふごう

병부부 フ　　합할합 ゴウ・ガツ・あう

符　合

符合(부합) 꼭 들어맞음
符信(부신) 옛날에 나뭇조각에 글을 쓰고 도장을 찍은 뒤, 뒷날 이를 서로 맞추어 증거로 삼던 일
符號(부호) 어떤 음(音)이나 뜻을 나타내는 기호
音符(음부) 악곡에서 음의 고저장단을 나타내는 부호

腐 敗

[부]肉(月)(육달월)
[획]8
corruption
ふはい

썩을부 フ・くさる　　패할패 ハイ・やぶれる

腐　敗

腐敗(부패) ①음식 따위가 썩어서 못 먹게 됨 ②타락함
腐木(부목) 썩은 나무
腐心(부심) 속을 썩히고 애씀
爛腐(난부) 문드러지고 썩음
陳腐(진부) 낡고 묵어서 냄새가 남. 케케묵었음

附 隨

[부]阝(阜)(좌부방)
[획]5
concomitance
ふずい

붙을부 フ・つく　　따를수 ズイ・したがう

附　隨

附隨(부수) 주된 것에 따름
附加(부가) 덧붙임
附錄(부록) 신문・잡지 따위에 따로 덧붙인 인쇄물
寄附(기부) 선심을 써서 주는 금품
添附(첨부) 첨가해서 덧붙임

負 債

[부]貝(조개패)
[획]2
debt
ふさい

짐질부 フ・おう・まける　　빚채 サイ

負　債

負債(부채) 빚. 채금(債金)
負擔(부담) ①짐을 등에 짐 ②책임을 짐
負傷(부상) 몸을 다침
負荷(부하) ①짐을 멤 ②어떤 책임을 짊어짐
勝負(승부) 이김과 짐. 승패
一勝一負(일승일부) 한 번 이기고 한 번 짐

府 庫

[부]广(엄호밑)
[획]5
ふこ

마을부 フ　　곳집고 コ・くら

府　庫

府庫(부고) 문서・재물 따위를 보관하는 창고
府史(부사) 옛날의 관청 서기
官府(관부) 조정. 관청
冥府(명부) 사람이 죽으면 간다는 세상
府尹(부윤) 부의 우두머리

副 業

[부]刂(刀)(칼도)
[획]9
side job
ふくぎょう

버금부 フク・そう　　업업 ギョウ・ゴウ・わざ

副　業

副業(부업) 본업 외에 갖는 딴 직업
副官(부관) 군대에서 행정을 맡아보는 비서 구실의 참모
副本(부본) 원본과 똑같이 만든 예비 서류
副賞(부상) 상장 외에 주는 상품
正副(정부) 으뜸가는 것과 버금가는 것

124

簿 (粤)竹(대죽머리) (획)13 bookkeeping ぼき 장부부 ボ	記 기록할기 キ・しるす

簿記(부기) 회계 장부에 기재하는 방법
簿錄(부록) 문서에 기록함
簿帳(부장) 치부책
帳簿(장부) 치부책
名簿(명부) 이름을 적은 책
文簿(문부) 문서와 장부

賦 (粤)貝(조개패변) (획)8 levy ふか 구실부 フ	課 세금매길과 カ

賦課(부과) 세금을 매김
賦金(부금) 부어나가는 돈
賦稅(부세) 세금을 부과해서 물림
賦役(부역) 국가나 공공단체가 책임 지우는 노력
月賦(월부) 다달이 얼마씩 물어나가는 약속
天賦(천부) 하늘이 준 것. 타고난 것

膚 (粤)月(肉)(육달월) (획)11 ふり 살갗부 フ・はだ	理 다스릴리 リ

膚理(부리) 살갗
膚受(부수) 피상적으로 받아들여 권함
膚學(부학) 얕은 학문
雪膚(설부) 눈처럼 흰 살갗
素膚(소부) 화장을 하지 않은 본디의 피부
玉膚(옥부) 옥같이 고운 살갗

北 (粤)匕(비수비변) (획)3 ほくしん 북녘북 패할배 ホク・きた	進 나아갈진 シ・すすむ

北 ｜ ｜ ｜ ｜ 北

北進(북진) 북쪽으로 나아감
北極(북극) 지구의 북쪽 끝
北上(북상) 북쪽으로 올라감
南北(남북) 남쪽과 북쪽
北韓(북한) 한국의 북쪽. 이북
敗北(패배) 싸움에 짐
反北(반배) 배반(背反)함

赴 (粤)走(달아날주변) (획)2 ふにん 다다를부 フ・おもむく	任 맡길임 ニン・まかせる

赴任(부임) 명을 받아 근무지로 감
赴擧(부거) 과거를 보러 감
赴義(부의) 정의를 위해 일어남
赴難(부난) 국난을 구하러 나감
赴敵(부적) 적을 치러 나아감
赴援(부원) 구원하러 나아감

分 (粤)刀(刂)(칼도) (획)2 analysis ぶんせき 나눌분 ブ・フン・ブ ン・わける	析 쪼갤석 セキ・さく

分 ハ 今 分

分析(분석) 낱낱이 나누어 가름
分家(분가) 살림을 따로 차림
分量(분량) 부피나 수효의 정도
分配(분배) 몫몫으로 나눔
過分(과분) 분수에 넘침
餘分(여분) 나머지

紛 (ᄇ)糸(실사변) tangle 亂
(ᄆ)4 ふんらん
어지러울분 어지러울란
フン・まぎれる ラン・みだれる

紛 亂

紛亂(분란) ①복잡하고 시끄러움 ②
　　　　말썽. 갈등
紛紛(분분) ①꽃잎 따위가 마구 흩어
　　　　지는 모양 ② 일이 뒤섞
　　　　여 어지러운 모양
紛失(분실) 잃어버림
紛雜(분잡) 북적거려 어수선함
內紛(내분) 내부의 말썽

憤 (ᄇ)忄(心)(입심변) rage 怒
(ᄆ)12 ふんど
분할분 성낼노
フン・いきどおる ド・いかる
・おこる

憤 怒

憤怒(분노) 분하여 성냄
憤慨(분개) 격분하여 개탄함
憤發(분발) 마음과 힘을 떨침
憤死(분사) 분하여 죽음
憤敗(분패) 이길 수 있는 것을 분하
　　　　게 짐
義憤(의분) 정의를 위한 분노

粉 (ᄇ)米(쌀미변) powder 末
(ᄆ)4 ふんまつ
가루분 끝말
フン・こ・こな マツ・すえ

粉 末

粉末(분말) 가루
粉面(분면) 분바른 얼굴
粉食(분식) 가루로 만든 음식. 빵・국
　　　　수 따위
粉筆(분필) 백묵
粉紅(분홍) ①분과 연지 ②화장 ③엷
　　　　고 고운 붉은 색. 연분홍
小麥粉(소맥분) 밀가루
白粉(백분) ①흰 가루 ②흰 분

奮 (ᄇ)大(큰대) fight 鬪
(ᄆ)13 ふんとう
떨칠분 싸울투
フン・ふるう トウ・たたかう

奮 鬪

奮鬪(분투) ①힘껏 싸움 ②전력을 다
　　　　함
奮激(분격) 분발하여 일어남
奮怒(분노) 몹시 노함
奮發(분발) 마음과 힘을 모아 힘씀
感奮(감분) 분하게 여겨 분발함
興奮(흥분) 감정이 복받쳐 동함

奔 (ᄇ)大(큰대) busyness 走
(ᄆ)5 ほんそう
달아날분 달아날주
ホン ソウ・はしる

奔 走

奔走(분주) ①몹시 바쁨 ②이리저리
　　　　뛰어다니며 힘씀
奔流(분류) 매우 빨리 흐름
奔忙(분망) 몹시 바쁨
奔敗(분패) 싸움에 지고 달아남
奔走多事(분주다사) 바쁘고 일이 많음
出奔(출분) 도망쳐 달아남

墳 (ᄇ)土(흙토변) grave 墓
(ᄆ)12 ふんぼ
봉분분 무덤묘
フン ボ・はか

墳 墓

墳墓(분묘) 무덤
墳壤(분양) 기름진 땅
古墳(고분) 옛 무덤
封墳(봉분) 흙을 쌓아 올려 무덤을
　　　　만듦
荒墳(황분) 다 허물어져 가는 낡은
　　　　무덤

不 ㉯一(한일) ㉱3
ふもん
not questioning
아닐불
아니부
フ・ブ

問
물을문
モン・とう・とん

不 一 ア ア 不

問

不問(불문) 문제삼지 않고 덮어 둠
不可(불가) 옳지 않음
不過(불과) 그 정도에 지나지 않음
不當(부당) 당치 않음
不得已(부득이) 어쩔 수 없이
不自然(부자연) 자연스럽지 못함

拂 ㉯扌(재방변) ㉱5
ふつたん
떨칠불
フツ・はらう

旦
새벽단
タン

拂

旦

拂旦(불단) 동이 틀 무렵
拂去(불거) 떨어버림
拂入(불입) 치루어 넣음
拂下(불하) 관공서에서 일반에게 팔
　　　　 아넘김
先拂(선불) 품삯 따위를 미리 줌
後拂(후불) 물건 값을 나중에 치름

佛 ㉯亻(인변) ㉱5
ぶっとう
tower of
Buddhist pagoda
부처불
ブツ・ほとけ

塔
탑탑
トウ

佛 亻 亻 仴 佛 佛

塔

佛塔(불탑) 절에 있는 탑
佛經(불경) 불교의 경문
佛敎(불교) 석가모니가 베푼 종교
佛像(불상) 부처의 그림이나 조각품
石佛(석불) 돌로 만든 부처
念佛(염불) 나무아미타불을 부름

朋 ㉯月(달월변) ㉱4
ほうゆう
friend
벗붕
ホウ

友
벗우
ユウ・とも

朋 刀 月 朋

友

朋友(붕우) 벗. 친구
朋黨(붕당) 이해를 같이하는 동지들
　　　　 의 단체
朋徒(붕도) ⇨붕배(朋輩)
朋輩(붕배) 나이나 신분이 비슷한 동
　　　　 아리

弗 ㉯弓(활궁) ㉱2
ふっそ
fluorine
아닐불
フツ・(ドル)

素
휠소
ソ・ス・もと

弗

素

弗素(불소) 기체 원소의 하나
弗弗(불불) ①바람이 세게 부는 모양
　　　　 ②긍정하지 않는 모양
弗乎(불호) ①부정(否定)하는 말 ②
　　　　 불우함을 탄식하는 말
弗貨(불화) 달러(dollar) 화폐

崩 ㉯山(메산) ㉱8
ほうかい
break-down
무너질붕
ホウ・くずれる

壞
무너질괴
カイ・こわす

崩

壞

崩壞(붕괴) 허물어짐
崩御(붕어) 임금이 돌아가심
崩解(붕해) 허물어져 흩어짐
土崩(토붕) ①흙이 무너짐 ②일이 그
　　　　 릇되어 지탱하지 못함

比較

比 [부]比(견줄비) [획](4)
ひかく comparison
較

견줄비 ヒ・くらべる
비교할교 カク・コウ・くらべる

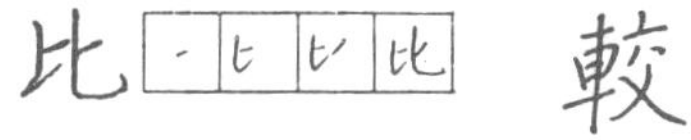

比較(비교) 서로 견주어 봄
比肩(비견) 어깨를 나란히 함. 비등비등함
比丘(비구) 출가하여 불문에 들어간 중
比例(비례) 두 수효의 비가 다른 수의 비와 같은 일
無比(무비) 비할 데가 없이 뛰어남

飛來

飛 [부]飛(날비) [획](9)
ひらい
來

날비 ヒ・とぶ
올래 ライ・くる

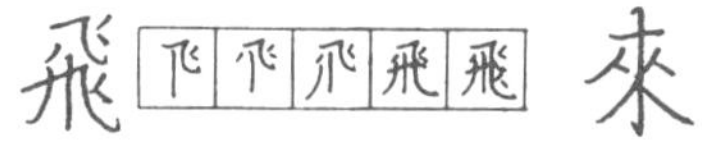

飛來(비래) 날아서 옴. 항공기로 옴
飛語(비어) 뜬소문. 근거없는 말
飛行(비행) 날아서 감
飛虎(비호) 용맹스럽고 날래다는 비유
高飛遠走(고비원주) 멀리 도망쳐 달아남

非凡

非 [부]非(아닐비) [획](8)
uncommoness ひぼん
凡

아닐비 ヒ・あらず
무릇범 ボン・ハン・およそ

非凡(비범) 평범하지 않고 뛰어남
非公開(비공개) 공개하지 않고 비밀히 함
非難(비난) 잘못을 헐뜯음
非賣品(비매품) 파는 물건이 아님
非人間(비인간) 사람답지 않음
是非(시비) ①옳고 그름 ②싸움

鼻孔

鼻 [부]鼻(코비) [획](14)
nostrils びこう
孔

코비 ビ・はな
구멍공 コウ・あな

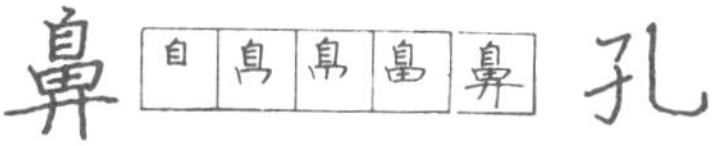

鼻孔(비공) 콧구멍
鼻毛(비모) 콧구멍의 털
鼻聲(비성) 콧소리
鼻炎(비염) 코의 염증
鼻音(비음) 코로 내는 소리
酸鼻(산비) 슬프거나 비참하여 콧마루가 시큰거림

悲愁

悲 [부]心(마음심) [획]8
sorrow ひしゅう
愁

슬플비 ヒ・かなしい
근심수 シュウ・うれい

悲愁(비수) 슬픈 근심
悲歌(비가) 슬픈 노래
悲觀(비관) 슬프고 한심하게 봄
悲報(비보) 슬픈 소식
悲願(비원) 슬프고 뼈저린 소원
慈悲(자비) 사랑하고 불쌍히 여김
喜悲(희비) 기쁨과 슬픔

備考

備 [부]亻(인변) [획]10
reference びこう
考

갖출비 ビ・そなえる
상고할고 コウ・かんがえる

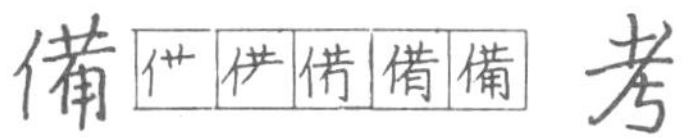

備考(비고) 참고로 갖추어 둠. 또는 그 내용
備忘錄(비망록) 잊었을 때를 위해 적어 둔 글
備置(비치) 갖추어 설비해 둠
備品(비품) 갖추어 둔 물품
具備(구비) 고루 갖추어 있음
未備(미비) 아직 다 갖추지 못함

批 (母)扌(재방변) criticism 評
(획)4
칠비　　평론할평
ヒ　　ヒョウ

批

批評(비평) 옳고 그름을 들어 평론함
批難(비난) 남의 결점 따위를 꾸짖음
批點(비점) 시나 문장 등의 중요한
　　　곳에 찍는 점
批判(비판) 사물의 시비를 판정함
批評眼(비평안) 사물을 비평할 수 있
　　　는 안식

碑 (母)石(돌석변) tombstone 石
(획)8
비석비　　돌석
ヒ　　セキ・シャク・コク・いし

碑

碑石(비석) 빗돌. 석비
碑閣(비각) 안에 비를 세워 둔 집
碑面(비면) 비석의 글을 새긴 앞쪽
碑文(비문) 비석에 새긴 글
古碑(고비) 옛 비석
紀念碑(기념비) 어떤 일을 기념하기
　　　위해 세운 비석

卑 (母)十(열십) meanness 劣
(획)6
낮을비　　용렬할렬
ヒ・いやしい　　レツ・おとる

卑

卑劣(비열) 언행이 천하고 용렬함
卑屈(비굴) 비루하고 기력이 없음
卑俗(비속) 낮고 속됨. 또는 그런 풍
　　　속
卑語(비어) 상스러운 말
男尊女卑(남존여비) 남자는 존귀하고
　　　여자는 비천하다는 견해
野卑(야비) 속되고 천함

妃 (母)女(계집녀변) spouse 匹
(획)3
왕비비　　짝필
ヒ・ハイ　　ヒツ・ヒキ

妃

妃匹(비필) 배필. 배우자. 짝
妃色(비색) ①연분홍 ②여색(女色)
妃氏(비씨) 왕비로 뽑힌 아가씨
大妃(대비) 선왕의 후비
王妃(왕비) 임금의 아내

婢 (母)女(계집녀) 妾
(획)8
계집종비　　첩첩
ヒ　　ひしょう　　ショウ・めかけ

婢

婢妾(비첩) 계집종으로 첩이 된 여자
婢女(비녀) 계집종
官婢(관비) 관청에서 부리던 계집종
奴婢(노비) 남자 종과 여자 종
賤婢(천비) 신분이 천한 노비

肥 (母)月(肉)(육달월변)
(획)4 fertilizer 料
ひりょう
살찔비　　헤아릴료
ヒ・こえる　　リョウ

肥

肥料(비료) 거름
肥大(비대) 살쪄 몸집이 큼
肥滿(비만) 살이 쪄 뚱뚱함
肥肉(비육) 살찐 짐승의 고기
金肥(금비) 돈을 주고 사는 화학비료
天高馬肥(천고마비) 하늘이 높고 말
　　　이 살찜. 가을의 계절을
　　　이르는 말

129

秘 ㊀禾(벼화변) treasuring
㊁5 ひぞう
숨길비 간직할장
ヒ・かくす ゾウ・くら

秘 藏

秘藏(비장) 몰래 간직해 둠
秘計(비계) 비밀한 꾀
秘錄(비록) 비밀한 기록
秘密(비밀) 남이 모르게 숨김
秘方(비방) 남이 모르는 약방문
極秘(극비) 극히 비밀임
便秘(변비) 대변이 잘 안나오는 병증

賓 ㊀貝(조개패) guest
㊁7 ひんきゃく
손빈 손객
ヒン カク・キャク

賓 客

賓客(빈객) 귀중한 손님
賓待(빈대) 손님으로 대접함
賓朋(빈붕) 방문객
賓主(빈주) 손님과 주인
國賓(국빈) 나라에서 대접할 귀한 사신
來賓(내빈) 찾아온 손님
迎賓(영빈) 손님을 맞음

費 ㊀貝(조개패) expenses
㊁5 ひよう
허비할비 쓸용
ヒ・ついやす ヨウ・もちいる

費 用

費用(비용) 어떤 일에 드는 돈
費目(비목) 비용을 지출하는 명목
費額(비액) 쓰는 돈머리
費財(비재) 재물을 소비함
旅費(여비) 노자. 노비
學費(학비) 공부에 필요한 돈
會費(회비) 회에 참가하는 비용

頻 ㊀頁(머리혈) frequency
㊁7 ひんぱん
자주빈 번성할번
ヒン・しきりに ハン・しげる

頻 繁

頻繁(빈번) 자주. 바쁨
頻度(빈도) 잦은 도수(度數)
頻發(빈발) 자주 일어남
頻煩(빈번) ①자주 ②귀찮게 함
頻出(빈출) 자주 나감

貧 ㊀貝(조개패) poverty
㊁4 ひんこん
가난할빈 곤할곤
ヒン・ビン・まずしい コン・こまる

貧 困

貧困(빈곤) 가난함
貧窮(빈궁) 가난하여 궁함
貧民(빈민) 가난한 백성
貧村(빈촌) 가난한 마을
貧富(빈부) 가난함과 넉넉함
極貧(극빈) 몹시 가난함
淸貧(청빈) 청렴하고 가난함

氷 ㊀水(물수) ice and snow
㊁1 ひょうせつ
얼음빙 눈설
ヒョウ・こおり セツ・ゆき

氷 雪

氷雪(빙설) 얼음과 눈
氷結(빙결) 얼음이 얾
氷心(빙심) 얼음같이 맑은 마음
氷點(빙점) 물이 얼기 시작하는 온도
氷炭(빙탄) 얼음과 숯. 서로 상극이 된다는 비유
結氷(결빙) 물이 얾

聘 〔部〕耳(귀이변) mother 〔劃〕7 of one's wife へいぼ	**母** 어미모 ボ・はは
부를빙 ヘイ	

聘

母

聘母(빙모) 장모
聘父(빙부) 장인. 악부(岳父)
聘丈(빙장) 장인
報聘(보빙) 답례로 외국을 방문함
招聘(초빙) 초대하여 모셔 들임

士 〔部〕士(선비사) officer 〔劃〕(3) しかん	**官** 벼슬관 カン
선비사 シ	

士 一 十 士

官

士官(사관) 병졸을 지휘하는 무관
士氣(사기) 군사의 기세
士大夫(사대부) ①인격이 높은 사람
    ②관직에 있는 사람
士林(사림) 유교의 학자들
兵士(병사) 군사
下士(하사) 군대의 계급의 하나

四 〔部〕口(큰입구몸) しかい 〔劃〕2	**海** 바다해 カイ・うみ
녀사 シ・よつ	

四 冂 四 四 四

海

四海(사해) ①사방의 바다 ②온 세상
四顧無親(사고무친) 친한 사람이라곤
    전후좌우에 하나도 없음
四君子(사군자) 매화・난초・국화・대
    나무의 네 가지 그림 소재
張三李四(장삼이사) 평범한 사람들
    어중이 떠중이

仕 〔部〕亻(인변)appointment 〔劃〕3 しかん	**官** 벼슬관 カン
벼슬할사 シ・つかえる	

仕 亻 仁 什 仕

官

仕官(사관) 관리로 임명되어 일을 함
仕進(사진) 관리가 규정된 시간에 출
    근함
仕退(사퇴) 관리가 일을 끝내고 퇴근
    함
給仕(급사) 사환. 심부름하는 아이
奉仕(봉사) 남을 위해 일함

巳 〔部〕己(몸기) 〔劃〕(3) みのとし	**年** 해년 ネン・とし
뱀사 シ・み	

巳 コ 巳

年

巳年(사년) 태세의 지지가 "巳"로 된
    해. 을사(乙巳)・정사(丁
    巳) 따위
巳時(사시) 오전 9시부터 11시 사이
己巳(기사) 육십갑자의 여섯번째

寺 〔部〕寸(마디촌) temple 〔劃〕3 じいん	**院** 집원 イン
절사 ジ・てら	

寺 十 土 寺 寺 寺

院

寺院(사원) 절. 사찰
寺內(사내) 절의 안
寺黨(사당) 옛날에 떼를 지어 돌아다
    니며 노래와 춤을 팔던
    여자
古寺(고사) 옛 절
山寺(산사) 산의 절

史 ⟨부⟩口(입구) ⟨획⟩2　historical evidence　しじつ　　實

역사사　シ　　　　　　　　　　열매실　ジツ・み・みのる

史 〔ㄇ ㅁ 史 史〕　　實

史實(사실) 역사에 있었던 사실
史家(사가) 역사를 연구하는 사람
史劇(사극) 역사극
史蹟(사적) 역사가 있었던 자취
國史(국사) 나라의 역사
女史(여사) 시집간 여자에 대한 존칭
正史(정사) 바르고 확실한 역사

射 ⟨부⟩寸(마디촌) ⟨획⟩7　shooting　しゃげき　　擊

쏠사　シャ・いる　　　　　　　칠격　ゲキ・うつ

射 〔ノ 自 身 射〕　　擊

射擊(사격) 총・대포 따위를 쏨
射殺(사살) 쏘아 죽임
射手(사수) 총포・활을 쏘는 사람
反射(반사) 되비쳐 돌아오는 현상
發射(발사) 총・활을 쏨
注射(주사) 몸에 약을 바늘로 찔러 넣음
直射(직사) 곧바로 비침. 또는 곧장 쏨

使 ⟨부⟩イ(인변) ⟨획⟩6　mission　しめい　　命

부릴사　シ・つかう　　　　　　목숨명　メイ・ミョウ・いのち

使 〔イ 仁 仲 伊 使 使〕　　命

使命(사명) 주어진 임무
使臣(사신) 임금의 명을 받아 외국으로 가는 신하
使役(사역) 일을 시킴
使用(사용) 사람이나 물건을 씀
大使(대사) 외국에 주재하는 외교관의 하나
密使(밀사) 몰래 보내는 사신

謝 ⟨부⟩言(말씀언변) ⟨획⟩10　refusal　しゃぜつ　　絕

사례할사　シャ・あやまる　　　끊을절　ゼツ・たえる

謝 〔言 謝 謝 謝 謝〕　　絕

謝絕(사절) 요구를 거절함
謝恩(사은) 은혜에 감사함
謝意(사의) 고맙다는 의사
謝罪(사죄) 허물을 사과함
感謝(감사) 고맙게 여김
拜謝(배사) 삼가 감사의 뜻을 표함
深謝(심사) 진심으로 감사・사과함

舍 ⟨부⟩口(입구) ⟨획⟩5　しゃ　　廊

집사　シャ・いえ　　　　　　　행랑랑　ロウ

舍 〔人 合 舎 舍〕　　廊

舍廊(사랑) 바깥 주인이 거처하는 방
舍監(사감) 기숙사의 감독
舍弟(사제) 자기 아우. 또는 아우의 자칭
舍兄(사형) 자기 형. 또는 형의 자칭
校舍(교사) 학교의 건물
寄宿舍(기숙사) 학생이나 공원(工員)의 합숙 시설

師 ⟨부⟩巾(수건건) ⟨획⟩7　しふ　　父

스승사　シ　　　　　　　　　　아비부　フ・ちち

師 〔イ 尸 自 師 師〕　　父

師父(사부) ①스승과 아버지 ②아버지처럼 섬기는 스승
師母(사모) 스승의 부인에 대한 존칭
師範(사범) ①스승으로서 모범이 될 만한 사람 ②무술을 가르치는 스승
師弟(사제) 스승과 제자
教師(교사) 학교의 선생

死

(부)歹(죽을사변) death
(획)2　しぼう
죽을사
シ・しぬ

死 一 歹 歹 歹 死

死亡(사망) 죽음
死境(사경) 죽을 지경
死力(사력) 죽기를 무릅쓰는 기운
死滅(사멸) 죽어 없어짐
死線(사선) 죽을 고비
決死(결사) 죽기를 각오함
戰死(전사) 전쟁으로 죽음

亡

망할망
ボウ・モウ・ない

亡

思

(부)心(마음심) thought
(획)5　しこう
생각사
シ・おもう

思 田 田 田 思 思

思考(사고) 생각. 궁리
思慮(사려) 마음을 써서 생각함
思料(사료) 생각하여 헤아림
思想(사상) 사회·인생에 대한 일정한 견해
相思(상사) 서로 그리워함
心思(심사) 마음. 생각
意思(의사) 마음에 둔 생각

考

상고할고
コウ・かんがえる

考

私

(부)禾(벼화변) private property
(획)2　しざい
사사사
シ・わたし・わたくし

私 ニ 千 禾 私

私財(사재) 개인의 재산
私見(사견) 개인적인 혼자의 생각
私立(사립) 법인이나 개인이 세움
私信(사신) 개인적인 편지
私有(사유) 개인의 소유
公私(공사) 공적인 것과 사적인 것
公平無私(공평무사) 공정하고 사사로운 정실이 끼지 않음

財

재물재
サイ・ザイ

財

事

(부)亅(갈고리궐) accident
(획)7　じけん
일사
ジ・ズ・こと

事 一 一 写 写 事

事件(사건) 뜻밖에 일어난 사고
事故(사고) 뜻밖에 일어난 탈
事大思想(사대사상) 세력있는 나라에 붙어서 일시적인 안전을 꾀하려는 사상
事務(사무) 주로 문서를 다루는 일
慶事(경사) 즐겁고 기쁜 일
從事(종사) 어떤 일에 매달려 일함

件

물건건
ケン

件

絲

(부)糸(실사변) weeping willow
(획)6　いとやなぎ
실사
シ・いと

絲 糸 絲 絲 絲 絲

絲柳(사류) 수양버들. 실버들
絲管(사관) 거문고와 피리
絲桐(사동) 거문고의 별칭
絲狀(사상) 실처럼 가늘고 긴 모양
綿絲(면사) 무명실
絹絲(견사) 명주실
毛絲(모사) 털실

柳

버들류
リュウ・やなぎ

柳

司

(부)口(입구) judicature
(획)2　しほう
맡을사
シ・つかさどる

司

司法(사법) 삼권(三權)의 하나. 재판에 관련되는 나라일
司令(사령) 군대의 지휘와 통솔을 맡음. 또는 그 직책
司直(사직) 재판을 이르는 말
司會(사회) 회의 진행을 맡아봄
上司(상사) 직장에서의 윗사람

法

법법
ホウ・ハツ・ホツ

法

詞 ^⑨言(말씀언변) ⑭5 しりん 林
말사
シ
수풀림
リン・はやし

詞

林

詞林(사림) ①시문을 짓는 사람들의 사회 ②시문을 모아서 엮은 책
詞客(사객) 시문을 짓는 사람
歌詞(가사) 노래의 글귀
名詞(명사) 명칭을 표시하는 품사. 이름씨
弔詞(조사) 죽은이를 슬퍼하는 시가
助詞(조사) 토씨. "은·는·의·에" 따위

邪 ^⑨阝(邑)(우부방) evil thought ⑭4 じゃねん 念
간사할사
ジャ・よこしま
생각념
ネン

邪

念

邪念(사념) 옳지 않은 못된 생각
邪見(사견) 요사스런 생각
邪計(사계) 사악한 계략
邪說(사설) 옳지 않은 말
邪心(사심) 간사한 마음
邪正(사정) 그릇됨과 올바름
忠邪(충사) 충성스러움과 간사함

蛇 ^⑨虫(벌레충변) ⑭5 だそく 足
뱀사
ジャ・ダ・ヘび
발족
ソク・あし・たりる

蛇

足

蛇足(사족) 뱀을 그리고 쓸데 없이 발까지 그림. 소용 없는 사물의 비유
蛇毒(사독) 뱀의 독
蛇心(사심) 간사하고 질투가 많은 마음
大蛇(대사) 큰 뱀
長蛇(장사) ①긴 뱀 ②긴 행렬 따위를 형용하는 말

賜 ^⑨貝(조개패변) ⑭8 しか 暇
줄사
シ・たまわる
겨를가
カ・ひま

賜

暇

賜暇(사가) 휴가를 줌
賜藥(사약) 임금이 죽여야 할 사람에게 내리던 독약
賜花(사화) 과거에 급제한 사람에게 임금이 내리던 종이꽃
拜賜(배사) 어른이 주는 것을 공손히 받음
下賜(하사) 임금이 금품을 내려 줌

捨 ^⑨扌(재방변) ⑭8 しゃしん 身
버릴사
シャ・すてる
몸신
シン・み

捨

身

捨身(사신) 몸을 버림. 몸을 버리고 부처를 공양함
捨石防波堤(사석방파제) 돌을 쌓아 만든 방파제
捨小取大(사소취대) 작은 것을 버리고 큰 것을 취함
四捨(사사) 넷 이하의 숫자를 버리고 따지지 않음

斜 ^⑨斗(말두) slope ⑭7 しゃめん 面
비낄사
シャ・ななめ
낯면
メン・おも・おもて・つら

斜

面

斜面(사면) 경사진 면
斜徑(사경) 비탈길
斜視(사시) ①곁눈으로 봄 ②사팔눈
斜陽(사양) 기울어져가는 해. 석양(夕陽)
斜日(사일) ⇨사양(斜陽)
傾斜(경사) 기울어짐. 기울어진 각도

詐 (튀)言(말씀언변) fraud　欺 さぎ
(획)5
거짓사　　　　　속일기
サ　　　　　　　ギ・あさむく

詐　　　　　　欺

詐欺(사기) 거짓말로 남을 속임
詐力(사력) 거짓과 폭력
詐妄(사망) 터무니없는 헛소리
詐病(사병) 꾀병
詐取(사취) 속이고 물건을 가로챔
巧詐(교사) 교묘하게 남을 속임
變詐(변사) ①요리조리 속임 ②병이
　　　　　갑자기 나빠짐

似 (튀)亻(인변) resemblance　類 るい
(획)5
같을사　　　　　무리류
ジ・にる　　　　ルイ・たぐい

似　　　　　　類

似類(사류) 비슷하게 닮음
似續(사속) ①대를 이음 ② 자손
似而非(사이비) 겉으로 비슷해 보이
　　　　　지만 실제는 다름
近似(근사) ①퍽 가깝게 닮음 ②괜찮
　　　　　음
相似(상사) 서로 비슷함

社 (튀)示(보일시변)　告 しゃこく
(획)3　announcement
　　　of company
사직사　　　　　고할고
シャ・やしろ　　コク・つぐ

社　　　　　　告

社告(사고) 회사에서 널리 알리는 광
　　　　　고
社交(사교) 여러 사람과 사귐. 교제
社會(사회) 인간이 사는 공동생활의
　　　　　터전. 세상. 세계
結社(결사) 단체를 조직함
本社(본사) 본거지가 되는 회사

查 (튀)木(나무목)　inquiry　問 さもん
(획)5
조사할사　　　　물을문
サ　　　　　　　モン・とう

查　　　　　　問

查問(사문) 조사하여 물어봄
查家(사가) 사돈집
查受(사수) 조사하여 받아 넣음
查定(사정) 조사하여 결정함
查察(사찰) 동태를 조사하고 살핌
內查(내사) 본인이 모르게 조사함
踏查(답사) 현지로 가서 조사함

沙 (튀)氵(삼수변)　dune　丘 さきゅう
(획)4
모래사　　　　　언덕구
サ・シャ　　　　キュウ・おか

沙　　　　　　丘

沙丘(사구) 모래로 된 언덕
沙金(사금) 모래 속에 섞인 가루 금
沙器(사기) 백토로 만든 그릇
沙上樓閣(사상누각) 모래 위에 세운
　　　　　집. 헛된 사물이란 비유
白沙(백사) 희고 깨끗한 모래
土沙(토사) 흙과 모래

寫 (튀)宀(갓머리)　photograph　眞 しゃしん
(획)12
베낄사　　　　　참진
シャ・うつす　　シン・ま・まこと

寫　　　　　　眞

寫眞(사진) 기계로 어떤 형상을 나타
　　　　　내는 기술
寫本(사본) 문서나 책을 베낀 것
寫實(사실) 실제를 그대로 그려 냄
寫眞植字(사진식자) 글자를 사진으로
　　　　　찍어서 원판을 만드는 일
模寫(모사) 본받아 그대로 그려 냄

辭典

辭 [부]辛(매울신) [획]12 dictionary じてん 典

말씀사 ジ — 법전 テン

辭 典

辭典(사전) 낱말을 모아 풀이한 책
辭免(사면) 하던 직무를 그만둠
辭讓(사양) 겸손하여 안 받거나 남에게 내어 줌
辭職(사직) 직책을 그만두고 물러남
辭表(사표) 직무를 그만두겠다는 문서
言辭(언사) 말. 말솜씨

削髮

削 [부]刂(刀)(칼도) [획]7 head shaved bald さくはつ 髮

깎을삭 サク・けずる — 터럭발 ハツ・かみ

削 髮

削髮(삭발) 머리를 박박 깎음
削減(삭감) 깎아서 줄임
削除(삭제) 깎아서 제거함
削奪官職(삭탈관직) 관직을 빼앗고 내쫓음
切削(절삭) 자르고 깎아 다듬음
添削(첨삭) 시문 따위의 글귀를 보태기도 하고 깎기도 함

斯界

斯 [부]斤(날근) [획]8 that circle しかい 界

이사 シ・この(かく) — 지경계 カイ・さかい

斯 界

斯界(사계) 이 사회. 이 방면
斯道(사도) 이 길. 성인의 길
斯世(사세) 이 세상
斯業(사업) 이 사업(事業)
斯學(사학) 이 학문
如斯(여사) 이와 같음
瓦斯(와사) 가스(gas)의 한자어

朔風

朔 [부]月(달월) [획]6 さくふう 風

초하루삭 サク — 바람풍 フウ・かぜ

朔 風

朔風(삭풍) 모진 바람. 북녘 바람
朔望(삭망) 초하루와 보름
朔方(삭방) 북쪽
朔雪(삭설) 북방의 눈
朔日(삭일) 음력의 매달 초하루
月朔(월삭) 그 달의 초하루
北朔(북삭) 북쪽. 북쪽 나라

祀典

祀 [부]示(보일시변) [획]3 してん 典

제사사 シ — 법전 テン

祀 典

祀典(사전) 제사의 의식
祀事(사사) 제사에 관한 일
祀天(사천) 하늘에 제사를 지냄
祭祀(제사) 신불이나 조상에게 사제를 올림
宗祀(종사) 조상에 대한 제사
合祀(합사) 두 분 이상의 넋을 한데 제사함

山川

山 [부]山(메산) [획](3) mountains and streams さんせん 川

메산 サン・やま — 내천 セン・かわ

山 | 丨 | 山 | 山 | 川

山川(산천) 산과 내. 자연
山谷(산곡) 산골짜기
山林(산림) ①산과 숲 ②산의 나무
山岳(산악) 크고 작은 모든 산
山野(산야) 산과 들
山積(산적) 산더미같이 쌓임
深山(심산) 깊은 산
青山(청산) 푸른 산

産業 (さんぎょう) industry

産 ㊙生(날생) ㊺6 낳을산 サン・うぶ・うむ
業 업업 ギョウ・ゴウ・わざ

産 / 立 产 产 产 産　業

産業(산업) 생산하는 사업
産氣(산기) 아이를 낳을 기미
産卵(산란) 알을 낳음
産婦(산부) 해산한 어머니
家産(가산) 집안의 재산
資産(자산) 재물의 총칭
生産(생산) 생산물을 만들어 냄

酸素 (さんそ) oxygen

酸 ㊙酉(닭유변) ㊺7 실산 サン・す・すい
素 흴소 ソ・ス・もと

酸　素

酸素(산소) 무색·무취·무미의 기체. 공기 속에 포함됨
酸類(산류) 산성이 있는 화합물
酸味(산미) 신맛
酸性(산성) 신맛이 나는 모든 물질의 특성
酸化(산화) 어떤 물질이 산소와 화합함
甘酸(감산) ①달고 심 ②고락(苦樂)
辛酸(신산) 몹시 고생스러운 일

散見 (さんけん)

散 ㊙攵(등글월문) ㊺8 흩을산 サン・ちる
見 볼견 ケン・みる

散 / 艹 肯 肯 散 散　見

散見(산견) 여기저기서 볼 수 있음
散亂(산란) ①흩어져 어지러움 ②정신이 어수선함
散文(산문) 시문이 아닌 보통 문장
散髮(산발) 머리를 풀어 헤침
分散(분산) 나뉘어 흩어짐
解散(해산) 단체나 모임이 분산해체됨

殺菌 (さっきん) sterilization

殺 ㊙殳(갖은등글월문) ㊺7 죽을살 감할쇄 サツ・サイ・ころす
菌 버섯균 キン・きのこ

殺 / 乂 杀 杀几 杀几 殺　菌

殺菌(살균) 균을 죽임
殺傷(살상) 죽이거나 상처를 입힘
殺人(살인) 사람을 죽임
殺到(쇄도) 세차게 밀어닥침
相殺(상쇄) 서로 셈을 비겨버림
毒殺(독살) 독을 먹여 죽임
暗殺(암살) 남몰래 죽여버림

算數 (さんすう) arithmetic

算 ㊙竹(대죽밑) ㊺8 셈할산 サン
數 셀수 スウ・かず・かぞえる

算 / 竹 笽 筫 筫 算　數

算數(산수) 수를 셈. 또는 수학
算用數字(산용수자) 산수에 쓰이는 글자. 아라비아 숫자
算出(산출) 계산해 냄
加算(가산) 보태어 계산함. 더하기
珠算(주산) 주판으로 하는 계산
通算(통산) 한데 합쳐서 계산함

三角 (さんかく) triangle

三 ㊙一(한일) ㊺2 석삼 サン・みつ
角 뿔각 カク・つの

三　角

三角(삼각) 세모. 세모꼴
三權(삼권) 세 가지 권력. 곧, 입법·사법·행정
三伏(삼복) 여름의 한창 더운 때. 초복·중복·말복이 든 때
三三五五(삼삼오오) 서너너덧씩 짝을 지어 다니는 모양
第三者(제삼자) 당사자가 아닌 객관적인 사람

森 ㉠木(나무목) forest 林
㉡8 しんりん
수풀삼 수풀림
シン・もり リン・はやし

森

林

森林(삼림) 나무가 많은 숲
森羅萬象(삼라만상) 우주 사이에 벌려 있는 일체의 사물
森嚴(삼엄) 무서울 만큼 엄숙함
森然(삼연) ①나무가 무성한 모양 ② 삼엄한 모양
森閑(삼한) 아무 소리도 없이 조용함

常 ㉠巾(수건건)convention 習
㉡8 じょうしゅう
떳떳할상 익힐습
ジョウ・つね・とこ シュウ・ならう

常 丶 ⺍ 屵 屵 常

習

常習(상습) 항상 습관적으로 하는 버릇
常例(상례) 흔히 있는 예
常備(상비) 늘 준비하여 둠
常識(상식) 일반적으로 누구나 알아야 할 지식
日常(일상) 평소. 항상
正常(정상) 바르고 떳떳함

上 ㉠一(한일) ancient times 古
㉡2 じょうこ
위상 예고
ジョウ・うえ・かみ コ・ふるい
・あがる・のぼる ・いにしえ

上 一 ト 上

古

上古(상고) 먼 옛날. 태고
上卷(상권) 두 권인 책의 첫째 권
上司(상사) 직장의 윗사람. 특히 관청의 경우
屋上(옥상) 지붕 위
路上(노상) 길 위. 길거리
紙上(지상) 신문지상

賞 ㉠貝(조개패) prize and penalty 罰
㉡8 しょうばつ
상줄상 벌벌
ショウ バツ・バチ

賞 丶 ⺍ 尙 賞 賞

罰

賞罰(상벌) 상과 벌
賞金(상금) 상으로 주는 돈
賞杯(상배) 상으로 주는 잔
賞與(상여) 수고에 대해 상으로 주는 금품
鑑賞(감상) 예술작품 따위를 음미함
觀賞(관상) 화초 따위를 보고 즐김
受賞(수상) 상을 탐

尙 ㉠小(작을소) till now 今
㉡5 なおいま
오히려상 이제금
ショウ・なお コン・キン・いま

尙 丶 丷 丷 尙 尙

今

尙今(상금) 이제까지. 아직도
尙古(상고) 옛 문물을 소중히 여김
尙武(상무) 무덕(武德)을 숭상함
尙存(상존) 아직 존재하고 있음
高尙(고상) 조촐하고 점잖음
貴尙(귀상) 고귀하고 점잖음

商 ㉠口(입구) commerce 業
㉡8 しょうぎょう
장사상 업업
ショウ・あ ギョウ・ゴ
きなう ウ・わざ

商 一 二 ㄎ 商 商

業

商業(상업) 장사. 영업
商工(상공) 상업과 공업
商社(상사) 상업이 목적인 회사
商人(상인) 장사꾼
通商(통상) 외국과 거래를 함
行商(행상) 사방으로 다니면서 파는 장사

相

訓目(눈목) inheritance
劃4　　そうぞく
서로상　　이을속
ソウ・ショウ・あい　　ゾク・つづく

續

相 一 十 木 朩 相 相　　續

相續(상속) 부모의 재산 따위를 물려
　　받음
相關(상관) ①서로 관련을 가짐 ②남
　　의 일에 관여함
相談(상담) 의논
相對(상대) ①서로 마주 봄 ②서로
　　맞섬
觀相(관상) 얼굴의 상을 보고 길흉을
　　판단함

傷

訓亻(인변)　　grief
劃11　　しょうしん
상할상　　마음심
ショウ・きず・い　　シン・こころ
ためる

心

傷 佢 俤 傷 傷 傷　　心

傷心(상심) 마음을 상함. 근심함
傷處(상처) 다친 자리
傷害(상해) 남의 몸에 상처를 내어
　　해침
感傷(감상) 사소한 일에도 마음이 상
　　하고 애처러워하는 상태
負傷(부상) 몸을 다침
死傷(사상) 죽음과 다침

霜

訓雨(비우)　　そうか
劃9
서리상　　꽃화
ソウ・しも　　カ・はな

花

霜 雫 雫 霏 霜 霜　　花

霜花(상화) 서리가 꽃같이 아름다움
　　을 이르는 말
霜降(상강) 서리가 내린다는 절기의
　　하나
霜林(상림) 서리를 맞아 잎이 시든 숲
秋霜(추상) 가을의 찬 이슬. 서슬이
　　퍼렇게 위엄이 있거나 형
　　벌이 엄하다는 비유
風霜(풍상) 세상의 온갖 고난

喪

訓口(입구)　　house in mourning
劃9　　そうか
복입을상　　집가
ソウ・も　　カ・ケ・いえ

家

喪 圤 咘 哑 喪 喪　　家

喪家(상가) 초상난 집
喪禮(상례) 상중에 치르는 예식
喪服(상복) 상중의 예복
喪失(상실) 잃어버림
喪布(상포) 초상 때 쓰는 포목
問喪(문상) 초상집을 문안함
弔喪(조상) 상사에 조의를 표함

想

訓心(마음심)
劃9　　reminiscence
　　そうき
생각상　　일어날기
ソ・ソウ・おもう　　キ・おきる・お
　　こる

起

想 木 朩 相 想 想　　起

想起(상기) 지난 일을 다시 회상함
想念(상념) 마음에 떠오르는 생각
想到(상도) 생각이 미침
假想(가상) 가정적으로 상상함
空想(공상) 헛된 잡념
思想(사상) 어떤 체계가 있는 주장
回想(회상) 지난 일을 돌이켜 생각함

嘗

訓口(입구)　　taste
劃11　　しょうみ
맛볼상　　맛미
ショウ　　ミ・あじ

味

嘗　　味

嘗味(상미) 음식의 맛을 봄
嘗試(상시) ①시험하여 봄. 시도함
　　　　②시험삼아 하는 계획·계
　　　　략
嘗新(상신) 임금이 햇곡식을 처음 시
　　식함

裳 (卽衣(옷의)) skirt and coat
劃8 しょうい 衣
치마상
ショウ 옷의
イ・ころも

裳
衣

裳衣(상의) 치마와 저고리
裳裳(상상) 화려한 모양. 성대한 차림새
綠衣紅裳(녹의홍상) 연두저고리와 다홍치마. 여자의 옷차림
同價紅裳(동가홍상) 같은 값이면 다홍치마. 같은 값이면 좋은 것을 갖겠다는 비유

床 (卽广(엄호밑)) 頭
劃4 しょうとう
평상상 머리두
ショウ・と トウ・ズ・あ
こ・ゆか たま

床
頭

床頭(상두) 방의 윗목. 또는 머리맡
床席(상석) 평상과 삿자리
床飯(상반) 상밥. 상에 차린 밥
床子(상자) 평상
病床(병상) 앓고 누워 있는 자리
寢床(침상) 침대

詳 (卽言(말씀언변)) details
劃6 しょうさい 細
자세할상 가늘세
ショウ・くわしい サイ・ほそい

詳
細

詳細(상세) 자세하고 세밀함
詳記(상기) 자세히 기록함
詳報(상보) 자세한 보도
詳說(상설) 자세히 설명함. 또는 그 설명
未詳(미상) 아직 자세히 알 수 없음
不詳(불상) 자세히 알려지지 않았음

象 (卽豕(돼지시)) ivory
劃5 ぞうげ 牙
코끼리상 어금니아
ゾウ・ショウ ガ・ゲ・きば

象
牙

象牙(상아) 코끼리의 어금니
象牙塔(상아탑) ①예술만을 지상목표로 여기는 경지 ②학자의 연구실 ③대학의 별칭
象形(상형) 물건의 형상을 본뜬 것 또는 그런 글자
具象(구상) 형상을 갖춤
印象(인상) 사물을 본 느낌

祥 (卽示(보일시변))
劃6 しょううん 雲
상서로울상 구름운
ショウ ウン・くも

祥
雲

祥雲(상운) 상서로운 구름
祥運(상운) 상서로운 운수
祥兆(상조) 상서로운 징조
吉祥(길상) 좋은 운수. 또는 그런 조짐
發祥(발상) 어떤 좋은 일이 나타남

像 (卽亻(인변)) しょうけい
劃12 ・そうけい 形
형상상 형상형
ゾウ・ショウ・か ケイ・ギョウ・か
たち た・かたち

像
形

像形(상형) 어떤 물건을 본떠서 만든 물건. 또는 그런 모양
像本(상본) 천주(天主). 성인(聖人)의 모형
想像(상상) 머리 속에서 생각함
偶像(우상) 신불 따위를 상징한 형상

桑 ㉴木(나무목) ⑥6 mulberry leaves / そうよう
뽕나무상
ソウ・くわ

葉 잎엽 / ヨウ・は

桑

葉

桑葉(상엽) 뽕잎
桑木(상목) 뽕나무
桑婦(상부) 뽕 따는 부녀
桑實(상실) 오디
桑田(상전) 뽕나무 밭
耕桑(경상) 뽕나무를 가꾸어 기름
農桑(농상) 농사와 누에치는 일

雙 ㉴隹(새추) ⑩10 そうけん
쌍쌍
ソウ・ふたつ

肩 어깨견 / ケン・かた

雙

肩

雙肩(쌍견) ①두 어깨 ②두 마리의
　　　　　짐승
雙女(쌍녀) 쌍동딸
雙眉(쌍미) 두 눈썹
雙生(쌍생) 쌍동이
雙手(쌍수) 두 손
無雙(무쌍) 짝이 될 만한 것이 없음
一雙(일쌍) 한 쌍. 두 개

狀 ㉴犬(개견) ④4 conditions / じょうきょう
모양상
문서장
ジョウ

況 하물며황 / キョウ・いわんや

狀

況

狀況(상황) 일의 형편이나 양상
狀態(상태) 모양. 형편
狀啓(장계) 옛날에 관원이 임금에게
　　　　　보고하던 글월
異狀(이상) 평소와 다른 상태
賞狀(상장) 상을 준다는 서면
卒業狀(졸업장) 졸업을 증명하는 문
　　　　　서

塞 ㉴土(흙토) ⑩10 さいがい
변방새
막을색
サイ・ソク

外 바깥외 / ゲ・ガイ・そと・ほ
か・はずれる

塞

外

塞外(새외) 요새(要塞)의 밖
要塞(요새) 국방상 중요한 시설
塞翁之馬(새옹지마) 인생의 길흉화복
　　　　　은 변화가 많아 어제의
　　　　　화가 오늘의 복이 되기도
　　　　　한다는 비유
窮塞(궁색) 아주 가난함

償 ㉴亻(인변) ⑮15 redemption / しょうかん
갚을상
ショウ・つぐなう

還 돌아올환 / カン

償

還

償還(상환) 갚아 줌. 물어 줌
償金(상금) ①갚는 돈 ②손해를 변상
　　　　　하는 돈
償債(상채) 빚을 갚음
代償(대상) 대신 변상함
報償(보상) 어떤 대가(代價)로 변상
　　　　　해 줌

色 ㉴色(빛색) ⑥(6) daltonism / しきもう
빛색
ショク・シキ・いろ

盲 소경맹 / モウ・めくら

色

盲

色盲(색맹) 빛깔을 분간 못하는 시각
色相(색상) 빛깔의 조화
色素(색소) ①생물의 빛깔을 나타내
　　　　　는 구체 ②다른 물체에
　　　　　착색시키는 성분
色鄕(색향) 미인이 많이 나는 고장
古色(고색) 옛스러운 풍치
脫色(탈색) 빛깔을 뺌

索引 さくいん index

部 糸(실사)
획 4

동아줄색
サク

끌인
イン・ひく

引

索 引

索引(색인) 사전 따위에서 필요한 항
　　　　 목을 찾는 목록
索居(색거) 쓸쓸하게 홀로 삶
索敵(색적) 적을 찾아냄
索捕(색포) 찾아내어 잡음
探索(탐색) 수소문하여 찾아냄
暗中摸索(암중모색) 은근히 더듬어서
　　　　　　　　 수색함

序 じょぶん preface 文

部 广(엄호밑)
획 4

차례서
ジョ

글월문
ブン・モン・ふみ

序 一 广 庁 庁 序 文

序文(서문) 책 따위의 머리말
序曲(서곡) ①가극 따위에서 막을 열
　　　　 기 직전에 연주하는 가
　　　　 곡 ②관현악의 첫부분
序論(서론) 본론에 들어가기 전에 쓴
　　　　 머리말의 논설
順序(순서) 차례. 순위
自序(자서) 필자가 손수 쓴 서문

生命 せいめい life

部 生(날생)
획 (5)

날생
セイ・ショウ・き・
なま・いきる・うま
れる・はえる

목숨명
メイ・ミョウ・
いのち

生 ノ 亡 井 生

生命(생명) ①목숨 ②사물의 가장 중
　　　　 요한 것
生家(생가) 태어난 본집. 친가
生計(생계) 살아나갈 방도
生男(생남) 아들을 낳음
發生(발생) 어떤 일이 생김
餘生(여생) 남은 생애

書信 しょしん letter

部 曰(가로왈)
획 6

글서
ショ・かく

믿을신
シン

書 一 コ ヨ 글 聿 書

書信(서신) 편지
書庫(서고) 도서관 따위의 책 넣는
　　　　 창고
書記(서기) 사무실에서 기록을 하는
　　　　 직책
書類(서류) 글을 쓴 문서
書式(서식) 문서의 일정한 격식
書畫(서화) 글씨와 그림
讀書(독서) 책을 읽음

西洋 せいよう Occident

部 襾(덮을아)
획 (6)

서녘서
セイ・サイ・にし

바다양
ヨウ

西 一 冂 丙 西 洋

西洋(서양) ①서쪽에 있는 큰 바다
　　　　 ② 유럽과 미국을 이르는
　　　　 말
西紀(서기) 서력기원(西曆紀元)의 준
　　　　 말
西部(서부) 서쪽 부분
西山(서산) 서쪽의 산
西便(서편) 서쪽 편
湖西(호서) 충청남북도의 별칭

暑中 しょちゅう

部 日(날일)
획 9

더울서
ショ・あつい

가운데중
チュウ・なか

暑 旦 早 昇 暑 暑 中

暑中(서중) 한창 더운 시기
暑氣(서기) ①더위 ②더위에 지친 병
暑熱(서열) 더위. 서기(暑氣)
暑退(서퇴) 더위가 물러감
炎暑(염서) 찌는듯한 무더위
殘暑(잔서) 초가을이 되어도 남아 있
　　　　 는 더위
避暑(피서) 더위를 피함

敍 ^部攵(등글월문) ^劃7 description じょじゅつ 述
펼서 ジョ 지을술 ジュツ・のべる

敍 述

敍述(서술) 차례를 좇아 진술함
敍事(서사) 사실을 차례로 말함
敍情(서정) 자기의 정서(情緒)를 표현함
敍情詩(서정시) 주관적 감정을 시로 엮은 것
等敍(등서) 등급. 서열

恕 ^部心(마음심) ^劃6 諒
용서할서 ジョ 믿을량 りょう

恕 諒

恕諒(서량) 용서하고 양해함
恕思(서사) 남을 동정함
寬恕(관서) 너그럽게 용서함
容恕(용서) 허물을 너그럽게 보아 줌

徐 ^部彳(두인변)slow down 行 じょこう
천천할서 ジョ・おもむろ 다닐행・항렬항 ギョウ・コウ・いく・おこなう

徐 行

徐行(서행) 천천히 감
徐步(서보) 천천히 걷는 걸음
徐緩(서완) 느리게 천천히 함
徐徐(서서) 서두르지 않고 천천히 하는 모양

署 ^部网(罒)(그물망) ^劃9 signature 名 しょめい
마을서 ショ 이름명 メイ・ミョウ・な

署 名

署名(서명) 이름을 적어 넣음
署理(서리) 비어 있는 직무를 대리함. 또는 그 사람
署長(서장) 서(署)자가 붙은 기관의 우두머리
官署(관서) 관청
部署(부서) 여럿으로 나누인 한 부분
自署(자서) 손수 서명함

庶 ^部广(엄호밑)populace ^劃8 民 しょみん
뭇서 ショ 백성민 ミン・たみ

庶 民

庶民(서민) 평민. 일반 국민
庶子(서자) 첩의 몸에서 난 아들
庶出(서출) 첩의 소생
庶務(서무) 여러 가지를 도맡아 보는 사무
庶政(서정) 모든 정치
民庶(민서) 민중
衆庶(중서) 뭇사람. 대중

緒 ^部糸(실사변) ^劃9 prolegomenon 論 しょろん
실마리서 ショ・チョ・お 의논할론 ロン

緒 論

緒論(서론) 대체적인 첫머리의 논설
緒言(서언) 머리말
緒正(서정) 근본을 캐어 바르게 함
頭緒(두서) 실마리. 또는 순서. 「頭緒없는 말」
由緖(유서) 전해 오는 내력이나 연유
情緒(정서) 마음의 미묘한 움직임

石 ^(部)石(돌석) petroleum
^(劃)(5) せきゆ 油
돌석　　　　　　　기름유
セキ・いし　　　　ユ・あぶら

石 | 一 | 厂 | 石 | 　　油

石油(석유) 땅 속에서 나는 기름의
　　　　 하나
石工(석공) 돌을 다듬는 사람
石橋(석교) 돌다리
石材(석재) 건축재료로 쓰이는 돌
石炭(석탄) 땅에서 캐 내는 돌같은 숯
木石(목석) 나무나 돌처럼 감정이 없
　　　　 는 사람
碑石(비석) 돌로 만든 비

夕 ^(部)夕(저녁석) evening
^(劃)(3) paper 刊
　　　　　　　ゆうかん
저녁석　　　　　　새길간
セキ・ゆう　　　　カン

夕 | ノ | ク | 夕 | 　　刊

夕刊(석간) 저녁에 발행된 신문
夕飯(석반) 저녁밥
夕陽(석양) 저녁나절의 해. 넘어가는
　　　　 해
夕日(석일) 석양(夕陽)
朝夕(조석) 아침과 저녁
秋夕(추석) 팔월 한가위

昔 ^(部)日(날일) one day
^(劃)4 せきじつ 日
옛석　　　　　　　날일
シャク・セキ・　　ニチ・ジツ・
むかし　　　　　　ひ・か

昔 | 一 | 卄 | 芏 | 昔 | 昔 | 　　日

昔日(석일) 옛날. 지난 날
昔年(석년) 이전. 옛날
昔夕(석석) 저녁마다. 밤마다
昔歲(석세) 작년
昔者(석자) 이전. 예전
今昔(금석) 지금과 옛날

惜 ^(部)忄(심방변) regret at
^(劃)8 parting 別
　　　　　　　せきべつ
아낄석　　　　　　다를별
セキ・おしむ　　　ベツ・わかれる

惜 | 忄 | 忄 | 忄 | 惜 | 惜 | 　　別

惜別(석별) 작별을 섭섭히 생각함
惜景(석경) ⇨석음(惜陰)
惜陰(석음) 시간을 아낌
惜敗(석패) 아깝게 패배함
惜春(석춘) 가는 봄을 아깝게 여김
哀惜(애석) 슬프고 아까움
愛惜(애석) 사랑하여 아깝게 여김

席 ^(部)巾(수건건) the order
^(劃)7 of precedence 次
　　　　　　　せきじ
자리석　　　　　　차례차
セキ　　　　　　　シ・ジ・つぐ

席 | 广 | 产 | 庐 | 庐 | 席 | 　　次

席次(석차) ①자리의 순서 ②성적의
　　　　 순서
席卷(석권) 자리를 둘둘 말듯이, 그
　　　　 방면에서 판을 침
席末(석말) 자리의 맨 끝
客席(객석) 손님이 앉는 자리
首席(수석) 제일 으뜸가는 자리
着席(착석) 자리로 가서 앉음

析 ^(部)木(나무목변) parting
^(劃)4 せきべつ 別
쪼갤석　　　　　　다를별
セキ・さく　　　　ベツ・わかれる

析 | 析 | 　　別

析別(석별) 나뉘어 헤어짐. 이별
析出(석출) 분석해 냄
分析(분석) 낱낱이 나누어 가름
解析(해석) 자세히 풀어서 해석함

144

釋 放

釋 (부)釆(분별할채변) (획)13 liberation しゃくほう
풀석 シャク
放 놓을방 ホウ・はなす

釋放(석방) 가두었던 사람을 풀어 내보냄
釋然(석연) ①미심한 일이 확 풀림 ②마음이 시원해짐
釋尊(석존) 석가모니의 존칭
保釋(보석) 보증금을 받고 형사피고인을 일시적으로 석방하는 일
解釋(해석) 뜻을 자세히 풀이함

線 路

線 (부)糸(실사변) (획)9 track せんろ
줄선 セン
路 길로 ㅁ

線路(선로) ①긴 줄 ②철도의 궤도
線內(선내) 줄을 친 안
線外(선외) 줄의 바깥쪽
死線(사선) 죽을 고비
視線(시선) 보는 눈초리
戰線(전선) 싸움이 벌어진 제일선
脫線(탈선) ①차가 궤도에서 떨어짐 ②실수함

先 頭

先 (부)儿(어진사람인) (획)4 head せんとう
먼저선 セン・さき・まず
頭 머리두 トウ・ズ・あたま・かしら

先頭(선두) 첫머리. 맨 앞장
先見之明(선견지명) 미리 앞일을 헤아리는 슬기로운 지혜
先輩(선배) 모든 면에서 자기보다 앞선 사람
先後(선후) 먼저와 나중. 앞뒤
于先(우선) 무엇보다도 먼저

鮮 血

鮮 (부)魚(고기어변) (획)6 fresh blood せんけつ
고울선 セン・あざやか
血 피혈 ケツ・ち

鮮血(선혈) 생생하고 새빨간 피
鮮明(선명) 산뜻하고 밝음
鮮美(선미) 선명하고 아름다움
鮮魚(선어) 신선한 물고기
生鮮(생선) 날생선. 갓잡은 고기
新鮮(신선) 새롭고 싱싱함

仙 境

仙 (부)亻(인변) (획)3 fairyland せんきょう
신선선 セン
境 경계경 キョウ・さかい

仙境(선경) 신선이 산다는 곳
仙界(선계) 신선의 세계
仙敎(선교) 신선을 배우고자 한다는 종교
仙女(선녀) 하늘에 산다는 여자 신선
仙人(선인) 신선
歌仙(가선) 노래가 신선같은 경지에 이른 사람
詩仙(시선) 시의 명인

善 導

善 (부)口(입구) (획)9 proper guidance ぜんどう
착할선 ゼン・よい
導 인도할도 ドウ・みちびく

善導(선도) 올바른 길로 인도함
善隣(선린) 이웃과 의좋게 지냄
善心(선심) ①착한 마음 ②남을 도와 주는 마음
善惡(선악) 착함과 악함
勸善(권선) 착한 일을 하도록 권함
僞善(위선) 겉으로만 좋게 하는 언행
最善(최선) 가장 좋다고 생각되는 행동

船 (훈)舟(배주변) passenger 客
(획)5 せんきゃく
배선 손객
セン・ふね・ふな カク・キャク

船 刀 刀 舟 舟 船 客

船客(선객) 배를 탄 손님
船室(선실) 선객이 쓰게 된 방
船遊(선유) 뱃놀이
船賃(선임) 뱃삯
船便(선편) 배편
客船(객선) 손님을 수송하는 배
乘船(승선) 배를 탐

旋 (훈)方(모방변) melody 律
(획)7 せんりつ
돌선 법률률
セン・めぐる リツ・リチ

旋 律

旋律(선율) 음악의 가락. 멜로디
旋流(선류) 돌아서 흐름
旋毛(선모) 머리 뒤쪽의 가마
旋盤(선반) 쇠를 깎거나 구멍을 뚫는
기술
旋風(선풍) 회오리바람
旋回(선회) 빙빙 돎
周旋(주선) 일을 알선하고 마련해 줌

選 (훈)辶(辵)(책받침) selection 擇
(획)12 せんたく
가릴선 가릴택
せん・えらぶ タク・えらぶ

選 己 巴 巽 巽 選 擇

選擇(선택) 골라서 뽑음
選擧(선거) 여러 사람 가운데서 인물
을 뽑음
選良(선량) 훌륭하다고 뽑힌 사람
選手(선수) 운동이나 기술에서 대표
로 뽑힌 사람
選出(선출) 골라서 뽑아냄
當選(당선) 선거에서 뽑힘

禪 (훈)示(보일시변) Zen
(획)12 Buddhism 宗
ぜんしゅう
선선 마루종
ゼン シュウ・ソウ

禪 宗

禪宗(선종) 불교의 한 종파
禪房(선방) ①절 ②좌선(坐禪)하는
방
禪位(선위) 임금이 자리를 물려 줌
坐禪(좌선) 참선하고 있음
參禪(참선) 선도에 들어가 선법(禪法)
을 연구함

宣 (훈)宀(갓머리) propaganda 傳
(획)6 せんでん
베풀선 전할전
セン・のべる デン・つたえる

宣 傳

宣傳(선전) 주의・사상・상품 따위를
널리 이해・납득시키는 활
동
宣告(선고) 재판에서 판결을 언도함
宣敎(선교) 종교를 선전함
宣言(선언) 어떤 의사를 세상에 표명
함
宣戰(선전) 전쟁을 선언함
不宣(불선) 말을 다 못하고 그침

雪 (훈)雨(비우) せっか 花
(획)3
눈설 꽃화
セツ・ゆき カ・はな

雪 雨 雪 雪 雪 花

雪花(설화) ①눈송이 ②나뭇가지의
눈을 꽃에 비유한 말. 눈
꽃
雪景(설경) 눈 경치
雪糖(설탕) 가루사탕. 흰 설탕
雪憤(설분) 분풀이
降雪(강설) 눈이 내림
初雪(초설) 그 해에 처음 오는 눈

說 ㉠言(말씀언변) ㉣7 persuasion せっとく
말씀설·달랠세
セツ·ゼイ·とく

說 言 訁 評 評 說

說得(설득) 설명하여 알아듣게 함
說明(설명) 알기 쉽게 풀어서 말함
說話(설화) 이야기
社說(사설) 신문에서 주장하는 논설
演說(연설) 여러 사람 앞에서 하는 말
說客(세객) 능란한 말솜씨로 설득하여 다니는 사람
遊說(유세) 돌아다니며 설득시킴

得 언을득 トク·える·うる

涉 ㉠氵(삼수변) ㉣7 public relations しょうがい
건널섭
ショウ·わたる

涉

涉外(섭외) ①외부, 특히 외국과의 연락과 교섭을 함 ②법률상 국내외에 걸치는 일
涉水(섭수) 물을 건넘
干涉(간섭) 남의 일에 참견함
交涉(교섭) 교제하여 절충함

外 바깥외 ゲ·ガイ·そと·ほか·はずれる

外

設 ㉠言(말씀언변) ㉣4 design せっけい
베풀설
セツ·もうける

設 言 訁 評 設

設計(설계) 건축·토목 따위의 계획을 세움
設令(설령) 가령. 설사. 설혹
設立(설립) 베풀어 세움
設問(설문) 문제를 세워 풀게 함
設定(설정) 베풀어 정함
常設(상설) 항상 설치되어 있음
新設(신설) 새로 설치함

計 셈할계 ケイ·はかる

計

姓 ㉠女(계집녀변) ㉣5 name せいめい
성씨성
セイ

姓 女 女 妙 妙 姓

姓名(성명) 성과 이름
姓氏(성씨) 남의 성을 높여서 이르는 말
同姓(동성) 같은 성
同姓同本(동성동본) 성도 같고 본도 같음. 곧, 같은 종씨임
百姓(백성) 일반 국민

名 이름명 メイ·ミョウ·な

名

舌 ㉠舌(허설) ㉣(6) ぜっか
허설
ゼツ·した

舌

舌禍(설화) 말을 잘못해서 받는 재화
舌端(설단) 혀 끝
舌音(설음) 혓소리
舌戰(설전) 말다툼. 논전(論戰)
長廣舌(장광설) 오래도록 떠드는 연설
口舌(구설) 시비나 비방하는 말
筆舌(필설) 글과 말

禍 화재화 カ·わざわい

禍

性 ㉠忄(심방변) ㉣5 nature せいしつ
성품성
セイ·ショウ

性 忄 忄 忄 忄 性

性質(성질) 타고난 고유의 기질
性格(성격) 개인이 지닌 성품
性能(성능) ①성질과 능력 ②기계 따위의 일을 해내는 능력
性品(성품) 성질과 품격
急性(급성) 성질이 몹시 급함
習性(습성) 습관적인 성품
惡性(악성) 질이 몹시 나쁨

質 바탕질 シツ·シチ·チ

質

成 ㉯戈(창과) ㉰2 　success せいこう

이룰성
セイ・ジョウ・なる

成 厂 厂 成 成 成

成功(성공) 뜻한 것이 이루어짐
成果(성과) 일의 이루어진 결과
成立(성립) 이루어짐
成事(성사) 일이 다 이루어짐
成績(성적) 일·학업의 노력한 결과
速成(속성) 빨리 이루어지게 함
養成(양성) 길러냄
未成年(미성년) 아직 어른이 아닌 청
　　　　　소년

功 공공
コウ・いさお

功

城 ㉯土(흙토변) ㉰7 　castle wall じょうへき

재성
ジョウ・しろ

城 圹 圹 城 城 城

城壁(성벽) 성의 담벼락
城內(성내) 성의 안
城上(성상) 성의 위
城下(성하) 성 밑. 성 아래
古城(고성) 옛 성
宮城(궁성) 대궐
不夜城(불야성) 불이 수많이 켜진 번
　　　　　화한 곳

壁 벽벽
ヘキ・かべ

壁

誠 ㉯言(말씀언변) ㉰7 　sincerity せいじつ

정성성
セイ・まこと

誠 訁 訢 訢 誠 誠

誠實(성실) 정성스럽고 참됨
誠金(성금) 정성으로 내는 돈
誠心(성심) 정성스런 마음
誠意(성의) 참된 호의(好意)
誠正(성정) 참되고 올바름
赤誠(적성) 참된 정성
忠誠(충성) 진정한 정성

實 열매실
ジツ・み・みのる

實

盛 ㉯皿(그릇명) ㉰7 　vicissitude せいすい

무성할성
セイ・ショウ・
もる・さかる

盛 厉 厇 盄 盛 盛

盛衰(성쇠) 번성함과 쇠퇴함
盛大(성대) 아주 크고 왕성함
盛業(성업) 영업이 번창하고 있음
盛裝(성장) 화려하게 차려 입음
盛行(성행) 매우 성하게 유행함
全盛(전성) 아주 왕성하고 세참

衰 쇠할쇠
スイ・おとろえる

衰

省 ㉯目(눈목) ㉰4 　reflection しょうさつ

살필성·덜생
セイ・ショウ・はぶく・
かえりみる

省 丿 기 小 少 省

省察(성찰) 지난 일의 잘잘못을 살핌
省墓(성묘) 조상의 산소를 찾아 살핌
省略(생략) 간단하게 줄임
省費(생비) 비용을 절약함
省約(생약) 간략하게 줄임
歸省(귀성) 고향으로 돌아가 부모를 뵘
反省(반성) 지난 일을 돌이켜 생각함

察 살필찰
サツ

察

星 ㉯日(날일) ㉰5 　せいそう

별성
セイ・ほし

星 日 旦 旦 星 星

星霜(성상) ①세월 ②1년
星移(성이) 별의 위치가 바뀜
星座(성좌) 별자리
星漢(성한) 은하수의 별칭
星火(성화) ①별똥 ②일을 급하게 서
　　　　　두르는 모양
流星(유성) 떠돌이별. 혹성(惑星)
將星(장성) 장군의 미칭

霜 서리상
ソウ・しも

霜

148

聖	書	洗	濯

聖 ⓑ耳(귀이) ①Bible 書
ⓗ7 せいしょ
성인성 글서
セイ ショ・かく

聖 ㄅ 耵 耶 聖 書

聖書(성서) ①예수교의 신약·구약의 책 ②성인이 지은 책
聖經(성경) ①종교상의 법전 ②예수교의 신·구약전서
聖人(성인) 지덕이 훌륭한 사람
神聖(신성) 신과 같이 성스러움
詩聖(시성) 시를 뛰어나게 잘 쓰는 사람

洗 ⓑ氵(삼수변) wash 濯
ⓗ6 せんたく
씻을세 빨탁
セン・あらう タク・すすぐ

洗 氵沪沪洗洗 濯

洗濯(세탁) 빨래. 빨래를 함
洗腦(세뇌) 사상을 고치게 하려는 교육
洗鍊(세련) 기술이나 지식이 익숙하고 능란함
洗面(세면) 낯을 씻음
洗心(세심) 마음을 깨끗하게 함
領洗(영세) 기독교의 신자가 되는 관문으로 의식의 한 가지

聲 ⓑ耳(귀이) statement 明
ⓗ11 せいめい
소리성 밝을명
セイ・ショウ・こえ メイ・ミョウ・ミン・あく・あかるい

聲 士 声 殸 殸 聲 明

聲明(성명) 공식으로 널리 뜻을 밝힘
聲價(성가) 세상에 퍼진 좋은 평판
聲帶(성대) 목구멍의 발성 기관
聲樂(성악) 목소리로 하는 음악
聲援(성원) 소리쳐 응원함
肉聲(육성) 사람의 실제의 목소리

稅 ⓑ禾(벼화변) tax 金
ⓗ7 ぜいきん
구실세 쇠금
ゼイ キン・かね

稅 二 千 禾 秆 稅 金

稅金(세금) 조세로 바치는 돈
稅吏(세리) 세무관리
稅務(세무) 세금에 관한 사무
稅源(세원) 세금을 매길 만한 소득이나 재산
減稅(감세) 세금을 감해 줌
課稅(과세) 세금을 매김
徵稅(징세) 세금을 받아들임

世 ⓑ一(한일) world 界
ⓗ4 せかい
인간세 경계계
セ・セイ・よ カイ・さかい

世 一 卅 廿 世 界

世界(세계) 온 세상
世帶(세대) 살림살이의 단위. 가구
世代(세대) 한 인간의 활동 기간
世相(세상) 세상 형편
近世(근세) 근대에 가까운 시기
末世(말세) 마지막 세상
絶世(절세) 세상에서 아주 뛰어남

細 ⓑ糸(실사변) fineness 密
ⓗ5 さいみつ
가늘세 빽빽할밀
サイ・ほそい ミツ・ひそか

細 幺 糸 紃 細 密

細密(세밀) 잘고 자세함
細工(세공) 작은 물건을 만드는 일
細菌(세균) 병원체가 되는 균. 박테리아
細流(세류) 졸졸 흐르는 시내
細部(세부) 자세한 부분
明細(명세) 자세히 명백하게 밝힌 내용
詳細(상세) 자상하고 세밀함

勢 ⑤力(힘력) ⑪11 　power　せいりょく 力

권세세
セイ・いきおい

힘력
リョク・リキ・ちから

勢 | 土 | 坴 | 埶 | 埶 | 勢 |

力

勢力(세력) 권세. 권력. 힘
勢道(세도) 정치상의 권력
勢利(세리) 권세와 이익
功勢(공세) 공격하는 태세
守勢(수세) 수비하는 태세
時勢(시세) 그 때의 형세. 또는 물가
情勢(정세) 사정과 형세

少 ⑤小(작을소) ①1 　boy　しょうねん 年

젊을소
ショウ・すくない

해년
ネン・とし

少 | 丿 | 丨 | 小 | 少 |

年

少年(소년) 나이가 어린 사나이
少女(소녀) 나이가 어린 계집아이
少量(소량) 적은 분량
少數(소수) 적은 수효
過少(과소) 너무 적음
老少(노소) 늙은이와 젊은이
多少(다소) 약간. 얼마쯤

歲 ⑤止(그칠지) ①9 　time　さいげつ 月

해세
サイ・セイ・とし

달월
ゲツ・ガツ・つき

歲 | 止 | 岸 | 岸 | 歲 | 歲 |

月

歲月(세월) 흘러가는 시간. 광음
歲暮(세모) 세밑. 연말
歲拜(세배) 섣달 그믐날과 정초에 웃
　　어른에게 문안하는 인사
歲前(세전) 새해가 되기 전
過歲(과세) 묵은 해를 보내고 새해를
　　맞음
年歲(연세) 나이의 높임말

所 ⑤戶(지게호) ①4 　whereabouts　しょざい 在

바소
ショ・ところ

있을재
ザイ・ある

所 | 戶 | 戶 | 所 | 所 | 所 |

在

所在(소재) 있는 곳. 있음
所感(소감) 느낀 바
所見(소견) 보고 헤아리는 생각
所得(소득) 자기 소유가 된 것
所聞(소문) 들려 오는 떠도는 말
居所(거소) 살고 있는 곳
名所(명소) 이름난 곳
場所(장소) 자리. 곳

小 ⑤小(작을소) ①(3) 　retail　こうり 賣

작을소
ショウ・こ・ちいさい

팔매
バイ・うる

小 | 丿 | 小 | 小 |

賣

小賣(소매) 소비자에게 낱개로 팖
小康(소강) 약간 편안한 상태
小計(소계) 한 부분만의 합계
小麥(소맥) 밀
小心(소심) 마음이 좁음
群小(군소) 작은 여러 무리
大小(대소) 큰 것과 작은 것

消 ⑤氵(삼수변) ①7 　fire-fighting　しょうぼう 防

사라질소
ショウ・けす・きえる

막을방
ボウ・ふせぐ

消 | 氵 | 氵 | 沙 | 消 | 消 |

防

消防(소방) 화재를 예방하고 불을 끄
　　는 일
消燈(소등) 전등 따위를 끔
消滅(소멸) 사라져 없어짐
消費(소비) 사용하여 없앰
消印(소인) 지워 무효로 한다는 도장
取消(취소) 어떤 일을 없던 것으로 여
　　김

素

(異)糸(실사변) simplicity
(획)4　　　そぼく
획소
ソ・ス・もと

素 一 十 主 耒 素

素朴(소박) 솔직하고 순박함
素飯(소반) 고기반찬이 없는 밥
素服(소복) 흰 옷
素材(소재) 예술작품의 재료
素質(소질) 어떤 가능성을 지닌 바탕
元素(원소) 같은 원자만으로 된 물질
平素(평소) 평상시

朴

순박할박
ボク

朴

昭

(異)日(날일변)
(획)5
밝을소
ショウ・あきらか

昭

昭詳(소상) 분명하고 자세함
昭明(소명) 밝음. 환함
昭雪(소설) 누명이나 원죄를 씻어 깨
　　　　끗이 됨
昭憲(소헌) 밝은 법

詳

자세할상
ショウ・くわしい

詳

笑

(異)竹(대죽밑)
(획)4　　　えがお
웃음소
ショウ・えむ・わらう

笑 ⺮ 竹 竺 笑

笑顔(소안) 웃는 얼굴
笑納(소납) 하찮은 물건이니 웃고 받
　　　　아 달라는 겸사의 말
笑殺(소살) ①소리내어 웃음 ②문제
　　　　삼지 않고 웃어 넘김
笑話(소화) 우스운 이야기
苦笑(고소) 쓴웃음
失笑(실소) 픽 웃음

顔

얼굴안
ガン・かお

顔

蘇

(異)艹(艸)(초두밑)
(획)16　　revival
　　　　　そせい
되살아날소
ソ・よみがえる

蘇

蘇生(소생) 다시 되살아남
蘇聯(소련) 소비에트 연방
蘇活(소활) ⇨소생(蘇生)
蘇鐵(소철) 소철과의 상록 교목

生

날생
セイ・ショウ・う
む・うまれる

生

召

(異)口(입구)
(획)2　　call
　　　　しょうしゅう
부를소
ショウ・めす

召

召集(소집) 불러서 모아 들임
召致(소치) 불러서 오게 함
應召(응소) 소집에 응함
徵召(징소) 뽑아서 불러 들임

集

모을집
シュウ・つどう・
あつまる

集

騷

(異)馬(말마변)
(획)10　　noise
　　　　そうおん
시끄러울소
ソウ・さわぐ

騷

騷音(소음) 시끄러운 소리
騷動(소동) ①여럿이 시끄럽게 떠들
　　　　어댐 ②마음이 산란함
騷亂(소란) 시끄럽고 어수선함
騷然(소연) 시끄러운 모양
離騷(이소) 시름을 만남

音

소리음
オン・イン・おと・ね

音

燒 (㊀火)(불화변)burn down
㊁12 しょうしつ 失
불사를소 잃을실
ショウ・やく シツ・うしなう

燒 失

燒失(소실) 불에 타서 없어짐
燒却(소각) 태워 버림
燒死(소사) 불에 타서 죽음
燒酒(소주) 증류주의 한 가지
延燒(연소) 옆집 불이 옮겨붙어 탐
全燒(전소) 남김없이 다 탐
半燒(반소) 반만 불에 탐

疏 (㊀疋)(필필변) estrangement
㊁7 そがい 外
성길소 바깥외
ソ・うとい ガイ・ゲ・そと・ほか・はずす

疏 外

疏外(소외) 배척하여 멀리함
疏開(소개) 전쟁의 피해 따위를 적게
하기 위해 인구나 병력을
분산시키는 일
疏通(소통) 막힘이 없이 잘 통함
生疏(생소) 익숙지 않아 데면데면함
親疏(친소) 친밀함과 생소함

訴 (㊀言)(말씀언변)
㊁5 litigation
そしょう 訟
하소연할소 송사할송
ソ・うったえる ショウ・うったえる

訴 訟

訴訟(소송) 재판을 걺
訴狀(소장) 소송을 제기하는 서류
訴請(소청) 관청의 위법을 시정토록
요구하는 국민의 청원
訴追(소추) 검사가 공소(公訴)를 제
기함
起訴(기소) 사건을 재판부에 넘김
敗訴(패소) 재판에서 짐

蔬 (㊀艹)(艸)(초두밑)
㊁11 そか 果
나물소 과실과
ソ か・はたす

蔬 果

蔬果(소과) 채소와 과일
蔬飯(소반) 야채반찬과 밥. 변변치 않
은 음식
蔬食(소식) ①변변치 않은 음식 ②채
식(菜食)
蔬菜(소채) 채소. 푸성귀
菜蔬(채소) 소채

掃 (㊀扌)(재방변)
㊁8 そうめつ 滅
쓸소 멸할멸
ソウ・はく メツ・ほろびる

掃 滅

掃滅(소멸) 쓸어서 없애버림
掃萬(소만) 만 가지 일을 다 제쳐 놓음
掃射(소사) 기관총 따위로 마구 쓸어
내다시피 쏨
掃除(소제) 청소. 쓸고 닦음
一掃(일소) 다 쓸어 없앰
淸掃(청소) 깨끗이 쓸고 닦음

俗 (㊀亻)(인변) this world
㊁7 ぞくせい・ぞくせ 世
풍속속 세상세
ゾク セイ・セ・よ

俗 亻 亻 俗 俗 世

俗世(속세) 속된 세상. 이 세상
俗界(속계) 세속에 얽매어 지내는 세상
俗談(속담) 격언. 이언
俗說(속설) 흔히 말하는 속된 이야기
民俗(민속) 민중의 속된 풍습
良俗(양속) 좋은 풍속
風俗(풍속) 옛부터의 습성이나 관례

速 / 報

部 辶(辵)(책받침) 畫7   そくほう   報
빠를속   갚을보
ソク・はやい   ホウ・むくいる

速 | 一 | 中 | 束 | 速 |

速報(속보) 빨리 알림. 또는 그 보도
速決(속결) 빨리 끝을 냄
速記(속기) 빨리 적음. 또는 그 기술
速度(속도) 빠른 정도
速力(속력) 빨리 달리는 힘. 또는 그 정도
加速(가속) 속도를 더함
時速(시속) 한 시간의 속도

粟 / 米

部 米(쌀미) 畫6   ぞくべい   米
조속   쌀미
ゾク・あわ   ベイ・マイ・こめ

粟   米

粟米(속미) ①조와 쌀 ②좁쌀
粟豆(속두) 조와 콩
粟膚(속부) 무섭거나 추워서 좁쌀처럼 돋아난 살결

續 / 刊

部 糸(실사변) 畫15   ぞっかん   刊
이을속   새길간
ゾク・つづく   カン

續 | 糸 | 糸+ | 結 | 續 | 續 |

續刊(속간) 신문·잡지 따위를 다시 계속해서 간행함
續開(속개) 멈추었던 회의를 다시 계속함
續報(속보) 계속해서 보도함. 또는 그 보도
續續(속속) 잇따라. 계속해서
斷續(단속) 끊어졌다 계속됐다 함
連續(연속) 잇따라 계속됨

屬 / 領

部 尸(주검시밑) 畫18   ぞくりょう   領
붙을속·부탁할촉   거느릴령
ゾク・ショク   リョウ

屬   領

屬領(속령) 딸린 영토
屬國(속국) 남의 나라에 딸려 있는 나라
屬吏(속리) 하급 관리
屬地(속지) 부속되어 있는 땅
屬酒(속주) 술잔을 남에게 권함
屬託(속탁) ①일을 부탁하여 맡김 ②임시로 일을 맡은 직책

束 / 手

部 木(나무목) 畫3   そくしゅ   手
묶을속   손수
ソク・たば   シュ・て

束   手

束手(속수) ①팔짱을 끼고 구경만 함 ②저항하지 않고 복종함
束手無策(속수무책) 어찌할 도리가 없음
束裝(속장) 길떠날 행장을 차림
結束(결속) 한 덩어리로 뭉침
拘束(구속) 피의자를 잡아 가둠
團束(단속) 경계하여 다잡음

孫 / 婦

部 子(아들자변) 畫7   そんぷ   婦
손자손   지어미부
ソン・まご   フ

孫 | 孑 | 孑 | 孫 | 孫 | 孫 |

孫婦(손부) 손자며느리
孫子(손자) 아들의 아들
孫女(손녀) 아들의 딸
長孫(장손) 큰손자
高孫(고손) 손자의 손자
子孫(자손) 자식과 손자. 후예
後孫(후손) 이후에 태어나는 자손들

損 (부)扌(재방변) damage
(획)10 そんがい
덜손
ソン・そこなう

損

損害(손해) 이익을 잃어버림. 결손이
　　　　 남
損金(손금) 손해난 돈
損傷(손상) 몸이나 명예가 상함
損失(손실) 축이 나서 없어짐
損益(손익) 손해와 이익
缺損(결손) 본전에 축이 남
破損(파손) 물건이 망가져 못쓰게 됨

害 해할해
ガイ

害

送 (부)辶(辵)(책받침)
(획)6 send-off
そうべつ
보낼송
ソウ・おくる

送 [二 关 送 送]

送別(송별) 가는 사람을 작별함
送金(송금) 돈을 보냄
送達(송달) 편지나 물건을 보냄
送付(송부) 보내어 줌
送電(송전) 전기를 보냄
急送(급송) 급히 보냄
郵送(우송) 우편으로 보냄
運送(운송) 운반하여 보냄

別 다를별
ベツ・わかれる

別

率 (부)玄(검을현) initiative
(획)6 そっせん
거느릴솔・비례율
リツ・ソツ・
ひきいる

率

率先(솔선) 남보다 앞서서 함
率家(솔가) 온 집안 식구를 다 데리
　　　　 고 딴 곳에 가서 삶
率直(솔직) 거짓이 없고 정직함
輕率(경솔) 언행이 가벼움
⇨율기(率己)

先 먼저선
セン・さき・まず

先

頌 (부)頁(머리혈) eulogy
(획)4 しょうとく
기릴송
ショウ

頌

頌德(송덕) 공덕이나 인격을 찬양함
頌歌(송가) 덕을 기리어 칭찬하는 노
　　　　 래
頌辭(송사) 찬양하는 말
頌祝(송축) 경사스러움을 칭송함
稱頌(칭송) 칭찬하여 기림
讚頌(찬송) 칭찬하여 높이 찬양함

德 큰덕
トク

德

松 (부)木(나무목변) pine
(획)4 and bamboo
しょうちく
소나무송
ショウ・まつ

松 [一 十 木 松 松]

松竹(송죽) 소나무와 대나무
松林(송림) 소나무 숲
松葉(송엽) 솔잎
松子(송자) 솔방울
松花(송화) 소나무의 꽃. 또는 그 꽃
　　　　 가루
老松(노송) 늙은 소나무
靑松(청송) 푸른 소나무

竹 대죽
チク・たけ

竹

訟 (부)言(말씀언변) lawsuit
(획)4 しょうじ
송사할송
ショウ・うったえる

訟

訟事(송사) 재판을 거는 일
訟理(송리) ①송사의 까닭 ②송사하
　　　　 여 일을 처리함
訟辯(송변) 송사의 변론을 함
訟庭(송정) 재판하는 자리
健訟(건송) 송사하기를 즐김
爭訟(쟁송) 송사로 서로 다툼

事 일사
ジ・ズ・こと

事

誦 (부)言(말씀언변) (획)7 しょうけい 經	衰 (부)衣(옷의) (획)4 weakness すいじゃく 弱

誦 (윌송) 經 (글경)
ショウ・となえる　ケイ・キョウ・へる

誦　經

誦經(송경) ①유교의 경전을 읽음 ② 불경을 읽음
誦讀(송독) 외어 읽음
誦詠(송영) 시가를 외어 읊조림
暗誦(암송) 책을 보지 않고 욈
愛誦(애송) 즐겨 시가 따위를 욈

衰 (쇠할쇠) 弱 (약할약)
スイ・おとろえる　ジャク・よわい

衰　弱

衰弱(쇠약) 몸이나 세력이 쇠하여 약함
衰亡(쇠망) 쇠퇴하여 망함
衰運(쇠운) 쇠퇴하는 운명
衰殘(쇠잔) 쇠퇴하여 힘이 없어짐
衰退(쇠퇴) 쇠하여 약해짐
盛者必衰(성자필쇠) 왕성한 자는 반드시 쇠퇴할 때가 있음

刷 (부)刂(칼도) (획)6 reformation さっしん 新	水 (부)水(물수) (획)(4) horizon すいへい 平

刷 (인쇄할쇄) 新 (새신)
サツ・する　シン・にい・あらた・あたらしい

刷　新

刷新(쇄신) 묵은 것을 새롭게 고침
刷掃(쇄소) 소제함
刷恥(쇄치) 부끄러움을 덜어 버림
刷還(쇄환) 외국에서 떠돌아다니는 동포를 데리고 옴
縮刷(축쇄) 축소해서 인쇄함

水 (물수) 平 (평평할평)
スイ・みず　ヘイ・ビョウ・たいら・ひらたい

水 [丨 丆 水 水]　平

水平(수평) 수면(水面)처럼 고름
水難(수난) 물로 인한 재난
水面(수면) 물의 겉을 이루는 면
水産物(수산물) 강·바다에서 나는 온갖 산물
冷水(냉수) 찬물
溫水(온수) 더운물

鎖 (부)金(쇠금변) (획)10 national isolation さこく 國	手 (부)手(손수) (획)(4) means しゅだん 段

鎖 (쇠사슬쇄) 國 (나라국)
サ・くさり　コク・くに

鎖　國

鎖國(쇄국) 나라의 문호를 닫아 일체 외국과의 거래를 못하게 함
鎖港(쇄항) 항구를 봉쇄하여 일체의 거래를 막음
封鎖(봉쇄) 외부와 연락하지 못하도록 막아 버림
閉鎖(폐쇄) 닫아버림. 잠금

手 (손수) 段 (조각단)
シュ・て　ダン

手 [二 手]　段

手段(수단) 일을 진행시키는 꾀와 솜씨
手交(수교) 손수 내어 줌
手記(수기) 자기의 체험을 쓴 기록
手當(수당) 월급 외에 따로 주는 보수
手票(수표) 은행과 거래하는 사람이 발행하는 돈표
着手(착수) 일을 시작함
祝手(축수) 두 손 모아 축원함

受 �又(또우) gain
㉞6 じゅえき 益
받을수 더할익
ジュ・うける エキ・ヤク・ますます

受 〈 ⺕ ⺤ 乎 受 益

受益(수익) 이익을 얻음
受講(수강) 강의를 받음
受難(수난) 곤란을 겪음
受像機(수상기) 텔레비전의 영상을 받
아 재현하는 기계
甘受(감수) 불평없이 달게 받음
接受(접수) 서류 따위를 받아들임

守 ㉸宀(갓머리) guard
㉞3 しゅえい 衛
지킬수 호위할위
シュ・ス・まもる エイ・エ

守 宀 宀 宀 守 守 衛

守衛(수위) 어떤 건물・지역을 지키
는 사람
守舊(수구) 묵은 습관을 지킴
守備(수비) 지켜 막음
守勢(수세) 지키는 힘이나 태세
守節(수절) 절개를 지킴
看守(간수) ①보고 지킴 ②교도관의
옛 호칭
固守(고수) 굳게 지킴

授 ㉸扌(재방변) じゅじゅ
㉞8 受
줄수 받을수
ジュ・さずける ジュ・うける

授 扌 扩 护 授 授 受

授受(수수) 줌과 받음
授賞(수상) 상을 줌
授業(수업) 글이나 기술을 가르쳐 줌
授與(수여) 상 따위를 줌
授乳(수유) 젖을 먹임
教授(교수) 학문을 가르쳐 줌. 또는
그 사람

收 ㉸攵(등글월문) income
㉞2 しゅうにゅう 入
거둘수 들입
シュウ・おさめる ニュウ・いる・
はいる

收 丨 丩 屮 收 入

收入(수입) 얻거나 벌어서 들여오는
금품
收金(수금) 돈을 받아들임
收納(수납) 납부하는 것을 받아들임
收錄(수록) 모아서 기록하거나 게재함
領收(영수) 받아들임
增收(증수) 예정보다 많이 들어옴

首 ㉸首(머리수) Primier
㉞(9) しゅしょう 相
머리수 서로상
シュ・くび ソウ・ショウ・
あい

首 丷 �headⳤ 首 首 相

首相(수상) 내각의 우두머리
首腦(수뇌) 중요한 자리를 맡고 있는
간부
首席(수석) 맨 윗자리
首弟子(수제자) 으뜸가는 제자
一首(일수) 시 따위의 한 편
自首(자수) 죄인이 스스로 자백하고
나섬

誰 ㉸言(말씀언변) challenge
㉞8 すいか 何
누구수 어찌하
スイ・だれ カ・なに(なん)

誰 言 訁 訐 訵 誰 何

誰何(수하) 어떤 사람. 어느 누구
誰得誰失(수득수실) 얻고 잃음이 분
명치 않음
誰某(수모) 아무개
誰曰不可(수왈불가) 누가 옳지 않다
고 할 것이냐

須
部首 頁(머리혈) しゅよう
획 3 ・すよう
need
要 구할요
모름지기수
シュ・ス
ヨウ・いる

須 彡 氵 沔 沔 須
要

須要(수요) 꼭 소용이 됨
須髮(수발) 턱에 난 수염
須要(수요) 없어서는 안 될 사물
必須(필수) 꼭 소용이 됨

樹
部首 木(나무목변) tree
획 12 じゅもく 木
나무수 나무목
ジュ モク・ボク・き

樹 ++ 桂 桂 樹 樹
木

樹木(수목) 나무. 서 있는 나무
樹根(수근) 나무뿌리
樹立(수립) 어떤 사업을 이룩하여 세움
樹種(수종) 나무의 종류
樹陰(수음) 나무의 그늘
桂樹(계수) 계수나무
果樹(과수) 과일나무

雖
部首 佳(새추) however
획 9 (しかりといえども)
然 그럴연
비록수
スイ・(いえども)
ネン・ゼン・しかし

雖 ... 雖
然

雖然(수연) 그렇지만. 그렇다지만
雖不中不遠矣(수부중불원의) 들어맞지는 않는다 하더라도 멀지는 않음. 거의 비슷함
雖乞食厭拜謁(수걸식염배알) 빌어먹는다 할지라도 절하고 보기는 싫음. 아무리 곤궁해도 자존심은 있다는 말

壽
部首 士(선비사) life
획 11 じゅみょう 命
목숨수 목숨명
ジュ・ことぶき メイ・ミョウ・いのち

壽 士 ...
命

壽命(수명) 목숨. 명
壽福(수복) 오래 살고 복을 누림
壽詞(수사) 오래 살라고 축하하는 말
壽宴(수연) 환갑잔치
萬壽(만수) 오래오래 삶
長壽(장수) 오래 삶. 명이 긺

愁
部首 心(마음심)
획 9 pensiveness
しゅうしん
心 마음심
근심수
シュウ・うれい
シン・こころ

愁 禾 木' 秋 愁 愁
心

愁心(수심) 근심스러운 마음
愁眠(수면) 근심으로 지새는 잠
愁眉(수미) ①근심으로 찌푸린 눈썹 ②근심스런 안색
客愁(객수) 객지에서 겪는 쓸쓸한 심정
鄕愁(향수) 고향의 집을 그리워함
憂愁(우수) 근심걱정

數
部首 攵(등글월문)
획 11 mathematical principle
理
수수・자주삭 すうり 다스릴리
ス・スウ・かず・かぞえる リ

數 ...
理

數理(수리) 수학의 이론이나 이치
數日(수일) 며칠 동안
數次(수차) 두서너 차례. 몇 차례
數尿症(삭뇨증) 오줌이 자주 마려운 증세
數數(삭삭) 자주. 빈번히

157

修 ⑨亻(인변) culture 養
⑧8 しゅうよう

닦을수 기를양
シュ・シュウ・ ヨウ・やしなう
おさめる

修 亻 俨 俨 修 修

養

修養(수양) 심신을 닦아 인격을 높임
修交(수교) 국가간의 교제
修鍊(수련) 심신을 단련시킴
修理(수리) 고장 따위를 고침
修習(수습) 학업이나 일을 익힘
修正(수정) 바로잡아 고침
改修(개수) 다시 고쳐서 바로잡음
補修(보수) 보충하고 바로잡음

需 ⑨雨(비우) demand 要
⑥6 じゅよう

구할수 구할요
ジュ ヨウ・いる

需 要

需要(수요) 필요하여 요구함
需給(수급) 수요와 공급
需世之才(수세지재) 세상이 요구하는 인재
需用(수용) 구하여 씀
軍需(군수) 군대에서 필요함
民需(민수) 민간에서 필요함
必需(필수) 꼭 필요함

秀 ⑨禾(벼화변) genius 才
⑧3 しゅうさい

빼어날수 재주재
シュウ・ひいでる サイ

秀 二 千 禾 秀 秀

才

秀才(수재) 학문과 재주가 뛰어난 사람
秀拔(수발) 보통보다 뛰어남
秀英(수영) 뛰어나고 재주가 있음
秀異(수이) 남보다 유별나게 뛰어남
秀逸(수일) 뛰어나고 우수함
秀出(수출) 특별히 뛰어남
優秀(우수) 남보다 뛰어나고 잘함

帥 ⑨巾(수건건) general 長
⑥6 すいちょう

장수수 긴장
スイ・ソツ・ チョウ・ながい
ひきいる

帥 長

帥長(수장) 한 군대의 우두머리
帥臣(수신) 병사(兵使)와 수사(水使)
元帥(원수) 군인의 가장 높은 계급
將帥(장수) 군대를 거느리는 우두머리
統帥(통수) 통솔함

囚 ⑨囗(큰입구몸) prisoner 人
⑧2 しゅうじん

가둘수 사람인
シュウ・とらえる ジン・ニン・ひと

囚 人

囚人(수인) 감옥에 갇힌 사람
囚徒(수도) 감옥에 갇힌 사람
囚役(수역) 죄수에게 부과하는 노역
囚車(수차) 죄인을 호송하는 차
男囚(남수) 남자 죄수
罪囚(죄수) 옥에 갇힌 사람
女囚(여수) 여자 죄수

殊 ⑨歹(죽을사변) 効
⑥6 しゅこう

다를수 본받을효
シュ・こと コウ・きく

殊 効

殊効(수효) ①뛰어난 공훈 ②특별한 효과
殊功(수공) 뛰어난 공로
殊常(수상) ①보통과 다르게 뛰어남 ②보통과 달라 수상함
殊勝(수승) 특별히 뛰어남. 기특함
優殊(우수) 우수하고 뛰어남
特殊(특수) 보통과는 달라 독특함

隨 ⊕阝(阜)(좌부방) 종13 essay ずいひつ 筆
따를수 ズイ・したがう
붓필 ヒツ・ふで

隨 筆

隨筆(수필) 생각나는 대로 쓴 글
隨時(수시) 때없이. 아무때나
隨意(수의) 마음대로 함
隨行(수행) 따라감
夫唱婦隨(부창부수) 남편이 어떤 주
　　　　장을 하면 아내는 남편을
　　　　따라 같이 행동함

睡 ⊕目(눈목) 종8 sleep すいみん 眠
졸수 スイ
잠잘면 ミン・ねむる

睡 眠

睡眠(수면) 잠. 잠이 듦
睡熟(수숙) 잠이 깊이 듦
熟睡(숙수) 깊이 잠이 듦. 충분히
　　　　잠
午睡(오수) 낮잠
坐睡(좌수) 앉아서 졺
昏睡(혼수) ①정신이 없어 쓰러짐 ②
　　　　깊이 잠이 듦

輸 ⊕車(수레거변) 종9 transportation ゆそう 送
보낼수 ユ
보낼송 ソウ・おくる

輸 送

輸送(수송) 물건을 실어 보냄
輸入(수입) 외국에서 물자를 사들임
輸出(수출) 외국으로 물자를 팖
輸血(수혈) 환자에게 피를 주사로 넣
　　　　음
空輸(공수) 항공기에 의한 수송
禁輸(금수) 수입・수출을 금지함
密輸(밀수) 몰래 물건을 외국으로 보
　　　　내거나 사들임

遂 ⊕辶(辵)(책받침) 종9 accomplishment すいこう 行
드디어수 スイ・つい
다닐행 コウ・ギョウ・おこ
なう・いく

遂 | 亠 | 彡 | 孛 | 彖 | 遂 | 行

遂行(수행) 완전히 해 냄
遂誠(수성) 정성을 다함
遂意(수의) 뜻을 이룸
功成名遂(공성명수) 공을 세우고 이
　　　　름을 냄
既遂(기수) 이미 다 완수함
未遂(미수) 일을 채 끝내지 못함

獸 ⊕犬(개견) 종15 brutal heart じゅうしん 心
짐승수 ジュウ・けもの
마음심 シン・こころ

獸 心

獸心(수심) 짐승같은 악한 마음
獸慾(수욕) 짐승같은 비열한 성욕(性
　　　　慾)
獸肉(수육) 짐승의 고기
獸皮(수피) 짐승의 가죽
怪獸(괴수) 괴상한 짐승
人面獸心(인면수심) 얼굴만은 사람의
　　　　탈을 썼으나 마음은 짐승
　　　　처럼 악함

叔 ⊕又(또우) 종6 an uncle しゅくふ(おじ) 父
아재비숙 シュク・おじ
아비부 フ・ちち

叔 | 上 | 卡 | 朱 | 卡又 | 叔 | 父

叔父(숙부) 작은아버지
叔母(숙모) 작은어머니
外叔(외숙) 외삼촌
堂叔(당숙) 아버지의 사촌. 오촌
堂叔母(당숙모) 오촌 아주머니
從叔(종숙) ⇨당숙(堂叔)

159

淑 ㉠氵(삼수변) ㉥8 lady 女 しゅくじょ	熟 ㉠灬(火)(불화) ㉥11 master-ship 達 じゅくたつ
맑을숙 シュク 계집녀 ジョ・ニョ・め・おんな	익을숙 ジュク・うれる 통달할달 タツ

淑 氵氵汁汫沫淑 女

熟 達

淑女(숙녀) 교양이 있는 정숙한 여자
淑景(숙경) 아늑하고 아름다운 경치
淑德(숙덕) 올바르고 착한 덕
私淑(사숙) 스스로 남을 본받아 학문을 닦음
貞淑(정숙) 여자가 행실이 깨끗하고 착함
賢淑(현숙) 여자가 어질고 착함

熟達(숙달) 익숙하여 통달함
熟考(숙고) 깊이 생각함
熟讀(숙독) 익숙하도록 여러 번 읽음
熟練(숙련) 익숙함
熟語(숙어) 둘 이상의 말이 합쳐져 한 뜻을 갖는 말
未熟(미숙) 아직 익숙하지 못함
半熟(반숙) 계란 따위를 반만 익힘

宿 ㉠宀(갓머리) ㉥8 destiny 命 しゅくめい	肅 ㉠聿(붓율) ㉥7 respect 敬 しゅくけい
잘숙 シュク・やど・やどる 목숨명 メイ・ミョウ・いのち	엄숙할숙 シュク 공경경 ケイ・キョウ・うやまう

宿 宀宀宇宿宿 命

肅 敬

宿命(숙명) 타고난 운명
宿泊(숙박) 여관 등에서 먹고 잠
宿所(숙소) 머물러 있는 곳
宿題(숙제) 미리 내 주는 문제
投宿(투숙) 숙소에서 묵음
下宿(하숙) 달로 작정하고 숙박함

肅敬(숙경) 삼가 존경함
肅愼(숙신) 옛날에 만주와 그 연해주에 살던 민족. 또는 그 나라
肅淸(숙청) 잘못이나 잘못한 사람을 치워 없앰
靜肅(정숙) 고요하고 엄숙함
恭肅(공숙) 삼가 공경함

孰 ㉠子(아들자) ㉥8 (いずれ) 若	順 ㉠頁(머리혈) ㉥3 rank 位 じゅんい
누구숙 ジュク・いずれ 같을약 ジャク・ニャク・もし・わかい	순할순 ジュン 자리위 イ・くらい

孰 若

順 川川厂屵順順 位

孰若(숙약) 양쪽을 비교해서 의문을 풀 때 쓰는 말. 만약 그렇지 않으면 어느 것이든
孰與(숙여) ⇨숙약(孰若)
孰是孰非(숙시숙비) 옳고 그름을 살펴서 가림

順位(순위) 차례. 순서
順良(순량) 유순하고 착함
順番(순번) 차례로 드는 번. 순서
順應(순응) ①순순히 따름 ②외계에 적응함
不順(불순) 순조롭지 않음
溫順(온순) 온화하고 유순함

純 ⑨糸(실사변) ④4 pure heart じゅんじょう 情
순수할순 ジュン
뜻정 ジョウ・セイ・なさけ

純 ⿰⿰⿰⿰⿰ 情

純情(순정) 깨끗하고 순진한 마음
純潔(순결) 깨끗하고 더럽혀지지 않음
純毛(순모) 잡것이 섞이지 않은 털
純金(순금) 순수한 금. 24금
純然(순연) 섞임이 없이 순수한 모양
純直(순직) 마음이 순진하고 곧음
不純(불순) 순수하지 못함
至純(지순) 아주 순수함

盾 ⑨目(눈목) ④4 じゅんび 鼻
방패순 ジュン・たて
코비 ビ・はな

盾 鼻

盾鼻(순비) 방패의 손잡이
盾之堅(순지견) 방패는 견고함
矛盾(모순) ①창과 방패 ②앞뒤의 조리가 맞지 않고 어긋남

旬 ⑨日(날일) ④2 じゅんかん 刊
열흘순 ジュン
책펴낼간 カン・きざむ

旬 刊

旬刊(순간) 열흘 만에 한 번씩 내는 간행물
旬刊誌(순간지) 순간으로 발행하는 잡지
旬餘(순여) 10여일
旬日(순일) 열흘
上旬(상순) 그 달의 첫 10일간
中旬(중순) 그 달의 중간 열흘
下旬(하순) 그 달의 마지막 열흘

循 ⑨彳(두인변) ④9 circulation じゅんかん 環
돌순 ジュン
고리환 カン

循 環

循環(순환) 계속해서 돌고 되돎
循例(순례) 전례를 따름
循私(순사) 사사로운 정으로 공도(公道)를 돌보지 않음
循俗(순속) 풍속을 좇음
循守(순수) 규칙이나 명령을 그대로 지킴

殉 ⑨歹(죽을사변) ④6 die in じゅんしょく 職
따라죽을순 ジュン
맡을직 ショク

殉 職

殉職(순직) 직무를 위해 목숨을 버림
殉教(순교) 믿는 종교를 위해 목숨을 바침
殉國(순국) 나라를 위해 죽음
殉節(순절) 절개를 지켜 따라서 죽음
殉難(순난) ⇨순국(殉國)
殉名(순명) 명예를 더럽히지 않으려고 죽음

脣 ⑨月(肉)(육달월) ④7 しんし 齒
입술순 シン・くちびる
이치 シ・は

脣 齒

脣齒(순치) 입술과 이. 치순
脣亡齒寒(순망치한) 입술이 없으면 이가 시림. 이웃하고 있는 존재가 멸망하면 다른 나라나 사람도 위태롭다는 비유
丹脣(단순) 붉은 입술
兔脣(토순) 언청이

瞬 (尹)目(눈목변) momentary
(획)12 しゅんじ 時
눈깜짝할순　　　　　때시
シュン・またたく　　　ジ・とき

瞬　　　　時

瞬時(순시) 극히 짧은 시간. 순간
瞬視(순시) 눈을 깜박이면서 자세히
　　　　보려고 함
瞬間(순간) 눈 깜짝할 사이. 잠시
瞬息間(순식간) 잠깐새. 순간
一瞬(일순) 한 번 눈 깜짝할 동안 순
　　　　식간

巡 (尹)巛(개미허리) patrol
(획)4 じゅんさつ 察
돌순　　　　　　　　살필찰
ジュン・めぐる　　　サツ

巡　　　　察

巡察(순찰) 돌아다니며 살핌
巡警(순경) ①돌아다니며 경계함 ②
　　　　경찰관의 제일 아래 등급
巡禮(순례) 여러 성지(聖地)를 찾아
　　　　다님
巡行(순행) 두루 돌아다님
回巡(회순) 여러 번 돌아다니며 봄

戌 (尹)戈(창과)
(획)2 (いぬどき) 時
개술　　　　　　　　때시
ジュツ・(いぬ)　　　ジ・とき

戌 [ㄏ ㄏ 戌 戌 戌]　　時

戌時(술시) 오후 9시부터 11시 사이
戌年(술년) 태세가 "戌"자로 되는 해
　　　　병술(丙戌)·경술(庚戌)
　　　　따위
戌日(술일) 일진이 개인 날

述 (尹)辶(辵)(책받침)
(획)5 predicate 語
じゅつご
지을술　　　　　　　말씀어
ジュツ・のべる　　　ゴ・かたる

述　　　　語

述語(술어) ①주어(主語)에 대한 설
　　　　명어 ②특수한 방면의 학
　　　　술 용어 따위
述義(술의) 뜻을 말함
述作(술작) 책 따위를 지어 만듦
口述(구술) 입으로 말함
記述(기술) 적어서 글로 말함
陳述(진술) 자세히 사실을 말함

術 (尹)行(다닐행안)
(획)5 technical terms 語
じゅつご
재주술　　　　　　　말씀어
ジュツ　　　　　　　ゴ・かたる

術　　　　語

術語(술어) 학술상의 용어
術數(술수) ①계략 ②방책. 술책
術策(술책) 꾀. 계략
技術(기술) 공예에 관한 재주
手術(수술) 몸의 탈이 난 곳을 째고
　　　　자르는 의술
醫術(의술) 병을 고치는 기술
話術(화술) 얘기를 잘 하는 재주

崇 (尹)山(메산) adoration
(획)8 すうはい 拜
높을숭　　　　　　　절배
スウ　　　　　　　　ハイ・おがむ

崇 [屮 屵 峃 岽 崇]　　拜

崇拜(숭배) 공경하여 높이 받듦
崇敬(숭경) 공경하여 높임
崇古(숭고) 옛 문물을 숭배함
崇高(숭고) 존엄하고 고상함
崇慕(숭모) 우러러 사모함
崇文(숭문) 글을 숭상함
尊崇(존숭) 존경하고 숭배함

習性

習 [부]羽(깃우) ②habit 性
[획]5 しゅうせい

익힐습 성품성
シュウ・ならう セイ・ショウ

習 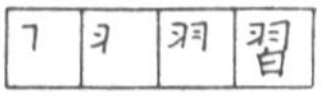 性

習性(습성) ①습관과 성질 ②버릇
習慣(습관) 저절로 하게 되는 버릇
習得(습득) 익혀서 알게 됨
習字(습자) 글씨쓰기를 익힘
習作(습작) 연습삼아 지은 작품
敎習(교습) 가르쳐 익히게 함
風習(풍습) 풍속과 습관

襲擊

襲 [부]衣(옷의) assault 擊
[획]16 しゅうげき

엄습할습 칠격
シュウ・おそう ゲキ・うつ

襲 擊

襲擊(습격) 갑자기 적을 에워싸고 침
襲用(습용) 그전대로 눌러 씀
空襲(공습) 항공기로 공중에서 습격함
因襲(인습) 옛부터 전해 오는 낡은 풍습
被襲(피습) 습격을 당함

拾得

拾 [부]扌(재방변)picking up 得
[획]6 しゅうとく

주울습・열십 얻을득
シュウ・ジュウ・ひろう トク・える・うる

拾  得

拾得(습득) 물건을 주움
拾遺(습유) 떨어뜨린 것을 주움
拾收(습수) 주워 모아들임
收拾(수습) 어지러운 사물을 거두어 잘 정리함
壹百拾萬(일백십만) 백십만 어음 따위의 금액을 표시할 때 씀
("拾"은 "갖은열십"이라고도 함)

乘馬

乘 [부]丿(삐침) riding 馬
[획]9 じょうば

탈승 말마
ジョウ・のる バ・マ・うま

乘  馬

乘馬(승마) 말을 탐
乘客(승객) 차나 배를 탄 손님
乘務員(승무원) 주로 기차 안에서 승객에 관한 일을 보는 사람
乘船(승선) 배를 탐
乘乘長驅(승승장구) 거리낌없이 승리하며 마구 달림
合乘(합승) 같이 탐

濕潤

濕 [부]氵(삼수변) dampness 潤
[획]14 しつじゅん

젖을습 윤달윤
シツ・しめる・うるおう ジュン・うるむ・うるおう

濕 潤

濕潤(습윤) 축축하게 젖음
濕氣(습기) 축축한 기운
濕度(습도) 공기 속의 습기의 정도
乾濕(건습) 마름과 축축함
多濕(다습) 습기가 많음
上漏下濕(상루하습) 위에서는 비가 새고 밑은 언제나 축축한 집 가난한 집의 비유

承認

承 [부]手(손수) recognition 認
[획]4 しょうにん

이을승 인정할인
ショウ・うけたまわる ニン・みとめる

承  認

承認(승인) 옳게 생각하여 허락함
承諾(승낙) 말을 들어 줌
承服(승복) 이해하고 따름
承前(승전) 앞의 글을 이어서 계속함
承傳(승전) 이어받아 전함
繼承(계승) 이어받음
拜承(배승) 삼가 받거나 들음

勝 뜻力(힘력) 획10 이길승 ショウ・かつ　victory しょうり

勝 胖 脒 脵 勝 勝

利 이할리 リ・きく

利

勝利(승리) 싸움·경기에서 이김
勝負(승부) 이김과 짐
勝敗(승패) 이김과 짐
健勝(건승) 좋은 건강 상태
辛勝(신승) 간신히 이김
優勝(우승) 첫째로 승리함
快勝(쾌승) 기분좋게 거뜬히 이김

僧 뜻亻(인변) 획12 중승 ソウ　a Buddhist nunnery そうぼう

僧

房 방방 ボウ・ふさ

房

僧房(승방) ①중이 거처하는 방 ②여승의 방
僧軍(승군) 중으로 조직된 의병
僧舞(승무) 고깔을 쓰고 장삼을 입고 추는 춤의 한 가지
僧門(승문) 불도를 닦는 사람들 사회
高僧(고승) 지위가 높고 덕망이 있는 중
小僧(소승) 중이 자신을 겸양하는 말

升 뜻十(열십) 획2 되승 ショウ・ます　しょうこう

升

降 내릴강 コウ・おりる

降

升降(승강) ①오르고 내림 ②성하고 쇠퇴함 ③서로 고집을 하여 결정이 안 남
升斗之利(승두지리) 대수롭지 않은 이익을 봄
升轉(승전) 좋은 자리로 전근됨
升進(승진) 직위가 오름
斗升(두승) 말과 되

市 뜻巾(수건전) 획2 저자시 シ・いち　①market しじょう・いちば

市 亠 市 市

場 마당장 ジョウ・ば

場

市場(시장) ①주로 일용품을 파는 가게가 모여 있는 지대 ②생산품을 거래하는 대상
市立(시립) 시에서 설립함
市有(시유) 시의 소유
都市(도시) 도회지
盛市(성시) 시장처럼 성황을 이룸
夜市(야시) 밤에만 물건을 파는 장

昇 뜻日(날일) 획4 오를승 ショウ・のぼる　promotion しょうしん

昇

進 나아갈진 シン・すすむ

進

昇進(승진) 지위가 오름
昇降(승강) 오르고 내림
昇降機(승강기) 엘리베이터
昇給(승급) 봉급이 오름
昇天(승천) 하늘로 올라감
昇華(승화) 고체가 직접 기체로 변하는 현상
上昇(상승) 위로 올라감

示 뜻示(보일시) 획(5) 보일시 シ・ジ・しめす　じはん

示 二 干 亓 示 示

範 법범 ハン・のり

範

示範(시범) 모범을 보여 줌
示達(시달) 통지·명령을 문서로 내려 보냄
示威(시위) 위력·기세를 드러내 보임
示訓(시훈) 보여 가르침
告示(고시) 일반에게 글로 널리 알림
公示(공시) 널리 공중에게 알림

是 (부)日(날일) correction / 正
(획)5 ぜせい 바를정
이시 セイ・ショウ・
ゼ まさ・ただしい

是 |日|早|早|昇|是| 正

是正(시정) 잘못된 것을 바로잡음
是非(시비) ①옳고 그름. 잘잘못 ②
　　　　　옳으니 그르니 하는 싸움
是是非非(시시비비) 옳은 것은 옳다,
　　　　　그른 것은 그르다고 함
或是(혹시) 만약. 설혹

視 (부)見(볼견) sight / 覺
(획)5 しかく
볼시 깨달을각
シ・みる カク・おぼえる

視 |ラ|ネ|ネ|相|視| 覺

視覺(시각) 눈의 감각
視界(시계) 눈에 보이는 한계 안
視力(시력) 눈의 능력
視野(시야) 시력이 미치는 범위
近視(근시) 먼 곳을 잘 못 보는 눈
無視(무시) 존재를 인정하지 않음

時 (부)日(날일변) time / 間
(획)6 じかん
때시 사이간
ジ・とき ケン・カン・ま・あいだ

時 |旷|旷|昨|時|時| 間

時間(시간) 어떤 때부터 어떤 때까지
　　　　　의 사이. 동안. 시각
時價(시가) 시세. 그 시기의 가격
時代(시대) 때와 연대
時事(시사) 그 시기의 여러 가지 세
　　　　　상 일
時限(시한) 정해진 마지막 시간
當時(당시) 그 때
常時(상시) 항상. 언제나

施 (부)方(모방변) enforcement / 行
(획)5 しこう
베풀시 다닐행
シ・セ・ほどこす ギョウ・コウ・
　　　　　おこなう

施 |方|方|放|抗|施| 行

施行(시행) 실제로 행함
施工(시공) 공사를 실시함
施賞(시상) 상을 줌
施政(시정) 정치를 함
施主(시주) 절이나 중에게 물건을 바
　　　　　침. 또는 그 사람
實施(실시) 실제로 시행함

詩 (부)言(말씀언변) / 文
(획)6 しぶん
글시 글월문
シ ブン・モン・ふみ

詩 |計|訖|詩|詩|詩| 文

詩文(시문) 시와 산문. 문장
詩歌(시가) 시와 노래
詩劇(시극) 형식이 시로 된 연극
詩想(시상) 시에 대한 구상
詩聖(시성) 시에 뛰어난 사람
古詩(고시) 옛 시
漢詩(한시) 한문으로 지은 시
作詩(작시) 시를 지음

試 (부)言(말씀언변) examination / 驗
(획)6 しけん
시험할시 보람험
シ・こころみる・ためす ケン・ためす

試 |言|言|訂|試|試| 驗

試驗(시험) ①문제를 내어 풀게 함
　　　　　②사물의 성질을 알기 위
　　　　　해 실지로 겪어 봄
試圖(시도) 한번 하여 봄
試食(시식) 맛이나 솜씨를 보기 위해
　　　　　먹어 봄
試合(시합) 운동 경기 따위를 겨룸
考試(고시) 공무원 시험
入試(입시) 입학 시험

165

始 ㉠女(계집녀변) ㉡5
비로소시
シ・はじめる

始 乊 乴 如 始 始

始祖(시조) 한 족속의 처음 조상
始動(시동) 움직이기 시작함
始發(시발) 처음 떠남
始作(시작) 하기를 비롯함
始終(시종) 처음부터 끝까지
開始(개시) 처음으로 시작함
創始(창시) 새로 창설하여 시작함

しそ 祖
할아비조
ソ

祖

氏 ㉠氏(성씨) ㉡(4)
성씨
シ・うじ

氏 ㇐ ㇏ ㇒ 氏

氏族(씨족) 같은 조상을 가진 여러 가
　　　족으로 이루어진 사회 집
　　　단
氏族制度(씨족제도) 씨족을 중심으로
　　　했던 원시시대의 제도
伯氏(백씨) 남의 형을 높여서 이르는
　　　말
宗氏(종씨) 동성동본의 남남끼리 상
　　　대방을 이르는 말

clan
しぞく 族
겨레족
ゾク

族

矢 ㉠矢(화살시) ㉡(5)
화살시
シ・や

矢

矢言(시언) 맹세하는 말
矢石(시석) 화살과 쇠뇌로 발사하는
　　　돌
矢心(시심) 마음속으로 맹세함
矢人(시인) 활을 만드는 사람
弓矢(궁시) 활과 화살
流矢(유시) 빗나가는 화살

しげん 言
말씀언
ゲン・ゴン・こと

言

食 ㉠食(밥식) ㉡(9)
밥식
ショク・ジキ
くう・たべる

食 今 今 食 食 食

食器(식기) 음식을 담아먹는 그릇
食口(식구) 한 집안에 사는 가족
食少事煩(식소사번) 먹을 것은 적고
　　　할 일은 많음
衣食(의식) 입을 것과 먹을 것
韓食(한식) 한국 음식

tableware
しょっき 器
그릇기
キ・うつわ

器

侍 ㉠亻(인변) ㉡6
모실시
ジ・はべる・さむらい

侍 彳 侍 侍 侍 侍

侍醫(시의) 임금이나 고귀한 사람을
　　　섬기는 의사
侍立(시립) 좌우에 모시고 섬
侍生(시생) 웃어른에 대한 자칭
侍下(시하) 부모나 조부모를 모시고
　　　있는 처지
近侍(근시) 임금이나 웃어른을 가까
　　　이서 모심

じい 醫
의원의
イ

醫

式 ㉠弋(주살익) ㉡3
법식
シキ

式 一 式 式

式辭(식사) 식장에서 인사로 하는 말
式順(식순) 식의 순서
格式(격식) 격에 어울리는 법식
公式(공식) 규정된 법식
舊式(구식) 옛스러운 법식
新式(신식) 새로운 방식
禮式(예식) 예법에 맞는 의식

しきじ 辭
말씀사
ジ・やめる

辭

植 (뜻)木(나무목변) plant
(획)8 しょくぶつ

物

심을식　　　　　　　만물물
ショク・うえる　　　ブツ・モツ・もの

植 木 村 柿 柿 植 植　　物

植物(식물) 온갖 나무와 풀의 총칭
植木(식목) 나무를 심음
植民(식민) 미개한 외국으로 국민을
　　　　　내보내어 개척하고 살게
　　　　　하는 일
植樹(식수) 나무를 심음
移植(이식) 옮겨 심음

飾 (뜻)食(밥식변)
(획)5 しょくげん

言

꾸밀식　　　　　　　말씀언
ショク・かざる　　　ゲン・ゴン・
　　　　　　　　　　こと・いう

飾　　言

飾言(식언) 말을 꾸밈. 또는 그런 말
飾巧(식교) 교묘하게 꾸며 속임
飾詐(식사) 거짓 꾸밈
飾僞(식위) 거짓으로 꾸밈
美飾(미식) 아름답게 장식함
修飾(수식) 닦고 꾸밈
虛飾(허식) 헛된 겉탈만의 장식

識 (뜻)言(말씀언변)
(획)12 discernment
しきけん

見

알식　　　　　　　　볼견
シキ　　　　　　　　ケン・みる

識 言 評 詔 試 識　　見

識見(식견) 보고 배운 결과로 생긴 지
　　　　　식이나 의견
識別(식별) 잘 알아서 분별함
識者(식자) 지식과 판단력이 있는 사
　　　　　람
常識(상식) 일반적으로 알아야 할 법
　　　　　도
有識(유식) 지식이 있음
無識(무식) 배우지 못해 학문을 모름

身 (뜻)身(몸신)
(획)(7)

body
しんたい

體

몸신　　　　　　　　몸체
シン・み　　　　　　タイ

身 イ ク 身 身　　體

身體(신체) 몸
身老心不老(신로심불로) 몸은 늙었으
　　　　　나 마음은 늙지 않았음
身病(신병) 몸의 병
身長(신장) 키
單身(단신) 홀몸
自身(자신) 자기. 자기 몸

息 (뜻)心(마음심)
(획)6 そくじょ

女

숨쉴식　　　　　　　계집녀
ソク・いき　　　　　ジョ・ニョ・おんな

息　　女

息女(식녀) ①딸. 남의 딸의 존칭
息肩(식견) ①짐을 어깨에서 내려 놓
　　　　　고 쉼 ②어깨를 들먹거리
　　　　　며 숨을 쉼
息脈(식맥) 맥박
息婦(식부) ①며느리 ②아내의 낮춤
　　　　　말
安息(안식) 편히 쉼
利息(이식) 이자. 변리

申 (뜻)田(申)(밭전)
(획)5 notification
しんこく

告

납신　　　　　　　　고할고
シン・もうす・　　　コク・つげる
(さる)

申 口 日 申　　告

申告(신고) 법률상의 의무로 관청에
　　　　　어떤 사실을 보고함
申申(신신) 여러 번 다짐하는 모양
申請(신청) 신고하여 청구함
具申(구신) 사실을 일일이 신고함
上申(상신) 상부에 보고함

神

(部)示(보일시변) spirit
(획)5
귀신신
シン・ジン・
かみ・こう

神 ラ ネ ネ 初 神

神靈(신령) 초인적인 힘을 가졌다는 혼령
神經(신경) 생물의 지각·운동·분비 등을 맡은 기관
神聖(신성) 경건하고 성스러움
失神(실신) 정신을 잃음

靈

신령령
レイ・リョウ・
たま

靈

辛

(部)辛(매울신) hardships
(획)(7)
매울신
シン・からい

辛 ㅗ ㅛ 立 立 辛

辛苦(신고) 어려운 일로 몹시 애씀
辛勞(신로) 괴로워함
辛味(신미) 매운 맛
辛未(신미) 육십갑자의 여덟 번째
辛勝(신승) 간신히 이김
辛酸(신산) ①매운 것과 신 것 ②온갖 괴로움. 경험

苦

괴로울고
ク・くるしい

苦

臣

(部)臣(신하신) follower
(획)(6)
신하신
シン

臣 一 厂 臣 臣 臣

臣下(신하) 임금을 섬기는 모든 벼슬아치
臣民(신민) 군주국의 국민
功臣(공신) 공을 세운 신하
文臣(문신) 문관인 신하
忠臣(충신) 충성스런 신하
君臣(군신) 임금과 신하

下

아래하
カ・ゲ・しも・した・
おりる・さがる

下

新

(部)斤(날근) New Year
(획)9
새신
シン・あらた・あた
らしい・にい

新 立 辛 亲 新 新

新春(신춘) ①새해. 신년 ②새 봄
新綠(신록) 초목의 새로 난 푸른 잎
新兵(신병) 새로 뽑은 병정
新婦(신부) 새색시
刷新(쇄신) 말끔히 새롭게 고침
最新(최신) 가장 새로움

春

봄춘
シュン・はる

春

信

(部)亻(인변) credit
(획)7
믿을신
シン

信 亻 信 信 信 信

信用(신용) 약속을 지키는 사회적 덕망
信徒(신도) 종교를 믿는 사람
信賴(신뢰) 믿고 의지함
信任(신임) 믿고 맡김
信號(신호) 일정한 부호로 의사를 전달하는 방법
發信(발신) 편지를 보냄
確信(확신) 확실히 믿음

用

쓸용
ヨウ・もちいる

用

伸

(部)亻(인변) extension
(획)5
펼신
シン・のびる

伸 伸

伸長(신장) 길게 뻗어 나감
伸縮(신축) 길게 뻗음과 짧게 오그라듦
伸展(신전) 발전함
伸眉(신미) 눈살을 폄. 근심이 없어짐
屈伸(굴신) 몸을 구부리는 것과 펴는 것
追伸·追申(추신) 편지 끝에 덧붙여서 쓸 때 쓰이는 머리말

長

긴장
チョウ・ながい

長

168

晨 ㉻日(날일) 㑺7 しんぼ
새벽신
シン・あした

暮
저물모
ボ・くれる

晨

暮

晨暮(신모) 새벽과 저녁
晨明(신명) 날이 밝을 무렵
晨鐘(신종) 새벽에 치는 종
晨昏(신혼) ⇨신모(晨暮)

室 ㉻宀(갓머리) in-doors 㑺6 しつない
집실
シツ・むろ

內
안내
ナイ・ダイ・うち

室 [宀 宏 宓 宒 室]

內

室內(실내) 방 안
居室(거실) 평소에 기거하는 방
別室(별실) 따로 마련한 방
事務室(사무실) 사무 보는 방
溫室(온실) 화초를 재배하는 따뜻한
　　　　　설비를 한 방
浴室(욕실) 목욕실

愼 ㉻忄(심방변) prudence 㑺10 しんちょう
삼갈신
シン・つつ
しむ

重
무거울중
ジュウ・チョウ・え・
おもい・かさねる

愼

重

愼重(신중) 삼가고 조심함
愼默(신묵) 삼가 말을 하지 않음
愼言(신언) 말을 삼감
敬愼(경신) 공경하여 조심함
謹愼(근신) 삼가 언행을 조심함

實 ㉻宀(갓머리) real thing 㑺11 じつぶつ
열매실
ジツ・み・みのる

物
만물물
ブツ・モツ・もの

實 [宀 宓 宓 宭 賓 實]

物

實物(실물) 실제로 있는 물건
實感(실감) 현실과 같은 느낌
實力(실력) 실제의 역량
實情(실정) 실제의 형편
實行(실행) 실제로 행동에 옮김
口實(구실) 핑계
眞實(진실) 거짓이 아닌 사실

失 ㉻大(큰대) 㑺2 disqualification
しっかく
잃을실
シツ・うしなう

格
격식격
カク

失 [丿 二 失 失]

格

失格(실격) 자격을 잃음
失期(실기) 때를 놓침
失禮(실례) 예의에 어그러짐
失明(실명) 눈이 멂
過失(과실) 실수. 잘못
紛失(분실) 물건을 잃어버림
損失(손실) 손해

心 ㉻心(忄)(마음심) 㑺(4)
heart
しんぞう
마음심
ジン・こころ

臟
오장장
ゾウ

心 [丶 心 心 心]

臟

心臟(심장) 생물의 염통
心境(심경) 마음의 상태
心身(심신) 마음과 몸
改心(개심) 마음을 고침
傷心(상심) 마음이 상함
眞心(진심) 참된 마음

甚

(字) 甘 (달 감)
(획) 4

じんだい

심할심
ジン・はなは
だしい

甚大

甚大(심대) 몹시 크고 심함
甚難(심난) 몹시 어려움
甚至於(심지어) 심하면. 심하게는
甚適(심적) 몹시 한적함
極甚(극심) 몹시 심함
激甚(격심) 몹시 심함

大

タイ・ダイ・おお
きい

큰대

大

審

(字) 宀 (갓머리)
(획) 12

judgement
しんさ

살필심
シン

審

審査(심사) 자세히 조사함
審問(심문) 자세히 물어서 조사함
審議(심의) 자세히 의논함
審判(심판) 일의 시비곡직이나, 경기
　　　　의 우열을 심사하여 판단
　　　　을 내림
結審(결심) 법원에서 심문을 끝냄
不審(불심) 의심스러운 일

査

조사할사
サ

査

深

(字) 氵 (삼수변)
(획) 8

midnight
しんや

깊을심
シン・ふかい

深

深夜(심야) 깊은 밤
深刻(심각) ①깊이 새김 ②아주 절실
　　　　함
深思(심사) 깊이 생각함
深長(심장) 뜻이 깊고 복잡함
水深(수심) 물의 깊이
夜深(야심) 밤이 깊음
幽深(유심) 깊숙하고 그윽함

夜

ヤ・よ・よる

밤야

夜

十

(字) 十 (열 십)
(획) (2)

じっかん

열십
ジュウ・とお

十

十干(십간) 육갑의 갑을병정무기경신
　　　　임계(甲乙丙丁戊己庚辛壬
　　　　癸)의 열 개의 천간
十二支(십이지) 육갑의 자축인묘진사
　　　　오미신유술해(子丑寅卯辰
　　　　巳午未申酉戌亥)의 열 두
　　　　개의 지지
十人十色(십인십색) 열 사람이면 열
　　　　사람이 다 특색이 있음

干

カン・ほす・ひる

방패간

干

尋

(字) 寸 (마디촌)
(획) 9

usual
じんじょう

찾을심
ジン・たずねる

尋

尋常(심상) 평범함. 대수롭지 않음
尋訪(심방) 찾아감. 방문함
尋人(심인) 사람을 찾음
千尋(천심) 썩 높거나 매우 깊은 것
　　　　을 헤아리는 숫자
追尋(추심) 계통을 더듬어 찾아 옴
探尋(탐심) 염탐하여 찾음

常

ジョウ・つね

떳떳할상

常

兒

(字) 儿 (어진사람인발)
(획) 6

child
じどう

아이아
ジ・ニ

兒

兒童(아동) ①어린애 ②초등학교 학
　　　　생
兒女子(아녀자) 소견이 좁은 여자와
　　　　아이
兒患(아환) 어린아이의 병
健兒(건아) ①건강한 아이 ②건강한
　　　　젊은이
孤兒(고아) 부모를 여읜 아이
男兒(남아) ①사내아이 ②사나이

童

ドウ・わらべ

아이동

童

我

(部)戈(창과) (획)3　egotism　がしゅう

나아
ガ・わ・われ

我 亅 于 캐 我 我

我執(아집) 자기 뜻을 주장하는 고집
我邦(아방) 우리 나라
我田引水(아전인수) 자기 논에만 물을 끌어들임. 곧, 자기에게 유리하게만 행동한다는 비유
無我(무아) 자신의 존재를 인식치 않는 경지
自我(자아) 자기 자신

執

잡을집
シュウ・シツ・とる

雅

(部)隹(새추) (획)4　がしゅ

아담할아
ガ

雅趣(아취) 고상한 정취
雅量(아량) 너그러운 도량
雅樂(아악) 옛날에 궁전에서 쓰던 고전 음악
雅號(아호) 문인・학자들의 별호
端雅(단아) 바르고 아담함
優雅(우아) 상냥하고 아담함
淸雅(청아) 깨끗하고 산뜻함

趣

취미취
シュ・おもむき

牙

(部)牙(어금니아) (획)(4)　①stronghold　がじょう

어금니아
ゲ・ガ・きば

牙城(아성) ①아주 중요한 근거지 ②바깥 성안에 있는 성
牙器(아기) 상아로 만든 그릇
牙旗(아기) 대장군의 기
毒牙(독아) 독이 있는 이빨. 독수(毒手)
象牙(상아) 코끼리의 어금니
大牙(대아) 큰 어금니

城

재성
ジョウ・しろ

亞

(部)二(두이) (획)6　zinc　あえん

버금아
ア・つぐ

亞鉛(아연) 청백색의 쇠붙이의 하나
亞流(아류) ①어떤 유파를 계승한 사람 ②제이류 버금가는 유파
亞麻(아마) 껍질은 실을 만들고 씨는 기름을 짜는 재배 식물의 하나
亞洲(아주) 아시아주의 약칭
東北亞(동북아) 동북 아시아

鉛

납연
エン・なまり

芽

(部)艹(艸)(초두밑) (획)4　がこう

싹아
ガ・め・めぐむ

芽甲(아갑) 식물의 두 잎의 싹. 자엽(子葉)
芽生(아생) 싹이 틈
芽接(아접) 접목법(接木法)의 하나
麥芽(맥아) 엿기름
發芽(발아) 싹이 틈
新芽(신아) 새로 돋은 싹

甲

갑옷갑
コウ・カン

阿

(部)阝(阜)(좌부방) (획)5　sycophancy　あふ

언덕아
ア

阿附(아부) 아첨함
阿世(아세) 세상에 아첨함
阿片(아편) 양귀비 열매에서 딴 독물
阿房宮(아방궁) 진시황이 아방에 지었다는 화려한 궁전
阿鼻(아비) 가장 괴롭다는 지옥의 하나

附

붙을부
フ・つく

餓 (뿌)食(밥식) starvation
(획)7 がし
굶주릴아
ガ

餓

餓死(아사) 굶어서 죽음
餓死線上(아사선상) 굶어 죽게 된 지
　　경
餓殺(아살) 굶기어 죽임
餓虎(아호) 굶은 범
凍餓(동아) 춥고 배고픔
飢餓(기아) 굶주림

死
죽을사
シ・しぬ

死

岳 (뿌)山(메산) wife's father
(획)5 がくふ
멧부리악
ガク・たけ

岳

岳父(악부) 장인. 아내의 친아버지
岳母(악모) 장모
岳丈(악장) 장인
岳頭(악두) 산꼭대기
岳陽(악양) 중국 태악산 남쪽에 있는
　　지방
山岳(산악) 크고 작은 모든 산

父
아비부
フ・ちち

父

惡 (뿌)心(마음심) stench
(획)8 あくしゅう
악할악・미워할오
アク・お・わるい

惡 | 亇 | 〒 | 亞 | 亞 | 惡

惡臭(악취) 고약한 냄새
惡談(악담) 남을 못되도록 욕하는 말
惡毒(악독) 흉악하고 독살스러움
凶惡(흉악) 흉하고 악함
惡心(오심) 토할 듯한 불쾌한 기분
憎惡(증오) 미워함
惡寒(오한) 으슬으슬 추운 증세

臭
냄새취
シュウ・くさい

臭

安 (뿌)宀(갓머리) ease
(획)3 あんいつ
편안할안
アン・やすい

安 | 宀 | 宀 | 安 | 安

安逸(안일) 편안하고 한가함
安寧(안녕) 무사히 잘 지냄
安樂(안락) 편안하고 즐거움
安眠(안면) 편안히 잘 잠
不安(불안) 편편치 않음
慰安(위안) 심신을 위로함
平安(평안) 탈없이 편안히 있음

逸
편할일
イツ

逸

樂 (뿌)木(나무목)
(획)11 がっき
풍류악・즐길락・즐길요
ラク・ガク・たのしい

樂

樂器(악기) 음악에 쓰이는 모든 기구
樂劇(악극) 음악을 곁들인 연극
樂團(악단) 음악을 연주하는 단체
樂聖(악성) 천재라고 할 대음악가
音樂(음악) 성악과 기악의 총칭
聲樂(성악) 노래로 부르는 음악
⇨낙원(樂園)

器
그릇기
キ・うつわ

器

案 (뿌)木(나무목) guidance
(획)6 あんない
책상안
アン

案 | 宀 | 安 | 安 | 室 | 案

案內(안내) 인도하여 일러 줌
案件(안건) 회의에 제출할 의안
案對(안대) 두 사람이 마주 대함
案上(안상) 책상 위
考案(고안) 생각해 냄
斷案(단안) 딱 무질러 결정함
飜案(번안) 남의 작품을 뜯어고침

內
안내
ナイ・うち

內

顔 色

顔 ⑨頁(머리혈) complexion color
⑨9 がんしょく・かおいろ 빛색
얼굴안 ・かおいろ
ガン・かお ショク・シキ・いろ

顔 尹 彦 彦 顔 顔 色

顔色(안색) 얼굴에 나타난 기색
顔面不知(안면부지) 얼굴을 통 모름
顔貌(안모) 얼굴의 모습
笑顔(소안) 웃는 얼굴
破顔(파안) 별안간 크게 웃어 얼굴이
　　　　일그러지는 모양
紅顔(홍안) 소년의 불그레한 얼굴

鴈 信

鴈 ⑨鳥(새조) letter
⑨4 がんしん 믿을신
기러기안 がんしん
ガン・かり シン

鴈(雁) 信

鴈信(안신) 편지. 소식
鴈語(안어) 기러기 우는 소리
鴈書(안서) 편지
鴈柱(안주) 거문고의 실을 받쳐 놓는
　　　　물건. 기러기발
孤鴈(고안) 홀로 떨어진 외기러기

眼 鏡

眼 ⑨目(눈목변) eye glass
⑨6 がんきょう・ 거울경
눈안 めがね
ガン・め キョウ・かがみ

眼 目 目ヨ 眼 眼 眼 鏡

眼鏡(안경) 눈을 보호하거나 시력을
　　　　돕기 위해 쓰는 기구
眼界(안계) 눈에 보이는 범위
眼球(안구) 눈알
眼下無人(안하무인) 자기 앞에 사람
　　　　이 없는 것처럼 마구 행
　　　　동함
着眼(착안) 어떤 사물에 주의를 집중
　　　　시킴

謁 見

謁 ⑨言(말씀언변) audience
⑨9 えっけん 볼견
뵐알
エツ ケン・みる

謁 見

謁見(알현) 높은 분을 만나뵘
謁告(알고) 휴가를 내리도록 청함
拜謁(배알) 삼가 높은 어른을 만나뵘
上謁(상알) 높은 분을 뵈러 올라감

岸 壁

岸 ⑨山(메산) wall
⑨5 がんぺき 벽벽
언덕안
ガン・きし ヘキ・かべ

岸 壁

岸壁(안벽) 벽처럼 깎아지른 듯한 물
　　　　가의 언덕
岸傑(안걸) 몸집의 크고 씩씩함
岸商(안상) 행상하는 소금 장사
對岸(대안) 건너편 강가
彼岸(피안) 현실 밖의 경지(境地)
海岸(해안) 바닷가

暗 黑

暗 ⑨日(날일변) darkness
⑨9 あんこく 검을흑
어두울암
アン・くらい コク

暗 日 晬 晻 暗 黑

暗黑(암흑) 어둡고 캄캄함
暗記(암기) 보지 않고 기억함
暗算(암산) 머리 속으로 계산함
暗殺(암살) 몰래 죽임
暗鬪(암투) 드러나지 않게 은근히 싸
　　　　움
暗號(암호) 당사자끼리만 아는 신호
　　　　부호
明暗(명암) 밝음과 어두움

巖

(훈)山(메산)
(획)20
rock
がんせき
石

바위암
ガン・いわお

돌석
セキ・コク・いし

巖 [山 屵 屵 裝 巖] 石

巖石(암석) 바위
巖盤(암반) 바위로 된 땅바닥
巖壁(암벽) 벽처럼 깎아지른 바위
巖穴(암혈) 바위의 굴. 암굴
巨巖(거암) 큰 바위
水成巖(수성암) 암석의 부스러기가 물
　　속에 가라앉아 굳어진 바위

央

(훈)大(큰대)
(획)2
えいえい
央

가운데앙
맑고밝을영
オウ・エイ

가운데앙
맑고밝을영
オウ・エイ

央

央央(앙앙・영영) ①넓은 모양 ②맑
　　고 뚜렷하여 선명한 모양
　　③소리가 부드러운 모양
未央(미앙) ①아직 반도 안 됨 ②일
　　이 아직 끝나지 않음
中央(중앙) 한가운데. 복판

壓

(훈)土(흙토)
(획)14
あっかん
卷

누를압
アツ・おさえる

책권
カン・まく

壓

卷

壓卷(압권) 책 따위의 가장 뛰어난 것
壓倒(압도) 남을 눌러 거꾸러뜨림
壓力(압력) 억누르는 힘
壓迫(압박) ①내리 누름 ②바싹 다가
　　옴
壓死(압사) 물체에 눌려 죽음
高壓(고압) ①높은 전압(電壓) ②세
　　게 억누름
威壓(위압) 위력으로 압박함

殃

(훈)歹(죽을사변)
(획)5
おうか
禍

재앙앙
オウ

재앙화
カ・わざわい

殃

禍

殃禍(앙화) 죄악의 과보로 받는 재앙
殃慶(앙경) 재앙과 경사
殃罰(앙벌) 하늘이 내리는 벌
殃災(앙재) 온갖 재앙
餘殃(여앙) ①남을 괴롭힌 탓으로 받
　　는 재앙 ②남은 재앙
災殃(재앙) 온갖 불행한 일

仰

(훈)イ(인변)
(획)4
adoration
ぎょうぼ
慕

우러를앙
ギョウ・コウ・あおぐ

사모할모
ボ・したう

仰 慕

仰慕(앙모) 우러러 사모함
仰望(앙망) 우러러 바람
仰天(앙천) 하늘을 우러러 봄
仰請(앙청) 우러러 청함
仰祝(앙축) 우러러 축하함
信仰(신앙) 종교 따위를 믿고 받듦
推仰(추앙) 높이 받들어 우러름

愛

(훈)心(마음심)
(획)9
love for
あいじょう
情

사랑애
アイ・あい

뜻정
ジョウ・なさけ

愛 [爫 爫 忎 爱 愛] 情

愛情(애정) 사랑하는 심정
愛國(애국) 나라를 사랑함
愛讀(애독) 즐겨 읽음
愛稱(애칭) 사랑스럽게 부르는 칭호
敬愛(경애) 공경하고 사랑함
自愛(자애) 자기 몸을 스스로 돌봄
親愛(친애) 친하고 사랑스러움

174

哀 (ဈ口(입구)) supplication あいがん 願 ဈ6 슬플애 アイ・あわれ・あわれむ 원할원 ガン・ねがう 哀 [亠 尹 兌 京 哀] 願 哀願(애원) 슬프게 간절히 원함 哀歌(애가) 슬픈 감정을 나타낸 노래 哀史(애사) 슬픈 역사 哀愁(애수) 슬픈 근심 哀痛(애통) 몹시 슬픔 悲哀(비애) 슬프고 가련함	額 (ဈ頁(머리혈)) face value がくめん 面 ဈ9 이마액 ガク・ひたい 낮면 メン・おも・つら 額 面 額面(액면) 유가증권에 적힌 돈의 액수 額數(액수) 돈 따위의 수량. 금액 額子(액자) 현판에 쓴 글씨 價額(가액) 가격. 값 金額(금액) 돈의 머릿수 少額(소액) 적은 금액 全額(전액) 전체의 금액
涯 (ဈ氵(삼수변)) がいさい 際 ဈ8 물가애 ガイ・はて 가제 サイ・きわ 涯 際 涯際(애제) ①물가 ②끝 근처 涯角(애각) 궁벽한 먼 땅 涯岸(애안) ①물가 ②끝. 경계(境界) 生涯(생애) 살아 있는 동안. 일생(一生) 無涯(무애) 끝이 없음 天涯(천애) 하늘끝. 이 세상의 끝	也 (ဈ乙(새을)) (なるかな) 哉 ဈ2 어조사야 ヤ・なり 어조사재 サイ・かな 也 [コ 十 也] 哉 也哉(야재) ①강력하게 단정하는 조사. 또는 감탄하는 뜻을 나타내는 조사 …도 …이다 ②반어(反語)의 뜻을 나타냄. …가 아닐쏘냐 也己(야기) 단정(斷定)을 뜻하는 조사. …할 뿐. …뿐임 也者(야자) …라는 것은. …라는 자는
厄 (ဈ厂(민엄호밑)) misfortune やくうん 運 ဈ2 재앙액 ヤク 옮길운 ウン・はこぶ 厄 運 厄運(액운) 액을 당할 운수 厄難(액난) 재액과 어려움 厄年(액년) 재액이 있다고 하는 해나 나이 厄月(액월) 재액이 들었다는 달 厄禍(액화) 액으로 입는 재앙 禍厄(액화) 재화와 액	夜 (ဈ夕(저녁석)) a night view やけい 景 ဈ5 밤야 ヤ・よ・よる 볕경 ケイ 夜 [亠 广 衣 夜 夜] 景 夜景(야경) 밤의 경치 夜間(야간) 밤. 밤사이 夜光(야광) 밤에 빛이 남 夜勤(야근) 밤에 근무함 夜學(야학) 밤에 배움. 또는 그 공부 三五夜(삼오야) 십오야(十五夜). 음력 15일의 밤 深夜(심야) 깊은 밤

野 (傳)里(마을리변) savagery
(劃)4
들야
ヤ・の

野 | 旦 | 甲 | 里 | 野 | 野

野蠻(야만) 지능이 미개하고 문화가
　　　　극히 뒤떨어진 상태
野談(야담) 널리 알려지지 않은 민간
　　　　설화
野生(야생) 산이나 들에 저절로 나거
　　　　나 성장함
平野(평야) 편편한 넓은 들

蠻 오랑캐만
バン・えびす

若 (傳)艹(艸)(초두밑) some
(劃)5
같을약
ジャク・ニャク・
もし・わかい

若 | 一 | 艹 | 艹 | 芣 | 若

若干(약간) 얼마쯤. 다소(多少)
若輩(약배) ①젊은이들 ②경험이 적
　　　　은 사람
若是(약시) 이와 같이
若此若此(약차약차) 이러이러함
若何(약하) 사정이 어떠한가. 여하(如
　　　　何)
萬若(만약) 만일. 혹시

干 방패간
カン・ほす・ひる

干

耶 (傳)耳(귀이변) Jesus
(劃)3
어조사야
ヤ・や・か

耶

耶蘇(야소) 예수의 한자어
耶蘇敎(야소교) 기독교・예수교
耶孃(야양) 아버지와 어머니

蘇 되살아날소
ソ・よみがえる

蘇

約 (傳)糸(실사변) promise
(劃)3
약속할약
ヤク

約 | 幺 | 糸 | 糸 | 約 | 約

約束(약속) 앞일을 서로 미리 정함
約分(약분) 분자와 분모를 공약수로
　　　　나눔
約定(약정) 약속하여 작정함
約條(약조) 조건을 붙여 약속함
約婚(약혼) 결혼을 약속함
契約(계약) 약속을 법적으로 맺음
先約(선약) 먼저 약속함

束 묶을속
ソク・たば

束

弱 (傳)弓(활궁) defect
(劃)7
약할약
ジャク・よわい

弱 | 弓 | 弓 | 弓ㄱ | 弱 | 弱

弱點(약점) 남만 못하거나 켕기는 점
弱年(약년) 젊은 나이
弱勢(약세) 세력이 약함. 약한 세력
弱肉強食(약육강식) 약한 자는 강한
　　　　자에게 잡아먹힘
弱者(약자) 힘이나 기술 따위가 약함
貧弱(빈약) 적고 약하여 보잘것이 없
　　　　음

點 점점
テン

點

藥 (傳)艹(艸)(초두밑)
(劃)15
약약
ヤク・くすり

藥 | 一 | 艹 | 苩 | 蕐 | 藥

藥物(약물) 약. 약이 되는 물질
藥局(약국) 약을 조제・판매하는 곳
藥名(약명) 약의 이름
藥酒(약주) ①약으로 쓰는 술 ②약
　　　　주. 맑은 술 ③술의 존
　　　　칭
服藥(복약) 약을 먹음
散藥(산약) 가루약

物 만물물
ブツ・モツ・もの

物

羊 ㉼羊(羊)(양양) wool
㉿(6) ようもう
양양
ヨウ・ひつじ

毛
털모
モウ・け

羊 ㄹ 羊

毛

羊毛(양모) 양의 털
羊頭狗肉(양두구육) 양의 머리를 내걸고 개고기를 팖. 겉과 속이 다르다는 비유
羊乳(양유) 양의 젖
牧羊(목양) 양을 침
白羊(백양) 흰 털의 양

揚 ㉼扌(재방변) ようめい
㉿9
날릴양
ヨウ・あげる

名
이름명
メイ・ミョウ・な

揚

名

揚名(양명) 이름을 떨침
揚力(양력) 비행기 따위를 뜨게 하는 힘
揚揚(양양) 의기가 외모와 행동에 나타난 모양
揚言(양언) 말을 크게 함
宣揚(선양) 날려 떨치게 함
讚揚(찬양) 칭찬하여 기림

洋 ㉼氵(삼수변) ようふく
㉿6
큰바다양
ヨウ

服
옷복
フク

洋 氵 洋 洋

服

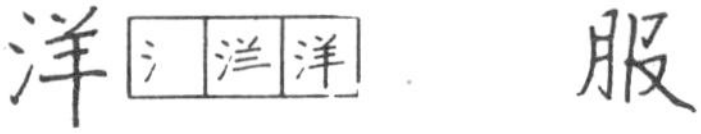

洋服(양복) 서양식 의복
洋式(양식) 서양식. 서양의 풍습을 따른 것
洋屋(양옥) 서양식 집
洋裝(양장) ①서양식으로 꾸민 책 ②서양식 여자 의상
東洋(동양) 동반구. 아시아 일대
遠洋(원양) 먼 바다

陽 ㉼阝(阜)(좌부방) ようしゅん
㉿9
볕양
ヨウ・ひ

春
봄춘
シュン・はる

陽 阝 阣 阳 陽 陽

春

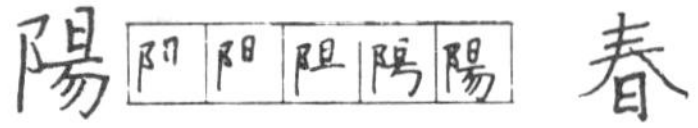

陽春(양춘) 따뜻한 봄철
陽光(양광) 햇볕
陽曆(양력) 1년을 365일로 정한 달력. 태양력
補陽(보양) 약을 먹어 양기를 돋움
太陽(태양) 해

養 ㉼食(밥식) cultivation
㉿6 ようせい
기를양
ヨウ・やしなう

成
이룰성
セイ・ジョウ・なる

養 圭 产 莠 養 養

成

養成(양성) 길러 냄. 육성함
養鷄(양계) 닭을 침
養女(양녀) 수양딸
養豚(양돈) 돼지를 기름
養育(양육) 길러 자라게 함
敎養(교양) 학식을 가르쳐 기름. 또는 그 학식

讓 ㉼言(말씀언변)
㉿17 concession
じょうほ
사양할양
ジョウ・ゆずる

步
걸음보
ホ・フ・あゆむ・あるく

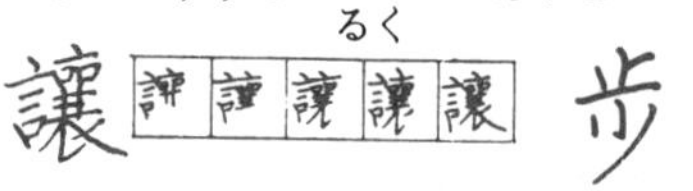

讓 訷 訷 詷 讓 讓

步

讓步(양보) 자기 주장을 내세우지 않고 남의 의견을 따름
讓渡(양도) 권리・이익 따위를 넘겨 줌
讓路(양로) 길을 양보함
讓位(양위) 임금이 자리를 물려 줌
辭讓(사양) 양보함
互讓(호양) 서로 양보함

壤 ㊊土(흙토변) 圖17 land 地
양토양 ジョウ じょうち
땅지
ジ・チ・つち

壤地(양지) 토지. 국토
壤子(양자) ①사랑스러운 아들 ②토지를 여러 아들들에게 나누어 줌
壤土(양토) ①흙 ②거름흙 ③거처하는 곳
擊壤(격양) 풍년이 들어 세월이 태평함을 즐김

魚 ㊊魚(고기어) 圖(11) roe 卵
고기어 ぎょらん
ギョ・うお・さかな
알란
ラン・たまご

魚卵(어란) 물고기의 알
魚介(어개) 물고기와 조개의 총칭
魚群(어군) 물고기의 떼
魚物(어물) 생선을 가공해서 말린 것
乾魚(건어) 말린 물고기
生魚(생어) 살아 있는 물고기
鮮魚(선어) 신선한 물고기

樣 ㊊木(나무목변) 圖11 phase 相
모양양 ようそう
ヨウ・さま
서로상
ソウ・ショウ・あい

樣相(양상) 모습. 모양새. 상태
樣式(양식) ①꼴. 모양 ②일정한 형식
各樣各色(각양각색) 여러 사람이나 물건들이 제각기 모양과 빛깔이 다름
多樣(다양) 종류가 여러가지임
模樣(모양) 무늬. 문양(文樣)

漁 ㊊氵(삼수변) 圖11 fisherman 夫
고기잡을어 ぎょふ
ギョ・リョウ
지아비부
フ・おっと

漁夫(어부) 고기잡이를 하는 사람
漁具(어구) 고기잡이에 쓰이는 제구
漁船(어선) 고기잡이 하는 배
漁港(어항) 주로 어선이 드나드는 항구
禁漁(금어) 고기잡이를 금함
出漁(출어) 고기잡이하러 나감
豊漁(풍어) 고기가 많이 잡힘

楊 ㊊木(나무목변) 圖9 willoow 柳
버들양 ようりゅう
ヨウ・やなぎ
버들류
リュウ・やなぎ

楊柳(양류) 버들. 버드나무
楊貴妃(양귀비) ①당나라의 현종황제의 비・절세의 미인이었다고 함 ②양귀비꽃
楊枝(양지) 버들가지
白楊(백양) 황철나무
黃楊(황양) 회양목

於 ㊊方(모방) 圖4 already 焉
어조사어 エン
オ(ヲ)
어찌언

於焉(어언) 벌써. 어느새
於焉間(어언간) 어느덧
於是乎(어시호) 이제야. 여기에 있어
於此於彼(어차어피) 어차피. 이렇든 저렇든
靑出於藍(청출어람) 파랑은 남색에서 나왔지만 남색보다 더 파람. 제자가 스승보다 월등하다는 비유

語 (䷇)言(말씀언변) phrase **句** (劃)(7) ごく	**憶** (䷇)忄(심방변) **說** (劃)13 おくせつ
말씀어 글귀귀·글귀구 ゴ·かたる ク	생각할억 말씀설 オク セツ·ゼイ·とく
語 言 訂 評 評 語 句	憶 憶 憶 說
語句(어구) 말의 구절 語間(어간) 말과 말의 사이 語幹(어간) 낱말의 말뿌리 語尾(어미) 어간에 붙어 변하는 부분 　　　　말꼬리 語義(어의) 말의 뜻 古語(고어) 옛말 俗語(속어) 속된 말	憶說(억설) 확실한 근거가 없는 말 　　　　억설(臆說) 憶念(억념) 깊이 생각에 잠김 憶昔(억석) 옛 일을 돌이켜 생각함 記憶(기억) 잊지 않고 외어 둠. 또는 　　　　그 내용 追憶(추억) 지나간 사물이나 사람을 　　　　생각함
御 (䷇)彳(두인변) **所** (劃)8 ぎょしょ	**抑** (䷇)扌(재방변) detention **留** (劃)4 よくりゅう
모실어 바소 ギョ·ゴ·おみ ショ·ところ	누를억 머물류 ヨク·おさえる リュウ·ル·とめる
御 所	抑 留
御所(어소) 임금이 있는 곳 御命(어명) 임금의 명령 御史出頭(어사출두) 암행어사가 중요 　　　한 일을 처리하기 위해 지 　　　방관서에 나타나는 일 御前(어전) 임금의 앞 制御(제어) 못하게 막음	抑留(억류) 억지로 붙잡아 둠 抑壓(억압) 힘으로 억제하여 누름 抑揚(억양) 말의 고저와 강약 抑制(억제) 억눌러 통제함 抑何心情(억하심정) 대체 무슨 생각 　　　으로 그러는지 그 마음을 　　　알 수 없음
億 (䷇)亻(인변) **兆** (劃)13 おくちょう	**言** (䷇)言(말씀언) discuss **論** (劃)(7) げんろん
억억 억조조 オク チョウ·きざし·きざす	말씀언 의논할론 ゲン·ゴン·こと ロン
億 亻 仟 仟 億 億 億 兆	言 言 言 言 言 論
億兆(억조) ①억과 조 ②헤아릴 수 　　　없는 많은 수효 億萬年(억만년) 셀 수 없는 영원한 세 　　　월 億中(억중) 계획한 일이 잘 들어 맞음 億測(억측) 추측으로 헤아림 億度(억탁) 근거와 이유가 안 되는 추 　　　측 百億(백억) 억이 백 개인 수	言論(언론) 의사를 발표하여 따짐 言動(언동) 말과 하는 짓 言明(언명) 말로 분명히 밝힘 言文(언문) 말과 글 甘言(감언) 달콤한 말 過言(과언) 말이 지나침 方言(방언) 사투리

焉 ㉔灬(火)(불화) ㉒7
えんう
어찌언
エン・いずくんぞ

烏
까마귀오
ウ・からす

焉烏(언오) "焉"자와 "烏"자가 비슷
　　　하다는 데서 틀리기 쉬운
　　　일의 비유
焉敢(언감) 어찌. 감히
焉敢生心(언감생심) 감히 그런 생각
　　　은 마음먹을 수도 없음
於焉(어언) 어느새. 어느덧

余 ㉔人(사람인) ㉒5
よら　　we
나여
ヨ

等
무리등
トウ・ら・など・ひとしい

余等(여등) 우리들. 오등(吾等)
余輩(여배) 우리네. 우리들
余月(여월) 음력 4월의 별칭

嚴 ㉔口(입구) ㉒17　solemnity
ザン・ゴン・おご
そか・きびしい
엄할엄

肅
げんしゅく
엄숙할숙
シュク

嚴肅(엄숙) 장엄하고 정숙함
嚴格(엄격) 언행이 딱딱하고 엄함
嚴禁(엄금) 엄하게 금지함
嚴守(엄수) 어기지 않고 꼭 지킴
謹嚴(근엄) 조심성이 있고 엄함
森嚴(삼엄) 무시무시하게 엄숙함

餘 ㉔食(밥식변) ㉒7
よねん
남을여
ヨ・あまる

念
생각념
ネン

餘念(여념) 딴 생각
餘力(여력) 남은 힘
餘白(여백) 글씨를 쓰고 남은 빈 자리
餘生(여생) 앞으로 남은 생애
餘恨(여한) 남은 원한
月餘(월여) 한 달 남짓
殘餘(잔여) 남아 있는 것

業 ㉔木(나무목) ㉒9　business
ギョウ・ゴウ・わざ
엄업

務
ぎょうむ
힘쓸무
ム・つとめる

業務(업무) 직업으로 하는 일
業界(업계) 같은 업종에 종사하는 사
　　　람들의 사회
業績(업적) 사업의 성과・성적
業種(업종) 영업의 종류
農業(농업) 농사
副業(부업) 본업 외에 겸해서 하는 직
　　　업
卒業(졸업) 학업을 마침

如 ㉔女(계집녀변) ㉒3
にょい
같을여
ジョ・ニョ・ごとし

意
뜻의
イ

如意(여의) 일이 뜻대로 됨
如實(여실) 사실과 꼭 같음
如前(여전) 전과 같음
如此(여차) 이와 같음. 이러함
如何(여하) 어떻게. 어찌. 어째서
何如間(하여간) 어찌 되었던 간에
或如(혹여) 혹시. 설혹

汝 (부)氵(삼수변) (획)3　you　なんじら
너여　ジョ・なんじ

汝 氵 氵 汐 汝 汝

汝等(여등) 너희들
汝輩(여배) 너희들. 너희 무리
汝墻折角(여장절각) 자기의 허물을 남에게 넘기려고 함
吾汝(오여) 나와 너

等　무리등　トウ・ら・など

等

輿 (부)車(수레거) (획)10　public opinion　よろん
수레여　ヨ・こし

輿

輿論(여론) 사회 일반의 공통적 의견
輿望(여망) 여러 사람의 기대
輿地(여지) 지구. 세계
喪輿(상여) 송장을 묘지로 운반하는 틀

論　논의할론　ロン

論

與 (부)臼(절구구) (획)7　government party　よとう
더불어　ヨ・あたえる

與 ʺ 幵 臼 鹍 與

與黨(여당) 행정부에 협력하는 정당
與件(여건) 주어진 조건
與否(여부) 그럼과 안 그럼. 됨과 안 됨
與信(여신) 고객을 은행이 신용하는 행위
關與(관여) 관계함
給與(급여) 보수로 줌. 또는 그 돈

黨　무리당　トウ

黨

亦 (부)亠(돼지해밑) (획)4　too
또역　エキ・また

亦 亠 亠 亣 亣 亦

亦是(역시) 또한. …도 같이
亦如是(역여시) 이것도 또한 (같다)
亦然(역연) 이 또한 그러함
此亦(차역) 이것 또한

是　이시　ゼ

是

予 (부)亅(갈고리궐) (획)3　よだつ
나여　ヨ

予

予奪(여탈) 주는 것과 빼앗는 것. 여탈(與奪)
予寧(여녕) 상중(喪中)에 있음
予一人(여일인) 임금이 자신을 일컫던 말
予取予求(여취여구) 남이 나에게 구하고 나에게서 가져감. 곧 남이 나를 멋대로 함

奪　빼앗을탈　ダツ・うばう

奪

易 (부)日(날일) (획)4　science of divination　えきがく
바꿀역・쉬울이　エキ・イ・やすい

易 日 旦 易 易

易學(역학) 주역에 관한 학문
易書(역서) 점술에 대한 책
交易(교역) 물건을 매매함. 무역
貿易(무역) 외국과 물건을 거래함
周易(주역) 중국의 점에 관한 책. 역경(易經)
⇨이직(易直)

學　배울학　ガク・まなぶ

學

逆 (뜻)辶 (辵)(책받침) (획)6 adversity ぎゃっきょう
거스를역 ギャク・さからう

境 地境境 キョウ・ケイ・さかい

逆 ⠀⠀⠀⠀逆

逆境(역경) 고생스럽고 불우한 처지
逆徒(역도) 반역하는 무리
逆婚(역혼) 동생이 형보다 먼저 결혼하는 일
拒逆(거역) 명령을 어김
大逆(대역) 임금을 해치려는 큰 죄
反逆(반역) 배반하고 모역함

役 (뜻)彳 (두인변) (획)4 station staff やくいん
부릴역 ヤク・エキ

員 사람원 イン

役員(역원) 임원(任員)
役軍(역군) ①공사장에서 일하는 사람 ②일꾼
役事(역사) 건축이나 토목의 일
役割(역할) 소임. 자기의 맡은 임무
苦役(고역) 괴로운 일
兵役(병역) 군대에서 복무하는 의무
主役(주역) 주장이 되는 역할

譯 (뜻)言 (말씀언변) (획)13 translation やくぶん
통변할역 ヤク・わけ

文 글월문 ブン・ふみ

譯文(역문) 번역한 글
譯讀(역독) 번역해서 읽음
譯書(역서) 번역한 책
譯語(역어) 번역한 말
譯者(역자) 번역한 사람
共譯(공역) 같이 협력해서 번역함
名譯(명역) 잘된 번역

疫 (뜻)广 (병질엄) (획)4
염병역 エキ・ヤク

疾 병질 シツ・はやい

疫疾(역질) 천연두. 마마병
疫鬼(역귀) 전염병을 일으킨다는 귀신
疫病(역병) 전염성의 열병
疫患(역환) 역질. 마마
防疫(방역) 유행병을 막음
惡疫(악역) 악성 유행병
災疫(재역) 천재와 전염병

驛 (뜻)馬 (말마변) (획)13 えきとう
역말역 エキ

頭 머리두 トウ・ズ・ト・かしら・あたま

驛頭(역두) 역의 앞. 역전
驛夫(역부) 역에서 일하는 잡부
驛舍(역사) 역의 건물
驛長(역장) 역의 우두머리
終着驛(종착역) 마지막 도착하는 역
始發驛(시발역) 처음 출발하는 역

域 (뜻)土 (흙토변) (획)8 いきない
지경역 イキ

內 안내 ナイ・うち

域內(역내) 어떤 구역의 안
域外(역외) 어떤 구역의 바깥
域中(역중) 구역 안
境域(경역) 경계 안의 땅
區域(구역) 구분하여 나눈 지역
領域(영역) 다스리는 지역 안
異域(이역) 남의 나라의 땅

然 彤∭(火)(불화)
획8
그럴연
ゼン・ネン・しかし

諾 consent
ぜんだく
승낙할낙
ダク

然 夕 夗 外 状 然

然諾(연낙) 청을 들어 줌. 승낙
然否(연부) 그러함과 그렇지 않음
然則(연즉) 그런즉. 그러하니까
然後(연후) 그런 후
空然(공연) 까닭없이 헛됨
嚴然(엄연) 엄하여 위풍이 있는 모양

硯 彤石(돌석변)
획7
벼루연
ケン・すずり

滴 an ink-water container
けんてき
물방울적
テキ・したたる

硯 厂 石 研 硯 硯

硯滴(연적) 벼룻물을 담아 두는 용기
硯床(연상) 벼루・먹・붓 따위를 놓
　　아 두는 책상
硯石(연석) 벼룻돌
硯水(연수) 벼룻물

煙 彤火(불화변)
획9
연기연
エン・けむり・
けぶい・けむい

幕 smoke screen
えんまく
장막막
マク・バク

煙 火 炬 炯 炬 煙

煙幕(연막) 자기 편의 소재를 가리기
　　위해 펴는 짙은 연기
煙滅(연멸) 연기처럼 사라짐
煙月(연월) 연기같은 안개 속에 보이
　　는 은은한 달
禁煙(금연) 담배를 금함

延 彤廴(민책받침)
획4
끌연
エン・のべ・のびる

長 prolongation
えんちょう
긴장
チョウ・ながい

延

延長(연장) 시일 따위를 늦추어 길게
　　함
延期(연기) 기한을 늦춤
延命(연명) 목숨을 이어감
延燒(연소) 불길이 이웃으로 번져 탐
順延(순연) 차례차례 뒤로 물림
遲延(지연) 자꾸 늦어짐
遷延(천연) 더디게 하여 늦어짐

研 彤石(돌석변)
획6
갈연
ケン・とぐ

究 research
けんきゅう
궁구할구
キュウ・きわめる

研 厂 石 石 研 研

研究(연구) 깊이 조사하고 생각함
研磨(연마) ①갈고 닦음 ②노력을 거
　　듭함
研修(연수) 학업을 닦음
研學(연학) 학문을 닦음
研武(연무) 무술을 닦음
研精(연정) 세밀하게 조사함

燃 彤火(불화변)
획12
불탈연
ネン・もえる

燒 combustion
ねんしょう
불사를소
ショウ・やく

燃 燒

燃燒(연소) 불에 탐
燃料(연료) 불을 때는 감. 곧, 신탄・
　　석유・석탄 따위. 뗄감
燃眉之厄(연미지액) 눈썹이 타는 재
　　액. 곧, 몹시 급하게 다
　　친 재난
可燃(가연) 불에 탐
不燃(불연) 불에 타지 않음

燕 (횟)灬(火)(불화) ㉺12　oats　えんばく
제비연　エン・つばめ

麥 (횟)보리맥　バク・むぎ

燕

麥

燕麥(연맥) 귀리
燕居(연거) 하는 일이 없이 한가롭게 집에 있음
燕尾(연미) ①제비꼬리 ②제비꼬리 같이 뾰족한 것 ③가위
燕遊(연유) 잔치를 베풀고 한가롭게 놂

宴 (횟)宀(갓머리) ㉺7　banquet　えんかい
잔치연　エン

會 모을회　カイ・あう

宴

會

宴會(연회) 잔치
宴席(연석) 잔치하는 자리
宴需(연수) 잔치에 소용되는 금품
宴安(연안) 편안히 지냄
送別宴(송별연) 떠나는 사람을 전송하는 잔치
祝宴(축연) 축하하는 잔치

沿 (횟)氵(삼수변) ㉺5　coast　えんがん
물따라내려갈연　エン・そう

岸 언덕안　ガン・きし

沿

岸

沿岸(연안) 강이나 바다의 근처 일대
沿道(연도) 큰 길의 연변. 연로(沿路)
沿邊(연변) 국경이나 강가, 또는 큰 길가 일대의 지방
沿線(연선) 철도 선로에 인접한 지대
沿海(연해) 바닷가에 있는 육지
沿革(연혁) 변천하여 온 내력

軟 (횟)車(수레거변) ㉺4　weaknass and tenderness　なんじゃく
연할연　ナン・やわらかい

弱 약할약　ジャク・よわい

軟

弱

軟弱(연약) 몸이나 의지가 약함
軟禁(연금) 어느 정도의 자유를 주는 감금
軟水(연수) 광물질이 안 들어 있는 물
軟化(연화) 단단한 물체나 태도가 좀 누그러짐
硬軟(경연) 강경함과 유연함
柔軟(유연) 부드럽고 연함

鉛 (횟)金(쇠금변) ㉺5　pencil　えんぴつ
납연　エン・なまり

筆 붓필　ヒツ・ふで

鉛

筆

鉛筆(연필) 흑연을 심으로 넣은 필기구
鉛毒(연독) 납의 독기
鉛白(연백) 분. 백분
鉛版(연판) 지형(紙型)에 납을 끓여 부어 만든 인쇄판
黑鉛(흑연) 탄소로 된 광물

演 (횟)氵(삼수변) ㉺11　platform　えんだん
연습할연　エン

壇 단단　ダン

演

壇

演壇(연단) 연설이나 강연을 하는 좀 높은 단
演劇(연극) ①배우가 무대에서 연출하는 극 ②남을 속이기 위한 꾸며 낸 일
演奏(연주) 음악을 아룀
講演(강연) 어떤 사물에 대해 논설함
實演(실연) 배우 따위가 실지로 나와서 연기함

緣 (島糸(실사변) 劃9 relation えんこ 故
인연연 연고고
エン・ふち コ・ゆえ

緣 故

緣故(연고) ①어떤 관련이 있음. 인연
②까닭. 사유
緣分(연분) 하늘이 내렸다는 인연. 정분(定分)
緣由(연유) 까닭. 사유. 연고
奇緣(기연) 이상스러운 인연
血緣(혈연) 친척 관계가 되는 연고

炎 (島火(불화) 劃4 inflammation えんしょう 症
불꽃염 병증세증
エン・ほのお ショウ

炎 ［丶 丷 ㇒ 火 灹 炎］ 症

炎症(염증) 몸의 한 부분이 붓고 아픈 병
炎涼主義(염량주의) 세력이 있는 사람에게 아첨하고 세력이 없어지면 배반하는 주의
炎上(염상) 불꽃을 뿜으며 타오름
炎暑(염서) 심한 더위
氣管支炎(기관지염) 기관지에 생기는 염증

熱 (島灬(火)(불화) 劃11 fieriliness ねつれつ 烈
더울열 매울렬
ネツ・あつい レツ

熱 ［圡 坴 坴 埶 熱 熱］ 烈

熱烈(열렬) 매우 맹렬함
熱氣(열기) 뜨거운 기운
熱量(열량) 물체가 지닌 열의 양. 칼로리
熱心(열심) 사물에 정성을 기울임
熱演(열연) 열심히 연출함
加熱(가열) 열을 가함
解熱(해열) 몸의 열이 내림

染 (島木(나무목) 劃5 dye せんりょう 料
물들일염 헤아릴료
セン・そめる リョウ

染 料

染料(염료) 물감
染色(염색) 피륙 따위에 물을 들임. 또는 그 들인 물
染俗(염속) 세속에 물이 듦
感染(감염) 옮아서 물이 듦
傳染(전염) 병 따위가 옮음
浸染(침염) 차차 물이 듦

悅 (島忄(심방변) 劃7 pleasure えつらく 樂
기뻐할열 즐길락·음악악
エツ・よろこぶ ラク・ガク・たのしい

悅 ［忄 忄 忰 忰 悅］ 樂

悅樂(열락) 기뻐서 즐거워함
悅口(열구) 음식이 입에 맞음
悅服(열복) 기쁜 마음으로 순종함
大悅(대열) 크게 기뻐함
喜悅(희열) 기쁘고 즐거움

鹽 (島鹵(소금밭로) 劃13 salt pond えんでん 田
소금염 밭전
エン・しお デン・た

鹽 田

鹽田(염전) 바닷물을 증발시켜 소금을 채취하는 곳. 염밭
鹽分(염분) 소금기
鹽水(염수) 소금물
鹽井(염정) 짠물이 솟는 우물
食鹽(식염) 곱게 정제한 소금
巖鹽(암염) 정제하지 않은 굵은 소금

葉 (부)艹(艸)(초두밑) (획)9 post-card はがき
잎엽
ヨウ・は

一 艹 苎 荓 葉

葉書(엽서) 우편엽서
葉綠素(엽록소) 초목의 잎에 함유된 녹색 성분
葉錢(엽전) 놋쇠로 만든 옛날 돈
葉茶(엽차) 차나무의 잎을 달인 차
金枝玉葉(금지옥엽) 몹시 귀하신 몸 이란 비유
落葉(낙엽) 가을이 되어 잎이 떨어짐

書 글서
ショ・かく

書

迎 (부)辶(辵)(책받침) (획)4 reception げいせつ
맞을영
ゲイ・むかえる

亻 幻 卬 迎 迎

迎接(영접) 손님을 맞아 대접함
迎賓(영빈) 손님을 맞아들임
迎新(영신) 새해를 맞음
迎春(영춘) ①봄맞이 ②개나리꽃
送迎(송영) 작별하여 보냄과 맞아들 이는 일
親迎(친영) ①친히 맞아들임. ②신랑 이 신부를 맞아들이는 예 식의 하나

接 댈접
セツ

接

永 (부)水(물수) (획)1 eternity えいえん
길영
エイ・ながい

`氵汀永永

永遠(영원) 길고 멂. 오램
永久(영구) ①길고 오램 ②언제까지 나
永眠(영면) 죽음
永生(영생) 오래 삶
永續(영속) 오래 계속됨
永永(영영) 오래오래. 끝내

遠 멀원
エン・オン・とおい

遠

榮 (부)木(나무목) (획)10 glory えいこう
영화영
エイ・さかえる・はえ

* 炊 丷 学 榮

榮光(영광) 명예스러운 일
榮枯(영고) 번영함과 쇠퇴함
榮達(영달) 신분이 높고 귀하게 됨
榮譽(영예) 빛나는 명예
榮轉(영전) 좋은 자리나 높은 자리로 전근됨
光榮(광영) 빛나는 영예
虛榮(허영) 필요 이상의 겉치레

光 빛광
コウ・ひかり

光

英 (부)艹(艸)(초두밑) (획)5 えいさい
꽃부리영
エイ

一 艹 苎 苎 英

英才(영재) 뛰어난 재사
英傑(영걸) 뛰어난 인물
英明(영명) 영특하고 총명함
英文(영문) 영어로 쓴 글
英譯(영역) 영어로 번역함
石英(석영) 규소와 산소의 화합물
育英(육영) 인재를 기름

才 재주재
サイ

才

泳 (부)氵(삼수변) (획)5 えいほう
헤엄칠영
エイ・およぐ

泳

泳法(영법) 헤엄치는 방법
競泳(경영) 수영 경기
背泳(배영) 송장헤엄
水泳(수영) 헤엄
遠泳(원영) 먼 거리를 수영함. 또는 그런 경기
平泳(평영) 개구리헤엄

法 법법
ホウ・ハツ・ホツ

法

詠 ㉨言(말씀언변) ㉤5　えいぎん
을을영
エイ・よむ

吟
을을음　ギン

詠

吟

詠吟(영음) 노래나 시를 을조림. 음영
詠物(영물) 자연의 광경을 소재로 하
　　　　여 시가를 지음
詠歎(영탄) ①목소리를 길게 빼어 을
　　　　음 ②을어 칭찬함
愛詠(애영) 시가를 즐겨 을음
吟詠(음영) ⇨영음(詠吟)

映 ㉨日(날일변) movie ㉤5　えいが
비칠영
エイ・はえる

畫
그림화・그을획　ガ・カク

映

畫

映畫(영화) 활동사진. 시네마
映射(영사) 광선이 반사함
映寫(영사) 영화나 환등을 상영함
映山紅(영산홍) 진달래과에 딸린 관
　　　　목. 나리꽃 같은 붉은 꽃
　　　　이 핌
反映(반영) 되비치는 그림자
上映(상영) 영화를 공개함

營 ㉨火(불화)management ㉤13　えいい
지을영
エイ・いとなむ

爲
할위
イ・ため・なす

營

爲 (為)

營爲(영위) 어떤 일을 경영함
營內(영내) 진영의 안
營利(영리) 이익을 꾀함
營養(영양) 생물이 양분을 섭취하는
　　　　일. 또는 그 양분
營業(영업) 영리를 위한 사업
經營(경영) 영업을 함

藝 ㉨艹(艸)(초두밑) art ㉤15　げいじゅつ
재주예
ゲイ

術
꾀술
ジュツ・すべ

藝

一	艹	莎	蓻	藝
云

術

藝術(예술) 음악・무용・문학・회화
　　　　따위의 기예
藝能(예능) ①기예에 능한 재주 ②연
　　　　극・영화 따위의 예술
藝林(예림) 예술가의 사회
曲藝(곡예) 줄타기・곡마 따위의 재주
學藝(학예) 학문에 관한 예능

影 ㉨彡(터럭삼) ㉤12　えいいん
그림자영
エイ・かげ

印
도장인
イン・しるし

影

印

影印(영인) 책 따위를 사진으로 찍어
　　　　복사하는 일
影寫(영사) 그림・글씨를 밑에 놓고
　　　　그대로 그림
影像(영상) ①족자에 그린 화상 ②광
　　　　선의 작용으로 비치는 물
　　　　상(物像)
影響(영향) 어떤 사물이 다른 사물에
　　　　힘을 미침

豫 ㉨豕(돼지시) previous notice ㉤9　よこく
미리예
ヨ・あらかじめ

告
알릴고
コク・つぐ

豫

告

豫告(예고) 미리 알려 줌
豫見(예견) 미리 짐작하여 앎
豫賣(예매) 미리 팖
豫算(예산) 수입과 지출을 미리 예정
　　　　하고 계획을 세움
豫定(예정) 미리 작정해 놓음
猶豫(유예) 시일을 늦추어 여유를 줌

譽 (學)言(말씀언변) よぶん 聞
(획)14 reputation 들을문
기릴예 reputation 들을문
ヨ・ほまれ ブン・モン・きく

譽 聞

·譽聞(예문) 남의 좋은 평판
譽望(예망) 명예
譽聲(예성) ①남들이 칭찬하는 소리
②명예와 성문
譽言(예언) 칭찬하여 기리는 말
名譽(명예) 좋은 평판. 높은 이름
榮譽(영예) 빛나는 명예

吾 (學)口(입구) ごじん 人
(획)4
나오 사람인
ゴ・われ ジン・ニン・ひと

吾 | 丁 | 五 | 吾 | 吾 | 人

吾人(오인) 나. 우리
吾等(오등) 우리들
吾不關焉(오불관언) 자기는 그 일에
관여 하지 않음
吾鼻三尺(오비삼척) 내 코가 석 자.
곧, 남의 일을 돌봐 줄 형
편이 안 됨

銳 (學)金(쇠금변) sharpness 利
(획)7 えいり
날카로울예 이할리
エイ・するどい リ・きく

銳 利

銳利(예리) ①칼 따위가 날카로움
②두뇌가 명민함
銳敏(예민) 날쌔고 민첩함
銳意(예의) 마음을 단단히 먹고 힘씀
銳智(예지) 예민한 지혜
新銳(신예) 기세가 새롭고 날카로움
精銳(정예) 썩 날래고 용맹함

悟 (學)忄(심방변) understanding 性
(획)7 ごせい
깨달을오 성품성
ゴ・さとる セイ・ショウ

悟 | 忄 | 忉 | 怀 | 怀 | 悟 | 性

悟性(오성) 사물을 이해하는 힘. 영
리한 천성
悟道(오도) 도를 깨침
悟悅(오열) 깨달아 기쁨을 느낌
覺悟(각오) 깨닫고 마음을 작정함
大悟(대오) 크게 깨달음
悔悟(회오) 뉘우쳐 깨달음

五 (學)二(두이) five senses 感
(획)2 ごかん
다섯오 느낄감
ゴ・いつつ カン

五 | 一 | 丁 | 五 | 五 | 感

五感(오감) 눈·코·귀·입·피부의
다섯 가지 감각
五穀(오곡) 다섯 가지 주요 곡식
五輪(오륜) ①불교의 오륜성신(五輪
成身) ②올림픽의 대회
마크
五里霧中(오리무중) 안개 속에 파묻
힌 것처럼 정체를 잡을 수
없는 일

午 (學)十(열십) nap 睡
(획)2 ごすい
낮오 잠잘수
ゴ・(うま) スイ

午 | 二 | 午

午睡(오수) 낮잠
午時(오시) 낮 11시부터 오후 1시 사이
午正(오정) 낮 12시
午熱(오열) 낮의 뜨거운 기운
端午(단오) 음력 5월 5일의 명절
上午(상오) 오전(午前)
下午(하오) 오후(午後)

誤 ㉖言(말씀언변) ㉖7 ①miscount ごさん

그르칠오
ゴ・あやまち

算 셈할산 サン

誤 | 言 | 言 | 誤 | 誤 | 誤

誤算(오산) ①틀린 계산 ②잘못된 계획
誤記(오기) 잘못 기록함
誤讀(오독) 잘못 읽음
誤植(오식) 조판에서 활자를 잘못 낌
誤解(오해) 잘못 앎
過誤(과오) 잘못. 실수
正誤(정오) 바른 것과 그른 것

嗚 ㉖口(입구변) ㉖10 ああ

탄식할오
オ・(ああ)

呼 부를호 コ・よぶ

呼

嗚呼(오호) 탄식하는 소리. 감탄하는 소리
嗚嗚(오오) ①노래부르는 소리 ②슬퍼하는 소리

烏 ㉖灬(火)(불화) ㉖6 うごう

까마귀오
ウ・からす

合 합할합 ゴウ・ガツ・あう

烏 | 亻 | 尸 | 乍 | 烏 | 烏

烏合(오합) 어중이떠중이가 모인 것
烏合之卒(오합지졸) 까마귀떼처럼 수효만 많을 뿐인 힘없는 무리
烏有(오유) 어찌 있으랴(없을 것이다)
烏乎(오호) 슬플 때 내는 감탄사

娛 ㉖女(계집녀변) ㉖7 recreation ごらく

즐길오
ゴ

樂 즐길락・풍류악・즐길요 ラク・ガク・たのしい

娛

樂

娛樂(오락) 재미있게 놀고 즐김
娛樂場(오락장) ①모여서 오락을 즐기는 자리 ②여러 가지 설비를 해 놓고 영업적으로 하는 놀이 장소
娛娛(오오) 유쾌하게 즐기는 모양
娛遊(오유) 즐겁게 놂
娛喜(오희) 즐기고 기뻐함

汚 ㉖氵(삼수변) ㉖3 pollution おせん

더러울오
オ・よごす

染 물들일염 セン・そめる

汚

染

汚染(오염) 더럽혀짐
汚吏(오리) 부정한 관리
汚名(오명) 더럽혀진 이름
汚物(오물) 더러운 물건. 대소변 따위
汚損(오손) 더럽혀지고 망가짐
汚水(오수) 더러운 물
汚點(오점) ①나쁜 점 ②오염(汚染)

梧 ㉖木(나무목변) ㉖7 ①paulownia ごどう

벽오동오
ゴ

桐 오동동 トウ・ドウ・きり

梧

桐

梧桐(오동) ①벽오동나무 ②새의 하나
梧桐秋夜(오동추야) 오동나무의 잎이 지는 가을밤
梧陰(오음) 오동나무의 그늘
梧葉(오엽) 오동나무의 잎
碧梧桐(벽오동) 오동나무의 하나

傲慢

[부]亻(인변) haughtiness
[획]11 ごうまん

傲 거만할오 ゴウ・おごる
慢 게으를만 マン

傲 慢

傲慢(오만) 거만하게 거드럭거림
傲骨(오골) 교만한 기골
傲霜(오상) 모진 서리에도 굽히지 않는다는 비유
放傲(방오) 방자하고 교만함

獄舍

[부]犬(개견) prison
[획]10 ごくしゃ

獄 감옥옥 ゴク
舍 집사 シャ・いえ

獄 舍

獄舍(옥사) 감옥. 감옥의 건물
獄吏(옥리) 옛날의 감옥의 관리
獄死(옥사) 감옥에서 죽음
獄事(옥사) 공공에 관계되는 중대한 범죄를 다스림
獄中(옥중) 감옥 안
出獄(출옥) 감옥에서 풀려 나옴

玉石

[부]玉(구슬옥) precious stones
[획](5) ぎょくせき

玉 구슬옥 ギョク・たま
石 돌석 セキ・コク・いし

玉 [一][丅][干][王][玉] 石

玉石(옥석) 옥과 돌. 좋은 것과 나쁜 것
玉稿(옥고) 상대방의 원고를 높여서 이르는 말
玉童子(옥동자) 옥같이 귀한 아들
玉手(옥수) 아름다운 손
玉食(옥식) 좋은 음식

溫泉

[부]氵(삼수변) hot spring
[획]10 おんせん

溫 따뜻할온 オン・あたたかい
泉 샘천 セン・いずみ

溫(温) [氵][汨][溫] 泉

溫泉(온천) 더운물이 솟는 샘
溫氣(온기) 따뜻한 기운
溫暖(온난) 날씨가 따뜻함
溫度(온도) 덥고 찬 정도
溫情(온정) 따뜻한 인정
氣溫(기온) 대기의 온도
體溫(체온) 몸의 온도

屋內

[부]尸(주검시엄) indoor
[획]6 おくない

屋 집옥 オク・や
內 안내 ナイ・うち

屋 [尸][层][层][屖][屋] 內

屋內(옥내) 집의 안
屋上(옥상) 지붕 위
屋外(옥외) 집 밖. 한데
屋宇(옥우) 집. 가옥
家屋(가옥) 집
社屋(사옥) 회사의 건물
草屋(초옥) 초가집

翁主

[부]羽(깃우) princess
[획]4 おうしゅ

翁 늙은이옹 オウ
主 주인주 シュ・ぬし

翁 主

翁主(옹주) ①왕이나 제후의 딸 ②서출(庶出)의 왕녀
翁姑(옹고) 시아버지와 시어머니
老翁(노옹) 늙은 남자. 노인
婦翁(부옹) 사위에 대한 장인의 자칭
村翁(촌옹) 촌 늙은이

瓦 ㉠瓦(기와와) ㊁(5) break down がかい 解

기와와
ガ・(グラム)
풀해
カイ・ゲ・とく

瓦 一 厂 瓦 瓦

瓦解(와해) 사물이 이루어지지 않고 깨어짐
瓦家(와가) 기와집
瓦全(와전) 옥이 못 되고 기와가 되어 남음. 보람없는 목숨을 보전한다는 뜻
瓦當(와당) 추녀 끝에 덮는 기와로, 한쪽이 둥글게 된 것
瓦衣(와의) 지붕덮은 기와에 나는 이끼

緩 ㉠糸(실사변) ㊁9 mitigate かんしょう 衝

느릴완
カン・ゆるい
찔를충
ショウ・つく

緩 緩 衝

緩衝(완충) 충돌을 완화시킴
緩急(완급) ①느림과 급함 ②위급한 일
緩慢(완만) 느릿느릿함
緩行(완행) 느리게 다님
緩和(완화) 느슨하게 함
緩化(완화) 느리게 됨

臥 ㉠臣(신하신변) ㊁2 rise がき 起

누울와
ガ
일어날기
キ・おきる・おこす

臥 厂 臣 臣 臥 起

臥起(와기) 잠자리에서 일어남. 또는 기거(起居)
臥龍(와룡) ①누워 있는 용 ②때를 만나지 못한 큰 인물
臥病(와병) 병으로 들어누움
臥席(와석) 병석에 누움
臥遊江山(와유강산) 산수의 그림을 보며 즐김
起臥(기와) 일어남과 누움

曰 ㉠曰(가로왈) ㊁(4) hussy 字

가로왈
いわく・のたまわく
글자자
ジ・あざ

曰 曰 字

曰字(왈자) 왈패
曰可曰否(왈가왈부) 좋으니 나쁘니 하고 떠들어댐
曰兄曰弟(왈형왈제) 서로 형이니 아우니 하며 친하게 지냄
子曰(자왈) 공자왈(孔子曰). 공자가 말하기를

完 ㉠宀(갓머리) ㊁4 accomplishment かんすい 遂

완전할완
カン
드디어수
スイ・つい

完 ' ' 宀 宇 完 遂

完遂(완수) 완전히 다 이룸
完結(완결) 다 끝을 맺음
完了(완료) 완전히 끝마침
完成(완성) 다 이룸
完全(완전) 흠이나 부족함이 없음
未完(미완) 아직 끝나지 않음
補完(보완) 완전하도록 보충함

王 ㉠玉(王)(구슬옥) ㊁(4) empress おうひ 妃

임금왕
オウ
왕비비
ヒ

王 一 丁 王 王 妃

王妃(왕비) 임금의 아내
王家(왕가) 임금의 집안
王冠(왕관) ①임금이 쓰는 관 ②최고의 영예
王族(왕족) 임금의 혈족
君王(군왕) 임금
聖王(성왕) 어진 임금

往 ⑤亻(두인변) round-trip
획5
おうふく
갈왕
オウ

復
회복할복
フク

往 | 亻 | 彳 | 行 | 往 | 往 |
復

往復(왕복) 갔다가 돌아옴
往年(왕년) ①지난 해 ②과거
往來(왕래) 왔다갔다 함
往事(왕사) 지나간 일
往往(왕왕) 가끔. 이따금
旣往(기왕) 이미 지나감
來往(내왕) 오고 가고 함

要 ⑤襾(西)(덮을아) factor
획3
よういん
중요로울요
ヨウ・いる・
かなめ

因
인연인
イン・よる・
ちなむ

要 | 襾 | 西 | 要 | 要 | 要 |
因

要因(요인) 중요한 원인
要求(요구) 필요하여 청구함
要望(요망) 꼭 그렇게 하기를 바람
要點(요점) 중요한 점
重要(중요) 소중하고 긴요함
必要(필요) 꼭 소용이 됨

外 ⑤夕(저녁석) trauma
획2
がいしょう
바깥외
ガイ・ゲ・そと・
ほか・はずす

傷
상할상
ショウ・きず・
いたむ

外 | ク | 夕 | 夕 | 外 |
傷

外傷(외상) 살 거죽의 상처
外家(외가) 어머니의 친정
外觀(외관) 겉으로 본 모양
外來品(외래품) 외국에서 사 온 물건
外勢(외세) ①밖의 형세 ②외부의 세력
外資(외자) 외국인의 자본
國外(국외) 나라 밖. 외국

腰 ⑤月(肉)(육달월변)
획9
lumbago
ようつう
허리요
ヨウ・こし

痛
아플통
ツウ・いたむ

腰
痛

腰痛(요통) 허리가 아픈 병
腰帶(요대) 허리띠
腰折(요절) 몹시 우스워서 허리를 끊어질 듯함
腰下(요하) 허리 아래
細腰(세요) 가는 허리
柳腰(유요) 버들가지같은 날씬한 허리

畏 ⑤田(밭전) awe
획4
いけい
두려워할외
イ・かしこまる

敬
공경경
ケイ・キョウ・
うやまう

畏
敬

畏敬(외경) 두려워하고 존경함
畏忌(외기) 두려워하고 꺼림
畏友(외우) 아끼고 존경하는 벗
畏兄(외형) 편지에서 친구를 말함
可畏(가외) 두려워할 만함
敬畏(경외) 공경하고 두려워함

搖 ⑤扌(재방변) shake
획10
ようどう
흔들요
ヨウ・ゆれる

動
움직일동
ドウ・うごく

搖
動

搖動(요동) 흔들림. 동요함
搖車(요차) 어린애를 태우고 미는 수레
搖之不動(요지부동) 흔들어도 움직이지 않음
搖搖(요요) ①배 따위가 흔들리는 모양 ②마음이 불안한 모양
動搖(동요) 흔들림. 요동을 침

遙 ⊕辶(辵)(책받침) ⑩10 ようぜん 然
멀요 그럴연
ヨウ・はるか ゼン・しかし

遙 然

遙然(요연) 멀고 아득함. 요요(遙遙)
遙拜(요배) 멀리 바라보고 절함
遙夜(요야) 긴 밤
遙遠(요원) 아득히 멂
遙遙(요요) ①멀고 아득한 모양 ②
　　　　　마음이 불안한 모양 ③
　　　　　가는 모양

浴 ⊕氵(삼수변) bathroom ⑩7 よくしつ 室
목욕할욕 집실
ヨク・あびる シツ・むろ

浴 シ氵氵氵浴 室

浴室(욕실) 목욕하는 방. 목욕탕
浴客(욕객) 목욕하러 온 손님
浴恩(욕은) 은혜를 입음
日光浴(일광욕) 햇볕에 몸을 쬐어 몸
　　　　　을 튼튼히 함
海水浴(해수욕) 바닷물에 몸을 씻고
　　　　　놂

謠 ⊕言(말씀언변) rumour ⑩10 ようげん 言
노래요 말씀언
ヨウ・うたい ゲン・ゴン・こと

謠 言

謠言(요언) 세상에 떠도는 소문
謠歌(요가) 노래. 유행가
謠俗(요속) 속된 풍속
歌謠(가요) 유행가
童謠(동요) 어린이의 노래
民謠(민요) 일반 민중에 전해지는 노
　　　　래

慾 ⊕心(마음심) greed ⑪11 よくしん 心
욕심욕 마음심
ヨク シン・こころ

慾 心

慾心(욕심) 하고 싶고 갖고 싶은 마음
慾氣(욕기) 탐내어 가지고 싶은 생각
慾望(욕망) 하고 싶거나 탐내는 의
　　　　욕
慾情(욕정) 일시적인 충동으로 인한
　　　　욕심
多慾(다욕) 욕심이 많음
無慾(무욕) 욕심이 없음

欲 ⊕欠(하품흠몸) desire ⑩7 よくしん 心
하고자할욕 마음심
ヨク・ほっする シン・こころ

欲 心

欲心(욕심) 하고자 하는 의욕
欲速不達(욕속부달) 빨리 하고자 해
　　　　도 되지를 않음
欲情(욕정) 한때의 충동으로 일어나
　　　　는 욕심
意欲(의욕) 하고자하는 적극적인 마
　　　　음씨

辱 ⊕辰(별진) ⑬3 じょくりん 臨
욕될욕 임할림
ジョク・はず リン・のぞむ
かしめる

辱 臨

辱臨(욕림) 남이 찾아옴을 높여서 이
　　　　르는 말
辱及父兄(욕급부형) 자제의 잘못이 부
　　　　형의 욕이 됨
屈辱(굴욕) 남에게 복종하는 치욕
雪辱(설욕) 욕된 일을 씻음

用 ㉯用(쓸용) ㉤(5) business ようけん 쓸용 ヨウ・もちいる	件 물건건 ケン

用 丨 冂 月 用 件

用件(용건) 볼 일. 용무
用具(용구) 쓰이는 기구
用途(용도) 쓰이는 곳
用務(용무) 볼 일. 용건
信用(신용) 믿어 의심치 않음
公用(공용) 여러 사람의 소용
採用(채용) 뽑아서 씀

庸 ㉯广(엄호밑) ㉤8 awkward ようれつ 떳떳할용 ヨウ	劣 용렬할렬 レツ・おとる

庸 劣

庸劣(용렬) 어리석고 재주가 없음
庸夫(용부) 평범한 사나이
庸弱(용약) 재주가 없고 약함
庸才(용재) 평범한 재주
凡庸(범용) 평범하고 용렬함
中庸(중용) 어느쪽으로도 치우침이
없이 공평함

勇 ㉯力(힘력) ㉤7 bravery ゆうもう 날랠용 ユウ・いさましい	猛 사나울맹 モウ

勇 ⺆ ⺝ 甬 勇 猛

勇猛(용맹) 날래고 사나움
勇敢(용감) 씩씩하고 기운참
勇氣(용기) 씩씩하고 용감한 기운
勇斷(용단) 용기있게 결단을 내림
蠻勇(만용) 야만적인 용기
義勇(의용) 의로운 일에 대한 용기

于 ㉯二(두이) ㉤1 (…にとつぐ) 어조사우 ウ・に	歸 돌아올귀 キ・かえる

于 二 于 歸

于歸(우귀) 시집옴
于禮(우례) 시집옴. 우귀
于役(우역) 임금의 명을 받아 사신으
로 나가거나 국경의 경비
를 맡음
貪于飲食(탐우음식) 음식을 탐냄

容 ㉯宀(갓머리) ㉤7 container ようき 얼굴용 ヨウ	器 그릇기 キ・うつわ

容 宀 宀 宊 容 容 器

容器(용기) 물건을 담는 그릇
容納(용납) 너그럽게 받아들임. 용인
容量(용량) ①그릇에 담긴 분량 ②물
질에 함유된 어떤 성분
容貌(용모) 얼굴 모양
寬容(관용) 너그럽게 받아 줌
美容(미용) 얼굴을 아름답게 함

宇 ㉯宀(갓머리) ㉤3 universe うちゅう 집우 ウ	宙 집주 チュウ

宇 丶 宀 宀 宇 宇 宙

宇宙(우주) 세계. 천지. 온 누리
宇内(우내) 온 세상 안
宇宙線(우주선) 천체에서 지상으로 오
는 방사선의 총칭
宇宙船(우주선) 사람을 태운 인공위성
宇宙人(우주인) ①천체에 산다는 사
람 ②우주선에 탄 사람

右 (부)口(입구) the Right (획)2
오른쪽우
ウ・ユウ・みぎ

翼 うよく
날개익
ヨク・つばさ

右 ノ ナ 右 右
翼

右翼(우익) ①오른쪽 날개 ②보수적인 당파나 그런 경향
右邊(우변) 오른쪽 가장자리
右旋回(우선회) 오른편으로 돌아감
右往左往(우왕좌왕) 갈팡질팡함
右傾(우경) 보수적인 쪽으로 기욺
左右(좌우) 왼쪽과 오른쪽

雨 (부)雨(비우) shower-rainy (획)8
비우
ウ・あめ

期 うき
바랄기
キ・ゴ

雨 一 丅 冂 丙 雨 雨
期

雨期(우기) 비가 오는 시기. 장마철
雨具(우구) 우장. 우비
雨露(우로) 비와 이슬
雨天(우천) 비 오는 날
甘雨(감우) 때맞춰 잘 오는 비
暴雨(폭우) 마구 쏟아지는 비
風雨(풍우) 바람과 비. 비바람

牛 (부)牛(牜)(소우) cattle (획)(4)
소우
ギュウ・うし

公 ぎゅうこう
공변될공
コウ・おおやけ

牛 ⺊ ⺧ 牛
公

牛公(우공) 소를 인격화한 말
牛馬(우마) 소와 말
牛步(우보) 소같이 느린 걸음
牛乳(우유) 소의 젖
耕牛(경우) 논밭을 가는 소
農牛(농우) 농사일을 시키는 소
乳牛(유우) 젖을 짜기 위한 소. 젖소

憂 (부)心(마음심) anxiety (획)11
근심우
ユウ・うれい・うい

慮 ゆうりょ
생각려
リョ・おもんばかる

憂 直 叀 惪 夢 憂
慮

憂慮(우려) 걱정함. 근심함
憂國(우국) 나라의 일을 걱정함
憂愁(우수) 걱정과 근심
憂心(우심) 근심하는 마음
內憂外患(내우외환) 국내의 근심과 대외적인 걱정거리

友 (부)又(또우) brotherhood (획)2
벗우
ユウ・とも

愛 ゆうあい
사랑애
アイ

友 一 ナ 方 友
愛

友愛(우애) 형제간의 정의
友邦(우방) 가까이 사귀는 나라
友情(우정) 친구간의 정의
友好(우호) 벗으로 사귐
故友(고우) 죽은 친구
朋友(붕우) 벗. 친구
親友(친우) 친한 벗

又 (부)又(또우) (획)(2) (또, 이왈)
또우
ユウ・また

曰 가로왈
いわく・のたまわく

又 フ 又
曰

又曰(우왈) 또 말하기를. 다시 이르되
又況(우황) 하물며
又賴(우뢰) 의뢰받은 사람이 또 다른 사람에게 의뢰함
又重之(우중지) 더욱이. 뿐만 아니라
又複(우복) 또다시. 재차(再次)

195

尤 ㉺尤(兀)(절름발이왕) ㉠1 superiority
더욱우
ユウ・もっとも

尤 一ナ尢尤

尤異(우이) 몹시 다름. 썩 뛰어남
尤極(우극) 더욱. 더욱 심하게
尤妙(우묘) 더욱 묘함
尤甚(우심) 더욱 심함
尤物(우물) 뛰어난 물건·사람

異 ㉠8
다를이
イ・ことなる

異

郵 ㉺阝(邑)(우부방) ㉠8 postal service
우편우
ユウ

郵

郵便(우편) 편지·소포 따위의 업무
郵稅(우세) 우편 요금
郵送(우송) 우편으로 보냄
郵政(우정) 우편에 관한 정무
郵票(우표) 우편 요금을 대신하는 증표
郵便換(우편환) 우편을 이용하는 환어음

便
편할편·똥오줌변
ビン・ベン・たより

便

遇 ㉺辶(辵)(책받침) ㉠9
만날우
グウ・あう

遇 日尸弓禺遇

遇合(우합) 우연히 좋은 기회를 만남
遇待(우대) 신분에 맞게 대접함
遇害(우해) 살해당함
不遇(불우) 처지가 딱하게 됨
冷遇(냉우) 쌀쌀하게 대함. 푸대접

合
합할합
ゴウ・ガツ・あう

合

愚 ㉺心(마음심)dull-brained ㉠9
어리석을우
グ・おろか

愚

愚鈍(우둔) 어리석고 둔함
愚見(우견) 자기 의견의 낮춤말
愚男(우남) 어리석은 사나이
愚弄(우롱) 어리석다고 깔보고 놀림
愚劣(우열) 어리석고 못남
大愚(대우) 몹시 어리석음
賢愚(현우) 총명함과 어리석음

鈍
둔할둔
ドン・にぶい

鈍

羽 ㉺羽(깃우) right wings ㉠6
깃우
ウ・はね

羽

羽翼(우익) ①새의 날개 ②도와서 받드는 사람
羽毛(우모) 새의 깃과 짐승의 털
羽衣(우의) 새의 깃으로 만든 옷
羽族(우족) 새의 총칭. 조류
羽化登仙(우화등선) 사람의 몸에 날개가 나서 하늘로 올라가 신선이 됨

翼
날개익
ヨク・つばさ

翼

偶 ㉺亻(인변) idol ㉠9
짝우
グウ・たまたま

偶

偶像(우상) 신불의 형상
偶發(우발) 우연히 발생함
偶數(우수) 짝수
偶然(우연) 뜻밖에 저절로 된 것
奇偶(기우) 기이한 우연
配偶(배우) 짝. 부부. 배필

像
형상상
ゾウ

像

優位

[부]亻(인변) predominance
[획]15 ゆうい

優 넉넉할우 ユウ・まさる
位 벼슬위 イ・くらい

優 位

優位(우위) 우수한 위치
優待(우대) 특히 잘 대우함
優等(우등) 우수한 등급
優越(우월) 뛰어남
俳優(배우) 영화나 연극에 출연하는 사람
聲優(성우) 목소리만으로 연출하는 배우

運命

[부]辶(辵)(책받침) fate
[획]9 うんめい

運 옮길운 ウン・はこぶ
命 목숨명 メイ・ミョウ・いのち

運  命

運命(운명) 사람의 행복과 길흉을 지배한다는 큰 힘
運動(운동) ①몸의 건강을 위한 움직임 ②어떤 일이 되도록 힘쓰는 일
運送(운송) 물건을 운반하여 보냄
運休(운휴) 운전이나 운영을 멈추고 쉼
幸運(행운) 행복한 운수

云謂

[부]二(두이) talk about
[획]2 うんい

云 이를운 ウン・いう
謂 이를위 イ・いう

云  謂

云謂(운위) 말하다. 일러 말하다
云云(운운) ①…라고 말하다 ②여러 가지 말
云何(운하) 어찌. 어떻게. 여하(如何)
云爲(운위) 말과 동작. 언행(言行)

韻致

[부]音(소리음) elegance
[획]10 いんち

韻 운운 イン
致 이룰치 チ・いたす

韻 致

韻致(운치) 고상한 품위. 풍치
韻文(운문) 운율을 가진 글. 율문(律文)
韻人(운인) 운치가 있는 사람
脚韻(각운) 글귀 끝에 다는 운
餘韻(여운) ①아직 가시지 않은 운치 ②떠난 사람이 남긴 좋은 영향

雲集

[부]雨(비우밑) swarm
[획]4 うんしゅう

雲 구름운 ウン・くも
集 모일집 シュウ・つどう・あつまる

雲 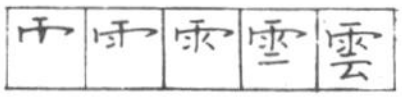 集

雲集(운집) 구름처럼 사방에서 모임
雲母(운모) 화강암의 한 성분
雲煙過眼(운연과안) 구름이나 연기를 보듯 지나치고 맒. 사물에 관심을 갖지 않음
紫雲(자운) 자주빛이 나는 상서로운 구름

雄辯

[부]隹(새추) eloquence
[획]4 ゆうべん

雄 수컷웅 ユウ・お・おす
辯 말잘할변 ベン

雄  辯

雄辯(웅변) 거침없이 잘하는 말
雄大(웅대) 규모가 크고 웅장함
雄兒(웅아) 뛰어난 남자
雄壯(웅장) 으리으리하고 큼
雄才(웅재) 뛰어난 재능
英雄(영웅) 재능과 담력이 뛰어난 사람
雌雄(자웅) 수컷과 암컷. 또는 우열(優劣)

元 (부)儿(어진사람인발)
(획)2 principal sum
がん・きん

으뜸원
ガン・ゲン・もと

元 [二 テ 元]

元金(원금) 본전
元氣(원기) ①타고난 기운 ②만물의 근본인 힘
元旦(원단) 정월 초하루
元利(원리) 원금과 이자
身元(신원) 본디의 신분
紀元(기원) 연대를 계산하는 첫해

金 쇠금
キン・かね

金

遠 (부)辶(辵)(책받침) far and near
(획)10 えんきん

멀원
オン・エン・
とおい

遠 [吉 吉 吉 袁 遠]

遠近(원근) 멀고 가까움
遠景(원경) 멀리서 본 경치
遠來(원래) 먼 곳에서 옴
遠因(원인) 먼 원인
久遠(구원) 오래고 멂
永遠(영원) 길고 오랜 세월

近 가까울근
キン・コン・
ちかい

近

原 (부)厂(민엄호) manuscript
(획)8 げんこう

근원원
ゲン・はら

原 [一 厂 厈 原 原]

原稿(원고) 작품을 쓴 초벌
原告(원고) 소송을 제기한 사람
原料(원료) 물건을 만드는 재료
原案(원안) 회의에 낸 처음 안건
原形(원형) 본디의 형상
高原(고원) 지대가 높은 들
草原(초원) 풀이 많은 들

稿 원고고
コウ

稿

園 (부)口(에운담) gardening
(획)8 えんげい

동산원
エン・その

園 [冂 王 吉 妻 園]

園藝(원예) 채소·과수·화초를 가꾸는 일
園兒(원아) 유치원에 다니는 아이
公園(공원) 공중의 휴양·유락을 위한 시설
果樹園(과수원) 과일나무를 가꾸는 농원
動物園(동물원) 각종 동물을 사육하고 일반에게 공개하는 시설

藝 재주예
ゲイ

藝

願 (부)頁(머리혈)
(획)10 application
がんしょ

원할원
ガン・ねがう

願 [原 原 原 願 願]

願書(원서) 청원하는 서류
願意(원의) 바라는 생각
願人(원인) 바라는 사람
願入(원입) 들어가기를 원함
祈願(기원) 빌며 원함
志願(지원) 뜻이 있어 지망함
請願(청원) 청하고 바람

書 글서
ショ・かく

書

怨 (부)心(마음심)
(획)5 resentment
えんぼう

원망할원
エン・うらむ

怨 [夕 夘 妃 怨 怨]

怨望(원망) ①남을 못마땅하게 여김 ②지난 일을 불만스럽게 생각함
怨聲(원성) 원망하는 불평의 말
怨訴(원소) 원망스런 하소연
怨恨(원한) 원통한 생각
宿怨(숙원) 오래 묵은 원한

望 바랄망
ボウ・モウ・のぞむ

望

198

圓 ㉮口(에운담몸) ㉱10 ripeness えんじゅく 熟	援 ㉮扌(재방변) ㉱9 help えんじょ 助
둥글원 에ン·まるい 익을숙 ジュク·うれる	도울원 エン 도울조 ジョ·すけ·たすける

圓 熟   援 助

圓熟(원숙) ①무르익음 ②매우 익숙함
圓滿(원만) 둥글둥글하게 의좋게 지냄
圓心(원심) 원의 중심
圓周(원주) 원의 둘레
圓塔(원탑) 둥글게 쌓은 탑
半圓(반원) 반달모양의 동그라미
方圓(방원) 모난 것과 둥근 것

援助(원조) 도와 줌. 구해 줌
援軍(원군) 구원하는 군대
援兵(원병) 구원하는 군사
援護(원호) 구원하여 보호함
救援(구원) 구하고 도와 줌
聲援(성원) 용기를 내도록 응원함
後援(후원) 뒤에서 보살펴 줌

員 ㉮口(입구) ㉱7 number of persons いんずう 數	院 ㉮阝(阜)(좌부방) ㉱7 いんしゅ 主
인원원 イン 셀수 スウ·かず·かぞえる	집원 イン 주인주 シュ·ぬし

員 數   院 主

員數(원수) 사람의 수
員外(원외) 정한 인원 이외의 수
缺員(결원) 정원의 비어 있는 자리
教員(교원) 학교의 선생
滿員(만원) 사람이 꽉 차 넘침
人員(인원) 사람. 사람의 수
定員(정원) 정한 인원

院主(원주) 절의 주지(住持)
院議(원의) 원(院)의 의결
院長(원장) 원(院)자가 붙은 기관의 우두머리
孤兒院(고아원) 고아들을 모아 양육하는 기관
入院(입원) 병원에 치료하러 아주 들어가 있음
退院(퇴원) 병원에서 나옴

源 ㉮氵(삼수변) ㉱10 source げんせん 泉	月 ㉮月(달월) ㉱(4) salary げっきゅう 給
근원원 ゲン·みなもと 샘천 セン·いずみ	달월 ゲツ·ガツ·つき 줄급 キュウ·たまう

源 泉   月 給

源泉(원천) 사물이 생기는 근원
源流(원류) 수원(水源)의 흐름
根源(근원) 사물의 근본
水源(수원) 물이 흐르는 근원
資源(자원) 온갖 물자의 근원이 되는 것
電源(전원) 전력을 공급하는 원천

月給(월급) 달을 기준으로 주는 보수
月例(월례) 다달이 하는 행사
月末(월말) 그믐께
月賦(월부) 다달이 나누어 갚음
滿月(만월) 둥근 달. 보름달
半月(반월) 반달. 또는 한 달의 반
秋月(추월) 가을철의 맑은 달

199

越 走(달아날주변) ⓗ5 swallow えつえん
넘을월 エツ・こえる

燕 제비연 エン・つばめ

越

燕

越燕(월연) 제비
越境(월경) 국경을 넘음
越南(월남) ①남쪽으로 넘어감 ②베트남(Vietnam)
越便(월편) 건너편
優越(우월) 훨씬 우수함
移越(이월) 다음으로 옮겨 넘어감

爲 爪(손톱조) ⓗ8 いが
할위 イ・ため・なす

我 なわ ガ・われ

爲

我

爲我(위아) 자기만을 위함
爲先(위선) ①우선 ②조상을 모심
爲始(위시) 비롯함. 시작함
爲人(위인) 사람의 됨됨이
爲政者(위정자) 정치를 하는 사람들
人爲(인위) 사람이 함
行爲(행위) 하는 행동

位 イ(인변) ⓗ5 position いち
벼슬위 イ・くらい

置 둘치 チ・おく

位

置

位置(위치) ①물건이 있는 자리 ②입장 ③지위
位階(위계) 벼슬의 등급
位畓(위답) 수익을 조상 받드는 데 쓰는 논
各位(각위) 여러분
上位(상위) 윗자리
體位(체위) 체격이나 체중의 정도

偉 イ(인변) ⓗ9 greatness いだい
클위 イ・えらい

大 큰대 タイ・ダイ・おおきい

偉

大

偉大(위대) 국량이 매우 큼
偉觀(위관) 위대한 광경
偉力(위력) 위대한 힘
偉業(위업) 위대한 사업
偉人(위인) 뛰어난 위대한 사람
英偉(영위) 영명하고 위대함

危 卩(병부절) ⓗ4 danger きけん
위태할위 キ・あやうい・あぶない

險 험할험 ケン・けわしい

危

險

危險(위험) 매우 위태함
危急(위급) 몹시 위태롭고 급함
危機(위기) 위험한 경우
危重(위중) 병의 증세가 무거움
危殆(위태) 형세나 사정이 위험함
危害(위해) 위태로운 재해
安危(안위) 편안함과 위태로움

威 女(계집녀변) ⓗ6 threat いきょう
위엄위 イ

脅 으를협 キョウ・おびやかす

威

脅

威脅(위협) 으르고 협박함
威力(위력) 으르대거나 권위가 있는 힘
威信(위신) 위엄이 있는 믿음성
威嚴(위엄) 의젓하고 엄숙함
威風(위풍) 위엄이 있는 풍채
脅威(협위) ⇨위협(威脅)

胃腸

胃 [부]月(肉)(육달월) [획]5 stomach and intestines いちょう 腸

밥통위 イ　　창자장 チョウ・はらわた

胃　腸

胃腸(위장) 밥통과 창자
胃壁(위벽) 위의 안쪽 벽
胃病(위병) 위에 관한 모든 병
胃酸(위산) 위 속에 있는 산성 물질
胃痛(위통) 위의 통증
健胃(건위) 위를 튼튼하게 함

緯經

緯 [부]糸(실사변) [획]9 ②latitude and meridian いけい 經

씨위 イ　　글경 ケイ・キョウ・へる

緯　經

緯經(위경) ①씨와 날 ②가로줄과 세로줄
緯度(위도) 지구 위의 위치를 표시하는 좌표
緯線(위선) 위도(緯度)
南緯(남위) 지구의 적도로부터 남쪽의 위도
北緯(북위) 지구의 적도로부터 북쪽의 위도

謂何

謂 [부]言(말씀언변) [획]9 いかん 何

이를위 イ・いう　　어찌하 カ・なに(なん)

謂　何

謂何(위하) 어떠한가. 여하(如何)
謂之(위지) 이름. 일컬음
可謂(가위) ①말하자면. 이른 바 ②과연
所謂(소위) 이른 바. 말하기를
云謂(운위) 말하다. 일러 말하다

衛星

衛 [부]行(다닐행안) [획]9 satellite えいせい 星

호위할위 エイ・エ　　별성 セイ・ほし

衛　星

衛星(위성) 태양의 주위를 도는 별
衛兵(위병) 호위하거나 출입구를 지키는 군사
衛生(위생) 몸의 건강을 지키는 모든 행위
防衛(방위) 방어하여 지킴
正當防衛(정당방위) 자기의 안전을 위해 부득이 상대방을 해치는 일

圍徑

圍 [부]囗(에운담몸) [획]9 grith and diameter いけい 徑

둘레위 イ・かこむ　　지름길경 ケイ

圍　徑

圍徑(위경) 둘레와 지름
圍立(위립) 빙 둘러싸고 섬
圍木(위목) 두 팔로 끌어안을 정도의 큰 나무
範圍(범위) 테두리. 한정된 둘레
包圍(포위) 빙 둘러쌈

違法

違 [부]辶(辵)(책받침) [획]9 illegality いほう 法

어길위 イ・ちがう　　법법 ホウ・ハツ・ホツ

違　法

違法(위법) 법을 어김
違反(위반) 규칙 따위에 어긋남
違背(위배) ⇨위반(違反)
違約(위약) 계약・약속에 어긋남
無違(무위) 틀림없음
非違(비위) 법에 어긋나는 일
相違(상위) 서로 같지 않고 틀림

委 🔖女(계집녀변) 🔖5 committeeman いいん
맡길위
イ・ゆだねる

委
委員(위원) 일의 위임을 받은 임원
委曲(위곡) 자세함. 상세함
委任(위임) 맡김
委細(위세) 자세함. 상세

員 인원원 イン

員
員

慰 🔖心(마음심) 🔖11 consolation いあん
위로할위
イ・なぐさめる

慰
慰安(위안) 어루만져 위로함
慰勞(위로) 피로움을 어루만져 줌
慰問(위문) 위로하기 위해 문안함
慰靈(위령) 죽은 영혼을 위로함
安慰(안위) 위로하여 마음을 편케 함
弔慰(조위) 상주된 이를 위로함

安 편안안 アン・やすい・やすらか

安
安

僞 🔖亻(인변) 🔖12 hypocrisy ぎぜん
거짓위
ギ・にせ・いつわる

僞 | 仹 | 仹 | 仹 | 僞 | 僞
僞善(위선) 거짓으로 겉만 착한 체함
僞計(위계) 거짓 꾀
僞裝(위장) 거짓 꾸밈
僞造(위조) 비슷하게 거짓으로 만듦
僞證(위증) 거짓 증거・증명
詐僞(사위) 속이고 거짓말을 함
虛僞(허위) 허황된 거짓말

善 착할선 ゼン・よい

善
善

由 🔖田(밭전) 🔖(5) history ゆらい
말미암을유
ユ・よし

由 | 口 | 由 | 由 | 由
由來(유래) 사물의 내력. 지나 온 자취
由緒(유서) 전해 온 유래. 내력
經由(경유) 거쳐서 내려 옴
緣由(연유) 까닭. 내력
理由(이유) 까닭
事由(사유) 일의 내력. 까닭

來 올래 ライ・くる

來
來

油 🔖氵(삼수변) 🔖5 oil field ゆでん
기름유
ユ・あぶら

油 | 氵 | 汩 | 油 | 油 | 油
油田(유전) 석유가 묻혀 있는 지대
油頭粉面(유두분면) 기름을 바른 머리와 분을 바른 얼굴. 곧 화장한 자색
油印物(유인물) 등사판으로 찍은 문서
油紙(유지) 기름먹인 종이
食油(식유) 식용의 기름

田 밭전 デン・た

田
田

酉 🔖酉(닭유) 🔖(7) (とりどし) ゆう(とり)
닭유
ユウ(とり)

酉 | 丆 | 丙 | 酉 | 酉
酉年(유년) 태세가 "酉"로 된 해. 정유(丁酉)・병유(丙酉) 따위
酉月(유월) 음력 8월의 별칭
酉坐卯向(유좌묘향) 서쪽을 등지고 동쪽을 향함

年 해년 ネン・とし

年
年

202

有 (⑨月)(달월) existence ⑨2 and nonexistence ゆうむ・うむ **無** 있을유 없을무 ユウ・ウ・ある ム・ない	**遊** (⑨辶)(足)(책받침) ⑨9 nomadism ゆうぼく **牧** 놀유 칠목 ユウ・あそぶ ボク・まき

有 〵 ナ 方 有 **無**

有無(유무) 있음과 없음
有故(유고) 사고가 있음
有口無言(유구무언) 입이 있어도 말을 못함. 곧, 변명할 여지가 없음
有望(유망) 가능성이 있음
國有(국유) 나라의 소유
私有(사유) 개인의 소유

遊 方 扩 扩 游 遊 **牧**

遊牧(유목) 먹이를 찾아 이동하는 목축
遊覽(유람) 돌아다니며 놀며 즐김
遊說(유세) 돌아다니며 의견이나 주장을 설명함
遊園地(유원지) 놀이터
外遊(외유) 외국을 여행함
閑遊(한유) 한가하게 놀고 지냄

猶 (⑨犭)(犬)(개사슴록변)
⑨9 respite
ゆうよ **豫**
오히려유 미리예
ユウ ヨ・あらかじめ

柔 (⑨木)(나무목) pliability
⑨5 じゅうなん **軟**
부드러울유 연할연
ニュウ・ジュウ・やわらかい ナン・やわらかい

猶 犭 扩 猎 猶 猶 **豫**

猶豫(유예) 사물을 미루어 감
猶女(유녀) 조카딸
猶父猶子(유부유자) 아저씨와 조카
猶子(유자) 조카
猶或可也(유혹가야) 오히려 그러함직함
猶太(유태) 유다야. "Yudea"의 번역어

柔 予 予 柔 柔 柔 **軟**

柔軟(유연) 부드럽고 연함
柔順(유순) 온순하고 공손함
柔弱(유약) 부드럽고 나약함
柔道(유도) 무술의 한 가지
溫柔(온유) 온화하고 유순함
懷柔(회유) 어루만져 달램

唯 (⑨口)(입구변) the only
⑨8 ゆいいつ **一**
오직유 한일
イ・ユイ・ただ イツ・イチ・ひとつ

遺 (⑨辶)(足)(책받침)
⑨12 remain
いせき **跡**
끼칠유 발자취적
イ・ユイ セキ・あと

唯 口 叩 咐 唯 **一**

唯一(유일) 오직 하나뿐임
唯我獨存(유아독존) 오직 나 혼자만이 있을 뿐임
唯一無二(유일무이) 오직 하나뿐이고 둘도 없음
唯唯諾諾(유유낙낙) 시키는대로 응낙하고 따르기만 함

遺 中 立 青 貴 遺 **跡**

遺跡(유적) 옛 문물이나 전쟁 따위가 있었던 자리
遺稿(유고) 죽은이가 남긴 원고
遺物(유물) 죽은이가 남긴 물건
遺書(유서) 죽은이가 유언으로 써 놓은 글
遺傳(유전) 선조에서부터 전해진 생리적인 현상
補遺(보유) 빠진 것을 채워 넣음

幼 魯幺(작을요변) 劃2 puerility
어릴유
ヨウ・おさない

稚 ようち
어릴치
チ

幼 | 幺 | 幻 | 幼

稚

幼稚(유치) ①나이가 어림 ②정도가 낮음
幼年(유년) 나이가 어림. 어린이
幼時(유시) 어렸을 때
幼蟲(유충) 아직 성충이 되기 전인 애벌레
老幼(노유) 노인과 어린이
長幼(장유) 어른과 어린이

維 魯糸(실사변) 劃8 maintenance
맬유
イ

持 いじ
가질지
ジ・もつ

維

持

維持(유지) 지탱하여 감
維新(유신) ①낡은 제도를 고쳐 새롭게 함 ②사물의 면목을 일신함
維舟(유주) 배를 매어 둠
四維(사유) ①네 방위(方位) ②나라를 유지해 가는 네 가지 법도

幽 魯幺(작을요) 劃6 ゆうめい
그윽할유
ユウ

明 밝을명
メイ・ミョウ・あける・あかるい

幽

明

幽明(유명) 이 세상과 저 세상
幽居(유거) 세상을 등지고 혼자 삶. 또는 그 집
幽谷(유곡) 그윽하고 깊은 산골
幽靈(유령) 귀신. 영혼
幽閉(유폐) 가둠. 감금함

乳 魯乙(새 을) 劃7 baby にゅうじ
젖유
ニュウ・ちち

兒
아이아
ジ・こ

乳

兒

乳兒(유아) 젖먹이
乳道(유도) 젖이 나오는 분비선
乳母(유모) 젖어머니
乳房(유방) 젖퉁이
乳臭(유취) 젖내
母乳(모유) 어미의 젖
粉乳(분유) 가루로 된 우유

惟 劃忄(심방변) 劃8 only one
오직유
ユイ・ただ

一 ゆいいつ
한일
イツ・イチ・ひとつ

惟

一

惟一(유일) 오직 하나뿐임
惟獨(유독) 오직 홀로. 혼자만
惟日不足(유일부족) 시간이 모자람
思惟(사유) 생각
惟精(유정) 사욕을 버리고 마음을 깨끗이 가짐

儒 魯亻(인변) 劃14 confucianism じゅがく
선비유
ジュ

學 배울학
ガク・まなぶ

儒

學

儒學(유학) 유교를 연구하는 학문
儒敎(유교) 공자(孔子)를 시조로 하는 중국의 교
儒林(유림) 유교를 믿는 사람들이나 그 사회
儒書(유서) 유학의 책
大儒(대유) 큰 유학자

204

裕 (뷔衤)(옷의변) affluence ㉠7 ゆうふく	福 복복 フク
넉넉할유 ユウ・ゆたか	

裕

福

裕福(유복) 넉넉하여 풍족함
裕寬(유관) 너그러워 엄하지 않음
富裕(부유) 풍족하고 유복함
餘裕(여유) 넉넉하여 남음이 있음
豊裕(풍유) 풍족하고 여유가 있음

悠 (뷔心)(마음심)perpetuity ㉠7 ゆうきゅう	久 오랠구 キュウ・ひさしい
멀유 ユウ	

悠

久

悠久(유구) 연대가 썩 오램
悠然(유연) 서두르지 않고 태연한 모
　　　　양
悠遠(유원) ①아득히 먼 모양 ②몹시
　　　　오램
悠悠自適(유유자적) 속세에 구애되지
　　　　않고 한가롭게 세월을 보
　　　　냄
悠長(유장) 오래고 긺

誘 (뷔言)(말씀언변) inducement ㉠7 ゆういん	引 끌인 イン・ひく
꾈유 ユウ・さそう	

誘

引

誘引(유인) 남을 꾀어 냄
誘導(유도) 달래어 인도함
誘發(유발) 꾀어 나오게 함
誘因(유인) 어떤 작용의 원인
誘惑(유혹) 남을 꾀어 나쁜 길로 들
　　　　어가게 함
勸誘(권유) 권하여 이끌어 냄

肉 (뷔肉)(月)(육달월) body ㉠(6) にくたい	體 몸체 タイ・からだ
고기육 ニク	

肉 ⎡冂内肉⎤

體

肉體(육체) 사람의 몸
肉味(육미) ①고기로 만든 음식 ②고
　　　　기의 맛
肉迫(육박) 적에게 몸으로 다가감
肉食(육식) 짐승이나 새의 고기를 식
　　　　품으로 먹음
肉身(육신) 몸. 신체
骨肉(골육) ①뼈와 살 ②육친
牛肉(우육) 소고기

愈 (뷔心)(마음심) wrath ㉠9	怒 노할노 ド・いかる・おこる
더욱유 ユ・いよいよ	

愈

怒

愈怒(유노) 유난히 성을 냄
愈往愈甚(유왕유심) 갈수록 더욱 더
　　　　심함
愈愈(유유) 마음 속에 걱정이 있는 모
　　　　양
愈出愈怪(유출유괴) 점점 더 괴상해짐

育 (뷔月)(肉)(육달월) ㉠4 fosterage いくせい	成 이룰성 セイ・ジョウ・なる
기를육 イク・そだてる	

育 ⎡云亠育育⎤

成

育成(육성) 잘 자라도록 기름
育苗(육묘) 묘목을 기름
育兒(육아) 어린애를 키움
育英(육영) 인재를 양성함
敎育(교육) 가르쳐 키움
發育(발육) 발생하여 성장함
訓育(훈육) 가르쳐 길러냄

205

閏 (音)門(문문) leap year (획)4 じゅんねん・うるうどし 윤달윤 해년 ジュン・うるう ネン・とし 閏 年	銀 (音)金(쇠금변) Milky Way (획)6 ぎんが 은은 물하 ギン カ・かわ 銀 金 釒 銀 銀 銀 河

閏年(윤년) 윤달이 든 해. 양력으로
　　는 2월이 29일인 해
閏月(윤월) 윤달
閏日(윤일) 양력 2월 29일
閏朔(윤삭) 윤달. 윤월

銀河(은하) 밤하늘에 남북으로 비치
　　는 훤한 부분. 은하수
銀器(은기) 은그릇
銀幕(은막) 영화의 세계
銀行(은행) 금융의 매개를 하는 기관
水銀(수은) 액체로 된 은색 물질
純銀(순은) 순도가 가장 높은 은

潤 (音)氵(삼수변) gloss (획)12 じゅんたく 불을윤 못택 ジュン・うるおう タク・さわ 潤 澤	隱 (音)阝(阜)(좌부방) concealment (획)14 いんぺい 숨을은 가릴페 イン・かくれる ヘイ・おおう 隱 蔽

潤澤(윤택) ①적심. 젖음 ②넉넉함
潤氣(윤기) 윤택이 나는 기운
潤色(윤색) 윤을 내어 꾸밈
光潤(광윤) 빛이 나고 윤이 흐름
濕潤(습윤) 습하여 축축함
利潤(이윤) 장사에 대한 이문

隱蔽(은폐) 가리어 숨김
隱居(은거) 세상을 등지고 숨어서 살
　　음
隱密(은밀) 드러나지 않게 비밀히 함
隱身(은신) 몸을 감춤
隱語(은어) 은연히 뜻을 나타내는 말
隱才(은재) 숨은 재주. 또는 그 사람

恩 (音)心(마음심) benefactor (획)6 おんじん 은혜은 사람인 オン ニン・ジン・ひと 恩 冂 冈 因 恩 恩 人	乙 (音)乙(새을) swallow (획)(1) いつちょう 새을 새조 オツ・イツ・(きのと) チョウ・とり 乙 鳥

恩人(은인) 은혜를 베풀어 준 사람
恩功(은공) 은혜와 공로
恩師(은사) 가르쳐 주신 옛 스승
恩惠(은혜) 베풀어 준 혜택
背恩(배은) 은혜를 배반함
謝恩(사은) 은혜에 감사함
天恩(천은) 하늘의 은덕

乙鳥(을조) 제비의 별칭
乙乙(을을) ①좋은 생각이 떠오르지
　　않아 괴로워하는 모양 ②
　　하나하나. 일일이
乙科(을과) 과거 성적의 둘째 등급
甲乙(갑을) ①갑과 을 ②첫째와 둘째

音聲

音 [부]音(소리음) [획](9)
voice
おんせい
聲

소리음
オン・イン・
おと・ね

소리성
セイ・ショウ・
こえ

音聲(음성) 목소리
音色(음색) 발음해서 나오는 소리의 성질
音樂(음악) 성악과 기악의 예술
音節文字(음절문자) 한 자가 한 음절을 나타내는 글자. 일본의 "가나" 따위
高音(고음) 높은 목소리

陰陽

陰 [부]阝(阜)(좌부방) [획]8
positive and negative
いんよう
陽

그늘음
イン・かげ

볕양
ヨウ・ひ

陰陽(음양) ①음과 양 ②역학에서 말하는 상반된 두 가지 성질 ③전기의 음극과 양극
陰散(음산) 날씨가 흐리고 으스스함
陰影(음영) ①그림자 ②그늘
陰疾(음질) 임질
光陰(광음) 세월
補陰(보음) 약을 먹어 음기를 보함

吟味

吟 [부]口(입구변) [획]4
examination
ぎんみ
味

읊을음
ギン

맛미
ミ・あじ

吟味(음미) ①잘 조사하여 알아봄 ②조사해서 밝힘
吟客(음객) 시인(詩人)을 가리키는 말
吟詩(음시) 시를 읊음
郞吟(낭음) 시를 소리높이 읊음

淫亂

淫 [부]氵(삼수변) [획]8
lasciviousment
いんらん
亂

방탕할음
イン

어지러울란
ラン・みだれる

淫亂(음란) ①주색에 빠짐 ②성생활이 문란함
淫巧(음교) 매우 교활함
淫部(음부) 사람의 생식기가 있는 부분
淫慾(음욕) 음탕한 욕심
淫者(음자) 음탕한 사람
狂淫(광음) 미친 사람처럼 음란함

飮食

飮 [부]食(밥식변) [획]4
food
いんしょく
食

마실음
イン・のむ

밥식
ショク・ジキ・
くう・たべる

飮食(음식) 마실 것과 먹을 것. 모든 식료
飮料水(음료수) 먹는 물
飮食店(음식점) 음식을 파는 집
飮酒(음주) 술을 마심
過飮(과음) 술을 지나치게 마심
米飮(미음) 쌀을 묽게 쑨 죽
試飮(시음) 술 따위 맛보기 위해 마심

邑內

邑 [부]邑(阝)(고을읍) [획](7)
in town
ゆうない
內

고을읍
ユウ・むら

안내
ナイ・うち

邑內(읍내) 읍의 안
邑落(읍락) 부락. 동리
邑民(읍민) 읍에 사는 사람
邑長(읍장) 읍사무소의 우두머리
古邑(고읍) 옛 읍
都邑(도읍) 도시. 또는 수도(首都)
山邑(산읍) 산골의 마을

207

泣 ㉝氵(삼수변) wailing 哭
㉓5 きゅうこく
울읍 곡할곡
キュウ・なく コク

泣 氵 氵 汀 沪 泣 哭

泣哭(읍곡) 소리내어 슬피 욺
泣感(읍감) 흐느끼며 욺
泣訴(읍소) 눈물로 하소연함
泣顔(읍안) 우는 얼굴
泣請(읍청) 울면서 간절히 청함
悲泣(비읍) 슬피 욺
感泣(감읍) 감격하여 욺

應 ㉝心(마음심) emergency 急
㉓13 おうきゅう
응할응 급할급
オウ・こたえる キュウ・いそぐ

應 疒 所 所 應 應 急

應急(응급) 급한 대로 우선 처리함
應諾(응낙) 승낙함
應答(응답) 대답
應當(응당) 꼭. 당연히. 으레
應援(응원) 도와 줌. 후원함
順應(순응) 고분고분 응해 줌
適應(적응) 어울려 응함

衣 ㉝衣(옷의) clothes 服
㉓(6) いふく
옷의 옷복
イ・ころも フク

衣 亠 ナ 方 才 衣 服

衣服(의복) 옷의 총칭
衣冠(의관) 옷과 갓. 예의바른 차림새
衣裳(의상) ①의복 ②옷과 치마
衣食住(의식주) 입는 것과 먹을 것과
사는 집
白衣(백의) 흰 옷
脫衣(탈의) 옷을 벗음

依 ㉝亻(인변) dependence 賴
㉓6 いらい
의지할의 힘입을뢰
イ・よる ライ・たよる・たのむ

依 亻 仁 侊 侊 依 賴

依賴(의뢰) 남에게 의지함
依據(의거) 근거로 삼음
依法(의법) 법에 따름
依存(의존) 의지함
依支(의지) 의탁하여 부지함
歸依(귀의) 돌아와 몸을 의지함

義 ㉝羊(羊)(양양) duty 務
㉓7 ぎむ
옳을의 힘쓸무
ギ ム・つとめる

義 羊 羊 羊 義 義 務

義務(의무) 도의상 또는 법률상 해야
할 일
義理(의리) ①사람으로서 지켜야 할
옳은 도리 ②혈족관계가
아닌 사람끼리 맺는 한 집
안같은 관계
義手(의수) 절단된 팔에 만들어 붙인
물건
道義(도의) 도덕상의 의리

議 ㉝言(말씀언변) resolution 決
㉓13 ぎけつ
의논할의 결단할결
ギ ケツ・きめる

議 言 計 諍 詳 議 決

議決(의결) 의논하여 결정을 함
議論(의론·의논) 서로 의견을 내어
따짐
議席(의석) 의원의 자리
議長(의장) 회의장이나 국회의 회의
를 맡아보는 사람
建議(건의) 어떤 안건을 상부에 제출
함
衆議(중의) 여러 사람의 일치된 의견

208

矢 ㉠矢(살시) ㉣2 (…なるかな) 乎
어조사의
イ(…からん)
온호
コ・か・や

矢 [厶 宀 䒑 㝛 矢] 乎

矢乎(의호) …이런가. …인가
萬事休矣(만사휴의) 모든 것이 헛되고
맒
矢哉(의재) ⇨의호(矢乎)
其至矣夫(기지의부) 그것이 이르렀던
가!

宜 ㉠宀(갓머리) properly 當
㉣5
마땅의
ギ
마땅할당
トウ・あたる

宜 當

宜當(의당) 당연히. 마땅히
宜家(의가) 한 가정을 화목케 함
宜當當(의당당) 의당(宜當)을 강조한
말
宜兄宜弟(의형의제) 형제의 의가 좋음
時宜(시의) 좋은 때를 탐. 때가 좋음
便宜(편의) 형편이 좋음. 편리함

醫 ㉠酉(닭유) doctor 師
㉣11
의원의
イ
스승사
シ

醫 師

醫師(의사) 병을 진찰·치료하는 사람
醫書(의서) 의학에 관한 책
醫術(의술) 의학의 기술
醫院(의원) 병자를 치료하는 집
醫學(의학) 병과 치료를 연구하는 학
문
校醫(교의) 학교에 딸린 의사
漢方醫(한방의) 한약으로 병을 다스
리는 의사

儀 ㉠イ(인변) manners 禮
㉣13
거동의
ギ
예도례
レイ

儀 禮

儀禮(의례) 예법. 예의
儀式(의식) 예식의 법식
儀容(의용) 몸을 가지는 태도
儀典(의전) 의식. 의례
禮儀(예의) 예절. 예법
葬儀(장의) 장사지내는 예식
祝儀(축의) 축하하는 의례

意 ㉠心(마음심) meaning 味
㉣9
뜻의
イ
맛미
ミ・あじ

意 [亠 立 音 意 意] 味

意味(의미) 글이나 말의 뜻
意見(의견) 생각
意思(의사) 마음먹은 생각
意外(의외) 뜻밖. 생각지도 않았음
故意(고의) 일부러 하는 언행
謝意(사의) 고맙다는 생각
如意(여의) 뜻과 같이 됨

疑 ㉠疋(필필) question 問
㉣9
의심할의
ギ・うたがう
물을문
モン・とう

疑 問

疑問(의문) 의심이 나는 점. 또는 그
런 문제
疑心(의심) 미심쩍게 여기는 마음
疑獄(의옥) 복잡하고 의심스런 범죄
사건
疑惑(의혹) 의심하여 분별하기 어려움
半信半疑(반신반의) 반은 믿음성이 있
고 반은 의심스러움

二

(훈)二(두이)
(획)(2)
duplication
にじゅう

두이
二・ふたつ

무거울중
ジュウ・チョウ・え・おも
い・かさなる

重

二

二重(이중) ①두 겹 ②중복
二級(이급) 두 번째 등급
二部制(이부제) 낮과 밤, 또는 오전
　　과 오후로 나눈 제도
二姓之合(이성지합) 성이 다른 남녀
　　가 혼인함
第二(제이) 둘째

已

(훈)己(몸기)
(획)(3)
bygones
いおう

이미이
イ

갈왕
オウ

往

已 ｢ ｢ 己

已往(이왕) 그전. 이전. 과거에
已發之矢(이발지시) 이왕 쏜 화살. 이
　　미 그렇게 한 이상 돌이
　　킬 수가 없음
已往之事(이왕지사) 이미 지나간 일.
　　그렇게 되고 만 일
而已(이이) …할 따름. …뿐임

貳

(훈)貝(조개패)
(획)5
にきょく

갖은두이
二

다할극
キョク・ゴク・きわまる

極

貳 一 貝 貳 貳

極

貳極(이극) 왕세자. 황태자
貳相(이상) 좌의정・우의정의 두 벼슬
貳臣(이신) 두 가지 마음을 가진 신하
貳拾(이십) 열의 두 배
("二"자와 같은 뜻이며, 주로 금액을
표시할 때 씀)

耳

(훈)耳(귀이)
(획)(6)
eyes and
ears
じもく

귀이
ジ・みみ

눈목
モク・ボク・め

目

耳 一 ｢ 耳 耳

目

耳目(이목) 귀와 눈
耳目口鼻(이목구비) 귀・눈・입・코.
　　얼굴의 생김새
耳順(이순) 남의 말을 따라 이해할 수
　　있다는 말로 60세를 이르
　　는 말
耳語(이어) 귓속말

以

(훈)亻(人)(사람인)
(획)3
south of
いなん

써이
イ

남녘남
ナン・みなみ

南

以 人 ゝ ㇙ 以 以

南

以南(이남) 어떤 지점의 남쪽. 남부
以降(이강) 이후. 이래
以熱治熱(이열치열) 열로써 열을 다
　　스림
以心傳心(이심전심) 말하지 않아도 마
　　음으로 의사가 통함

而

(훈)而(말이을이)
(획)(6)
since
じご

이을이
ジ・しかし

뒤후
ゴ・のち・あと・うしろ

後

而 ｢ 丆 而

後

而後(이후) 이제부터. 앞으로
而今以後(이금이후) 이로부터 앞으로.
　　차후(此後)
而立(이립) 30세를 이르는 말
然而(연이) 그러나

異 ⑤田(밭전) ⑥6 abnormality いじょう

다를이
イ・ことなる

異 | 田 | 㠯 | 界 | 罘 | 異 |

異常(이상) 평상시와 다름. 보통이 아님
異見(이견) 남과 다른 의견
異口同聲(이구동성) 입은 모두 각각이지만 같은 소리를 함
異性(이성) 남녀 자웅의 다름
怪異(괴이) 괴상하고 이상함
相異(상이) 서로 다름

常 떳떳할상 ジョウ・つね・とこ

夷 ⑤大(큰대) ⑥3 hesitation いゆう

오랑캐이
イ・えびす

夷 | | | | | |

夷猶(이유) 주저함. 망설임
夷考(이고) 공평하게 생각함
夷由(이유) ①주저함 ②날다람쥐의 별칭
東夷(동이) 중국의 동쪽 오랑캐
征夷(정이) 오랑캐를 정복함

猶 오히려유 ユウ・なお

移 ⑤禾(벼화변) ⑥6 emigrant いみん

옮길이
イ・うつす

移 | 千 | 千 | 柊 | 移 | 移 |

移民(이민) 외국으로 이주하는 사람
移管(이관) 관할을 옮김
移動(이동) 자리를 옮겨 변동함
移送(이송) 다른 곳으로 옮겨 보냄
移轉(이전) 장소・주소・권리를 옮김
轉移(전이) 다른 곳으로 옮김
推移(추이) 변하여 달라짐

民 백성민 ミン・たみ

益 ⑤皿(그릇명) ⑥5 beneficial bird えきちょう

더할익
エキ・ヤク・ますます

益 | ⸌ | 犬 | 爲 | 益 | 益 |

益鳥(익조) 인간에게 유익한 새
益母草(익모초) 약초의 이름
益者三友(익자삼우) 유익한 세 종류의 친구. 곧, 정직한 친구, 지식있는 친구, 의리를 아는 친구
無益(무익) 아무런 이익도 없음
利益(이익) 이로운 일

鳥 새조 チョウ・とり

易 ⑤日(날일) ⑥4 easiness いちょく

쉬울이・바꿀역
エキ・イ・やすい

易

易直(이직) 까다롭지 않음
易易(이이) 아주 쉬움
易行(이행) 하기 쉬움
容易(용이) 퍽 쉬움
安易(안이) 편하고 쉬움
平易(평이) 까다롭지 않고 쉬움
⇨易學(역학)

直 곧을직 チョク・ジキ・なおす・ただちに

翼 ⑤羽(깃우) ⑥11 よくぜん

날개익
ヨク・つばさ

翼

翼善(익선) 착한 일을 도와 실행시킴
翼如(익여) 새가 날개를 펴듯 두 팔을 쭉 벌림
翼贊(익찬) 임금을 보좌함
補翼(보익) 도와서 잘 인도함
銀翼(은익) 비행기의 날개. 곧, 비행기

善 착할선 ゼン・よい

人

(부)人(사람인)
(획)(2)
man
にんげん

사람인
ジン・ニン・
ひと

人 ノ 人

人間(인간) 사람
人格(인격) 사람으로서의 됨됨이
人工(인공) 사람이 만들었음
人權(인권) 사람으로서의 권리
人山人海(인산인해) 사람이 산이나 바
다처럼 많음
故人(고인) 이미 세상을 뜬 사람
他人(타인) 다른 사람. 남

間

사이간
カン・ケン・あいだ

間

引

(부)弓(활궁변)
(획)1
gravitation
いんりょく

끌인
イン・ひく

引 コ 弓 引

引力(인력) 물질이 서로 잡아당기는
힘
引見(인견) 불러들여 만나봄
引繼(인계) 하던 일 따위를 넘겨 줌
引上(인상) ①끌어올림 ②물건 값을
올림
引受(인수) 물건이나 권리를 넘겨 받
음
拘引(구인) 피고인을 잡아 가둠

力

힘력
リキ・リョク・ちから

力

仁

(부)亻(인변)
(획)2
clemency
にんじ

어질인
ジン・ニン

仁 亻 仁

仁慈(인자) 어질고 사랑하는 마음
仁術(인술) 의술의 별칭
仁愛(인애) 어질고 남을 사랑하는 마
음
仁義(인의) 인과 의. 어질고 의로움
仁者不憂(인자불우) 어진 사람은 옳
은 일만 하므로 언제나 걱
정이 없음
仁德(인덕) 인정이 많은 덕

慈

사랑자
ジ・いつくしむ

慈

因

(부)囗(에운담)
(획)3
cause
and effect
いんが

인할인
イン・よる

因 冂 月 円 因 因

因果(인과) 원인과 결과
因習(인습) 옛부터 젖어 온 풍습
因襲(인습) 옛 습관을 그대로 좇음.
또는 그 습관
因緣(인연) 연분. 연줄
近因(근인) 가까운 원인
基因(기인) 기본이 되는 원인
遠因(원인) 먼 원인

果

과실과
カ・はてる

果

忍

(부)心(마음심)
(획)3
self-surrender
にんじゅう

참을인
ニン・しのぶ

忍 刀 刃 刃 忍 忍

忍從(인종) 참고 복종함
忍苦(인고) 피로움을 참음
忍辱(인욕) 욕된 일을 참고 견딤
忍心(인심) 잔인한 마음씨
堅忍(견인) 굳게 참고 견딤
不忍(불인) 차마 할 수 없음
殘忍(잔인) 매정하고 매서움

從

좇을종
ジュ・ジュウ・
ショウ・したがう

從

認

(부)言(말씀언변)
(획)7
recognition
にんてい

인정할인
ニン・みとめる

認 訁 訒 訒 認 認

認定(인정) 어떤 자격이나 사실을 승
인하고 알아 줌
認可(인가) 인정하여 허가함
認識(인식) 사물을 확실히 알고 이해
함
認證(인증) 어떤 행위를 인정하고 증
명함
誤認(오인) 착각으로 잘못 인정함

定

정할정
テイ・ジョウ・
さだめる

定

寅 (부)宀(갓머리) (획)8 年
(とらどし)
범인
イン・(とら)
해년
ネン・とし

寅 宀宁宙宙寅 年

寅年(인년) 태세에 "寅"자가 든 해.
병인(丙寅)・정인(丁寅)
따위
寅念(인념) 삼가 생각함
寅時(인시) 오전 3시부터 5시 사이

姻 (부)女(계집녀변) relative (획)6 by marriage 戚
いんせき
혼인인
イン
겨레척
セキ

姻 戚

姻戚(인척) 외가와 처가의 일족
姻故(인고) 인척과 오래 사귄 친구
姻屬(인속) 인척
姻親(인친) 사돈
姻通(인통) 혼인하여 인척이 됨
婚姻(혼인) 결혼

印 (부)卩(병부절) printing (획)4 いんさつ 刷
도장인
イン・しるし
인쇄할쇄
サツ・する

印 ´ ⁼ ᵇ ᵗᵇ 印 刷

印刷(인쇄) 글이나 그림을 찍어 냄
印鑑(인감) 도장
印象(인상) 잊혀지지 않는 감명
印章(인장) 도장
檢印(검인) 검사했다는 표시의 도장
官印(관인) 관청의 직인
調印(조인) 외교문서 따위에 서명날
인함

一 (부)一(한일) nation (획)(1) いっこく 國
한일
イツ・イチ・
ひと・ひとつ
나라국
コク・くに

一 國

一國(일국) 한 나라
一刻(일각) 아주 짧은 시간. 일주야
의 100분의 1
一口二言(일구이언) 한 입으로 두 가
지 말을 함
一生(일생) 한 세상. 한 평생
萬一(만일) 만에 하나라도. 만약

刃 (부)刀(칼도방) sword cut (획)1 じんそう 創
칼날인
ジン・は
비로소창
ソウ

刃 創

刃創(인창) 칼날에 다친 상처
刃傷(인상) 인창(刃創)
刀刃(도인) 칼날. 또는 칼의 총칭
兵刃(병인) 싸움에 쓰이는 도검 따위
霜刃(상인) 서슬이 시퍼런 칼날

日 (부)日(날일) sun-light (획)(4) にっこう 光
날일
ニチ・ジツ・ひ
빛광
コウ・ひかり

日 ⁿⁿⁿ日 光

日光(일광) 햇볕
日間(일간) 수일 이내
日課(일과) 날마다 하는 일
日沒(일몰) 해가 짐
日常(일상) 평상. 평소
近日(근일) 가까운 시일
連日(연일) 날마다

壹 ㉨士(선비사) absorption ⑨9 いちい 意

갖은한일 / 뜻의
イチ・イツ / イ

壹 [土][吉][壹]　意

壹意(일의) 한 가지에만 정신을 쏟음
壹是(일시) 모두. 일체. 오로지
壹切(일절・일체) 모두. 전체
壹萬(일만) 천의 열 배
("一"자와 뜻이나 용법은 같으며, 주
로 금액을 표시할 때 씀)

任 ㉨亻(인변) duty ⑨4 にんむ 務

맡길임 / 힘쓸무
ニン・まかせる / ム・つとめる

任　務

任務(임무) 맡은 직무
任官(임관) 관직에 임명됨
任免(임면) 임명과 파면
任命(임명) 관직에 명함
任員(임원) 단체의 일을 보는 간부
任地(임지) 근무할 지방
一任(일임) 일체를 맡김

逸 ㉨辶(辵)(책받침) ⑨8 いつぶん 文

편안할일 / 글월문
イツ / ブン・モン・ふみ

逸　文

逸文(일문) ①뛰어난 잘된 문장 ②세
　　　　 상에 알려지지 않은 글
逸史(일사) 정사(正史)에 빠진 사실
　　　　 을 기록한 역사
逸品(일품) 뛰어난 좋은 물건
放逸(방일) 제멋대로 행동함
安逸(안일) 편안하고 한가함

賃 ㉨貝(조개패) lease ⑨6 ちんたい 貸

품팔이임 / 빌릴대
チン / タイ・かす

賃　貸

賃貸(임대) 삯을 받고 빌려 줌
賃金(임금) 품삯. 임은(賃銀)
賃貸借(임대차) 돈을 받고 빌려 주고
　　　　　 빌려 씀
賃借(임차) 삯을 주고 빌려 씀
勞賃(노임) 노동에 대한 보수
船賃(선임) 뱃삯

壬 ㉨士(선비사) ⑨1 じんにん 人

북방임 / 사람인
ジン・(みずのえ) / ジン・ニン・ひと

壬 [ノ][二][千][壬]　人

壬人(임인) 남에게 아첨함
壬午軍亂(임오군란) 조선 고종 19년
　　　　　에 일어난 군인의 난동
壬坐(임좌) 묏자리나 집터가 남쪽을
　　　　 향한 좌향
壬辰亂(임진란) 조선 선조 25년에 일
　　　　 본이 침입한 난리

入 ㉨入(들입) introduction ⑨(2) にゅうもん 門

들입 / 문문
ニュウ・いる・はいる / モン・かど

入 [ノ][入]　門

入門(입문) 어떤 학문의 첫 과정으로
　　　　 들어감. 또는 그런 책
入京(입경) 서울로 들어옴
入庫(입고) 창고에 넣음
入社(입사) 회사에 취직이 됨
購入(구입) 물건을 사들임
記入(기입) 장부 따위에 적어 넣음
出入(출입) 나가고 들어감

214

子 / 孫

子 (부)子(아들자) posterity (획)(3) しそん
孫

아들자　　　　　손자손
シ・ス・こ　　　ソン・まご

子 ｜ ┐ ｜ 了 ｜ 子 ｜　　孫

子孫(자손) 아들과 그 후의 손자들
子宮(자궁) 여자의 생식기의 하나. 아기집
子女(자녀) 아들과 딸
子婦(자부) 며느리
子息(자식) ①아들딸의 총칭 ②남을 욕하는 호칭
母子(모자) 어머니와 자식. 어머니와 아들

者 / 流

者 (부)耂(老)(늙을로) school (획)5 しゃりゅう
流

놈자　　　　　　　호를류
シャ・もの　　　ル・リュウ・ながれる

者 ｜ + ｜ 土 ｜ 耂 ｜ 耂 ｜ 者 ｜　　流

者流(자류) 그런 유파. 그 종류
仁者(인자) 어진 사람
昔者(석자) 옛날
去者(거자) 가버린 사람
作者(작자) ①작품을 만든 사람 ②살 사람
學者(학자) 학문을 연구하는 사람

字 / 體

字 (부)子(아들자) type (획)3 じたい
體

글자자　　　　　몸체
ジ・あざ　　　タイ・テイ・からだ

字 ｜ 丶 ｜ 丷 ｜ 宀 ｜ 宀 ｜ 字 ｜　　體

字體(자체) 글자의 체
字幕(자막) 영화에서 글씨가 나오는 부분
字典(자전) 글자를 모아 풀이한 책
字劃(자획) 글자를 구성하는 점과 획
細字(세자) 가늘게 쓴 글자
誤字(오자) 틀린 글자
漢字(한자) 한문 글자

姉 / 妹

姉 (부)女(계집녀변) sister (획)5 しまい
妹

누이자　　　　　누이매
シ・あね　　　マイ・いもうと

姉 ｜ 女 ｜ 女 ｜ 女 ｜ 姉 ｜ 姉 ｜　　妹

姉妹(자매) ①손위 누이와 손아래 누이 ②여자 끼리의 형제 ③같은 계통의 두 조직 따위
姉兄(자형) 손위 누이의 남편

自 / 由

自 (부)自(스스로자) free-dom (획)(6) じゆう
由

스스로자　　　　말미암을유
シ・ジ・みずから　ユ・ユウ・ユイ・よし

自 ｜ 冂 ｜ 自 ｜　　由

自由(자유) 구속을 받지 않음
自家(자가) ①자기 ②자기 집
自覺(자각) 스스로 깨달음
自古(차고) 예로부터
自給自足(자급자족) 필요한 물건을 자기 힘으로 충족시킴
各自(각자) 각기. 제각기

慈 / 母

慈 (부)心(마음심) じぼ (획)9
母

사랑자　　　　　어미모
ジ・いつくしむ　ボ・はは

慈 ｜ 艹 ｜ 兹 ｜ 兹 ｜ 慈 ｜ 慈 ｜　　母

慈母(자모) 애정이 많은 어머니
慈堂(자당) 남의 어머니의 존칭
慈悲(자비) 사랑하고 불쌍히 여김
慈愛(자애) 애정이 두터운 사랑
慈親(자친) 자기 어머니
仁慈(인자) 어질고 사랑하는 마음

茲 ㊀玄(검을현) ㊁5
(ここに)
이자
シ・ここ・この

茲

茲而(자이) 여기에. 이에. 이리하여
茲白(자백) 범을 잡아먹는다는 괴이
　　　한 동물

而 말이을이
ジ・しかし

而

資 ㊀貝(조개패) ㊁6 material
しざい
재물자
シ

資

材 재목재
ザイ

材

資材(자재) 물건을 만들 재료
資格(자격) 어떤 신분을 얻는데 필요
　　　한 조건
資本(자본) 어떤 사업을 하는 데 필
　　　요한 돈이나 물자
資産(자산) 재산
物資(물자) 생활에 필요한 모든 물건
學資(학자) 학비

雌 ㊀隹(새추) ㊁5 male and female
しゆう
암컷자
シ・め・めす

雌

雌雄(자웅) ①암컷과 수컷 ②우열(優
　　　劣). 승부
雌性(자성) 암컷의 성질
雌雄同株(자웅동주) 암꽃과 수꽃이 한
　　　나무에 달리는 나무. 소
　　　나무・밤나무 따위
雌雄異株(자웅이주) 암꽃과 수꽃이 딴
　　　나무에 달리는 나무. 은
　　　행나무・뽕나무 따위

雄 수컷웅
ユウ・お・おす

雄

姿 ㊀女(계집녀) ㊁6 posture
しせい
맵시자
シ・すがた

姿

姿勢(자세) ①몸의 모습. 몸가짐 ②
　　　태도
姿色(자색) 여자의 용모와 안색
姿容(자용) 얼굴 모양
姿態(자태) 모양과 태도
容姿(용자) 얼굴과 몸매
勇姿(용자) 용감한 모습
雄姿(웅자) 웅장한 모습

勢 권세세
セイ・いきおい

勢

紫 ㊀糸(실사) ㊁5 ①purple
smoke
しえん
자주빛자
シ・むらさき

紫

紫煙(자연) ①보라빛 연기 ②담배 연
　　　기
紫石英(자석영) 자주빛 수정
紫外線(자외선) 스펙트럼의 자색부 바
　　　깥 쪽의 복사선. 살균작
　　　용이 있음
紫霞(자하) 공중으로 떠오르는 자주
　　　빛 기운
靑紫(청자) 푸른 빛이 나는 자색

煙 연기연
エン・けむり

煙

恣 ㊀心(마음심) ㊁6 arbitr-
ariness
しい
방자할자
シ・ほしいまま

恣

恣意(자의) 하고 싶은대로 함. 제멋
　　　대로 놂
恣放(자방) ⇨자의(恣意)
恣慾(자욕) 제멋대로 탐을 냄
恣行(자행) ①제멋대로 행동함 ②방
　　　자한 행실
放恣(방자) 조심성이 없이 함부로 행
　　　동함

意 뜻의
イ

意

刺 ㉨刂(刀)(칼도방) ㉖6　assassin 客
しかく
찌를자　　　　　　　　손객
シ・さす　　　　　　　カク・キャク

刺

客

刺客(자객) 남을 몰래 찔러 죽이는 사
　　　　　람
刺刀(자도) 찔러 죽이는 칼
刺殺(자살) 찔러 죽임
刺青(자청) 살갗에 바늘로 찔러 먹물
　　　　　을 넣는 일
縫刺(봉자) 재봉과 자수

酌 ㉨酉(닭유변) ㉖3　consideration 量
しゃくりょう
잔질할작　　　　　　헤아릴량
シャク　　　　　　　リョウ・はかる

酌

量

酌量(작량) 참작해서 헤아림
酌交(작교) 술을 따라 서로 권함
酌婦(작부) 술집에서 술을 따라 주는
　　　　　여자
酌定(작정) 짐작해서 결정함
酌酒(작주) 술잔에 술을 따름
滿酌(만작) 술잔에 넘도록 술을 따름
參酌(참작) 참고하여 헤아림

作 ㉨亻(인변) production ㉖5　さくひん 品
지을작　　　　　　　물건품
サ・サク・つくる　　　ヒン・しな

作 イ イ 亻 作 作 作

品

作品(작품) ①만든 물건. 제작품 ②
　　　　　예술 활동의 성과
作家(작가) 문예가. 특히 소설가
作別(작별) 서로 이별함
作用(작용) 다른 것에 미치는 힘
名作(명작) 이름난 작품
合作(합작) 힘을 합해서 만듦

爵 ㉨爪(손톱조밑) peerage ㉖14　しゃくい 位
벼슬작　　　　　　　자리위
シャク　　　　　　　イ・くらい

爵

位

爵位(작위) 작(爵)의 계급. 위계
爵號(작호) 작위의 호칭
爵祿(작록) 벼슬과 봉록
公爵(공작) 다섯 작위의 하나. 작위
　　　　　에는 이 외에 후작(候爵)
　　　　　백작(伯爵)・자작(子爵)
　　　　　남작(男爵)이 있음

昨 ㉨日(날일변) recently ㉖5　さっこん 今
어제작　　　　　　　이제금
サク　　　　　　　　コン・キン・いま

昨 冂 日 旷 旷 昨

今

昨今(작금) 어제와 오늘. 요즈음
昨年(작년) 지난해
昨冬(작동) 지난 겨울
昨夕(작석) 어제 저녁
昨夜(작야) 어젯밤
昨秋(작추) 지난 가을
再昨日(재작일) 그저께

殘 ㉨歹(죽을사변)survival ㉖8　ざんそん 存
남을잔　　　　　　　있을존
ザン・のこる　　　　ソン・ゾン

殘

存

殘存(잔존) 남아 있음
殘金(잔금) 남은 돈
殘敵(잔적) 패하고 남아 있는 적군
殘品(잔품) 남은 물건
殘害(잔해) ①해침 ②죽임
衰殘(쇠잔) 쇠퇴하여 약해짐
敗殘(패잔) 패하여 쇠잔한 나머지

潛 ㉙氵(삼수변) ⑫12 ①concealment 伏
せんぷく
잠길잠 엎드릴복
セン·ひそむ フク·ふせる

潛伏(잠복) ①숨어 엎드림 ②병균 따위가 겉으로 나타나지 않고 있음
潛水(잠수) 물 속으로 들어감
潛入(잠입) 몰래 들어감
潛跡(잠적) 종적을 감춤
潛形(잠형) 형태를 감춤
沈潛(침잠) ①가라앉음 ②깊이 생각에 잠김

雜 ㉙隹(새추) ⑩10 chaf ざつだん 談
섞일잡 말씀담
ザツ ダン

雜談(잡담) 이것저것 지껄이는 말
雜多(잡다) 너저분하게 많음
雜務(잡무) 여러 허드렛일
雜念(잡념) 쓸데 없는 여러 생각
雜費(잡비) 너절한 여러 가지 비용
亂雜(난잡) 어수선하고 너절함
混雜(혼잡) 마구 뒤섞여 어지러움

蠶 ㉙虫(벌레충) ⑱18 silk yarn さんし 絲
누에잠 실사
サン·かいこ シ·いと

蠶絲(잠사) 누에고치에서 뽑은 실. 곧 명주실
蠶事(잠사) 누에를 치는 일
蠶食(잠식) ①누에가 뽕잎을 먹음 ②남의 영토 따위를 먹어 들어감
蠶業(잠업) 누에를 치는 직업
養蠶(양잠) 누에를 침

長 ㉙長(긴장) ⑻(8) young and old ちょうよう 幼
긴장 어릴유
チョウ·ながい ヨウ·おさない

長幼(장유) 어른과 어린이
長計(장계) ①영원한 계책 ②뛰어난 계략
長久(장구) 길고 오램
長期(장기) 오랜 기간
家長(가장) 집안의 어른. 호주
身長(신장) 키의 길이

暫 ㉙日(날일) ⑪11 soon ざんじ 時
잠깐잠 때시
ザン·しばらく ジ·とき

暫時(잠시) 잠깐 동안
暫間(잠간) 잠시 동안
暫見(잠견) 봄
暫定(잠정) 어떤 일을 임시로 정함
暫稱(잠칭) 임시로 호칭함
暫借(잠차) 잠시 동안 빌림
暫許(잠허) 잠시 동안만 허락함

章 ㉙立(설립) ⑹6 しょうひょう 表
글장 겉표
ショウ ヒョウ·おもて·あらわす

章表(장표) 표시를 하여 나타냄. 또는 그 표시
章句(장구) 글의 장과 구절
章回小說(장회소설) 나뉘어 있는 장편소설
記章(기장) 기념으로 주는 표장
印章(인장) 도장. 인감

2 ms218

場 ⑨土(흙토변) ⑨9 place ばしょ 所	丈 ⑨一(한일) ⑨2 wife's father 人
마당장 ジョウ・ば	바소 ショ・ところ	어른장 ジョウ・たけ	사람인 ジン・ニン・ひと

場 土 坦 坦 場 場　　所

丈　　　　人

場所(장소) 자리. 처소. 곳
場內(장내) 장소의 안
場面(장면) 어떤 일이 생긴 국면
場外(장외) 장소의 외부
工場(공장) 물건을 만드는 시설이 있
　　　　는 곳
劇場(극장) 연극이나 영화를 공개하
　　　　는 장소
市場(시장) 장. 저자

丈人(장인) 아내의 친아버지
丈母(장모) 아내의 친어머니
丈夫(장부) ①장성한 남자의 미칭 ②
　　　　재능이 뛰어난 훌륭한 사
　　　　람
丈尺(장척) 장대로 10자 길이로 만든
　　　　자

將 ⑨寸(마디촌) ⑨8 military man しょうへい 兵	張 ⑨弓(활궁변) ⑨8 ちょうほん 本
장수장 ショウ・まさに	군사병 ヘイ・ヒョウ	베풀장 チョウ・はる	근본본 ホン・もと

將 丬 丬 丬 將 將　　兵

張　　　　本

將兵(장병) 장교와 병졸
將校(장교) 군대의 소위 이상의 무관
將來(장래) 앞날. 장차 다가올 시기
將星(장성) 장군의 미칭(美稱)
老將(노장) ①늙은 장군 ②그 길에
　　　　유능한 사람의 비유
名將(명장) 유명한 장군

張本(장본) ①일의 근본이 되는 사항
　　　　②사건의 원인 ③장본인
　　　　의 준말
張本人(장본인) ①악인의 우두머리 ②
　　　　문제의 인물
張三李四(장삼이사) 어중이떠중이 평
　　　　범한 사람들
張數(장수) 종이의 매수

壯 ⑨士(선비사) ⑨4 strong young man そうてい 丁	帳 ⑨巾(수건건변) ⑨8 account book ちょうぼ 簿
장할장 ソウ	고무래정 テイ・チョウ・ひのと	휘장장 チョウ・とばり	장부부 ボ

壯 丬 丬 丬一 壯 壯　　丁

帳　　　　簿

壯丁(장정) 기운이 좋은 젊은 사나이
壯觀(장관) 크게 볼 만한 광경
壯年(장년) 30~40세의 씩씩한 시기
壯途(장도) 중대한 사명을 띠고 떠나
　　　　는 길
壯元(장원) 과거 따위의 시험에서 첫
　　　　째로 뽑히는 일
壯志(장지) 크게 품은 뜻

帳簿(장부) 금품의 수입·지출을 적
　　　　는 책
帳記(장기) 매매한 내용을 적은 문서
帳幕(장막) 비바람을 막는 막사
帳中(장중) 장막의 안
記帳(기장) 장부에 적어 넣음
通帳(통장) 금품의 수입·지출을 적
　　　　어서 확인하게 된 책

莊 (⊕)艹(艸)(초두밑)
(획)7 magnificence
そうごん
별장장
ソウ

莊

莊嚴(장엄) 규모가 크고 엄숙함
莊園(장원) ①별장에 딸린 동산 ②중
세기의 영주가 사유했던
토지
莊重(장중) 장엄하고 정중함
別莊(별장) 산이나 해변에 지은 휴양
을 위한 건물
山莊(산장) 산 속에 지은 별장

嚴
엄할엄
ゲン・ゴン・おご
そか・きびしい

嚴

墻 (⊕)土(흙토변)   fence
(획)13   しょうへき
담장
ショウ・かき

墻

墻壁(장벽) ①담과 벽 ②가로막은 장
해물
墻壁無衣(장벽무의) 의지할 데가 전
혀 없음
墻內(장내) 담 안
墻屋(장옥) 담. 장원
墻下(장하) 담 밑

壁
벽벽
ヘキ・かべ

壁

裝 (⊕)衣(옷의) equipment
(획)7   そうび
꾸밀장
ソウ・ショウ・
よそおう

裝

裝備(장비) 필요한 것을 꾸미고 갖춤
裝飾(장식) 치장하여 꾸밈. 또는 꾸
민 것
裝置(장치) 만들어 놓은 설비
武裝(무장) 전투할 장비를 갖춤
變裝(변장) 모습을 다르게 차림
服裝(복장) 옷차림
新裝(신장) 새로 꾸밈

備
갖출비
ビ・そなえる

備

葬 (⊕)艹(艸)(초두밑)
(획)9 funeral rites
そうれい
장사지낼장
ソウ・ほうむる

葬

葬禮(장례) 장사지내는 예식
葬事(장사) 시체를 매장하거나 화장
하는 일
葬送(장송) 장례를 배웅함
葬儀(장의) ⇨장례(葬禮)
改葬(개장) 시체를 옮겨 다시 장례함
合葬(합장) 부부를 한 자리에 묻음
會葬(회장) 장사에 참례함

禮
예도례
レイ・ライ

禮

奬 (⊕)大(큰대) encourage-
(획)11 ment of study
しょうがく
권면할장
ショウ・すすめる

奬

奬學(장학) 학문을 권장함
奬勵(장려) 권하여 힘쓰게 함
奬進(장진) 권장하여 끌어올림
奬順(장순) 권장하여 인도함
勸奬(권장) 권고함
推奬(추장) 여럿 가운데서 추려 올림

學
배울학
ガク・まなぶ

學

粧 (⊕)米(쌀미변) ornament
(획)6 ショウしょく
단장할장
ショウ・よそおう

粧

粧飾(장식) 치장하여 꾸밈
粧刀(장도) 장식품으로 차는 작은 칼
粧面(장면) 단장한 얼굴
新粧(신장) 집 따위를 새로 꾸밈
化粧(화장) 얼굴을 예쁘게 꾸밈

飾
꾸밀식
しょう・かざる

飾

掌 ⊕手(손수) command
⊜8 しょうあく 握
손바닥장　잡을악
ショウ・つかさどる　アク・にぎる

掌　握

掌握(장악) 손아귀에 쥐어 차지함
掌理(장리) 일을 맡아 처리함
掌中(장중) 주먹 안. 수중(手中)
掌編小說(장편소설) 단편보다 더 짧은 소설
管掌(관장) 맡아서 일을 봄
車掌(차장) 기차·버스에서 주로 손님을 다루는 사람

障 ⊕阝(阜)(좌부방)
⊜11 wall 壁
しょうへき
막힐장　벽벽
ショウ・さわる　ヘキ・かべ

障　壁

障壁(장벽) 중간을 가로막는 장해물
障子(장자) ①장지 ②방의 칸막이로 단 문짝
障害(장해) 거리끼어 해가 되게 함. 또는 그런 물건
故障(고장) 탈이 남. 또는 그 탈
保障(보장) 장해가 없도록 보증함

藏 ⊕艹(艸)(초두밑)
⊜14 one's library 書
ぞうしょ
간직할장　글서
ゾウ・くら　ショ・かく

藏　書

藏書(장서) 간직하고 있는 책
藏經(장경) 불교 경전의 총칭
藏版(장판) 간직하여 둔 책의 인판(印版)
埋藏(매장) 땅 속에 파묻혀 있음
無盡藏(무진장) 얼마든지 끝이 없을 만큼 있음
死藏(사장) 쓰이지 않아 묵고 있음

腸 ⊕月(肉)(육달월)catgut
⊜9 ちょうせん 線
창자장　줄선
チョウ・はらわた　セン

腸　線

腸線(장선) 짐승의 창자로 만든 긴 끈. 악기의 줄로 씀
腸斷(장단) 창자를 끊음. 매우 슬퍼함. 단장(斷腸)
腸炎(장염) 장의 염증
大腸(대장) 소장(小腸) 끝에 달린 굵은 창자
小腸(소장) 대장 위의 가는 창자

臟 ⊕月(肉)(육달월변)
⊜18 the viscera 器
ぞうき
오장장　그릇기
ゾウ　キ・うつわ

臟　器

臟器(장기) 내장의 여러 기관
肝臟(간장) 간
內臟(내장) 몸 속의 여러 기관
五臟(오장) 폐·심장·비장·간장·신장의 다섯 가지 내장

才 ⊕才(재방변) talent
⊜(3) さいのう 能
재주재　능할능
サイ　ノウ・あたう

才　一十才　能

才能(재능) 재주와 능력
才幹(재간) 재주
才談(재담) 재치있는 재미나는 말
才色(재색) 뛰어난 재주와 아름다운 얼굴
多才(다재) 재주가 많음
秀才(수재) 뛰어난 재주가 있는 사람
天才(천재) 선천적으로 재주가 있는 사람

材 (훈)木(나무목변) material 料
(획)3 ざいりょう
재목재 헤아릴료
ザイ リョウ・はかる

材 | 十 | 村 | 材 | 村 | 材 | 料

材料(재료) ①물건을 만드는 감 ②일
　　　　거리
材木(재목) 집 따위를 지을 나무
教材(교재) 가르칠 재료
人材(인재) 쓸 만한 인물
製材(제재) 재목을 자르고 켜는 일
取材(취재) 기사가 될 거리를 땀

栽 (훈)木(나무목) cultivation 培
(획)6 さいばい
심을재 북돋을배
サイ・うえる バイ・つちかう

栽 | 十 | 丰 | 未 | 戎 | 栽 | 培

栽培(재배) 초목을 심어 가꿈
栽植(재식) 식물을 심음
盆栽(분재) 화분에 식물을 심어 가꾸
　　　　는 일
前栽(전재) 화초를 가꾸어 놓은 앞뜰

財 (훈)貝(조개패변) property 産
(획)3 ざいさん
재물재 낳을산
サイ・ザイ サン・うぶ・うむ

財 | 目 | 貝 | 貝 | 財 | 財 | 産

財産(재산) 개인이나 단체가 소유한
　　　　재물
財界(재계) 실업계와 금융계
財團(재단) 어떤 목적을 위해 설립한
　　　　재산의 집단
財政(재정) 개인이나 국가의 재산에
　　　　관한 상태
家財(가재) 집안의 재산
文化財(문화재) 문화적인 보물

再 (훈)冂(멀경) reconsideration 考
(획)4 さいこう
다시재 상고할고
サ・サイ・ふた コウ・かんが
たび え る

再 | 一 | 冂 | 丙 | 再 | 再 | 考

再考(재고) 다시 생각해 봄
再開(재개) 다시 엶. 다시 시작함.
再校(재교) 두 번째의 교정
再起(재기) 다시 일어남
再請(재청) ①다시 청함 ②동의(動
　　　　議)에 찬성함
非一非再(비일비재) 한두 번이 아님.
　　　　빈번함

在 (훈)土(흙토) out of office 野
(획)3 ざいや
있을재 들야
ザイ・ある ヤ・の

在 | 一 | ナ | 才 | 在 | 在 | 野

在野(재야) 관직에 있지 않음
在來(재래) 전부터 있어 온 것
在中(재중) 속에 들어 있음
在學(재학) 학교에 다니는 중임
健在(건재) 건강하게 잘 있음
散在(산재) 여기저기 흩어져 있음
不在(부재) 있지 않음. 없음

哉 (훈)口(입구) revival 生
(획)6
어조사재 날생
サイ(かな) セイ・ショウ・うまれる

哉 | 土 | 吉 | 哉 | 哉 | 哉 | 生

哉生(재생) 처음으로 생김
哉生明(재생명) 처음으로 달에 빛이
　　　　생김. 곧, 음력 초사흘을
　　　　이르는 말
快哉(쾌재) 뜻대로 잘 되어 만족스럽
　　　　게 여김
可然哉(가연재) 그렇게 하오리까.

災 難

(부)火(불화) (획)3 — disaster さいなん

災 재앙재 サイ・わざわい
難 어려울난 ナン・むずかしい

災 難

災難(재난) 의외의 불행한 일
災變(재변) 이변. 큰 재난
災厄(재액) 재앙과 액운
災害(재해) 재앙으로 인한 피해
水災(수재) 홍수의 재난
戰災(전재) 전쟁으로 인한 재난
火災(화재) 큰 불. 불로 인한 재난

爭 奪

(부)爪(손톱조) (획)4 — contest そうだつ

爭 다툴쟁 ソウ・あらそう
奪 빼앗을탈 ダツ・うばう

爭  奪

爭奪(쟁탈) 다투어 빼앗음
爭權(쟁권) 권리를 다툼
爭先(쟁선) 앞을 다툼
爭議(쟁의) 의견이 엇갈려 서로 다툼 특히 노사간의 대우에 관해 싸움
相爭(상쟁) 서로 다툼
競爭(경쟁) 경기 따위를 겨룸

裁 判

(부)衣(옷의) (획)6 — justice さいばん

裁 마를재 サイ
判 판단할판 ハン・バン・わかれる

裁 判

裁判(재판) ①옳고 그름을 판정함 ②소송에 대한 법률적인 심판
裁可(재가) 재량하여 결정을 내림
裁決(재결) 사물의 시비곡직을 가려내는 행위
獨裁(독재) 독단적으로 정치를 함
制裁(제재) 어떤 행위를 못하게 막음
總裁(총재) 단체 따위의 최고 책임자

著 作

(부)⺿(艸)(초두밑) (획)9 — writing ちょさく

著 나타낼저・입을착 チャク・チョ・あらわす
作 지을작 サク・サ・つくる

著 作

著作(저작) 책을 지어냄
著述(저술) 책을 지음
著名(저명) 이름이 널리 알려짐
著者(저자) 책을 지은 사람
共著(공저) 같이 지어냄
⇨착안(着眼)

載 書

(부)車(수레거) (획)6 — さいしょ

載 실을재 サイ・のせる
書 글서 ショ・かく

載 書

載書(재서) 열국(列國)이 맹약한 사실을 적은 문서. 맹약서(盟約書)
載送(재송) 차나 배로 물건을 실어 보냄
載積(재적) 실어 쌓음
記載(기재) 문서에 기록해 올림
轉載(전재) 다른 출판물에 났던 것을 옮겨서 실음

貯 蓄

(부)貝(조개패변) (획)5 — savings ちょちく

貯 쌓을저 チョ・たくわえる
蓄 쌓을축 チク・たくわえる

貯  蓄

貯蓄(저축) 절약하여 모아 둠
貯金(저금) 돈을 모음. 또는 그 돈
貯水(저수) 물을 모아 둠
貯藏(저장) 모아서 간직해 둠
貯炭(저탄) 석탄을 저장함

低級

低 ㉥亻(인변) low grade
㉢5 ていきゅう
낮을저 / 등급급
テイ・ひくい / キュウ

低 亻 亿 伲 低 低   級

低級(저급) 낮은 등급
低空(저공) 낮은 하늘
低能(저능) 지능이 아주 낮음
低利(저리) 싼 이자
低俗(저속) 품격이 낮고 속됨
高低(고저) 높낮이
最低(최저) 가장 낮음

的確

的 ㉥白(흰백변) precision
㉢3 てきかく
과녁적 / 확실할확
テキ・まと / カク・たしか

的 亻 冂 白 的 的   確

的確(적확) 틀림이 없음
的然(적연) 분명한 모양
的中(적중) 정확하게 들어맞음
目的(목적) 어떤 목표
私的(사적) 개인에 관한 일
精神的(정신적) 육체와는 직접 관계
　가 없이 정신에만 관계됨

底意

底 ㉥广(엄호밑) one's motive
㉢5 そこい
밑저 / 뜻의
テイ・ひくい / イ

底   意

底意(저의) 딴 생각을 가진 속마음
底力(저력) 속에 간직한 꾸준한 힘
底流(저류) 강이나 바다의 밑바닥의
　흐름
底邊(저변) 밑의 가. 밑바닥
心底(심저) 마음속. 속마음
海底(해저) 바다의 밑
高底(고저) 높낮이

赤貧

赤 ㉥赤(붉을적) penury
㉢7 せきひん
붉을적 / 가난할빈
セキ・シャク・あか / ヒン・ビン・まずしい

赤 十 土 赤 赤 赤   貧

赤貧(적빈) 몹시 가난함
赤旗(적기) ①붉은 기 ②공산주의를
　상징하는 기
赤手(적수) 맨손. 빈손
赤十字(적십자) 붉은 색으로 그린 열
　십(十)자. 적십자사의 상
　징
赤心(적심) 거짓이 없는 참된 마음

抵抗

抵 ㉥扌(재방변) resistance
㉢5 ていこう
막을저 / 겨룰항
テイ / コウ

抵   抗

抵抗(저항) 대항하여 버팀
抵當(저당) ①방어함 ②전당잡힘. 담
　보
抵觸(저촉) ①서로 부딪침 ②법규를
　침범함
大抵(대저) 무릇. 대체

適當

適 ㉥辶(辵)(책받침) fitness
㉢11 てきとう
마땅할적 / 마땅당
テキ・かなう / トウ・あたる

適 啇 啇 商 啇 適   當

適當(적당) 알맞음
適格(적격) 그 자격에 알맞음
適期(적기) 알맞는 시기
適材適所(적재적소) 적당한 사람을 적
　당한 자리에 앉힘
最適(최적) 가장 적당함
快適(쾌적) 기분에 아주 적합함

敵 ㉣攵(등글월문) ㉥11 enemy's camp てきじん
원수적 テキ・かたき

陣 진칠진 ジン・たむろ

敵陣(적진) 적의 진지
敵國(적국) ①전쟁의 상대국 ②자기
　　　　　 나라에 적대하는 나라
敵對(적대) 적으로 대립함
敵手(적수) 힘이 비슷한 상대
敵彈(적탄) 적군이 쏜 탄환
無敵(무적) 맞설 상대가 없음

摘 ㉣扌(재방변) summary ㉥11 てきよう
딸적 テキ・つむ

要 중요로울요 ヨウ・かなめ・いる

摘要(적요) 요점을 추려 적음. 또는
　　　　　 그 기록
摘錄(적록) 요점을 적은 기록
摘發(적발) 숨겨진 악(惡)을 들추어
　　　　　 냄
摘芽(적아) 농작물의 순을 따 줌
指摘(지적) 꼭 집어서 가리킴

笛 ㉣竹(대죽머리) ㉥5 てきせい
피리적 テキ・ふえ

聲 소리성 セイ・ショウ・こえ

笛聲(적성) 피리부는 소리
警笛(경적) 배나 자동차에서 경계하
　　　　　 기 위해 부는 장치
汽笛(기적) 증기의 작용으로 부는 소
　　　　　 리
草笛(초적) 풀피리
霧笛(무적) 안개가 낄 때 주의신호로
　　　　　 부는 경적

寂 ㉣宀(갓머리) loneliness ㉥8 せきばく
고요할적 セキ・ジャク・さびしい

漠 아득할막 バク

寂漠(적막) 적적하고 고요함
寂然(적연) 쓸쓸하고 조용한 모양
寂寂(적적) 외롭고 쓸쓸함
寂靜(적정) 쓸쓸하고 고요함
空寂(공적) 세상이 다 고요함
閑寂(한적) 한가하고 적적함

滴 ㉣氵(삼수변) ㉥11 てきすい
물방울적 テキ・しずく・したたる

水 물수 スイ・みず

滴水(적수) 물방울
滴露(적로) 방울이 져서 떨어지는 이
　　　　　 슬
滴滴(적적) ①물방울이 뚝뚝 떨어지
　　　　　 는 모양 ②흘러 움직이는
　　　　　 모양
水滴(수적) 물방울
餘滴(여적) 남아 있는 먹물이나 글씨
一滴(일적) 한 방울

籍 ㉣竹(대죽머리) ㉥14 せきき
호적적 セキ

記 기록할기 キ・しるす

籍記(적기) 문서에 적어 넣음. 또는
　　　　　 그 문서
籍籍(적적) ①난잡한 모양 ②여러 사
　　　　　 람들 입에 오르내림
戶籍(호적) 가족의 상황을 적은 공문
　　　　　 서
國籍(국적) 국민으로서의 자격과 신분

225

賊 ⊕貝(조개패변) robber
⊕6
도둑적
ゾク

盜 ぞくとう
도둑도
トウ・ぬすむ

賊盜(적도) 도둑. 도적
賊臣(적신) 임금에게 불충한 신하
賊船(적선) 도둑의 배
國賊(국적) 나라를 배반하는 역적
山賊(산적) 산에 몰려 있는 도적
海賊(해적) 바다에서 노략질을 하는
　　　　도둑

積 ⊕禾(벼화변) positive
⊕11 せっきょく
쌓을적
セキ・つむ・
つもる

極
다할극
キョク・ゴク・
きわめる

積極(적극) 사물에 능동적으로 대함
積金(적금) ①모아 둔 돈 ②정기적으
　　　　로 예금하는 저금의 한
　　　　가지
積立(적립) 모아서 쌓아 둠
積雪(적설) 눈이 쌓임
面積(면적) 평면의 넓이
蓄積(축적) 모아서 쌓음

跡 ⊕足(발족변)
⊕6 せきほ
발자취적
セキ・あと

捕
잡을포
ホ・とらえる

跡捕(적포) 뒤를 밟아가서 잡음
古跡(고적) 옛날의 유적
人跡(인적) 사람이 있었던 흔적
追跡(추적) 뒤를 쫓음
筆跡(필적) 글씨를 쓴 것. 남아 있는
　　　　글씨

績 ⊕糸(실사변)
⊕11 meritorious deed
せきこう
길쌈할적
セキ

功
공공
コウ・てがら

績功(적공) 공을 쌓음. 쌓은 공
績女(적녀) 실을 뽑는 여자
績麻(적마) 삼에서 실을 뽑음
功績(공적) 공을 쌓음
成績(성적) 이루어 놓은 성과
治績(치적) 정치의 공적
行績(행적) 해 놓은 실적

蹟 ⊕足(발족변)
⊕11
자취적
セキ・あと

功
공공
コウ

蹟功(적공) 남아 있는 공적
古蹟(고적) 옛 시설이 있던 자리
奇蹟(기적) 아주 신기한 일
事蹟(사적) 어떤 사건이 있었던 자취
遺蹟(유적) 남아 있는 고적
筆蹟(필적) 손수 쓴 글씨

田 ⊕田(밭전)rural districts
⊕(5) でんえん
밭전
デン・た

園
동산원
エン・その

田 ⊟ ⊞ ⊞ 田

田園(전원) 논밭이 있는 시골
田穀(전곡) 밭에서 나는 곡식
田畓(전답) 밭과 논
菜田(채전) 야채밭
沙田(사전) 모래밭
鹽田(염전) 소금을 채취하는 밭
油田(유전) 석유가 나는 땅

226

全 ㈜入（들입） whole 部
㈜4 ぜんぶ
온전할전 메부
ゼン・まったく ブ

全 ／ 入 仐 仐 全 部

全部(전부) 모두. 다
全景(전경) 전체의 경치
全能(전능) 모든 것을 다 할 수 있음
全無(전무) 전혀 없음
全體(전체) 온통. 전부
萬全(만전) 모든 것이 다 완전함
安全(안전) 편안하고 온전함

展 ㈜尸（주검시） development 開
㈜7 てんかい
펼전 열개
テン・ひろげる カイ・あく・ひらく

展 尸 屈 屈 屏 展 開

展開(전개) 시계(視界) 따위가 널리
펼쳐짐
展覽(전람) 물건을 펼쳐 놓고 보임
展望(전망) 앞일을 내다봄
展示(전시) 물건을 벌여 놓고 보임
發展(발전) 일이 잘 되어 피어남
進展(진전) 진보하고 발전함

典 ㈜八（여덟팔） prison 獄
㈜6 てんごく
법전 감옥옥
テン ゴク

典 冂 曲 曲 曲 典 獄

典獄(전옥) 감옥. 또는 그 우두머리
典當(전당) 물건을 잡히고 돈을 얻음
典型的(전형적) 모범이나 표준이 될
만한 것
古典(고전) 옛 법식. 또는 옛 서적
辭典(사전) 말을 풀이한 책
恩典(은전) 은혜로운 특혜

戰 ㈜戈（창과） war 爭
㈜12 せんそう
싸움전 다툴쟁
セン・いくさ・ ソウ・あらそう
たたかう

戰 咠 咠 單 戰 戰 爭

戰爭(전쟁) 싸움. 전투
戰果(전과) 전쟁에서 얻은 성과
戰局(전국) 전쟁의 상황
戰略(전략) 전쟁의 계략
苦戰(고전) 괴로운 싸움
舌戰(설전) 입씨름. 말다툼
敗戰(패전) 전쟁에 짐. 또는 그 전쟁

前 ㈜刂(刀)（칼도） front 後
㈜7 ant back
앞전 ぜんご 뒤후
ゼン・まえ ゴ・あと・のち・うしろ

前 丷 前 前 前 後

前後(전후) 앞과 뒤. 앞뒤
前記(전기) 앞에 기록했음
前代(전대) 지나간 시대
前途(전도) 앞길. 장래
前進(전진) 앞으로 나아감
空前(공전) 이전에는 없었음
事前(사전) 일이 시작되기 전

電 ㈜雨（비우） electricity 氣
㈜5 でんき
번개전 기운기
デン キ・ケ

電 口 币 雨 雷 電 氣

電氣(전기) 물체의 마찰로 생기는 에
너지의 한 형태
電光(전광) 번갯불. 또는 전등의 불빛
電力(전력) 전류에 의한 동력
電流(전류) 도체를 통하는 전기의 흐름
電波(전파) 전자의 진동으로 퍼지는
파장
感電(감전) 전기에 감응함
送電(송전) 전기를 보냄

錢 (훈)金(쇠금변) (획)8 money せんか
돈전 セン・ぜに

貨 재물화 カ

錢 金 釘 鋖 鋖 錢
貨

錢貨(전화) 돈. 금전
錢糧(전량) 돈과 곡식
錢文(전문) 돈의 표면에 새긴 글자
錢主(전주) ①돈의 주인 ②돈을 대주는 사람. 자본주
古錢(고전) 옛날 돈
紙錢(지전) 종이돈. 지폐

轉 (훈)車(수레거변) (획)11 conversion てんかん
구를전 テン・ころぶ

換 바꿀환 カン・かえる

轉
換

轉換(전환) 방향·방침 등이 바뀜
轉居(전거) 집을 옮겨서 삶
轉勤(전근) 다른 부서나 지역으로 일자리가 바뀜
轉倒(전도) ①넘어짐 ②거꾸로 됨
轉賣(전매) 산 것을 되팖
空轉(공전) 헛돎
移轉(이전) 이사를 감

傳 (훈)亻(인변) (획)11 chit でんぴょう
전할전 デン・つたえる

票 표표 ヒョウ

傳 個 俥 俥 傳 傳
票

傳票(전표) 금품을 출납할 때 쓰는 종이쪽지
傳記(전기) 사람의 일대를 기록한 것
傳單(전단) 간단한 선전문을 적은 종이. 삐라
傳達(전달) 전하여 도달하게 함
傳染(전염) ①물이 듦 ②병이 옮음
家傳(가전) 집안에 전해 내려옴

節 (훈)竹(대죽) (획)9 saving せつやく
마디절 セツ・ふし

約 약속할약 やく

節 ⺮ ⺮ 笪 笧 節
約

節約(절약) 물자를 아끼어 씀
節減(절감) 절약하여 줄임
節米(절미) 쌀을 아껴 먹음
節制(절제) 알맞게 한정함
季節(계절) 춘하추동의 절기
曲節(곡절) 사정. 내막. 연유
變節(변절) 지조를 바꿈

專 (훈)寸(마디촌) (획)8 speciality せんもん
오로지전 セン・もっぱら

門 문문 モン・かど

專
門

專門(전문) 한 가지 학문·사업에만 전심함
專攻(전공) 한 가지를 전문으로 연구함
專念(전념) 한 가지에만 정신을 씀
專屬(전속) 한 곳에만 딸려 있음
專用(전용) ①혼자서만 씀 ②그것만을 씀
專橫(전횡) 제멋대로 함

絶 (훈)糸(실사변) (획)6 breach of friendship ぜっこう
끊을절 ゼツ・たえる

交 사귈교 コウ・まじわる

絶 ⺯ ⺯ 紹 絶 絶
交

絶交(절교) 교제를 끊음
絶叫(절규) 힘껏 부르짖음
絶糧(절량) 양식이 떨어짐
絶望(절망) 희망이 아주 없어짐
絶頂(절정) ①산의 꼭대기 ②최고의 경지
斷絶(단절) 끊어버림
義絶(의절) 의리를 끊고 상관 안함

228

切

⑨刀(刂)(칼도) despair
⑩2
끊을절·온통체
セツ·サイ

切

切望(절망) 간절히 바람
切迫(절박) 기한이 닥침
切實(절실) 적절함·긴요함
切除(절제) 잘라서 없앰
一切(일절·일체) 전체 모두
適切(적절) 아주 알맞음
親切(친절) 정답고 상냥함

望

바랄망
ボウ·モウ·のぞむ

望

占

⑨卜(점복)
⑩3   occupation
             せんきょ
점칠점
セン·しめる·うらなう

占

占據(점거) 일정한 자리를 점령함
占領(점령) ①물건을 차지함 ②남의
           영토를 침범하여 다스림
占書(점서) 점치는 책
占術(점술) 점치는 술법
獨占(독점) 혼자 독차지함
先占(선점) 먼저 차지함

據

의지할거
キョ·コ

據

折

⑨才(재방변)   half
⑩4   せっぱん
꺾을절
セツ·おり·おる

折

折半(절반) 반으로 나눔. 또는 그 반
折骨(절골) 뼈가 부러짐
折米(절미) 싸라기
折衝(절충) ①쳐들어오는 적을 겪음
           ②서로 의논하여 담판함
曲折(곡절) ①구부러져 겪임 ②까닭
           내막

半

반반
ハン·なかば

半

點

⑨黑(검을흑변)
⑩5   inspection
             てんけん
점점
テン

點

點檢(점검) 낱낱이 자세히 검사함
點考(점고) 점을 찍어 가며 인원을
           조사함
點燈(점등) 전등·촛불 따위를 켬
點線(점선) 점을 찍어서 이은 줄
點眼(점안) 안약 따위를 눈에 넣음
缺點(결점) 나쁜 점. 흠
總點(총점) 모두 합친 점수

檢

검사할검
ケン

檢

店

⑨广(엄호밑)
⑩5   てんとう
가게점
テン·みせ

店 广广庁店

店頭(점두) 가게 앞. 가겟머리
店房(점방) 가겟방
店員(점원) 가게에서 일하는 사람
店主(점주) 가게의 주인
開店(개점) 가게를 엶
賣店(매점) 물건을 파는 조그만 가게
書店(서점) 책방. 책 가게

頭

머리두
トウ·ズ·あたま

頭

漸

⑨氵(삼수변) gradually
⑩11   ぜんじ
차차점
ゼン·ザン·ようやく

漸

漸次(점차) 차차. 차츰
漸減(점감) 점점 덜리어 적어짐
漸高(점고) 점점 높아짐
漸入佳境(점입가경) 점점 재미있는 경
              지로 들어감
漸漸(점점) 더욱더. 차츰. 점차
東漸(동점) 차츰 동쪽으로 옮겨감

次

버금차
ジ·つぐ

次

接 ⑨扌(재방변) ⑧8 access せっきん 近

이을접
セツ

가까울근
キン・ちかい

接 [扌 | 扩 | 垆 | 拷 | 接] 近

接近(접근) 가까이 닿음
接客(접객) 손님을 접대함
接待(접대) 손님을 대접함
接續(접속) 맞닿아 이어짐
間接(간접) 매개물을 통해서 접촉됨
面接(면접) 직접 만나 봄
迎接(영접) 손님을 맞아들임

頂 ⑨頁(머리혈) ⑧2 ①summit ちょうじょう 上

이마정
チョウ・いただき

윗상
ジョウ・うえ・か
み・あがる・のぼる

頂 [厂 | 疔 | 頂 | 頂] 上

頂上(정상) ①맨 꼭대기 ②최고의 책
    임자
頂點(정정) ①맨 꼭대기의 점 ②간
    을 이루는 두 직선이 맞
    닿는 곳
頂天立地(정천입지) 하늘 아래 홀로
    땅을 딛고 섬. 자주독립
    의 기개를 이르는 말

蝶 ⑨虫(벌레충변) ⑧9 ちょうむ 夢

나비접
チョウ

꿈몽
ム・ゆめ

蝶   夢

蝶夢(접몽) 옛날에 장자(莊子)가 꾸
    었다는 나비꿈.꿈의 별칭
蝶兒(접아) 나비
探花蜂蝶(탐화봉접) 벌과 나비가 꽃
    을 찾아다님. 여색에 빠
    진 사람을 이르는 말

停 ⑨亻(인변) ⑧9 anchorage ていはく 泊

머무를정
テイ

배댈박
ハク・とまる

停 [广 | 信 | 停 | 停 | 停] 泊

停泊(정박) 닻을 내려 배를 세움
停車(정거·정차) 차를 멈춤
停留(정류) 차 따위가 가다가 멈춤
停電(정전) 전기가 한때 끊어짐
停戰(정전) 전투행위를 중지함
停止(정지) 중도에서 그만두고 쉼
調停(조정) 분쟁을 화해시킴

丁 ⑨一(한일) ⑧1 ていじょ 女

고무래정
テイ・チョウ・
(ひのと)

계집녀
ジョ・ニョ・
おんな

丁 [一 | 丁] 女

丁女(정녀) 한창 때의 여자
丁男(정남) 한창 때의 남자
丁字形(정자형) "丁"자처럼 생긴 모양
壯丁(장정) 한창 힘을 쓰는 건장한
    남자
兵丁(병정) 병사. 군사

井 ⑨二(두이) ⑧2 せいか 華

우물정
セイ・ショウ・い

빛날화
カ・はな

井 [二 | 开 | 井] 華

井華(정화) 첫새벽에 길은 깨끗한 우
    물물·정화수
井間(정간) 바둑판처럼 종횡으로 된
    칸살
井水(정수) 우물물
市井(시정) 인가가 모인 곳. 항간
溫井(온정) ①더운물이 솟는 우물 ②
    온천
油井(유정) 석유가 나오는 곳

正義 justice せいぎ

正 ㊀止(그칠지) ㊁1
바를정
セイ・ショウ・まさ・ただしい

義 옳을의
ギ

正 一 丁 下 正 正 義

正義(정의) ①사람이 지켜야 할 올바른 도리 ②바른 뜻
正當(정당) 옳고 바름
正否(정부) 바름과 바르지 못함
正直(정직) 바르고 곧음
改正(개정) 바르게 고침
公正(공정) 공평하고 올바름

貞操 chastity ていそう

貞 ㊀貝(조개패) ㊁2
곧을정
テイ

操 잡을조
ソウ・あやつる

貞 一 卜 片 貞 貞 操

貞操(정조) 특히 여자가 이성에 대한 절개를 지키는 일
貞女(정녀) 절개가 굳은 여자
貞淑(정숙) 지조가 굳고 얌전함
貞忠(정충) 절개가 굳고 충성스러움
不貞(부정) 절개가 깨끗하지 못함
忠貞(충정) ⇨정충(貞忠)

政府 Government せいふ

政 ㊀攵(등글월문) ㊁5
정사정
セイ・まつりごと

府 마을부
フ

政 下 正 正 政 政 府

政府(정부) 나라를 다스리는 행정부
政客(정객) 정계에서 활동하는 사람
政界(정계) 정치인들의 사회
政權(정권) 정치를 하는 권력
政治(정치) 나라를 다스리는 일
軍政(군정) 군대가 맡아서 보는 정치
憲政(헌정) 헌법에 입각한 정치

精神 spirit せいしん

精 ㊀米(쌀미변) ㊁8
정할정
セイ・ショウ

神 귀신신
シン・ジン・かみ・こう

精 米 米 米 精 精 神

精神(정신) ①의지. 마음 ②사물의 근본이 되다는 존재
精讀(정독) 책을 자세히 읽음
精力(정력) 심신의 활동력
精選(정선) 정밀하게 골라 뽑음
精銳(정예) 썩 날래고 용맹함
山精(산정) 산의 정기

定刻 fixed time ていこく

定 ㊀宀(갓머리) ㊁5
정할정
テイ・さだめる

刻 새길각
コク・きざむ

定 宀 宁 守 定 定 刻

定刻(정각) 정해진 시각
定價(정가) 정한 값
定量(정량) 일정한 분량
定員(정원) 정해진 인원수
選定(선정) 골라 내어 정함
制定(제정) 제도를 마련하여 정함
特定(특정) 특별히 지정함

情實 じょうじつ

情 ㊀忄(심방변) ㊁8
뜻정
ジョウ・セイ・なさけ

實 열매실
ジツ・み・みのる

情 忄 忄 怍 情 情 實

情實(정실) 사사로운 정에 얽매어 공평한 처사를 못함
情景(정경) 딱한 광경
情談(정담) 다정한 이야기
情狀(정상) 실제의 사정과 형편
多情(다정) 정이 많음
無情(무정) 인정이 없음

靜 ㉡青(푸를청) static
㉱6 せいじゃく
고요할정
セイ・ジョウ・
しずか

寂 고요할적
セキ・ジャク・
さびしい

静 十 土 青 青 静   寂

靜寂(정적) 고요하고 쓸쓸함
靜脈(정맥) 정맥혈을 보내는 핏줄. 정
　　　　 맥관의 준말
靜物(정물) 움직이지 않는 물건
靜肅(정숙) 고요하고 엄숙함
動靜(동정) 사람의 움직이는 상황
安靜(안정) 심신을 편하게 함

亭 ㉡亠(돼지해머리) arbour
㉱7 ていし
정자정
テイ

子 아들자
シ・ス・こ

(亭) 亭   子

亭子(정자) 산이나 물가에 지은 조그
　　　　 만집
亭閣(정각) ⇨정자(亭子)
亭然(정연) 우뚝 솟은 모양
亭亭(정정) ① 나무가 곧게 서 있는
　　　　 모양 ②까마득하게 먼 모
　　　　 양 ③늙은 몸이 굳세고
　　　　 건강한 모양
旅亭(여정) 여관. 객사(客舍)

淨 ㉡氵(삼수변) purification
㉱8 じょうか
깨끗할정
ジョウ・きよい

化 화할화
カ・ばける

淨 氵 氵 汿 浄 淨   化

淨化(정화) ①깨끗하게 함 ②죄악을
　　　　 씻어버림
淨潔(정결) 깨끗함
淨書(정서) 깨끗하게 옮겨 씀
淨土(정토) 더럽혀지지 않은 세계. 곧
　　　　 극락세계
不淨(부정) 깨끗하지 않음. 더럽혀짐

訂 ㉡言(말씀언변) correction
㉱2 ていせい
고칠정
テイ

正 바를정
セイ・ショウ・ただしい

訂   正

訂正(정정) 잘못을 바르게 고침
訂盟(정맹) 동맹을 맺음
訂約(정약) 조약을 의논하여 맺음
改訂(개정) 다시 뜯어고침
校訂(교정) 잘못을 바로잡음
增訂(증정) 보충하여 늘리고 잘못을
　　　　 정정함

庭 ㉡广(엄호밑) garden
㉱7 ていえん
뜰정
テイ・にわ

園 동산원
エン・その

庭 广 广 庄 庭 庭   園

庭園(정원) 집에 딸린 화초를 심는 뜰
庭園師(정원사) 정원의 화초를 가꾸
　　　　 는 사람
庭球(정구) 구기(球技)의 하나. 테니
　　　　 스
家庭(가정) 가족이 사는 집안
後庭(후정) 집 뒤의 뜰

廷 ㉡廴(민책받침)
㉱4 ていろん
조정정
テイ

論 의논할론
ロン

廷   論

廷論(정론) 조정의 공론(公論)
廷臣(정신) 조정에서 일하는 신하
廷爭(정쟁) 임금 앞에서 다투는 정론
　　　　 (政論)
廷丁(정정) 법원에서 일하는 잡부
法廷(법정) 재판정
入廷(입정) 법정으로 들어감
閉廷(폐정) 법정의 심문을 마침

程 (부)禾(벼화변) (획)7 degree ていど
길정 テイ・ほど
度 법도도 ド・タク・たび
程 度

程度(정도) 얼마의 분량이나 한도
程里(정리) 길의 거리
課程(과정) 과업의 정도
上程(상정) 의안을 회의에 내놓음
旅程(여정) 여행하는 이수나 차례
日程(일정) 그 날에 할 일

弟 (부)弓(활궁) (획)4 disciple でし
아우제 テイ・ダイ・デ・おとうと
子 아들자 シ・ス・こ
弟 ` ゛ 弓 弟 弟   子

弟子(제자) 가르침을 받는 사람
弟妹(제매) 아우와 누이동생
弟氏(제씨) 남의 아우의 높임말. 계씨
師弟(사제) 스승과 제자
舍弟(사제) ①자기 아우 ②아우의 자칭
子弟(자제) 남의 아들
從弟(종제) 사촌 동생

征 (부)彳(두인변) (획)5 conquer せいばつ
칠정 セイ・ゆく・うつ
伐 칠벌 バツ
征 伐

征伐(정벌) 군대를 보내어 침
征途(정도) 전쟁・경기・여행을 위해 떠나는 길
征服(정복) ①정벌하여 복종시킴 ②어려운 일을 이겨냄
遠征(원정) 전쟁・경기를 위해 먼 곳으로 감
出征(출정) 전쟁터로 나아감

第 (부)竹(대죽밑) (획)5 first だいいち
차례제 ダイ
一 한일 イツ・イチ・ひとつ
第 ⺮ ⺮ ⺮ ⺮ 第   一

第一(제일) ①첫째 ②가장
第一線(제일선) ①최전선. 전방 ②어떤 일의 맨 앞장을 서는 입장
第三者(제삼자) 당사자가 아닌 사람
及第(급제) 시험에 붙음
落第(낙제) 시험에 떨어짐

整 (부)攵(등글월문) (획)12 arrangement せいり
가지런할정 セイ・ととのえる
理 다스릴리 リ
整 理

整理(정리) 가지런히 다스려 바로잡음
整列(정렬) 가지런히 늘어섬
整備(정비) 잘 정리하여 갖춤
整然(정연) 가지런한 모양
端整(단정) 깔끔히 정돈됨
修整(수정) 필름 따위를 다듬어 깨끗이 함
調整(조정) 골라서 정돈함

祭 (부)示(보일시) (획)6 altar さいだん
제사제 サイ・まつり
壇 단단 ダン
祭 夕 夕 癶 癶 祭   壇

祭壇(제단) 제사를 지내는 단
祭官(제관) 제사를 맡아보는 사람
祭器(제기) 제사에 쓰이는 그릇
祭酒(제주) 제사에 쓰이는 술
冠婚喪祭(관혼상제) 관례・혼인・상사・제사의 모든 예식
忌祭(기제) 죽은 날에 지내는 제사

帝 王

[부]巾(수건건) [획]6

sovereign ていおう

帝 임금제 テイ・みかど

王 임금왕 オウ

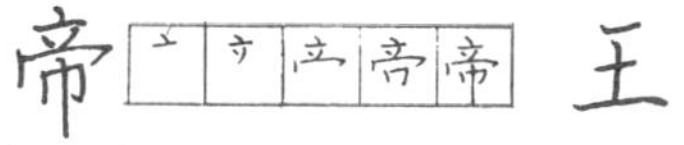

帝王(제왕) 황제 또는 국왕의 존칭
帝國(제국) 임금이 다스리는 나라
帝業(제업) 임금이 나라를 다스리는 일
帝政(제정) ①임금의 정치 ②제국주의의 정치
上帝(상제) 하늘을 다스린다는 신
炎帝(염제) 여름을 맡은 신

諸 般

[부]言(말씀언변) [획]9

しょはん everything

諸 모든제 ショ・もろもろ

般 일반반 ハン

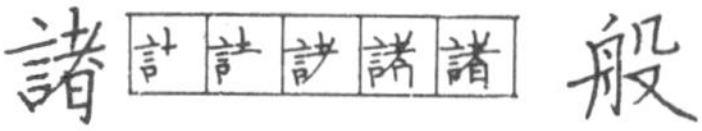

諸般(제반) 여러 가지 일
諸具(제구) 여러 가지 기구
諸君(제군) 여러분. 자네들
諸氏(제씨) 여러분. 여러 어른들
諸位(제위) 여러분
諸從男妹(제종남매) 여러 사촌 형제들

題 目

[부]頁(머리혈) [획]9

title だいもく

題 제목제 ダイ

目 눈목 モク・ボク・め

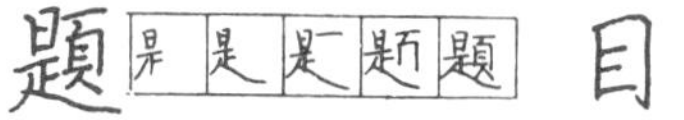

題目(제목) 글이나 책 따위의 호칭
題書(제서) 책 머리나 비석・족자 따위에 쓴 글자
題材(제재) 예술 작품의 제목과 재료
課題(과제) 부과된 문제나 제목
問題(문제) 해결해야 할 과제
主題(주제) 주장이 되는 근본적 문제

製 氷

[부]衣(옷의) [획]8

ice-making せいひょう

製 지을제 セイ

氷 얼음빙 ヒョウ・こおり・ひ

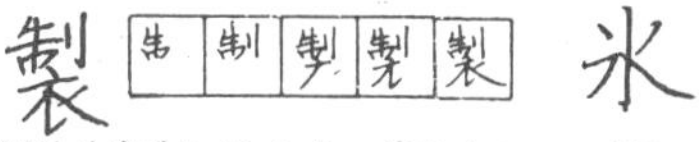

製氷(제빙) 얼음을 인공적으로 만듦
製糖(제당) 설탕을 만듦
製粉(제분) 곡식 따위를 빻아 가루로 만듦
製造(제조) 물건을 만들어 냄
私製(사제) 사사로이 개인이 만듦
新製(신제) 새로 제조함
特製(특제) 특별히 잘 만듦

除 夕

[부]阝(阜)(좌부방) [획]7

じょせき

除 버릴제 ジョ・のぞく

夕 저녁석 セキ・ゆう

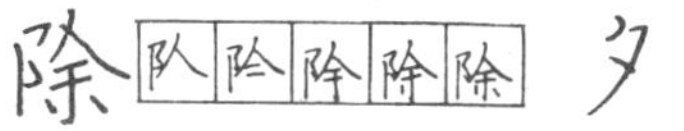

除夕(제석) 섣달 그믐날 밤
除去(제거) 덜어서 없앰
除隊(제대) 군대에서 복무가 해제됨
除名(제명) 명부에서 이름을 빼냄
除夜(제야) ⇨제석(除夕)
免除(면제) 책임을 면하게 함
解除(해제) 어떤 제약을 풀어 줌

提 案

[부]扌(재방변) [획]9

proposition ていあん

提 끌제 テイ・ひっさげる

案 책상안 アン

提案(제안) 의안이나 의견을 제출함. 또는 그 의안이나 의견
提供(제공) 공급하여 이바지함
提示(제시) 어떤 뜻을 나타내 보임
提議(제의) 의논할 거리를 제출함
提出(제출) 의견・안건을 내놓음
前提(전제) 어떤 조건을 앞세움

堤 (뭉)土(흙토변) bank 防
(획)9 ていぼう

독제 방비할방
テイ・つつみ ボウ・ふせぐ

堤 防

堤防(제방) 홍수를 막기 위해 쌓은
시설. 둑
防波堤(방파제) 파도를 막기 위해 항
구에 시설한 둑

齊 (뭉)齊(가지런할제) even 一
(획)(14) せいいつ

가지런할제 한일
セイ イツ・イチ・ひと・ひとつ

齊 一

齊一(제일) 똑같이 가지런함
齊家(제가) 집안을 다스림
齊等(제등) 같음. 동등함
齊心(제심) 마음을 하나로 합침
均齊(균제) 고르고 가지런함
一齊(일제) 한결같이. 한꺼번에
整齊(정제) 가지런하게 고름

制 (뭉)刂(刀)(칼도) 憲
(획)6 constituent
assembly

억제할제 법헌
セイ ケン

制 憲

制憲(제헌) 헌법을 제정함
制度(제도) 나라나 사회의 법도
制服(제복) 제정된 복장
制裁(제재) 잘못을 징계함
制限(제한) 일정한 한도를 정함
規制(규제) 규율로 제한함
節制(절제) 알맞게 조절함

濟 (뭉)氵(삼수변) 衆
(획)14 せいしゅう

건널제 무리중
セイ・すむ シュウ・シュ

濟 衆

濟衆(제중) 모든 사람을 구함
濟世(제세) 세상을 잘 다스려 백성을
구제함
濟濟多士(제제다사) 재주있는 여러
사람들
共濟(공제) 힘을 합하여 서로 도움
求濟(구제) 어려운 처지를 구해 줌
未濟(미제) 빚이나 일이 아직 완결되
지 않음

際 (뭉)阝(阜)(좌부방) rest- 限
(획)11 riction
さいげん

가제 한정한
サイ・きわ ゲン・かぎる

際 限

際限(제한) 끝. 한정(限定)
際遇(제우) ⇨제회(際會)
際會(제회) ①시기. 기회 ②좋은 때
를 만남
交際(교제) 서로 사귐
國際(국제) 나라와 나라 사이. 여러
나라
實際(실제) 실상의 경우

兆 (뭉)儿(어진사람인) 民
(획)4 ちょうみん

억조조 백성민
チョウ・きざし・きざす ミン・たみ

兆 | 丿 | 儿 | 兆 | 兆   民

兆民(조민) 많은 백성. 모든 인간
兆京(조경) 썩 많은 수. 경(京)은 조
(兆)의. 일만배임
兆占(조점) 점을 침
吉兆(길조) 길할 징조
徵兆(징조) 어떤 일이 있을 조짐
凶兆(흉조) 흉한 징조

早 ㉔日(날일) earliest morning 朝
㉒2 そうちょう
일찍조 아침조
サツ・ソウ・はやい チョウ・あさ

早 | 冂 | 呌 | 日 | 旦 | 早 | 朝

早朝(조조) 이른 아침
早起(조기) 아침에 일찍 일어남
早老(조로) 나이보다 일찍 늙음
早晩間(조만간) 멀지 않아. 좀 이르
　　　거나 늦더라도
早退(조퇴) 일찍 물러감
尙早(상조) 아직 이름

調 ㉔言(말씀언변) procurement 達
㉒8 ちょうたつ
고를조 통달할달
チョウ・しらべる ダツ

調 | 訂 | 訓 | 訊 | 調 | 調 | 達

調達(조달) 자금이나 물자를 마련함
調理(조리) ①사리에 맞게 처리함 ②
　　　음식을 만듦
調味料(조미료) 음식의 맛을 내는 식
　　　품
調印(조인) 공문서에 도장을 찍음
順調(순조) 일이 질서있게 잘 되어
　　　나감
協調(협조) 서로 뜻을 합쳐 협력함

造 ㉔辶(辵)(책받침) artificial flowers 花
㉒7 ぞうか
지을조 꽃화
ゾウ・つくる カ・はな

造 | 广 | 屮 | 生 | 告 | 造 | 花

造花(조화) 종이나 헝겊 따위로 만든
　　　꽃
造林(조림) 나무를 심어 숲을 이루게
　　　함
造船(조선) 배를 만듦
造形(조형) 어떤 형태를 이루게 함
改造(개조) 뜯어고쳐서 새로 만듦
建造(건조) 배 따위를 만듦

朝 ㉔月(달월) morning and evening 夕
㉒8 ちょうせき・あさゆう
아침조 저녁석
チョウ・あさ セキ・ゆう

朝 | 十 | 古 | 直 | 車 | 朝 | 夕

朝夕(조석) ①아침과 저녁 ②늘. 항상
朝飯(조반) 아침밥
朝三暮四(조삼모사) 속임수로 남을
　　　조롱한다는 말
朝野(조야) ①조정과 민간 ②온 나
　　　라. 전국
今朝(금조) 오늘 아침
早朝(조조) 이른 아침

鳥 ㉔鳥(새조) fowling piece 銃
㉒(11) ちょうじゅう
새조 총총
チョウ・とり ジュウ・つつ

鳥 | 广 | 自 | 皀 | 鳥 | 鳥 | 銃

鳥銃(조총) 새 잡는 총
鳥類(조류) 새의 무리. 새 종류
鳥獸(조수) 새와 짐승
鳥足之血(조족지혈) 새 발의 피. 극
　　　히 적다는 비유
山鳥(산조) 산에서 사는 새
候鳥(후조) 철새

助 ㉔力(힘력) aid 力
㉒5 じょりょく
도울조 힘력
ジョ・たすける・ リョク・リキ・
すけ ちから

助 | 冂 | 目 | 助 | 助 | 力

助力(조력) 힘을 도와 줌
助詞(조사) 품사의 하나. 토씨
助手(조수) 어떤 일을 돕는 사람
助言(조언) 말로 도와 줌
助演(조연) 주연자를 도와 줌. 또는
　　　그 사람
內助(내조) 아내가 뒤에서 도와 줌
自助(자조) 스스로 자신을 도움

祖 (부)示(보일시변) (획)5 fatherland そこく
할아비조 ソ

國 나라국 コク・くに

祖 ㇇ ㇗ ネ 初 祖

祖國(조국) 조상때부터 살아 온 나라
祖父母(조부모) 할아버지와 할머니
祖上(조상) 한 집안이나 한 민족의
　　　　　옛 어른들. 선조
先祖(선조) 할아버지 이상의 조상
外祖(외조) 외할아버지와 외할머니

操 (부)扌(재방변) control (획)13 そうじゅう
잡을조 ソウ・あやつる

縱 놓을종 ジュウ・たて

操

操縱(조종) 자유자재로 부림
操心(조심) 삼가 주의함
操作(조작) ①만지어 움직임 ②다루
　　　　　어 처리함
操行(조행) 몸가짐. 행실
節操(절조) 절개와 지조. 정절
志操(지조) 굽히지 않는 절개

弔 (부)弓(활궁) mourning (획)1 flag ちょうき
조상할조 チョウ・とむらう

旗 기기 キ・はた

弔

弔旗(조기) 조의를 표하는 뜻의 기
弔問(조문) 상가로 조상하러 감
弔喪(조상) 남의 상사에 조의를 표함
弔意(조의) 죽은이를 슬퍼한다는 마
　　　　　음의 표시
弔電(조전) 조의를 표하는 전보
慶弔(경조) 경사와 조상

照 (부)灬(火)(불화) irradia- (획)9 tion しょうしゃ
비칠조 ショウ・てる

射 쏠사 シャ・いる

照

照射(조사) 광선을 비쳐 쬠
照明(조명) 전등 따위로 밝게 비침
照査(조사) 대조하여 조사함
照會(조회) 알아보기 위해 통지를 냄
落照(낙조) 석양(夕陽)
對照(대조) 맞비추어 살펴 봄
參照(참조) 참고로 살펴 봄

燥 (부)火(불화변) hasty (획)13 そうきゅう
마를조 ソウ

急 급할급 キュウ・いそぐ

燥

燥剛(조강) 땅이 습기가 없어서 마르고
　　　　　깨끗함
燥渴(조갈) 목이 몹시 마름
乾燥(건조) 물기가 없이 바짝 마름
濕燥(습조) 습함과 건조함
風燥(풍조) 바람에 바짝 마름

條 (부)木(나무목) item (획)7 じょうもく
가지조 ジョウ・すじ

目 눈목 モク・ボク・め

條

條目(조목) 낱낱이 파헤친 가닥
條件(조건) ①사물이 성립되는 데 필
　　　　　요한 사항 ②어떤 일을
　　　　　한정하는 조목
條理(조리) 사물의 도리・이치
條項(조항) 조목. 세부의 가닥
前條(전조) 앞에 나온 조항
各條(각조) 모든 낱낱의 조항

潮 🔒氵(삼수변) ⑫12 tidal current 流
ちょうりゅう

밀물조
チョウ・しお・うしお

흐를류
リュウ・ル・ながれる

潮　流

潮流(조류) ①조수의 간만으로 인한 바닷물의 유동 ②세태의 흐름. 시류(時流)
潮勢(조세) 조수의 세력
潮水(조수) 바닷물
高潮(고조) 감정 따위가 세차게 일어난 것
干潮(간조) 썰물

足 🔒足(발족) ⑦(7) sir 下
そっか

발족
ソク・あし

아래하
カ・しも・した・おりる・くだる

足　口　무　尸　足　下

足下(족하) ①발 밑 ②동료에 대한 존칭
足件(족건) 버선
足過平生(족과평생) 한 평생을 넉넉히 지낼 만함
足衣(족의) 양말. 버선
不足(부족) 모자람
手足(수족) 손과 발

租 🔒禾(벼화변) ⑤5 tax 税
そぜい

구실조
ソ

구실세
ゼイ

租　税

租税(조세) 세금. 구실
租借(조차) 남의 나라의 한 부분을 빌려서 일정한 기간 통치하는 일
租包(조포) 벼를 담는 섬
免租(면조) 조세를 면해 줌
正租(정조) ①벼 ②정규의 조세
地租(지조) 논밭에 매기는 세금

族 🔒方(모방변) ⑦7 genealogy 譜
フ

겨레족
ゾク・やから

계보보
フ

族　方　ザ　施　族　族　譜

族譜(족보) 족속의 계보를 적은 책
族屬(족속) 같은 종문의 겨레붙이
族叔(족숙) 아버지와 한 항렬이 되는 먼 일가
家族(가족) 집안 식구
擧族(거족) 온 민족이 다 일어섬
同族(동족) 같은 민족

組 🔒糸(실사변) ⑤5 formation 成
そせい

짤조
ソ・くむ

이룰성
セイ・なる

組　成

組成(조성) 조직하여 성립시킴
組織(조직) ①얽어 만들어 냄 ②단체나 어떤 통일체를 구성함. 또는 그 구성
組合(조합) ①구미어 합침 ②일정한 목적을 위해 이해를 같이하는 사람들이 만든 조직체
勞組(노조) 노동조합의 준말

存 🔒子(아들자) ③3 life or death
そんぼう

있을존
ソン・ゾン

망할망
ボウ・モウ・ない

存　一　ナ　オ　右　存　亡

存亡(존망) 삶과 죽음. 존재와 멸망
存立(존립) 생존하여 자립함
存續(존속) 계속하여 존재함
存在(존재) 현존하여 있음
保存(보존) 잘 지켜 존재하게 함
生存(생존) 살아 있음
現存(현존) 현재 있음

尊 (部)寸(마디촌) respect 敬
(劃)9
높을존　　　　　　　공경경
ソン・たっとい・　ケイ・キョウ・
とうとい　　　　　うやまう

尊 | 爾 | 爾 | 爾 | 尊 | 尊 | 敬

尊敬(존경) 받들어 공경함
尊貴(존귀) 높고 귀함
尊待(존대) 받들어 높이 대접함
尊嚴(존엄) 높고 엄숙함
尊重(존중) 높이어 중하게 여김
自尊(자존) 스스로 자신을 높임
至尊(지존) 몹시 신분이 높음

宗 (部)宀(갓머리) religion 教
(劃)5
마루종　　　　　　　가르칠교
ソウ・シュウ　キョウ・おしえる

宗 | 丶 | 宀 | 宀 | 宗 | 宗 | 教

宗教(종교) 초인간적인 신불을 숭배
　　　　　 하여 행복을 얻으려는 일
宗家(종가) 한 문중의 본가
宗氏(종씨) 같은 본과 성을 가지고
　　　　　 촌수를 따지지 않는 상대
宗親(종친) 친족. 한 문중
大宗(대종) 대종가의 계통

卒 (部)十(열십) そっと 徒
(劃)6
군사졸　　　　　　　무리도
ソツ・にわか　　ト・いたずら

卒 | 亠 | 亠 | 亣 | 立 | 卒 | 徒

卒徒(졸도) 부하. 병졸
卒倒(졸도) 갑자기 쓰러짐
卒業(졸업) 맡은 수업을 마침
卒然(졸연) 별안간. 갑자기
兵卒(병졸) 병사. 졸병
士卒(사졸) 병사
軍卒(군졸) 군사

種 (部)禾(벼화변) item 目
(劃)9
씨종　　　　　　　　눈목
シュ・たね　　モク・ボク・め

種 | 禾 | 禾 | 栢 | 稙 | 種 | 目

種目(종목) 종류의 항목
種犬(종견) 씨받을 개
種瓜得瓜(종과득과) 오이씨에서는 오
　　　　　이가 남. 원인에 따라 결
　　　　　과가 정해진다는 비유
種類(종류) 사물의 갈래를 표시하는
　　　　　구별
種子(종자) 씨. 씨앗
良種(양종) 좋은 종자

拙 (部)扌(재방변) clumsiness 劣
(劃)5
　　　　せつれつ
못날졸　　　　　　　용렬할렬
セツ・つたない　レツ・おとる

拙 | | | | | | 劣

拙劣(졸렬) 서투르고 비열함
拙稿(졸고) 자기 원고의 낮춤말
拙速(졸속) 서투르나 빠름
拙作(졸작) 자기 작품의 낮춤말
巧拙(교졸) 잘함과 서투름
愚拙(우졸) 어리석고 용렬함
庸拙(용졸) 용렬하고 초라함

鐘 (部)金(쇠금변) しょうこ 鼓
(劃)12
쇠북종　　　　　　　북고
ショウ・かね　　コ・つづみ

鐘 | 鈩 | 鈩 | 錆 | 鐘 | 鐘 | 鼓

鐘鼓(종고) 종과 북
鐘閣(종각) 종을 매달아 둔 집
鐘聲(종성) 종치는 소리
警鐘(경종) 경고하는 뜻으로 하는 말
晚鐘(만종) 해질 무렵의 종소리

終 (부首糸(실사변) termination) 획 5 しゅうえん
마칠종 シュウ・おわる

焉 어찌언 エン・いずくんぞ

終焉(종언) ①어떤 일을 마쳐 끝냄
②어떤 일에 종사하다가 세상을 마침
終結(종결) 일의 끝을 냄
終局(종국) 끝판. 마지막 판국
終末(종말) 끝. 끝판
始終(시종) 처음부터 끝까지
有終(유종) 끝을 깨끗이 마무리함

左 (부首工(장인공) left and right) 획 2 さゆう
왼좌 サ・ひだり

右 오른쪽우 ウ・ユウ・みぎ

左右(좌우) 왼쪽과 오른쪽
左手(좌수) 왼손
左右間(좌우간) 어찌 되었든. 하여간에
左翼(좌익) ①왼쪽 날개 ②공산주의적인 색채
左之右之(좌지우지) 제 마음대로 뒤흔듦
極左(극좌) 급진적인 개혁사상

從 (부首彳(두인변) employ) 획 8 じゅうぎょう
좇을종 ジュ・ジュウ・ショウ・したがう

業 업업 ギョウ・ゴウ・わざ

從業(종업) 업무에 종사함
從軍(종군) 군대를 따라 싸움터로 감
從來(종래) 이제까지. 이전부터
從事(종사) 어떤 일에 매여 일함
從者(종자) 데리고 다니는 사람
盲從(맹종) 무조건 따르기만 함
服從(복종) 굴복하여 따름

坐 (부首土(흙토)) 획 4 ざし
앉을좌 ザ・すわる

視 볼시 シ・みる

坐視(좌시) 앉아서 보고만 있음
坐高(좌고) 앉은 키
坐不安席(좌불안석) 좀이 쑤셔 한 군데 오래 앉아 있지 못함
坐像(좌상) 앉은 모습의 그림이나 조각
安坐(안좌) 편하게 앉음

縱 (부首糸(실사변) length and breadth) 획 11 じゅうおう
세로종 ショウ・ジュウ・たて

橫 가로횡 オウ・よこ

縱橫(종횡) ①세로와 가로 ②멋대로 방종하게 행동함
縱斷(종단) 세로 끊음. 남북으로 걸침
縱覽(종람) 마음대로 봄
縱列(종렬) 세로 늘어섬. 또는 그 줄
放縱(방종) 거리낌없이 함부로 놀아남

佐 (부首亻(인변)) 획 5 さめい
도울좌 サ

命 목숨명 メイ・ミョウ・いのち

佐命(좌명) 임금을 도움. 또는 임금이 될 사람을 도움
佐理(좌리) 정치를 도와 나라를 다스림
佐治(좌치) ⇨좌리(佐理)
補佐(보좌) 웃어른을 도움
賢佐(현좌) 임금을 잘 보좌하는 신하

240

座 (튀)广(엄호밑) conversation
(쫄)7 ざだん
자리좌
ザ・すわる

談
이야기할담
ダン

座 談

座談(좌담) 앉아서 하는 이야기
座席(좌석) 앉는 자리
座前(좌전) ⇨좌하(座下)
座中(좌중) 여러 사람이 앉아 있는 자리
座下(좌하) 편지받는 사람의 이름 밑에 쓰는 존칭
上座(상좌) 윗자리

注 (튀)氵(삼수변) attention
(쫄)5 ちゅうい
물댈주
チュウ・そそぐ

意
뜻의
イ

注 氵 氵 氵 注 注 意

注意(주의) 정신차려 조심함
注力(주력) 힘을 쏟음
注目(주목) 어떤 사물을 주의해서 봄
注射(주사) 약물을 침으로 체내에 넣는 일
注視(주시) 주의해서 봄. 주목
傾注(경주) ①기울여 부어 넣음 ②정력을 한 곳에 집중시킴

罪 (튀)罒(网)(그물망) sin
(쫄)8 ざいあく
허물죄
ザイ・つみ

惡
악할악・미워할오
アク・オ・わるい

罪 罒 四 甼 罪 罪 惡

罪惡(죄악) 비난을 받을 나쁜 행위
罪科(죄과) ①죄와 허물 ②법에 의해 처분함
罪名(죄명) 범죄의 명목
無罪(무죄) 법률상 죄가 안 됨
謝罪(사죄) 허물을 사과함
重罪(중죄) 중한 죄

住 (튀)亻(인변) residence
(쫄)5 じゅうたく
살주
ジュウ・すむ

宅
집택・집댁
タク

住 亻 什 住 住 宅

住宅(주택) 살림하는 집
住居(주거) 머물러 삶
住民(주민) 그 곳에 사는 사람들
住所(주소) 사는 곳
住持(주지) 한 절의 주관하는 중
常住(상주) 평소에 늘 살고 있음
永住(영주) 오래도록 한 곳에 삶

主 (튀)丶(점) housemaster
(쫄)4 しゅじん
주인주
シュ・ぬし・おも

人
사람인
ジン・ニン・ひと

主 亠 宁 主 主 人

主人(주인) ①한 집안의 책임자 ②물건의 임자
主格(주격) 문법에서 주인 역할을 하는 낱말. 임자자리
主動(주동) 어떤 일의 주장이 되어 움직임
主食(주식) 주로 먹는 음식
公主(공주) 임금의 딸
株主(주주) 주권을 가진 사람

朱 (튀)木(나무목)
(쫄)2 rubrication
しゅしょ
붉을주
シュ

書
글서
ショ・かく

朱 丿 二 牛 朱 書

朱書(주서) 붉은 색으로 씀. 또는 그 글씨
朱墨(주묵) 붉은 색의 먹
朱門(주문) 지위가 높은 사람의 집
朱紅(주홍) 주홍빛
朱色(주색) 붉은 색
朱筆(주필) 붉은 색을 찍어 쓰는 붓. 또는 그 글씨

宙 ㊀宀(갓머리) ㊁5 집주 チュウ ちゅうすい

水 물수 スイ・みず

宙 宀宂宂宙宙

水

宙水(주수) 강에 싸인 퇴적물 따위에 고인 물
宙合樓(주합루) 창덕궁 안의 한 누(樓)
宇宙(우주) 세계. 온 누리
碧宙(벽주) 푸른 하늘

晝 ㊀日(날일) ㊁7 낮주 チュウ・ひる

day and night ちゅうや

夜 밤야 ヤ・よ・よる

晝 コ⇁肀書晝

夜

晝夜(주야) 낮과 밤. 밤낮
晝間(주간) 낮. 낮 동안
晝耕夜讀(주경야독) 낮에는 밭을 갈고 밤에는 글을 읽음. 바쁜 틈을 타서 어렵게 공부한다는 말
晝食(주식) 점심
白晝(백주) 대낮

走 ㊀走(달아날주) ㊁(7) 달아날주 ソウ・はしる

破 깨뜨릴파 ハ・やぶる

そうは

走 土キキキ走走

破

走破(주파) 끝까지 다 달림
走技(주기) 달리는 경기의 총칭
走馬看山(주마간산) 달리는 말이 산을 구경하듯, 살펴볼 사이도 없이 지나쳐 간다는 말
走者(주자) 달리는 사람·선수
競走(경주) 달리는 운동
逃走(도주) 도망쳐 달아남

舟 ㊀舟(배주) ㊁(6) 배주 シュウ・ふね

遊 놀유 ユ・ユウ・あそぶ

しゅうゆう

舟

遊

舟遊(주유) 뱃놀이. 선유(船遊)
舟師(주사) 수군(水軍). 해군
舟戰(주전) 배를 타고 하는 싸움
方舟(방주) 네모난 집처럼 생겼다는 배
一葉片舟(일엽편주) 대해에 떠 있는 조그만 배 하나

酒 ㊀酉(닭유) ㊁3 술주 シュ・さけ

drinking party しゅせき

席 자리석 セキ

酒 氵氵氵酒酒

席

酒席(주석) 술자리
酒客(주객) 술꾼
酒毒(주독) 술로 인한 중독
酒店(주점) 술집
甘酒(감주) 단술
禁酒(금주) 술을 금함
飮酒(음주) 술을 마심

周 ㊀口(입구) ㊁5 두루주 シュウ・まわり

circumference しゅうい

圍 둘레위 イ・かこむ

周

圍

周圍(주위) 둘레
周年(주년) 돌이 돌아온 해
周到(주도) 주의가 두루 미침
周邊(주변) 주위. 부근. 언저리
周知(주지) 여러 사람이 앎
外周(외주) 바깥쪽의 둘레
圓周(원주) 둥근 물체의 둘레

株 ⟨字⟩木(나무목변) share
⟨획⟩6 かぶけん
그루주
シュ・かぶ

券 文서권
ケン

株

券

株券(주권) 주식의 증권
株式(주식) 주식회사의 자본의 단위
株主(주주) 주권을 가지고 있는 사람
枯株(고주) 말라 죽은 그루터기
舊株(구주) 전에 발행한 주권
新株(신주) 새로 발행한 주권

柱 ⟨字⟩木(나무목변)
⟨획⟩5 ちゅうそ
기둥주
チュウ・はしら

礎 주춧돌초
ソ・いしずえ

柱

礎

柱礎(주초) 기둥을 받치는 돌
柱梁(주량) 기둥과 대들보
柱石(주석) 기둥과 주추. 중책을 맡
　　　은 사람의 비유
氷柱(빙주) 고드름
石柱(석주) 돌기둥
圓柱(원주) 둥글게 만든 큰 기둥

州 ⟨字⟩巛(개미허리)
⟨획⟩3 しゅうり
고을주
シュウ・ス

里 마을리
リ・さと

州

里

州里(주리) 마을. 동리
州谷(주곡) 촌락. 시골
州牧(주목) 옛날의 도지사. 지방장관
州郡(주군) 옛날의 행정구역이던 주
　　　와 군
諸州(제주) 여러 고을

竹 ⟨字⟩竹(대죽)
⟨획⟩(6) ちくりん
대죽
チク・たけ

林 수풀림
リン・はやし

竹 | 丿 | ﾉ | ﾉ | 竹 | 竹

林

竹林(죽림) 대나무 숲
竹器(죽기) 대로 만든 그릇
竹刀(죽도) 대로 만든 칼
竹馬故友(죽마고우) 대로 만든 말을
　　　타고 같이 놀던 어렸을
　　　적 친구
靑竹(청죽) 푸른 대나무
煙竹(연죽) 담뱃대

洲 ⟨字⟩氵(삼수변) island
⟨획⟩6 しゅうとう
물가주
シュウ・ス

島 섬도
トウ・しま

洲

島

洲島(주도) 섬
洲邊(주변) 물가. 섬가
沙洲(사주) 모래톱
亞洲(아주) 아시아주의 준말
五大洲(오대주) 전세계의 다섯 개의
　　　큰 대륙

準 ⟨字⟩氵(삼수변)
⟨획⟩10 preparation
じゅんび
법도준
ジュン

備 갖출비
ビ・そなえる

準

備

準備(준비) 미리 마련함
準據(준거) ①표준으로 삼고 본받음
　　　②모범
準用(준용) 표준으로 삼고 적용함
準行(준행) 준거하여 행함
基準(기준) 기본이 되는 표준
平準(평준) 표준에 맞도록 고름

243

俊 ㉠亻(인변) ㉡7 しゅんしゅう 秀
준걸준 빼어날수
シュン シュウ・ひいでる

俊 秀

俊秀(준수) 재주와 슬기가 뛰어남
俊童(준동) 재주와 슬기가 뛰어난 아이
俊逸(준일) 뛰어나게 훌륭함
俊材(준재) 뛰어난 재주를 가진 사람
英俊(영준) 영특하고 준수함
才俊(재준) 재주가 있고 용모가 늠름함

重 ㉠里(마을리)seriousness 大 ㉡2 じゅうだい
무거울중 큰대
ジュウ・チョウ・え・ ダイ・タイ・
おもい・かさねる おおきい

重 㐅 白 白 重 重 大

重大(중대) 매우 중요함
重力(중력) 지구의 물체를 끌어 당기는 힘
重病(중병) 몹시 심한 병
重複(중복) 거듭됨
輕重(경중) 가벼움과 무거움
過重(과중) 지나치게 무거움
貴重(귀중) 귀하고 중요함

遵 ㉠辶(辵)(책받침) 奉 ㉡12 observance じゅんぽう
좇을준 받들봉
ジュン ブ・ホウ・たてまつる

遵 奉

遵奉(준봉) 예로부터 있던 법이나 전례를 지켜 받듦
遵據(준거) 전례나 법령을 좇음
遵法(준법) 법령을 지킴
遵守(준수) 준봉(遵奉)
遵行(준행) 좇아서 그대로 행함

衆 ㉠血(피혈) 望 ㉡6 しゅうぼう
무리중 바랄망
シュウ・ショ ボウ・のぞむ

衆 宀 血 中 尹 衆 望

衆望(중망) 여러 사람의 촉망
衆寡不敵(중과부적) 적은 사람으로 여러 사람을 당할 수는 없음
衆論(중론) 여러 사람들의 의견
衆意(중의) 많은 사람들의 뜻
大衆(대중) 여러 사람들
群衆(군중) 모여 있는 대중

中 ㉠丨(뚫을곤) relay 繼 ㉡3 ちゅうけい
가운데중 이을계
チュウ・なか ケイ・つぐ

中 丶 口 口 中 繼

中繼(중계) 중간에서 이어 줌
中年(중년) 청년과 노년의 중간
中斷(중단) 중간에 끊어지거나 그만둠
中毒(중독) 독이 있는 물질로 몸에 탈이 남
中立(중립) 치우치지 않고 중간에 섬
空中(공중) 하늘 가운데
途中(도중) 길 가운데. 길의 중간

仲 ㉠亻(인변) matchmaking 媒 ㉡4
버금중 중매할매
チュウ・なか バイ

仲 媒

仲媒(중매) 두 집의 혼인을 중개함. 또는 그 사람
仲介(중개) 중간에서 주선해 줌
仲裁(중재) 싸움을 화해시킴
仲秋(중추) 음력 8월
仲秋佳節(중추가절) 8월 한가위
伯仲(백중) ①맏형과 둘째 형. ②힘이 어금지금함

卽 ㈜卩(병부절변) ㊵7 instant **時** そくじ 곧즉 때시 ソク・すなわち ジ・とき	**證** ㈜言(말씀언변) ㊵12 evidence **據** しょうこ 증거증 의지할거 ショウ・あかし キョ・コ
卽 ㅌ ㅌ町 卽 時	證 卧 訂 訊 訊 證 據
卽時(즉시) 그 자리에서. 금방. 곧 卽刻(즉각) 곧 그 시각에 卽決(즉결) 일을 그 자리에서 처리함 卽死(즉사) 그 자리에서 금방 죽음 卽日(즉일) 그 날. 바로 당일 卽行(즉행) 곧 바로 감	證據(증거) 어떤 사물을 증명할 재료 證明(증명) 증거로 세워 밝힘 證書(증서) 증거가 되는 문서 證人(증인) 증거를 설 사람 反證(반증) 반대적인 증거 實證(실증) 실제로 증명함 確證(확증) 확실한 증거
曾 ㈜日(날일) ㊵8 great grandson **孫** そうそん 일찍증 손자손 ソウ・(かつて) ソン・まご	**憎** ㈜忄(심방변) ㊵12 love and hatred **愛** ぞうあい 미워할증 사랑애 ゾウ・にくむ・にくい アイ
曾 竹 竹 甸 甸 曾 孫	憎 愛
曾孫(증손) 증손자. 아들의 손자 曾經(증경) 이미 이전에 겪었음 曾思(증사) 거듭 깊이 생각함 曾往(증왕) 일찍이. 지난 때 曾遊(증유) 전에 가서 놀았음 未曾有(미증유) 일찍이 전에는 없었 음	憎愛(증애) 미워하고 사랑함 憎忌(증기) 꺼리고 미워함 憎惡(증오) 미워함 憎斥(증척) 미워서 배척함 可憎(가증) 얄밉고 보기 싫음 愛憎(애증) 사랑과 미움 怨憎(원증) 원망스럽고 미움
增 ㈜土(흙토변) ㊵12 enlarge-ment of building **築** ぞうちく 더할증 쌓을축 ゾウ・ます チク・きずく	**贈** ㈜貝(조개패변) ㊵12 presentation **與** ぞうよ 줄증 더불여 ゾウ・おくる ヨ・あたえる
增 ㅂ 地 地 增 增 築	贈 與
增築(증축) 덧붙여 늘려 지음 增强(증강) 더 늘려 강하게 함 增大(증대) 더 보태어 크게 함 增産(증산) 생산을 늘림 增員(증원) 인원을 늘림 加增(가증) 더하여 증가시킴 漸增(점증) 점점 늘어감	贈與(증여) 물건을 선사로 보냄 贈呈(증정) 물건을 보내 드림 寄贈(기증) 기부로 물건을 보냄 受贈(수증) 선물을 주고 받음 追贈(추증) 훈장 따위를 죽은 후에 보냄

症 (冖广)(병질엄) 획5 しょうじょう 狀

병증세증
ショウ

형상상·문서장
ジョウ

症　狀

症狀(증상) 병의 형편
症勢(증세) 병의 증상
症候(증후) 병의 형편
渴症(갈증) 목이 마른 증세
病症(병증) 병의 증세
炎症(염증) 몸의 한 부분이 붓고 열이 있으며 곪는 증세
重症(중증) 무거운 병증

支 (冖支)(지탱할지) upholding 획(4) しじ 持

지탱할지
シ・ささえる

가질지
ジ・もつ

支　一　十　支　支　持

支持(지지) 찬동하여 돌보고 뒷받침함
支給(지급) 물건이나 돈을 내어 줌
支配(지배) ①거느려 일을 처리함 ②남의 언행을 속박하여 휘두름
支障(지장) 일에 방해가 됨
干支(간지) 육갑의 십간(十干)과 십이지(十二支)
收支(수지) 수입과 지출

蒸 (冖艹)(艸)(초두밑) 획10 vapour じょうき 氣

찔증
ジョウ・むす

기운기
キ・ケ

蒸　氣

蒸氣(증기) 액체가 증발하여 생기는 기체
蒸發(증발) 액체가 기체로 변하는 현상
蒸蒸(증증) 나아가는 모양. 향상하는 모양
汗蒸幕(한증막) 땀을 흘리도록 시설을 한 곳

枝 (冖木)(나무목) 획4 しょう 葉

가지지
シ・えだ

잎엽
ヨウ・は

枝　木　木　朴　杉　枝　葉

枝葉(지엽) ①가지와 잎 ②중요하지 않은 말단 문제
枝幹(지간) ①가지와 줄기 ②수족과 몸
枝頭(지두) 가지의 끝
連枝(연지) 형제자매
竹枝(죽지) 대나무의 가지

只 (冖口)(입구) 획2 now ただいま 今

다만지
シ・ただ

이제금
キン・コン・いま

只　丨　口　口　只　今

只今(지금) 이제. 이 시간. 곧
只管(지관) 오직 이것뿐
但只(단지) 다만. 오직
只花里(지화리) 기울. 밀이나 귀리의 가루를 뺀 속껍질

止 (冖止)(그칠지) 획(4) stanching しけつ 血

그칠지
シ・とまる

피혈
ケツ・ち

止　丨　ㅏ　止　止　血

止血(지혈) 피가 못 나오게 함. 또는 피가 그침
止水(지수) ①괴어 있는 물 ②마음이 고요하고 동요되지 않음
止痛(지통) 아픔이 그침
禁止(금지) 금하여 못하게 함
停止(정지) 멈추어 섬. 또는 서게 함
廢止(폐지) 폐하여 없애버림

之 ㉿丿(삐침) ㉿3　　　　　子
갈지　　　　　　　　아들자
シ・(の)　　　　　　シ・ス・こ

之 ｜丶｜丶｜ｼ｜之｜　　　子

之子(지자) 이 아이
之東之西(지동지서) 주견이 없이 갈
　팡질팡함
之於字(지어자) 지(之)자와 어(於)자
　와 같은 한문의 토씨
之字路(지자로) 갈지자(之) 모양으로
　꼬불꼬불한 치받잇길
人之常情(인지상정) 사람으로서의 당
　연한 인정

知 ㉿矢(화살시변) intelligence　能
　㉿3　　　　　　ちのう
알지　　　　　　　　능할능
チ・しる　　　　　　ノウ

知 ｜口｜ｊ｜ｌ｜矢｜知｜　　能

知能(지능) 지식과 재능
知覺(지각) 알아서 깨달음
知己(지기) 자기를 알아 주는 벗
知性(지성) 지혜로운 성능
知慧(지혜) 슬기. 뛰어난 꾀
無知(무지) 아는 것이 없고 무식함
通知(통지) 알려 줌. 통고

地 ㉿土(흙토) the earth　球
　㉿3　　　　　ちきゅう
땅지　　　　　　　　구슬구
ジ・チ・つち　　　　キュウ・たま

地 ｜十｜土｜圤｜地｜地｜　　球

地球(지구) 사람이 살고 있는 땅덩어
　리
地帶(지대) 한정된 땅의 구역
地方(지방) ①그 땅 ② 시골
地勢(지세) 지형(地形)의 생김새
窮地(궁지) 궁하게 된 처지
當地(당지) ①그 곳 ②이 곳
陸地(육지) 뭍

指 ㉿扌(재방변) indication　示
　㉿6　　　　　しじ
손가락지　　　　　　보일시
シ・ゆび　　　　　　ジ・しめす

指 ｜十｜扌｜扌｜北｜指｜　　示

指示(지시) ①가리켜 보임 ②지휘하
　고 명령함
指南(지남) ①남쪽을 가리킴 ②가르
　쳐 이끎
指名(지명) 이름을 지정함
指定(지정) 가리켜 정해 놓음
屈指(굴지) 손꼽음. 유명함
無名指(무명지) 약손가락

志 ㉿心(마음심) applica-　願
　㉿3　　　　tion
뜻지　　　　　しがん
シ・こころざし　　원할원
　　　　　　　　　ガン・ねがう

志 ｜一｜十｜土｜志｜志｜　　願

志願(지원) 바라고 원함
志望(지망) 뜻이 있어 소망함
志士(지사) 어떤 일에 찬성하는 뜻있
　는 사람
志向(지향) 뜻이 쏠리는 방향
同志(동지) 같은 뜻을 가진 동료
立志(입지) 어떤 목적을 향해 뜻을
　세움
初志(초지) 처음에 정한 마음

至 ㉿至(이를지) supremacy　上
　㉿(6)　　　　しじょう
이를지　　　　　　윗상
シ・いたる　　　　ジョウ・うえ・かみ
　　　　　　　　　あげる・のぼる

至 ｜厶｜�ot̄｜至｜至｜　　上

至上(지상) 제일 높음. 가장 으뜸임
至極(지극) ①극진한 데까지 이름 ②
　매우
至急(지급) 매우 급함
至當(지당) 이치에 꼭 맞음. 옳음
至誠(지성) 정성이 지극함
多至(동지) 24 절기의 하나
必至(필지) 반드시 오고야 맒

247

紙 ⑨糸(실사변) ⑩5 종이지 シ・かみ
幣 しへい 폐백폐 ヘイ

紙 ⼻ ⼄ 紅 紆 紙
幣

紙幣(지폐) 지전. 종이돈
紙價(지가) 종이값
紙面(지면) 종이의 표면. 또는 글이 실린 면
紙上(지상) 신문지의 면
紙筆墨(지필묵) 종이·붓·먹. 곧 필기용구
白紙(백지) 흰 종이
表紙(표지) 책 따위의 겉장

誌 ⑨言(말씀언변) ⑩7 기록할지 シ
面 space of magazine しめん 낯면 メン・つら・おも・おもて

誌
面

誌面(지면) 잡지의 글이나 그림이 실린 부분
誌上(지상) 잡지의 시사. 또는 그 지면
誌友(지우) 같은 잡지의 애독자
日誌(일지) 일기(日記)
週刊誌(주간지) 매주일마다 내는 간행물
會誌(회지) 회에서 내는 보고용 잡지

持 ⑨扌(재방변) ⑩6 가질지 ジ・もつ
續 continuance じぞく 이을속 ゾク・つづく

持 扌 扩 抖 持 持
續

持續(지속) 계속해서 지녀 나감
持久(지구) 오래 견디어 나감
持論(지론) 평소에 믿고 있는 의견
持參(지참) 물건을 가지고 참석함
堅持(견지) 굳게 지니고 있음
所持(소지) 가지고 있음
維持(유지) 지탱하여 감

智 ⑨日(날일) ⑩8 슬기지 チ
謀 resource-fulness ちぼう 꾀모 ボウ・ム・はかる

智
謀

智謀(지모) 슬기 있는 꾀
智能(지능) 슬기와 능력
智力(지력) 슬기로운 지혜의 힘
智勇(지용) 재주와 용기
無智(무지) 지혜롭지 못함
才智(재지) 재주와 슬기
聰智(총지) 총명하고 지혜로움

池 ⑨氵(삼수변) ⑩3 못지 チ・いけ
亭 ちてい 정자정 テイ

池
亭

池亭(지정) 못가에 있는 정자
池蓮(지련) 못에 심은 연
池面(지면) 못의 표면
枯池(고지) 물이 마른 못
貯水池(저수지) 물을 담아 놓는 못
電池(전지) 전류가 흐르게 된 장치

遲 ⑨辶(辵)(책받침) ⑩12 더딜지 チ・おそい・おくれる
延 delay ちえん 끌연 エン・のべ・のびる

遲
延

遲延(지연) 질질 끌어 늦어짐
遲刻(지각) 정한 시간에 늦게 감
遲鈍(지둔) 몹시 굼뜸
遲參(지참) 늦게야 참석함
遲久(지구) 오래 기다림
遲遲不振(지지부진) 일이 늦어지기만 하고 좀체로 진전이 안 됨

直 徑

直 ⑨目(눈목) ⑬3 diameter ちょっけい 徑

곤을직
チョク・ジキ・なおす・
ただちに

지름길경
ケイ

| 直 | 一 | 十 | 古 | 直 | 直 | | 徑 |

直徑(직경) 지름
直角(직각) 90도의 각도
直面(직면) 가까이서 어떤 일을 당함
直營(직영) 직접 경영함
正直(정직) 성품이 바르고 곧음
日直(일직) 그 날 낮에 보는 당번
忠直(충직) 충성스럽고 고지식함

辰 極

辰 ⑨辰(별진) ⑬(7) pole-star しんきょく 極

별진
날신
シン・(たつ)

다할극
キョク・ゴク・
きわめる

| 辰 | 厂 | 戶 | 后 | 辰 | 辰 | | 極 |

辰極(진극) 북극성
辰砂(진사) 수은과 유황의 화합물. 주
사(朱砂)
辰月(진월) 음력 3월의 별칭
辰初(진초) 오전 9시경
生辰(생신) 웃어른의 생일

職 業

職 ⑨耳(귀이변) ⑬12 occupation しょくぎょう 業

맡을직
ショク

일업
ギョウ・ゴウ・わざ

職 業

職業(직업) 생계를 위한 일
職務(직무) 직업상의 해야 할 일
職分(직분) 마땅히 해야 할 본분
職制(직제) 직무상의 제도
無職(무직) 직업이 없음
轉職(전직) 직업을 바꿈
現職(현직) 현재의 직업

眞 僞

眞 ⑨目(눈목) ⑬5 しんぎ 僞

참진
シン・ま

거짓위
ギ・にせ・いつわる

| 眞 | ヒ | 旨 | 直 | 眞 | | 僞 |

眞僞(진위) 정말과 거짓말
眞價(진가) 참된 값어치
眞空(진공) 속에 공기 따위가 전혀
없음
眞理(진리) 참된 도리
寫眞(사진) 기계로 찍은 인물이나 풍
경
純眞(순진) 티없이 맑고 참됨

織 物

織 ⑨糸(실사변) ⑬12 textile fabrics おりもの 物

짤직
ショク・シキ・
おる

만물물
ブツ・モツ・もの

織 物

織物(직물) 피륙의 총칭
織女(직녀) ①피륙을 짜는 여자 ②직
녀성의 준말
織造(직조) 피륙을 짬
手織(수직) 손으로 짬
交織(교직) 인조섬유를 섞어서 짠 피
륙
組織(조직) 각종 세포로 구성된 것

進 步

進 ⑨辶(辵)(책받침) ⑬8 advance しんぽ 步

나아갈진
シン・すすむ

걸음보
ホ・フ・ブ・あゆむ・
あるく

| 進 | 亻 | 亻 | 卅 | 隹 | 進 | | 步 |

進步(진보) ①앞으로 나아감 ②더욱
발달함
進級(진급) 위의 학급·등급으로 오름
進度(진도) 진전되어 가는 속도
進退(진퇴) 나아감과 물러남
先進(선진) 남보다 앞서서 나아감
前進(전진) 앞으로 나아감
後進(후진) 뒤떨어져서 나아감

盡 ⑨皿(그릇명) exertion 力
⑨9 じんりょく
다할진　　　　　　　힘력
ジン・つくす　リョク・リキ・ちから

盡 ⸗ 聿 聿 盡 盡　力

盡力(진력) 있는 힘을 다함
盡日(진일) ①종일. 진종일 ②그믐
　　　날
盡忠(진충) 충성을 다함
賣盡(매진) 다 팔리고 없음
一網打盡(일망타진) 대번에 모두 잡
　　　아들여 뿌리를 뺌

陣 ⑨阝(阜)(좌부방) camp 營
⑨7 じんえい
진칠진　　　　　　　경영할영
ジン・たむろ　エイ・いとなむ

陣　　　　　　　營

陣營(진영) ①진지 ②대립되는 한쪽
陣頭(진두) ①배치된 군대의 선두 ②
　　　일의 앞장을 서는 일
陣法(진법) 군대를 배치하는 법식
陣地(진지) 진을 친 곳

振 ⑨扌(재방변) oscillation 動
⑨7 しんどう
떨칠진　　　　　　　움직일동
シン・ふる　ドウ・うごく

振　　　　　　　動

振動(진동) 흔들려 움직임
振作(진작) 떨쳐 일어남
振天(진천) 명성이 천하에 떨침
振興(진흥) ①떨치어 성하게 함 ②정
　　　신을 가다듬고 일어남
奮振(분진) 발분하여 떨치고 일어남

陳 ⑨阝(阜)(좌부방) a petition 情
⑨8 ちんじょう
베풀진　　　　　　　뜻정
チン　ジョウ・なさけ

陳　　　　　　　情

陳情(진정) 진정(眞情)을 말하여 동
　　　정을 바람
陳腐(진부) 낡고 오래 되어 썩어빠짐
陳述(진술) 구두로 자세히 말함
開陳(개진) 내용과 의견을 자세히 말
　　　함
具陳(구진) 모두 다 말함
新陳代謝(신진대사) 묵은 것을 새 것
　　　으로 바꾸는 생리 작용

鎭 ⑨金(쇠금변) ちんてい 定
⑨10 suppression
누를진　　　　　　　정할정
チン・しずめる　テイ・ジョウ・
　　　　　　　　さだめる

鎭　　　　　　　定

鎭定(진정) 소란을 진압하여 안정시킴
鎭邊(진변) 변경을 진압하여 다스림
鎭壓(진압) 위압하여 조용하게 다스림
鎭靜(진정) 요란한 사태를 조용하게
　　　함
鎭痛(진통) 아픈 곳을 가라앉힘
重鎭(중진) 중책을 맡고 요직에 있는
　　　사람

珍 ⑨玉(王)(구슬옥변) delicacy 味
⑨5 ちんみ
보배진　　　　　　　맛미
チン・めずらしい　ミ・あじ

珍　　　　　　　味

珍味(진미) ①썩 좋은 맛 ②신기한
　　　맛
珍貴(진귀) 보배롭고 귀중함
珍奇(진기) 보기 드물고 신기함
珍重(진중) ①진귀하여 소중히 여김
　　　②자중자애(自重自愛) 하
　　　라는 편지 용어
珍品(진품) 보기 드문 신기한 물건

質 ㉨貝(조개패) ㉮8 しつぼく
바탕질
シツ・シチ・チ

質朴(질박) 꾸밈이 없고 고지식함
質量(질량) 물건의 내용적인 질과 분량
質問(질문) 모르는 것을 물음
質疑(질의) 의심나는 점을 물음
性質(성질) 타고난 성품. 또는 물체의 특질
人質(인질) 볼모
資質(자질) 타고난 성품과 재질

朴
등걸박
ボク

姪 ㉨女(계집녀변) ㉮6 niece
조카질
テツ・めい・おい

姪女(질녀) 조카딸
姪孫(질손) 조카의 아들
姪子(질자) 조카
姪行(질항) 조카뻘
堂姪(당질) 오촌조카
叔姪(숙질) 아재비와 조카

女
계집녀
ジョ・ニョ・め・おんな

秩 ㉨禾(벼화변) ㉮5 order
차례질
チツ

秩序(질서) 사물의 조리나 그 순서
秩米(질미) 벼슬아치에게 주던 쌀
秩秩(질질) ①줄줄 흘러내리는 모양 ②겸손한 모양 ③질서가 정연한 모양
榮秩(영질) 벼슬이 올라감
職秩(직질) ②직무. 관직 ②일정한 규칙

序
차례서
ジョ

集 ㉨隹(새추) ㉮4 assembly
모일집
シュウ・あつめる・つどう

集結(집결) 한데 모으거나 모임
集計(집계) 모아서 합계함. 또는 그 합계
集團(집단) 모인 무리. 단체
集配(집배) 모아서 돌려 줌
集散(집산) 모임과 흩어짐
選集(선집) 골라서 엮은 책
雲集(운집) 구름같이 모여듦

結
맺을결
ケツ・むすぶ・ゆう

疾 ㉨疒(병질엄) ㉮5 disease
병질
シツ・はやい

疾病(질병) 병
疾苦(질고) 근심하고 괴로워함
疾驅(질구) 질주(疾走)
疾走(질주) 빨리 달림
疾患(질환) 병환. 질병
眼疾(안질) 눈병

病
병들병
ビョウ・やまい

執 ㉨土(흙토) ㉮8 しっとう
잡을집
シツ・とる

執刀(집도) ①칼을 잡음 ②외과수술을 하기 위해 메스를 잡음
執權(집권) ①정권을 잡음 ②권력을 잡음
執務(집무) 사무를 봄
執着(집착) 사물을 깊이 생각함
執行(집행) 실제로 일을 실행함
固執(고집) 제 의견을 굳게 내세움

刀
칼도
トウ・かたな

徵 ⑭彳(두인변) conscription
⑫12 ちょうへい 兵

부를징 　　　　군사병
チョウ 　　ヘイ・ヒョウ

徵兵(징병) 국가가 강제로 뽑는 모병
　　　　　 (募兵)
徵發(징발) 국가의 비상사태가 있을
　　　　　 때 사람이나 물자를 거두
　　　　　 거나 모으는 일
徵用(징용) 비상시에 국민을 강제로
　　　　　 노역에 종사시키는 일
明徵(명징) 명백하게 밝힘
特徵(특징) 두드러진 특점

次 欠(하품흠몸) order
⑫2 じじょ 序

차례차 　　　　차례서
シ・ジ・つぐ 　　ジョ・ついで

次序(차서) 순서. 차례
次男(차남) 둘째 아들. 이남(二男)
次例(차례) 순서. 차서(次序)
次席(차석) 수석의 다음가는 자리
次點(차점) 수석의 다음가는 점수
目次(목차) 책 따위의 기사의 순서
順次(순차) 차례차례. 차례를 따름

懲 ⑭心(마음심) discipline
⑮15 ちょうかい 戒

징계할징 　　　　경계할계
チョウ・こらす 　カイ・いましめる

懲戒(징계) 잘못을 앞으로 삼가도록
　　　　　 어떤 제재를 가함
懲罰(징벌) 장래를 경계하여 벌을 줌
懲惡(징악) 나쁜 언행을 징계함
懲役(징역) 죄인을 일정한 기간 노역
　　　　　 에 처함
勸懲(권징) 선을 권하고 악을 징계함

此 ⑭止(그칠지) this time
⑫2 このとき 時

이차 　　　　때시
シ・(この) 　　ジ・とき

此時(차시) 이 때. 지금
此等(차등) 이들. 이것들
此亦(차역) 이것 역시. 이것 또한
此際(차제) 이 때. 이에 즈음하여
此便(차편) 이 편. 이 사람 편
此後(차후) 이후. 금후
自此(자차) 이로부터. 앞으로

且 ⑭一(한일)
⑫4 置

또차 　　　　둘치
ショ・かつ 　　チ・おく

且置(차치) 다음으로 미루어 문제삼
　　　　　 지 않음. 차치물론(且置
　　　　　 勿論)의 준말
且夫(차부) 또한. 그뿐 아니라
重且大(중차대) 매우 중요하고 또 큰
　　　　　 일임
苟且(구차) 군색하고 딱함
況且(황차) 하물며

借 ⑭彳(인변) borrowing
⑫8 しゃくよう 用

빌차 　　　　쓸용
シャク・かりる 　ヨウ・もちいる

借用(차용) 금품을 빌려서 씀
借金(차금) 돈을 꿈. 또는 그 돈
借賃(차임) 물건을 빌려 쓴 삯
借主(차주) 금품을 빌려 쓴 사람
借地(차지) 남의 땅을 빌려 씀
假借(가차) 임시로 남의 사정을 보아
　　　　　 줌
前借(전차) 이전에 진 빚

差 ㊊工(장인공) difference 異
㊅7 さい
어기어질차 다를이
어긋날치 イ・ことなる
サ

差 異

差異(차이) 서로 같지 않고 차가 생김
差度(차도) ①병이 차차 나아감 ②비교하여 헤아림
差別(차별) 등급이 있게 차를 둠
差使(차사) 임무를 주어 파견함
大差(대차) 큰 차이
時差(시차) 시간의 차이

捉 ㊊扌(재방변) 髮
㊅7 そくはつ
잡을착 터럭발
ソク・とらえる ハツ・かみ

捉 髮

捉髮(착발) 매만지던 머리채를 손으로 잡아 쥐고 뛰어나감 반가운 손님이 왔을 때 허둥지둥 나가서 맞아들인다는 비유
捉去(착거) 붙잡아 감
捉送(착송) 붙잡아 송치함
捕捉(포착) 붙잡음

着 ㊊目(눈목) conception 眼
㊅6 ちゃくがん
붙을착 눈안
チャク・ジャク・ ガン・まなこ・め
きる・つく

着 千 ㊥ 羊 着 眼

着眼(착안) 어떤 일을 눈여겨 보거나 거기서 어떤 내용을 알아냄
着陸(착륙) 비행기가 육지에 내려앉음
着色(착색) 색칠을 함. 빛깔이 묻음
着着(착착) ①일이 순조롭게 진행되는 모양 ②질서가 정연한 모양

贊 ㊊貝(조개패) consent 成
㊅12 さんせい
도울찬 이룰성
サン セイ・ジョウ・なる

贊 成

贊成(찬성) 동의하여 도와 줌
贊同(찬동) 찬성함
贊反(찬반) 찬성과 반대
贊否(찬부) 찬성과 불찬성
贊辭(찬사) 칭찬하는 말
自贊(자찬) 스스로 자신을 칭찬함
稱贊(칭찬) 잘 한다고 찬사를 말함

錯 ㊊金(쇠금변) error 誤
㊅8 さくご
섞일착 그르칠오
섞일조 ゴ・あやまち
サク・ソ

錯 誤

錯誤(착오) 틀려서 잘못됨
錯覺(착각) 어긋난 생각
錯亂(착란) 뒤섞여 어수선함
錯雜(착잡) 뒤섞여 순서가 혼란함
錯大(조대) ①큰 일을 처리함 ②비웃음 ③겸손함
錯辭(조사) 시나 문장의 글귀를 골라서 맞춰 넣음

讚 ㊊言(말씀언변) praise 美
㊅19 さんび
기릴찬 아름다울미
サン・たたえる ビ・うつくしい

讚 美

讚美(찬미) 덕을 기리어 칭송함
讚歌(찬가) 예찬하는 노래
讚辭(찬사) 칭찬하는 말
讚頌(찬송) 덕을 칭송함
讚揚(찬양) 칭찬하여 높이 드러냄
激讚(격찬) 몹시 칭찬함
絶讚(절찬) 대단한 칭송

察 ⑨宀(갓머리)
⑪11
さっち 知
살필찰
サツ
알지
チ・しる

察 [ク][穴][空][容][察] 知

察知(찰지) 미루어 명백히 앎
察色(찰색) ①얼굴빛을 관찰함 ②얼굴빛으로 진찰함
檢察(검찰) 범죄를 살피고 조사함. 또는 그 기관
考察(고찰) 잘 생각해서 살핌
省察(성찰) 과거를 돌이켜 살핌
視察(시찰) 실지로 보고 살핌

慚 ⑨忄(심방변)
⑪11
shame
ざんき 愧
부끄러울참
ザン
부끄러울괴
キ

慚 愧

慚愧(참괴) 몹시 부끄럽게 여김
慚慨(참개) 몹시 부끄러워 스스로 탄식함
慚死(참사) 수치스런 죽음
慚色(참색) 부끄러워하는 안색
慚恨(참한) 부끄럽고 한스러움
慚悔(참회) 부끄러워 뉘우침

參 ⑨厶(마늘모)
⑨9
consideration
さんしゃく 酌
참여할참・갖은석삼
サン・まいる
잔질할작
シャク

參 [厽][会][叁][夹][參] 酌

參酌(참작) 참고하여 알맞게 헤아림
參加(참가) 어떤 모임 따위에 출석함
參考(참고) 참조하여 생각함
參席(참석) 어떤 자리에 나감
古參(고참) 오래 있는 사람
不參(불참) 참가하지 않음
參拾(삼십) 금액 따위를 쓸 때의 30을 이르는 말

昌 ⑨日(날일)
⑨4
prosperity
しょうせい 盛
창성할창
ショウ
성할성
セイ・さかん

昌 [口][日][昌][昌] 盛

昌盛(창성) 번성하여 잘됨
昌世(창세) 창성한 세상
昌言正論(창언정론) 매우 적절하고 정당한 언론
昌平(창평) 나라가 번성하고 잘 다스려짐
繁昌(번창) 번성함. 창성

慘 ⑨忄(심방변)
⑪11
tragedy
ざんし 死
참혹할참
サン・ザン・みじめ
죽을사
シ・しぬ

慘 死

慘死(참사) 비참하게 죽음
慘景(참경) 끔찍한 광경
慘劇(참극) 참혹한 사건
慘事(참사) 참혹한 일
慘狀(참상) 참혹한 상태
悲慘(비참) 슬프고 참혹함
悽慘(처참) 구슬프고 참혹함

唱 ⑨口(입구변)
⑨8
しょうげん 言
노래부를창
ショウ・となえる
말씀언
ゲン・ゴン・いう

唱 [口][叫][唱][唱] 言

唱言(창언) 앞장서서 불러 외침
唱歌(창가) 노래를 부름. 또는 그 노래
唱劇(창극) 광대 노래의 연극
獨唱(독창) 혼자 노래를 부름
先唱(선창) 먼저 외침
合唱(합창) 여럿이 함께 노래함

254

窓 (뭐)穴(구멍혈) ⑩6 wicket まどぐち 창창 ソウ・まど	**口** 입구 コウ・ク・くち
窓 广穴窓窓窓　口	

窓口(창구) 은행 따위에서 외부의 손님을 대하고 일을 처리하는 작은 창문
窓戸(창호) 창과 문의 총칭
窓戸紙(창호지) 창문을 바르는 두꺼운 종이
客窓(객창) 객지에서 거처하는 방
同窓(동창) 같은 학급에서 배운 동료

蒼 (뭐)艹(艸)(초두밑) ⑩10 そうかい
푸를창 ソウ　　**海** 바다해 カイ・うみ
蒼　海

蒼海(창해) 넓고 푸른 바다
蒼空(창공) 넓고 푸른 하늘
蒼白(창백) 푸르고 해쓱함
蒼生(창생) 모든 백성
蒼天(창천) ①푸른 하늘②봄의 하늘
青蒼(청창) 푸르고 푸름

倉 (뭐)人(사람인) ⑩8 warehouse そうこ
곳집창 ソウ・くら　　**庫** 곳집고 コ・ク
倉　　庫

倉庫(창고) 곳집
倉卒(창졸) 급작스러움
倉皇(창황) 매우 급함
穀倉(곡창) ①곡식을 넣는 창고 ②곡식이 많이 나는 지방
官倉(관창) 관의 창고

滄 (뭐)氵(삼수변) ⑩10 そうかい
찰창 ソウ　　**海** 바다해 カイ・うみ
滄　海

滄海(창해) ①넓고 푸른 바다 ②북해에 있는 신선이 산다는 곳
滄浪(창랑) 맑고 푸른 물빛
滄海一粟(창해일속) 큰 바다에 좁쌀한 알이란 뜻으로, 지극히 큰 것 가운데의 극히 작은 것을 비유한 말

創 (뭐)刂(칼도방) ⑩10 original plan そうあん
비롯할창 ソウ　　**案** 책상안 アン
創　　案

創案(창안) 처음으로 생각해 냄
創刊(창간) 신문·잡지 등을 처음으로 간행함
創立(창립) 회사 따위를 처음으로 세움
創設(창설) 처음으로 베풀어 설치함
創作(창작) 처음으로 생각해 낸 예술작품
草創(초창) 처음으로 만들어 냄

暢 (뭐)日(날일) ⑩10 ちょうも
화창할창 チョウ　　**茂** 무성할무 モ・しげる
暢　茂

暢茂(창무) 초목이 우거져 왕성함
暢達(창달) ①구김살이 없이 자라남 ②거침없이 통달함
暢適(창적) 유쾌하여 즐거움
流暢(유창) 말이나 글이 막히지 않음 술술 내려감
和暢(화창) 날씨가 맑고 깨끗함

255

菜 (무)艹(艸)(초두밑) (획)8 vegetables **蔬**
나물채 さいそ 나물소
サイ・な ソ

一 艹 芒 苙 菜   蔬

菜蔬(채소) 푸성귀. 야채
菜果(채과) 푸성귀와 과일
菜食(채식) 푸성귀로 만든 반찬만을 먹음
菜田(채전) 채소밭
生菜(생채) 야채의 날것. 날푸성귀
蔬菜(소채) 채소. 야채
野菜(야채) 채소

債 (무)亻(인변) (획)11 debt **務**
빚채 さいむ 힘쓸무
サイ ム・つとめる

債

務

債務(채무) 남에게 진 빚
債權(채권) 빚을 준 사람의 돈을 받을 권리
債券(채권) 국가나 공공단체, 또는 은행 등이 빚으로 얻고 내어 주는 유가증권
債鬼(채귀) 빚을 몹시 조르는 사람 빚쟁이
公債(공채) 공공단체의 채권

採 (무)扌(재방변) employment **用**
캘채 さいよう 쓸용
サイ・とる ヨウ・もちいる

採 扌 扩 抖 採 採   用

採用(채용) 사람·의견을 가리어 씀
採鑛(채광) 광물을 캠
採算(채산) 사업의 수지를 맞춰 봄
採石(채석) 석재를 캐 냄
採擇(채택) 가리어 뽑음
採血(채혈) 수혈할 피를 뽑음

責 (무)貝(조개패) (획)4 responsibility **任**
꾸짖을책 せきにん 맡길임
セキ・せめる ニン・まかす

責 一 十 圭 青 責   任

責任(책임) 맡은 바 임무
責望(책망) 허물을 꾸짖음
責務(책무) 해야 할 의무
責問(책문) 꾸짖어 물음
問責(문책) 책임을 꾸짖어 물음
自責(자책) 스스로 자신을 책망함
職責(직책) 직무상의 책임

彩 (무)彡(삐친석삼) painting **色**
채색채 さいしょく 빛색
サイ・いろどる ショク・シキ・いろ

彩

色

彩色(채색) 고운 빛깔을 칠함. 또는 그 빛깔
彩器(채기) 그림물감을 풀어서 담는 그릇
彩文(채문) 문채. 무늬
彩筆(채필) 그림그리는 붓
光彩(광채) 아롱진 빛
色彩(색채) 여러가지 빛깔

册 (무)冂(멀경몸) (획)3 publications **子**
책책 さっし 아들자
サツ シ・ス・こ

册 冂 册 册   子

册子(책자) 책. 서적
册房(책방) 책가게. 서점
册床(책상) 공부할 때나 사무를 볼 때 쓰는 상
別册(별책) 따로 곁들인 책
分册(분책) 따로 나누어서 맨 책
書册(서책) 책. 책자

策 ㉿竹(대죽머리) ㊅6　maneuver 動　さくどう
꾀책　　　　　　　　움직일동
サク・はかりごと　　ドウ・うごく

策　　動

策動(책동) 남을 부추기거나 꾀를 써서 뒤에서 행동함
策略(책략) 계략. 꾀
策謀(책모) 꾀. 책략
策士(책사) 꾀를 잘 내는 사람
秘策(비책) 몰래 간직한 계책
失策(실책) 책략을 실수함. 또는 그 책략

悽 ㉿↑(심방변) ㊅8　miserable 慘　せいさん
슬퍼할처　　　　　　참혹할참
セイ　　サン・ザン・みじめ

悽　　慘

悽慘(처참) 구슬프고 참혹함
悽傷(처상) 마음이 몹시 슬픔
悽絶(처절) 몹시 슬퍼 견딜 수 없음
悽悽(처처) ①몹시 구슬픈 모양　②굶어 피로한 모양
悽苦(처고) 처참함

妻 ㉿女(계집녀) ㊅5　wife and concubine 妾
아내처　　　　　　　첩첩
サイ・つま　　ショウ・めかけ

妻　ラ　ヲ　ヲ　車　妻　　妾

妻妾(처첩) 처와 첩
妻家(처가) 아내의 친정
妻男(처남) 아내의 남자형제
妻德(처덕) 아내의 덕
妻子(처자) 처와 자식
亡妻(망처) 죽은 아내
夫妻(부처) 남편과 아내

尺 ㉿尸(주검시) ㊅1　scale 度　しゃくど
자척　　　　　　　　헤아릴도
シャク・セキ　　ド・ト・タク・たび

尺　コ　ア　尺　　度

尺度(척도) ①물건의 길이를 재는 자 ②길이. 표준
尺雪(척설) 한 자 가량이나 내린 눈
尺土(척토) 얼마 안 되는 땅
長尺(장척) 길이가 긴 것

處 ㉿虍(범호밑) ㊅5　conduct of life 世　しょせい
곳처　　　　　　　　인간세
ショ　　セ・セイ・よ

處　庐　虍　虏　虔　處　　世

處世(처세) 세상을 살아감
處決(처결) 결정하여 조처함
處女(처녀) 아직 시집가지 않은 여자
處事(처사) 일을 처리함
處遇(처우) 알맞는 대우
居處(거처) 사는 곳. 있는 곳
傷處(상처) 다친 자리

斥 ㉿斤(날근변) ㊅1　scout 候　せっこう
물리칠척　　　　　　기후후
セキ・しりぞける　　コウ・そうろう

斥　　候

斥候(척후) 적의 형편을 살핌. 또는 그 사람
斥兵(척병) 적의 형편을 염탐하는 병사
斥逐(척축) 쫓아냄
斥和(척화) 화의를 배척함
排斥(배척) 물리쳐 거절함
逐斥(축척) 쫓아냄

257

拓 (字)扌(재방변) (획)5
열 척
タク

たくち 地
땅지
ジ・チ・つち

拓 地

拓地(척지) 토지를 개척함
拓落(척락) ①불행 ②넓고 큰 모양
拓土(척토) 땅을 일구어 개척함
開拓(개척) 미개한 땅을 개척함

天 (字)大(큰대) (획)1
하늘천
テン・あめ

Heaven
てんごく 國
나라국
ゴク・くに

天 二 チ 天　國

天國(천국) 하늘 나라. 낙원
天氣(천기) 기상상태. 일기
天然(천연) 자연 그대로
天才(천재) 선천적으로 재주가 뛰어난 사람
天災(천재) 하늘의 재앙. 홍수·폭풍 따위
滿天下(만천하) 온 세상
靑天(청천) 푸른 하늘

戚 (字)戈(창과) (획)7
겨레척
セキ

せきぜん 然
그럴연
ゼン・ネン・しかし

戚 然

戚然(척연) 근심하고 슬퍼하는 모양
戚黨(척당) 친척이 되는 겨레붙이
戚族(척족) 처가의 겨레붙이
戚臣(척신) 임금과 친척이 되는 신하
外戚(외척) 외가쪽의 겨레붙이
姻戚(인척) 혼인으로 맺어진 친척

川 (字)巛(川)(개미허리) (획)3
내천
セン・かわ

かわべ 邊
가변
ヘン・ベ・あたり

川 丿 川　邊

川邊(천변) 냇가
川流(천류) 냇물의 흐름
川魚(천어) 냇물고기
大川(대천) 큰 냇물
山川(산천) 산과 내. 대자연
河川(하천) 시내. 냇물

千 (字)十(열십) (획)1
일천천
セン・ち

せんきん 金
쇠금
キン・かね

千 一 千　金

千金(천금) ①많은 돈 ②가치가 대단히 큼
千不當萬不當(천부당만부당) 절대로 이치에 맞지 않는 터무니없는 일
千載一遇(천재일우) 천에 하나 있을까 말까 한 좀체로 만나기 어려운 기회
千秋(천추) 오랜 세월

泉 (字)水(물수) (획)5
샘천
セン・いずみ

せんげん 源
근원원
ゲン・みなもと

泉 白 臼 臾 泉 泉　源

泉源(천원) 물이 흐르는 근원
泉石(천석) 샘과 돌. 산수의 경치
泉聲(천성) 산골에서 흐르는 샘물 소리
冷泉(냉천) 찬물이 나오는 샘
源泉(원천) 사물의 근원
黃泉(황천) 사람이 죽어서 간다는 곳

淺 ㉄氵(삼수변) ㉟8 superficiality せんばく
얕을천 セン・あさい

薄 엷을박 ハク・うすい

淺薄(천박) 생각이나 학문이 얕음
淺見(천견) 얕은 생각
淺慮(천려) 얕은 생각
淺才(천재) 재주가 얕음
淺學(천학) ①학식이 얕음 ②자기의 학식을 낮추어 이르는 말
深淺(심천) 깊음과 얕음

遷 ㉄辶(辵)(책받침) ㉟11 amend せんぜん
옮길천 セン

善 착할선 ゼン・よい

遷善(천선) 나쁜 행위를 고쳐 착하게 됨
遷改(천개) 바뀜. 변하여 달라짐
遷都(천도) 도읍을 옮김
遷延(천연) 질질 끌어 늦어짐
變遷(변천) 변하여 달라짐
左遷(좌천) 좋지 않은 자리로 전근을 당함

賤 ㉄貝(조개패변) ㉟8 contempt せんたい
천할천 セン・いやしい

待 기다릴대 タイ・まつ

賤待(천대) 마구 대접함
賤視(천시) 업신여김. 천하게 여김
賤妾(천첩) ①기생이나 종으로 남의 첩이 된 여자 ②아내가 자신을 겸손해서 이르는 말
貴賤(귀천) 귀함과 천함
貧賤(빈천) 가난하고 천함

薦 ㉄艹(艸)(초두밑) ㉟13 recommendation せんきょ
천거할천 セン・すすめる

擧 들거 キョ・あげる

薦擧(천거) 사람을 추천함
薦拔(천발) 인물을 뽑아 씀
薦新(천신) 새로 난 곡식이나 과일을 신에게 올림
薦之(천지) 천거함
公薦(공천) 공식으로 여럿이 추천함
推薦(추천) 사람을 천거함

踐 ㉄足(발족변) ㉟8 せんしゅう
밟을천 セン

修 닦을수 シュウ・シュ・おさめる

踐修(천수) 닦아 실천함
踐歷(천력) ①여러 곳을 돌아다님 ②지내 온 경력
踐約(천약) 약속을 지켜 행함
踐言(천언) 약속을 실행함
實踐(실천) 실지로 행동에 옮김

鐵 ㉄金(쇠금변) ㉟13 iron-worker てっこう
쇠철 テツ

工 장인공 コウ・ク

鐵工(철공) 쇠로 물건을 만드는 일 또는 그 직공
鐵器(철기) 쇠로 만든 그릇
鐵道(철도) 철로. 곧, 기차의 길
鐵門(철문) 쇠로 만든 문
鋼鐵(강철) 질이 단단한 쇠붙이
私鐵(사철) 민간에서 경영하는 철도
製鐵(제철) 철광으로 쇠를 만들어 냄

哲 ㊈口(입구) philosophy 學
㊌7 てつがく
밝을철 배울학
テツ ガク・まなぶ

哲 學

哲學(철학) 자연과 인생을 연구하는
학문
哲理(철리) ①현묘한 이치 ②철학상
의 이치
哲言(철언) 훌륭한 말
哲人(철인) 어질고 세상 이치에 밝은
사람
先哲(선철) 옛날의 철인
英哲(영철) 영명하고 현철함

添 ㊈氵(삼수변) addition 加
㊌8 てんか
더할첨 더할가
テン・そえる カ・くわえる

添 加

添加(첨가) 덧붙여 보탬. 가첨
添付(첨부) 같이 붙임. 덧붙임
添算(첨산) 덧붙여 셈함
添削(첨삭) 시문 따위를 보태거나 깎
거나 함
添入(첨입) 더 보태어 넣음
加添(가첨) 보태어 덧붙임

徹 ㊈彳(두인변) being 底
㊌12 thorough
てってい
통할철 밑저
テツ・とおる テイ・そこ

徹 底

徹底(철저) 어중간하지 않고 투철함
徹頭徹尾(철두철미) 처음부터 끝까지
철저하게
徹兵(철병) 주둔했던 군대를 철수함
通徹(통철) 막힘이 없이 통함
透徹(투철) 사리가 밝고 확실함

妾 ㊈女(계집녀) 腹
㊌5
첩첩 배복
しょうふく・めかけばら
ショウ・めかけ フク・はら

妾 腹

妾腹(첩복) 첩의 자식. 서자
妾室(첩실) 첩이 된 여자
妾子(첩자) 첩이 난 아이
妾出(첩출) 첩의 소산. 첩자
愛妾(애첩) 사랑하는 첩
蓄妾(축첩) 첩을 두고 있음

尖 ㊈小(작을소) acute 銳
㊌3 せんえい
뾰족할첨 날카로울예
セン・とがる エイ・するどい

尖 銳

尖銳(첨예) 뾰족하고 날카로움
尖端(첨단) ①뾰족한 물건의 끝 ②시
대의 앞장을 가는 일
尖利(첨리) 뾰족하고 날카로움
尖形(첨형) 끝이 뾰족한 형상
銳尖(예첨) 날카롭고 뾰족함

靑 ㊈靑(푸를청) a youths 年
㊌(8) せいねん
푸를청 해년
セイ・あおい ネン・とし

靑 | 一 | 十 | 主 | 青 | 青 | 年

靑年(청년) 젊은이
靑史(청사) 역사
靑寫眞(청사진) 파랗게 나오는 도면
의 사진
靑少年(청소년) 청년과 소년
靑春(청춘) 봄 또는 청년
丹靑(단청) 건물에 청색과 홍색으로
단장하는 일

淸 (扌삼수변)
(획)8 refresh 凉

맑을청 서늘할량
세이·신· 료우·すずしい
きよい

淸 シ·氵·汁·沣·淸·淸 凉

淸凉(청량) 맑고 시원함
淸潔(청결) 깨끗하고 산뜻함
淸白(청백) 맑고 깨끗함
淸貧(청빈) 마음이 결백하여 몹시 가난함
淸新(청신) 맑고 새로움
肅淸(숙청) 잘못이나 악인을 없애어 맑게 함

聽 (耳귀이) audience 衆
(획)16 ちょうしゅう

들을청 무리중
チョウ·きく シュウ·シュ

聽 耳·頁·軸·軸·聽 衆

聽衆(청중) 듣고 있는 군중
聽覺(청각) 소리를 듣는 감각
聽講(청강) 강의를 들음
聽取(청취) 자세히 듣고 적음
傾聽(경청) 귀를 기울이고 들음
謹聽(근청) 삼가 조용히 들음
視聽(시청) 보면서 들음

晴 (日날일) rain or 雨
(획)8 shine
せいう

갤청 비우
セイ·はれ ウ·あめ

晴 日·旷·昨·晴·晴 雨

晴雨(청우) 날이 갬과 비가 오는 일
晴耕雨讀(청경우독) 갠 날은 논밭을 갈고 비오는 날은 공부를 함
晴朗(청랑) 맑고 밝음
晴天(청천) 개인 날
快晴(쾌청) 날씨가 아주 맑고 상쾌함
秋晴(추청) 가을의 맑은 날씨

廳 (广엄호밑) public 舍
(획)22 office building
ちょうしゃ

마을청 집사
チョウ シャ·いえ

廳 廳 舍

廳舍(청사) 관청의 건물
廳夫(청부) 관청에서 일하는 인부
市廳(시청) 시의 행정사무를 보는 곳
登廳(등청) 관청으로 출근하거나 출두함
退廳(퇴청) 관청이 파하여 퇴근함

請 (言말씀언변) contract 負
(획)8 うけおい

청할청 질부
세이·신·こう· フ·まける·
うける おう

請 言·計·計·請·請 負

請負(청부) 도급으로 일을 맡음
請求(청구) 달라고 요구함
請願(청원) 청하여 원함
請婚(청혼) 혼인을 하자고 청함
懇請(간청) 간절히 청함
申請(신청) 신고하여 청구함
要請(요청) 남에게 요긴한 청을 함

體 (骨뼈골변) honor 面
(획)13 たいめん

몸체 낯면
テイ·タイ· メン·おも·つら·
からだ おもて

體 田·皿·骨·體·體 面

體面(체면) 남을 대하는 떳떳한 낯
體溫(체온) 몸의 온도
體得(체득) 몸소 겪어서 알게 됨
體位(체위) 몸의 강약의 정도
固體(고체) 단단한 형태의 물체
上體(상체) 몸의 윗부분
解體(해체) 조직 따위를 해산함

替 (日)(날일) 8 alternation たいばん 番
바꿀체
タイ・かえる
番수번
バン

替 / 番

替番(체번) 순번의 차례로 갈마듦. 교번(交番)
替當(체당) 남을 대신해서 일을 맡음
替代(체대) 서로 바뀌 가며 대신함
替直(체직) 당번을 바꾸어 들어감
交替(교체) 교대함
代替(대체) 대봉침

招 (扌)(재방변) 5 invitation しょうたい 待
부를초
ショウ・まねく
기다릴대
タイ・まつ

招 扌 打 扨 招 招 / 待

招待(초대) 손님을 불러 대접함
招來(초래) 어떤 사태를 가져오게 함
招人(초인) 사람을 부름
招請(초청) 청하여 불러들임
自招(자초) 스스로 초래시킴
問招(문초) 죄인을 심문함

初 (刀)(칼도방) 5 beging of a period しょき 期
처음초
ショ・はつ・はじめ・うい・そめる
바랄기
キ・ゴ

初 ラ オ ネ 初 初 / 期

初期(초기) 처음 시기
初代(초대) 어떤 계통의 첫 대
初等(초등) 맨 처음의 등급
初面(초면) 처음으로 만남
初有(초유) 처음 있는 일
始初(시초) 시작하는 처음 무렵
年初(연초) 해가 바뀐 첫머리

肖 (月)(肉)(육달월) 3 portrait しょうぞう 像
닮을초
ショウ
형상상
ゾウ

肖 / 像

肖像(초상) 사람의 얼굴 모습을 그리거나 조각으로 새긴 것
肖似(초사) 매우 닮음
肖像畫(초상화) 사람의 얼굴을 본떠서 그린 그림
不肖(불초) 변변치 못한 이 사람. 자기를 낮추는 말

草 (艹)(艸)(초두밑) 6 grass and trees そうもく・くさき 木
풀초
ソウ・くさ
나무목
モク・ボク・き

草 一 艹 苔 莒 草 / 木

草木(초목) 풀과 나무
草家(초가) 짚이나 풀로 지붕을 이은 집
草書(초서) 흘려서 쓴 글씨체
草材(초재) 국산 약재
草創(초창) 처음 시작할 무렵
野草(야초) 들에 난 풀
藥草(약초) 약으로 쓰이는 풀

超 (走)(달아날주) 5 transcendence ちょうえつ 越
뛰어넘을초
チョウ・こえる
넘을월
エツ・こえる

超 / 越

超越(초월) 뛰어넘음. 상식을 초탈함
超過(초과) 어떤 한도를 넘음
超滿員(초만원) 정원 이상으로 꽉 참
超然(초연) 세상이나 남과 관계하지 않는 모양
超人(초인) 보통 인간의 힘을 넘어섬
入超(입초) 수입(輸入)이 수출보다 많음

抄本

抄 [부]扌(재방변) [획]4 abstract しょうほん 本

베낄초 ショウ　　근본본 ホン・もと

抄　本

抄本(초본) 골라서 베낀 글
抄錄(초록) 필요한 부분만 골라서 기록함. 또는 그 기록
抄譯(초역) 중요한 대문만 추려서 번역함. 또는 그 번역
抄筆(초필) 잔 글씨를 쓰는 작은 붓

燭光

燭 [부]火(불화변) [획]13 ②candle-power しょっこう 光

촛불촉 ショク　　빛광 コウ・ひかり

燭　光

燭光(촉광) ①촛불의 빛 ②불의 밝은 정도를 나타내는 단위
燭臺(촉대) 촛대. 초를 꽂는 받침대
燭淚(촉루) 촛농
燭心(촉심) 초의 심지
華燭(화촉) 결혼의 예식
光燭(광촉) ⇨촉광(燭光)

礎石

礎 [부]石(돌석변) [획]13 corner-stone そせき 石

주춧돌초 ソ・いしずえ　　돌석 セキ・シャク・コク・いし

礎　石

礎石(초석) 주춧돌
礎業(초업) 근본이 되는 사업
礎材(초재) 주추에 쓰이는 나무나 돌
國礎(국초) 나라를 이루는 기초
基礎(기초) 사물의 밑바탕. 터전
定礎(정초) 주춧돌을 처음 놓음

觸覺

觸 [부]角(뿔각변) [획]13 tactile sense しょっかく 覺

닿을촉 ショク・ふれる　　깨달을각 カク・おぼえる・さめる

觸　覺

觸覺(촉각) 물건에 닿아서 느끼는 감촉
觸感(촉감) 물건에 닿아서 느끼는 감각
觸發(촉발) ①물건에 닿아 어떤 일이 발생함 ②일을 당하여 감동이 일어남
接觸(접촉) ①맞닿음 ②상대함

促進

促 [부]亻(인변) [획]7 acceleration そくしん 進

재촉할촉 ソク・うながす　　나아갈진 シン・すすむ

促　進

促進(촉진) 재촉하여 빨리 하게 함
促急(촉급) ①몹시 급하게 됨 ②재촉함
促迫(촉박) 어떤 일이 다가옴
促成(촉성) 빨리 이루도록 서두름
督促(독촉) 재촉하여 서두르게 함
催促(최촉) 재촉하여 서두름

寸土

寸 [부]寸(마디촌) [획](3) すんど 土

마디촌 スン　　흙토 ト・ド・つち

寸 [一][十][寸]　土

寸土(촌토) 얼마 안 되는 땅
寸劇(촌극) 아주 짧은 연극
寸步(촌보) 조금 걷는 걸음
寸數(촌수) 친족간의 관계를 나타내는 수
寸陰(촌음) 아주 짧은 시간
寸鐵(촌철) 극히 미미한 무기
四寸(사촌) 삼촌의 자녀

村 落

村 ⊜木(나무목) ⑬3 hamlet そんらく
마을촌
ソン・むら
落 떨어질락
ラク・おちる

村 十 扌 朴 村 村　落

村落(촌락) 시골의 마을. 부락
村家(촌가) 시골 집
村老(촌로) 시골 노인
村婦(촌부) 시골의 부녀자
江村(강촌) 강가의 마을
農村(농촌) 시골의 농사짓는 마을
寒村(한촌) 가난한 마을

聰 明

聰 ⊜耳(귀이변) ⑬11 brightness そうめい
귀밝을총
ソウ・さとい
明 밝을명
メイ・ミョウ・あける・あかるい

聰　明

聰明(총명) 머리가 좋고 슬기가 있음
聰氣(총기) ①총명한 기질 ②기억력
聰敏(총민) 슬기롭고 민첩함
聰察(총찰) 총명하고 사리에 밝음
聰解(총해) 총명함

銃 彈

銃 ⊜金(쇠금변) ⑬6 bullet じゅうだん
총총
ジュウ・つつ
彈 탄환탄
ダン・たま・ひく・はずむ

銃　彈

銃彈(총탄) 총알. 탄환
銃架(총가) 총을 걸쳐 놓는 받침
銃擊(총격) 총으로 쏨
銃傷(총상) 총에 맞은 상처
拳銃(권총) 휴대용의 작은 총
長銃(장총) 총신이 긴 총

最 古

最 ⊜曰(가로왈) ⑬8 oldest さいこ
가장최
サイ・もっとも
古 예고
コ・ふるい

最 曰 貝 昌 最 最　古

最古(최고) 가장 오래됨
最高(최고) 가장 높음
最近(최근) 요즈음. 근래
最大(최대) 가장 큼
最低(최저) 가장 낮음
最後(최후) 맨 마지막
最下(최하) 맨 아래

總 覽

總 ⊜糸(실사변) ⑬11 そうらん
거느릴총
ソウ
覽 볼람
ラン

總　覽

總覽(총람) ①전체를 다 봄 ②관계가 있는 사항을 전부 모은 책
總監(총감) 전체를 거느리고 감독함
總計(총계) 전체의 합계
總力(총력) 있는 모든 힘
總稱(총칭) 전체를 일컬음. 또는 그 명칭

催 告

催 ⊜亻(인변) ⑬11 さいこく
재촉할최
サイ・もよおす
告 고할고
コク・つぐ

催　告

催告(최고) 재촉하는 통고
催淚彈(최루탄) 눈물이 나오게 만든 탄알
催促(최촉) 재촉하여 서두름
開催(개최) 무슨 행사 따위를 엶
主催(주최) 주가 되어 어떤 행사를 베풂

秋 ㉣禾(벼화변) ㉤4 autumn しゅうき

가을추
シュウ・あき

秋 一 二 千 禾 禾 秋

秋季(추계) 가을철
秋穀(추곡) 가을에 거두는 모든 곡식
秋霜(추상) ①가을의 찬 서리 ②몹시 엄하고 두려운 명령이나 형벌의 비유
秋毫(추호) 극히 미미하다는 비유. 터럭
晩秋(만추) 늦가을
仲秋(중추) 가을의 한창때. 음력 8월

季
계절계
キ

季

抽 ㉣扌(재방변) ㉤5 abstraction ちゅうしょう

뺄추
チュウ

抽

抽象(추상) 많은 사물이나 관념에서 공통적인 것을 축출해서 일반적 개념으로 파악하는 일
抽讀(추독) 어떤 부분만을 빼어서 읽음
抽拔(추발) 여럿 가운데서 골라서 뽑아 냄

象
코끼리상
ゾウ・ショウ

象

追 ㉣辶(辵)(책받침) ㉤6 addition ついか

쫓을추
ツイ・おう

追 丨 丨 丨 自 追

追加(추가) 나중에 더 보태어 넣음
追念(추념) 죽은이를 생각함
追慕(추모) 죽은이를 사모함
追放(추방) 쫓아 냄. 몰아 냄
追後(추후) 일이 지난 나중
訴追(소추) ①검사가 공소(公訴)를 제기함 ②탄핵하여 파면을 요구하는 절차

加
더할가
カ・くわえる

加

醜 ㉣酉(닭유변) ㉤10 scandal しゅうぶん

추할추
シュウ・みにくい

醜

醜聞(추문) 추잡한 소문. 품행이 나쁘다는 소문
醜女(추녀) 못생긴 여자
醜惡(추악) 모양이나 행동이 추하고 더러움
醜態(추태) 추악한 꼴
醜行(추행) 추악한 행동
美醜(미추) 아름다움과 추악함

聞
들을문
モン・ブン・きく

聞

推 ㉣扌(재방변) ㉤8 recommendation すいせん

밀추・밀퇴
スイ・おす

推

推薦(추천) 사람을 천거함
推計(추계) 미루어 계산함
推理(추리) 이치로 미루어 생각함
推算(추산) 어림으로 하는 계산
推進(추진) 일이 이루어지도록 힘씀
類推(유추) 유사한 점으로 미루어 추측함

薦
천거할천
セン・すすめる

薦

丑 ㉣一(한일) ㉤3 (うしどし)

소축
チュウ・(うし)

丑 丁 刀 丑 丑

丑年(축년) 태세의 지지(地支)가 축(丑)으로 되는 해. 을축(乙丑)・정축(丁丑) 따위
丑時(축시) 새벽 1시부터 3시까지의 시각
乙丑(을축) 육십갑자의 둘째

年
해년
ネン・とし

年

265

祝福 ㊀示(보일시변) blessing 福
㊁5 しゅくふく
빌축 복복
シュク・いわう フク

祝 ㋐ ㋑ ㋒ 祝   福

祝福(축복) 앞날의 행복을 빎
祝文(축문) 제사 때 읽는 제문
祝辭(축사) 축하하는 인사의 말
祝電(축전) 축사를 대신하는 전보
祝賀(축하) 기뻐하고 즐거워함
自祝(자축) 자기의 경사를 스스로 축
　　　　하함

築造 ㊀竹(대죽머리) building 造
㊁10 ちくぞう
쌓을축 지을조
チク・きずく ゾウ

築   造

築造(축조) 쌓아 만듦. 건조(建造)
築堤(축제) 둑을 쌓음
築港(축항) 항구를 정비하여 배가 드
　　　　나들도록 공사를 함
改築(개축) 다시 고쳐 쌓음
新築(신축) 새로 쌓거나 지음
修築(수축) 수리하여 축조함

畜産 ㊀田(밭전) stock-raising 産
㊁5 ちくさん
가축축 낳을산
チク サン・うぶ・うむ

畜   産

畜産(축산) 가축을 기르는 산업
畜類(축류) ①집에 기르는 짐승 ②짐
　　　　승의 총칭
畜生(축생) 짐승. 금수
畜妾(축첩) 첩을 둠
家畜(가축) 집에서 기르는 짐승
牧畜(목축) 마소・양 따위를 기르는
　　　　일

逐條 ㊀辶(辵)(책받침) ちくじょう 條
㊁7
쫓을축 가지조
チク・おう ジョウ・すじ

逐   條

逐條(축조) 조문을 차례로 보아 가거
　　　　나 따짐
逐年(축년) 해마다
逐鹿(축록) ①사슴을 쫓음 ②정권을
　　　　잡기 위해 싸움 ③입후
　　　　보하여 경쟁함
逐一(축일) 하나하나 차례로.
逐出(축출) 쫓아 냄
角逐(각축) 서로 이기려고 다툼

蓄積 ㊀艹(艸)(초두밑) accumulation 積
㊁10 ちくせき
쌓을축 쌓을적
チク・たくわえる セキ・つむ

蓄   積

蓄積(축적) 모아서 쌓아 둠
蓄音機(축음기) 레코드를 돌려 소리를
　　　　내는 기계. 유성기
蓄財(축재) 재산을 모아 쌓아 둠
蓄妾(축첩) 첩을 둠
含蓄(함축) ①마음속에 깊이 품고 있
　　　　음 ②내용에 다른 뜻까지
　　　　포함됨

縮小 ㊀糸(실사변) reduction 小
㊁11 しゅくしょう
오그라들축 작을소
シュク・ちぢむ ショウ・こ・お・
　　　　ちいさい

縮   小

縮小(축소) 줄어서 작아짐. 줄여서 작
　　　　게 함
縮圖(축도) 축소해서 그린 그림
縮刷(축쇄) 책・서화 따위를 축소해서
　　　　인쇄함. 또는 그 인쇄물
縮尺(축척) 지도 따위를 축소시킬 비
　　　　례의 척도
伸縮(신축) 늘어남과 오그라듦

266

春 ⓑ日(날일) spring 秋
⑭5 and autumn
しゅんじゅう
봄춘 가을추
シュン・はる シュウ・あき

春 二 声 夫 春 春 秋

春秋(춘추) ①봄과 가을 ②나이. 연세
春景(춘경) 봄의 경치
春光(춘광) ①봄 볕 ②봄 빛. 봄 경치
春信(춘신) 봄 소식
晩春(만춘) 늦봄
早春(조춘) 이른 봄
回春(회춘) 다시 봄이 돌아옴

忠 ⓑ心(마음심) loyalty 孝
⑭4 and filial piety
ちゅうこう
충성충 효도효
チュウ コウ

忠 口 中 中 忠 忠 孝

忠孝(충효) 나라에 대한 충성과 부모에 대한 효도
忠告(충고) 남의 허물을 고치도록 권함
忠誠(충성) 마음에서 우러나는 정성
忠實(충실) 표리가 없고 성실함
不忠(불충) 충성스럽지 못함
盡忠(진충) 충성을 다함

出 ⓑ凵(위튼입구몸) attendance 勤
⑭3
しゅっきん
날출 부지런할근
シュツ・スイ・ キン・ゴン・
でる・だす つとめる

出 丨 屮 屮 出 勤

出勤(출근) 일하러 일터로 나감
出納(출납) 금품을 내는 것과 받아들이는 일
出頭(출두) 어떤 곳으로 나감
出馬(출마) 선거에 입후보함
産出(산출) 생산하여 내놓음
支出(지출) 돈을 내 줌
脱出(탈출) 도망쳐 빠져나감

蟲 ⓑ虫(벌레충) decayed 齒
⑭12 tooth
むしば
벌레충 이치
チュウ・むし シ・は

蟲 口 中 虫 壹 蟲 齒

蟲齒(충치) 벌레먹은 이
蟲類(충류) 벌레에 속하는 것
蟲災(충재) 벌레로 인한 농작물의 해
蟲害(충해) 벌레로 인한 피해
益蟲(익충) 이익이 되는 벌레
害蟲(해충) 해를 주는 벌레

充 ⓑ儿(어진사람인발) satisfacforiness 足
⑭3
じゅうそく
채울충 발족
ジュウ・あてる ソク・あし

充 亠 厶 云 充 足

充足(충족) 충분하여 모자라지 않음
充當(충당) 채워서 메움
充滿(충만) 가득 참
充分(충분) 넉넉함
充實(충실) ①정성스럽고 열성이 있음 ②속이 올참 ③몸이 튼튼함
補充(보충) 모자라는 것을 채움

衝 ⓑ行(다닐행안) impact 擊
⑭9
しょうげき
찌를충 칠격
ショウ・つく ゲキ・うつ

衝 衝 擊

衝擊(충격) ①심하게 침 ②격심한 감동
衝突(충돌) ①서로 부딪침 ②의견이 맞섬
衝動(충동) ①들쑤셔 움직이게 함 ②어떤 행동을 하려는 마음의 움직임
衝天(충천) 하늘을 찌를 듯이 기세가 대단함

取捨

取 [부]又(또우) [획]6 choice しゅしゃ **捨**

가질취 버릴사
シュ・とる シャ・すてる

取 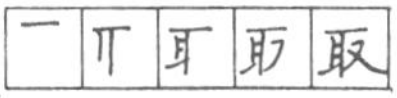 捨

取捨(취사) 취함과 버림
取得(취득) 자기의 소유로 함
取消(취소) 글이나 말로 한 것을 없는 것으로 함
取材(취재) 기사나 작품의 소재를 취함
取擇(취택) 가려서 골라 씀
詐取(사취) 속여서 빼앗음

臭氣

臭 [부]自(스스로자) [획]4 stench しゅうき **氣**

냄새취 기운기
シュウ・くさい キ・ケ

臭 氣

臭氣(취기) 고약한 냄새. 악취
臭敗(취패) 썩어서 못씀
惡臭(악취) 악한 냄새
乳臭(유취) 젖내
遺臭(유취) 후세에 남긴 나쁜 평판
香臭(향취) 향기. 향내

吹毛

吹 [부]口(입구) [획]4 すいもう **毛**

불취 털모
スイ・ふく モウ・け

吹  毛

吹毛(취모) ①털을 불음. 썩 쉽다는 비유 ②남의 결점을 찾아냄
吹入(취입) ①공기를 불어 넣음 ②레코드 따위에 소리를 넣음
吹灰(취회) 재를 불음. 곧, 몹시 쉽다는 비유
鼓吹(고취) 북을 치고 피리를 불음

醉氣

醉 [부]酉(닭유변) [획]8 intoxication すいき **氣**

취할취 기운기
スイ・よう キ・ケ

醉 氣

醉氣(취기) 술에 취한 기운. 술기운
醉生夢死(취생몽사) 취해서 살고 꿈에서 죽음. 일생을 흐리멍덩하게 지낸다는 말
醉顔(취안) 취해서 불그레한 얼굴
醉中(취중) 술에 취한 동안
宿醉(숙취) 그 이튿날까지 깨지 않은 취기

就職

就 [부]尢(兀)(절름발이왕) [획]9 find employment しゅうしょく **職**

이룰취 맡을직
ジュ・シュウ・つく ショク

就  職

就職(취직) 직장을 얻음
就業(취업) 업무에 종사함
就籍(취적) 호적에 빠진 사람을 실어 넣음
就寢(취침) 잠자리에 듦
就學(취학) 학교에 들어감
去就(거취) 가거나 옴. 진퇴
成就(성취) 어떤 일을 이룩함

趣味

趣 [부]走(달아날주) [획]8 gusto しゅみ **味**

취미취 맛미
シュ・おもむき ミ・あじ

趣 味

趣味(취미) 정취를 느끼고 즐기는 일
趣意(취의) 취지(趣旨)
趣旨(취지) 생각. 뜻하는 기본 정신
趣向(취향) 취미를 느끼고 목적삼는 방향
詩趣(시취) 시적인 흥취
情趣(정취) 정조와 흥취
興趣(흥취) 흥미를 느끼는 멋이나 취미

側 (부)亻(인변) 근)9 surrounding そっきん
近
곁측
ソク・かわ
가까울근
キン・ゴン・ちかい

側

近

側近(측근) 가까이에서 모심. 또는 그 사람
側面(측면) 좌우의 옆 면
側聞(측문) 풍문으로 들음
側室(측실) ①곁에 있는 방 ②첩
側臥(측와) 모로 누움
反側(반측) 반대쪽
兩側(양측) 양쪽. 두 편

測 (부)氵(삼수변) (획)9 measurement そくりょう
量
잴측
ソク・はかる
분량량
リョウ・はかる

測

量

測量(측량) ①토지를 재어 고저・기 복・장단 등을 알아냄 ② 남의 심중을 헤아림
測水(측수) 물의 깊이를 잼
測雨器(측우기) 비가 내린 양을 재는 기구
測候(측후) 천문(天文)・기상을 관측함
觀測(관측) 기상・사물을 살펴 헤아림

層 (부)尸(주검시밑) (획)12 stair-case そうかい
階
층층
ソウ
섬돌계
カイ

層

階

層階(층계) 여러 층으로 된 계단
層臺(층대) 층층대. 층계
層樓(층루) 여러 층으로 된 누각
高層(고층) 건물의 층이 많고 높음
斷層(단층) 지층의 어그러진 현상
地層(지층) 땅의 지질로 구분된 층

治 (부)氵(삼수변) (획)5 flood control ちすい
水
다스릴치
チ・ジ・おさめる・なおる
물수
スイ・みず

治 氵 氵 沦 治 治

水

治水(치수) 물을 다스려 해를 막음
治國(치국) 나라를 다스림
治山(치산) 산을 다스려 나무를 보호 함
治産(치산) 산업이나 재산의 관리・운영
治安(치안) 사회의 안녕질서를 다스림
根治(근치) 뿌리를 뽑아 완전히 고침

致 (부)至(이를지) (획)4 being fatal ちめい
命
이룰치
チ・いたす
목숨명
メイ・ミョウ・いのち

致 ㄸ ꙳ 至 致 致

命

致命(치명) 목숨에 관계됨. 죽을 지 경임
致富(치부) 재물을 모아 부자가 됨
致死(치사) 죽게 됨
致謝(치사) 고맙다는 뜻을 표시함
致賀(치하) 경사를 축하함
誘致(유치) 끌어들임
招致(초치) 초대함. 불러들임

齒 (부)齒(이치) (획)15 tooth しが
牙
이치
シ・は
어금니아
ゲ・ガ・きば

齒 止 齿 歩 歩 齒

牙

齒牙(치아) 이. 이의 높임말
齒粉(치분) 이를 닦는 가루약
齒算(치산) 나이・연령
齒車(치차) 톱니바퀴
齒痛(치통) 이앓이
犬齒(견치) 송곳니
拔齒(발치) 이를 뽑음

値 遇

値 [부]亻(인변) [획]8 — 값치 チ・あたい・ね
meeting ちぐう
遇 만날우 グウ

値 遇

値遇(치우) 만남. 상봉함
價値(가치) 값. 진가(眞價). 값어치
近似値(근사치) 어떤 수가(數價)에 가까운 수치
絶對値(절대치) 정수(正數). 음수(陰數)의 부호를 떼어 버린 나머지 수

稚 心

稚 [부]禾(벼화변) [획]8 — 어릴치 チ
ちしん
心 마음심 シン・こころ

稚 心

稚心(치심) 어린애같은 마음
稚氣(치기) 어린애같은 짓
稚兒(치아) 어린애
稚幼(치유) 어림. 또는 어린이
稚子(치자) ①어린애 ②죽순의 별칭
幼稚(유치) ①나이가 어림 ②정도가 낮음

置 重

置 [부]罒(网)(그물망) [획]8 — 둘치 チ・おく
emphasis
重 무거울중 ジュウ・チョウ・え・おもい・かさねる

置 重

置重(치중) 중요하게 여김
置簿(치부) 금품의 출납을 적음
置酒食(치주식) 술과 음식으로 잔치를 차림
放置(방치) 내버려 둠
設置(설치) 어떤 설비를 해 놓음
位置(위치) 있는 자리나 지위

則 度

則 [부]刂(刀)(칼도방) [획]7 — 법칙・곧즉 ソク
gauge
度 법도도 ド・タク・たび

則 | 冂 | 目 | 貝 | 則 | 度

則度(칙도) 법도. 표준
則效(칙효) 모범으로 삼아 배움
校則(교칙) 학교의 규칙
原則(원칙) 기본이 되는 법도
鐵則(철칙) 절대로 지켜야 할 법칙
會則(회칙) 단체의 규칙

恥 辱

恥 [부]心(마음심) [획]6 — 부끄러울치 チ・はじ
shame ちじょく
辱 욕될욕 ジョク・はずかしめる

恥 辱

恥辱(치욕) 부끄러움과 욕되는 일
恥骨(치골) 불두덩뼈
恥部(치부) ①부끄러운 부분 ②음부(陰部)
恥事(치사) 부끄러움
國恥(국치) 나라의 치욕
雪恥(설치) 부끄러운 일을 씻음

親 切

親 [부]見(볼견) [획]9 — 어버이친 シン・おや・したしい
kindness しんせつ
切 끊을절 セツ・サイ・きる

親 | 立 | 辛 | 亲 | 親 | 親 | 切

親切(친절) 정답고 인정이 있음
親交(친교) 친절한 교제
親近(친근) 사이가 친하고 가까움
親分(친분) 가깝고 친한 정분
兩親(양친) 부모
和親(화친) 화해하여 친하게 지냄

七 (뭐)一(한일) (획)1
しちせき・たなばた
일곱칠
シチ・ななつ

夕 저녁석
セキ・ゆう

七 一 七

夕

七夕(칠석) 음력 7월 7일의 명절
七面鳥(칠면조) ①꿩과의 새 ②변덕
　　이 많은 사람의 비유
七寶(칠보) 일곱 가지 보물. 곧, 금・
　　은・유리・거거・산호・마
　　노・파리
七言詩(칠언시) 한 줄이 일곱자로 된
　　한시

侵 (뭐)亻(인변) aggression (획)7
しんりゃく
침노할침
シン・おかす

略 간략할략
リャク

侵

略

侵略(침략) 침범하여 영토나 재물을
　　빼앗음
侵攻(침공) 쳐들어감
侵犯(침범) 남의 국토・가옥・재산 등
　　에 해를 끼침
侵入(침입) 침범하여 들어감
來侵(내침) 침범해 들어옴
不可侵(불가침) 침범하지 못하게 함

漆 (뭐)氵(삼수변) jet-black (획)11
しっこく
옻칠
シツ・うるし

黑 검을흑
コク・くろ

漆

黑

漆黑(칠흑) 옻칠을 한 것처럼 새까맣
　　거나 캄캄함
漆器(칠기) 옻칠한 그릇
漆夜(칠야) 캄캄한 밤
漆板(칠판) 옻칠한 널. 흑판
漆細工(칠세공) 옻칠을 하는 여러 가
　　지 세공

浸 (뭐)氵(삼수변) permeation (획)7
しんとう
적실침
シン・ひたす

透 통할투
トウ・すきとおる

浸

透

浸透(침투) 스미어 젖어듦
浸水(침수) 물이 스며듦
浸染(침염) 차츰 물이 듦
浸潤(침윤) 점점 퍼져서 배어 듦
浸入(침입) 스미어 안으로 들어감
浸沈(침침) 스미어 차츰 가라앉음

針 (뭐)金(쇠금변) (획)2
seamstress
しんじょ
바늘침
シン・はり

女 계집녀
ジョ・ニョ・め・おんな

針 숱 숱 金 金一針

女

針女(침녀) 바느질하는 여자
針工(침공) 바느질. 또는 그 품삯
針母(침모) 남의 집에서 바느질하는
　　고용인
短針(단침) 시계의 짧은 쪽 바늘
長針(장침) 시계의 긴 쪽 바늘
注射針(주사침) 주사를 놓는 바늘

寢 (뭐)宀(갓머리) bed-clothes (획)11
しんぐ
잘침
シン・ねる

具 갖출구
グ

寢

具

寢具(침구) 이부자리와 베개
寢房(침방) 침실
寢床(침상) 사람이 누워자는 상
寢席(침석) 침실에 까는 돗자리
寢室(침실) 잠자는 방
假寢(가침) 임시로 들어누움
孤寢(고침) 홀로 외롭게 잠

沈 (튀)氵(삼수변) (획)4 ちんせん submergence
잠길침·성심
チン·しずむ

潛 잠길잠 セン·ひそむ

沈

潛

沈潛(침잠) ①물 속으로 가라앉음 ② 마음을 가라앉히고 깊이 생각에 잠김
沈沒(침몰) 배 따위가 물에 가라앉음
沈默(침묵) 말없이 가만히 있음
沈滯(침체) 사물이 진전되지 않고 머물러 있음
擊沈(격침) 적의 배를 쳐서 가라앉힘

快 (튀)忄(심방변) (획)4 pleasure かいかん
쾌할쾌
カイ·こころよい

感 느낄감 カン

快 |丨 丨丨 丨丨丨 快 快

感

快感(쾌감) 상쾌하고 즐거운 느낌
快擧(쾌거) 시원스런 행동
快男兒(쾌남아) 쾌활하고 씩씩한 사나이
快報(쾌보) 듣기에 시원스런 소식
輕快(경쾌) 가볍고 산뜻함
不快(불쾌) 기분이 상쾌하지 못함
痛快(통쾌) 가슴이 후련하도록 유쾌함

枕 (튀)木(나무목변) (획)4 cross-tie まくらぎ
베개침
チン·まくら

木 나무목 モク·ボク·き

枕

木

枕木(침목) 철로에 까는 굵은 나무토막
枕頭(침두) 베갯머리
枕邊(침변) 베갯머리
枕上(침상) ①베개 위 ②누워 있을 때
枕席(침석) ①베개와 자리 ②자는 자리
木枕(목침) 나무로 만든 베개

他 (튀)亻(인변) (획)3 another purpose たい
다를타
タ·ほか

意 뜻의 イ

他 亻 亻 他 他

意

他意(타의) 딴 생각
他家(타가) 남의 집
他校(타교) 다른 학교
他人(타인) 남. 다른 사람
其他(기타) 그 밖에
愛他(애타) 남을 사랑함
自他(자타) 자기와 남

稱 (튀)禾(벼화변) (획)9 title しょうごう
일컬을칭
ショウ·となえる· たたえる

號 이름호 ゴウ

稱

號

稱號(칭호) 부르는 이름
稱病(칭병) 병을 핑계 삼음
稱頌(칭송) 공적을 들어 칭찬함
假稱(가칭) 임시로 부르는 호칭
名稱(명칭) 이름. 칭호
別稱(별칭) 본디의 칭호 외에 달리 부르는 호칭
二人稱(이인칭) 상대방에 대한 호칭

打 (튀)扌(재방변) (획)2 striking だげき
칠타
ダ·うつ

擊 칠격 ゲキ·うつ

打 一 十 扌 扌 打

擊

打擊(타격) ①때려 침 ②정신적·물질적으로 손해를 입음
打開(타개) 어려운 일을 헤치고 엶
打倒(타도) 쳐서 쓰러뜨림
打算(타산) 이해를 따짐
打字(타자) 타이프라이터를 침
强打(강타) 세게 침

妥協

妥 [부]女(계집녀변) [획]4 — compromise だきょう — 協

온당할타 ダ — 화할협 キョウ

妥 協

妥協(타협) 양쪽이 좋도록 협의함
妥結(타결) 서로 좋도록 얘기를 마무림
妥當(타당) 사리에 마땅함
妥安(타안) 편안함. 온당함
妥議(타의) 온당하게 좋도록 의논함
妥定(타정) 온당하게 협정함

托子

托 [부]扌(재방변) [획]3 — dish たくし — 子

받칠탁 タク — 아들자 シ・ス・コ

托 子

托子(탁자) 찻잔을 받쳐 내놓는 접시
托盤(탁반) 잔대・잔을 받쳐 놓는 제구
托葉(탁엽) 잎꼭지 밑에 붙은 한 쌍의 잎
托處(탁처) 몸을 의탁함
托出(탁출) 물건을 얹어서 내어 놓음

墮落

墮 [부]土(흙토) [획]12 — corruption だらく — 落

떨어질타 ダ — 떨어질락 ラク・おちる

墮 落

墮落(타락) ①실패함 ②정신을 가다듬지 않고 못된 구렁텅이에 빠짐
墮其術中(타기술중) 남의 간계에 빠짐
墮淚(타루) 눈물을 떨어뜨림
墮兒(타아) 타락한 사람
怠墮(태타) 몹시 게으름

濯足

濯 [부]氵(삼수변) [획]14 — たくそく — 足

빨탁 タク・すすぐ — 발족 ソク・あし

濯 足

濯足(탁족) 흐르는 물에 발을 씻고 담그는 옛 피서법의 하나
濯魚雲(탁어운) 비를 내리게 하는 구름
濯船(탁선) 배를 부림
洗濯(세탁) 빨래. 빨래함

濁流

濁 [부]氵(삼수변) [획]13 — muddy stream だくりゅう — 流

흐릴탁 ダク・にごる — 흐를류 ル・リュウ・ながれる

濁 流

濁流(탁류) ①흐르는 흙탕물 ②결백하지 않은 무리
濁浪(탁랑) 흐린 물결
濁聲(탁성) 탁한 목소리
濁酒(탁주) 막걸리
淸濁(청탁) 맑음과 흐림
混濁(혼탁) 맑지 않고 흐림

琢磨

琢 [부]王(玉)(구슬옥변) [획]8 — たくま — 磨

쪼을탁 タク — 갈마 マ・みがく

琢 磨

琢磨(탁마) ① 옥석을 쪼고 갊 ② 학문과 지덕을 닦음
琢器(탁기) 틀에 박아 내어 쪼아서 만든 그릇
琢玉(탁옥) 옥을 쪼고 닦음
琢木鳥(탁목조) 딱따구리
彫琢(조탁) 새기어 쫌

炭 (튀)火(불화) coal-mine たんこう
(읟)5
숯탄
タン・すみ
炭

鑛 쇳돌광 コウ
鑛

炭鑛(탄광) 석탄·무연탄을 파내는 광산
炭酸(탄산) 탄산가스가 물에 녹은 산(酸)
炭素(탄소) 석탄·목탄 등이 함유된 화학원소
炭水化物(탄수화물) 탄소와 수소의 화합물
炭田(탄전) 석탄이 묻혀 있는 땅

脫 (튀)月(肉)(육달월변) omission だつらく
(읟)7
벗을탈
ダツ・ぬぐ
脫 ⺆ 月 肜 胎 脫

落 떨어질락 ラク・おちる
落

脫落(탈락) ①빠져버림 ②동아리에서 떨어져 나감
脫稿(탈고) 원고를 다 씀
脫毛(탈모) 털이 빠짐
脫線(탈선) ①선로에서 떨어짐 ②상식을 벗어남
離脫(이탈) 떨어져 나감

歎 (튀)欠(하품흠) sigh たんそく
(읟)11
탄식할탄
タン・なげく
歎

息 숨쉴식 ソク・いき
息

歎息(탄식) 한숨을 쉬며 한탄함
歎伏(탄복) 감탄하여 마지 않음
歎賞(탄상) 감탄하여 칭찬함
歎聲(탄성) 감탄하여 내는 소리
感歎(감탄) 감격하여 탄복함
驚歎(경탄) 놀라 감탄함
痛歎(통탄) 몹시 한탄함

奪 (튀)大(큰대) carry off だっしゅ
(읟)11
빼앗을탈
ダツ・うばう
奪

取 가질취 シュ・とる
取

奪取(탈취) 빼앗아 가짐
奪去(탈거) 빼앗아 감
奪倫(탈륜) 올바른 가르침을 어기고 딴 짓을 함
奪還(탈환) 도로 빼앗아 찾음
強奪(강탈) 강제로 빼앗음
爭奪(쟁탈) 다투어 빼앗음

彈 (튀)弓(활궁변) elasticity だんりょく
(읟)12
탄알탄
ダン・たま
彈

力 힘력 リョク・リキ・ちから
力

彈力(탄력) 되 튀기는힘. 쏘아대는 힘
彈琴(탄금) 거문고를 탐
彈壓(탄압) 압력으로 억누름
彈雨(탄우) 빗발같이 쏟아지는 총알
彈丸(탄환) 총알·포탄 따위의 총칭
肉彈(육탄) 탄환을 안고 적진으로 쳐 들어가는 일

探 (튀)扌(재방변) secret inquiry たんさ
(읟)8
찾을탐
タン・さがす
探 扩 抃 抠 挥 探

査 조사할사 サ
査

探査(탐사) 더듬어 살핌
探求(탐구) 찾아 구함
探訪(탐방) 탐문하여 찾아 봄
探知(탐지) 찾아서 알아 냄
內探(내탐) 은근히 찾아 살핌
密探(밀탐) 몰래 탐색함
偵探(정탐) 적의 내막을 살핌. 또는 그사람

貪 (부)貝(조개패) devour 讀
(획)4 たんどく
탐할탐 읽을독
タン・ドン・むさぼる ドク・よむ

貪 讀

貪讀(탐독) 욕심껏 많이 읽음
貪官汚吏(탐관오리) 벼슬을 탐내는 추
　　　　잡한 공무원
貪利(탐리) 이익을 탐냄
貪色(탐색) 여색을 탐냄
貪財(탐재) 재물을 탐냄
強貪(강탐) 억지로 가지려고 탐냄

太 (부)大(큰대) the bulk 半
(획)1 たいはん
클태 반반
タイ・ふとい ハン・なかば

太 [一 ナ 大 太] 半

太半(태반) 절반 이상
太古(태고) 아주 오랜 옛날
太陽(태양) 해
太平(태평) 세상이 편안함
明太(명태) 북어
豆太(두태) ①팥과 콩 ②콩팥

塔 (부)土(흙토변) とうとう 頭
(획)10
탑탑 머리두
トウ トウ・ズ・あたま

塔 頭

塔頭(탑두) ①탑의 맨 꼭대기 ②높
　　　　은 중이 죽은 후에, 그 덕
　　　　을 추모해서 세운 암자
塔碑(탑비) 탑과 비석
寶塔(보탑) 보배로운 탑
寺塔(사탑) 절에 있는 탑

泰 (부)水(물수) たいさん 山
(획)5
클태 뫼산
タイ サン・やま

泰 [三 夫 表 泰 泰] 山

泰山(태산) 매우 큰 산
泰山鴻毛(태산홍모) 매우 무거운 것
　　　　과 아주 가벼운 것
泰然(태연) 흔들리지 않고 굳건한 모
　　　　양
泰然自若(태연자약) 충격을 받아도 태
　　　　연한 모양
泰平(태평) 나라나 집안이 평화스러움
安泰(안태) 편안하고 안정됨

湯 (부)氵(삼수변) ゆみず 水
(획)9
끓을탕 물수
トウ・ゆ スイ・みず

湯 水

湯水(탕수) 끓는 물. 또는 더운물과 찬
　　　　물.
湯器(탕기) 탕을 담는 그릇
湯飯(탕반) 국밥
湯藥(탕약) 달여서 먹는 한약
熱湯(열탕) 끓는 물
浴湯(욕탕) 목욕하는 곳
雜湯(잡탕) 여러 가지를 넣고 끓인 국

怠 (부)心(마음심) laziness 墮
(획)5 たいだ
게으를태 떨어질타
タイ・おこたる ダ

怠 墮

怠墮(태타) 몹시 게으름
怠農(태농) 농사를 게을리함. 또는 그
　　　　농부
怠放(태방) 태만하여 일을 등한히 함
怠業(태업) ①일을 게을리함 ②노동
　　　　쟁의의 한 수법. 사보타
　　　　주
勤怠(근태) 부지런함과 게으름

殆 ⑨歹(죽을사변) ⑩5 たいはん
위태할태
タイ

殆

殆半(태반) 거의 반. 반 이상
殆無(태무) 거의 없음
殆哉(태재) 몹시 위태로움
危殆(위태) 위험함

半 はん・なかば
반반
ハン・なかば

半

澤 ⑨氵(삼수변) ⑬13 たくう
못택
タク・さわ

澤

澤雨(택우) 때맞추어 오는 좋은 비
澤國(택국) 못과 늪이 많은 나라
澤及萬世(택급만세) 은택이 영원히 미침
恩澤(은택) 은혜로운 혜택
惠澤(혜택) 은혜와 덕택

雨 비우
ウ・あめ

雨

態 ⑨心(마음심) ⑩10 posture たいど
모양태
タイ

態

態度(태도) ①몸을 가지는 모양 ②속의 뜻이 드러나 보이는 외모
態勢(태세) 상태와 형세. 자세
變態(변태) 정상적이 아닌 괴이한 태도
世態(세태) 세상의 움직이는 모습
姿態(자태) 모양과 태도. 맵시. 자세
形態(형태) 생김새

度 법도도
ド・ト・タク・たび
ド・ト・タク・たび

度

擇 ⑨扌(재방변) ⑬13 たくじつ
가릴택
タク・えらぶ

擇

擇日(택일) 좋은 날을 가림
擇人(택인) 인재를 고름
兩者擇一(양자택일) 둘 가운데서 하나를 고름
採擇(채택) 의견 따위가 채용됨

日 낱일
ジツ・ニチ・か・ひ

日

宅 ⑨宀(갓머리) curtilage ⑩3 たくち
집택・집댁
タク

宅 ［ ' 宀 空 宅］

宅地(택지) 집을 지을 터
宅居(택거) 집에 거처함
宅內(댁내) 남의 집안
家宅(가택) 집
貴宅(귀댁) 당신의 집안
歸宅(귀택) 집으로 돌아감
仁川宅(인천댁) 인천이 고향인 아낙네

地 땅지
ジ・チ・つち

地

土 ⑨土(흙토) land ⑩(3) とち
흙토
ト・ド・つち

土 ［一 十 土］

土地(토지) ①땅. 지면 ②고을. 지방
土建(토건) 토목과 건축
土器(토기) 진흙으로 만든 그릇. 질그릇
土産(토산) 그 지방의 산물
土質(토질) 땅의 성질
領土(영토) 영유하는 땅
寸土(촌토) 얼마 안 되는 땅

地 땅지
ジ・チ

地

276

吐 ⟨뜻⟩口(입구) ⟨획⟩3　express とろ　露
토할토　ト・はく
이슬로　ロ・つゆ

吐
露

吐露(토로) 마음에 있는 것을 다 털어놓음
吐說(토설) 내용을 사실대로 말함
吐劑(토제) 토하는 약제
吐破(토파) 숨김없이 마음속을 다 털어놓음
吐血(토혈) 피를 토함
實吐(실토) 사실을 다 얘기함

通 ⟨뜻⟩辶(辵)(책받침) ⟨획⟩7　commerce つうしょう　商
통할통　ツ・ツウ・とおる・かよう
장사할상　あきなう

通　⟨ㄱ　ㄱ　ㄱ　甬　通⟩
商

通商(통상) 외국과 물자의 거래를 함
通告(통고) 알려 줌
通過(통과) ①지나감 ②의견이 채택됨
通勤(통근) 집에서 근무처를 다님
通信(통신) 소식을 전하는 모든 수단
交通(교통) 사람·물자의 수송과 그 수단

兎 ⟨뜻⟩儿(어진사람인발침) ⟨획⟩5　hare-lip としん　脣
토끼토　ト・うさぎ
입술순　シン・くちびる

兎
脣

兎脣(토순) 언청이
兎影(토영) 달그림자
兎烏(토오) 달과 해
兎月(토월) 달의 별칭
玉兎(옥토) 달 속에 있다는 토끼. 옥토끼
脫兎(탈토) 빨리 도망치는 토끼

統 ⟨뜻⟩糸(실사변) ⟨획⟩6　unification とういつ　一
거느릴통　トウ・すべる
한일　イツ・イチ・ひとつ

統　⟨幺　糸　紅　紗　統⟩
一

統一(통일) 하나로 합침
統計(통계) 같은 계통과 전체를 모아서 계산한 것
統率(통솔) 온통 몰아서 거느림
統制(통제) 일정한 원칙 밑에 지배함
傳統(전통) 전해 내려오는 줄기
血統(혈통) 핏줄기

討 ⟨뜻⟩言(말씀언변) ⟨획⟩3　discussion とうぎ　議
칠토　トウ・うつ
의논할의　ギ

討
議

討議(토의) 토론하여 의논함
討論(토론) 여러 의견을 내세워 서로 좋고 나쁨을 따짐
討伐(토벌) 군대를 풀어 악당을 침
討索(토색) 권력을 배경으로 금품을 빼앗음
聲討(성토) 말로 상대방을 논박함
征討(정토) 정벌하여 토벌함

痛 ⟨뜻⟩疒(병질엄) ⟨획⟩7　extremely delightful つうかい　快
아플통　ツウ・いたい
쾌활할쾌　カイ・こころよい

痛
快

痛快(통쾌) 일이 뜻대로 되어 유쾌함
痛感(통감) 뼈저리게 느낌
痛哭(통곡) 소리내어 크게 욺
痛歎(통탄) 몹시 탄식함
苦痛(고통) 괴롭고 아픔
頭痛(두통) 머리가 아픈 병
哀痛(애통) 매우 슬퍼함

退 (부)辶(辵)(책받침) (획)6 leaving 去
たいきょ
물러갈퇴
タイ・しりぞく

갈거
キョ・さる

退 ⼛ ⺕ ⺕ 艮 退　去

退去(퇴거) 물러감
退步(퇴보) 뒤로 처짐
退色(퇴색) 빛깔이 바램
退院(퇴원) 병원에서 집으로 돌아감
減退(감퇴) 줄어들고 쇠퇴함
早退(조퇴) 시간 전에 물러감
後退(후퇴) 뒤로 물러남

鬪 (부)鬥(싸움투) (획)10 strife 爭
とうそう
싸울투
トウ・たたかう

다툴쟁
ソウ・あらそう

鬪　爭

鬪爭(투쟁) 싸우고 다툼
鬪犬(투견) 개를 싸움 붙임. 또는 그 개
鬪士(투사) ①전장에서 싸우는 병사 ②사회운동의 일선에서 활약하는 사람
鬪志(투지) 싸우려는 의지
健鬪(건투) 건강하게 활동함
力鬪(역투) 힘껏 싸우거나 활약함

投 (부)扌(재방변) (획)4 investment 資
とうし
던질투
トウ・なげる

재물자
シ

投 ⼀ ⼗ 扣 投 投　資

投資(투자) 자본금을 냄
投稿(투고) 신문・잡지 등에 원고를 보냄
投書(투서) 관계 당국에 몰래 보내는 하소연이나 밀고
投獄(투옥) 옥에 가둠
投下(투하) 아래로 던짐
投降(투항) 항복함

特 (부)牜(牛)(소우) special 殊
とくしゅ
특별할특
トク

다를수
シュ・こと

特 ⺧ ⺧ ⺧ 特 特　殊

特殊(특수) 특별히 다름
特權(특권) 일부의 사람만이 갖는 특별한 권리
特勤(특근) 시간 외의 특별 근무
特急(특급) 특별급행
特約(특약) 특별히 조건을 붙인 약속
奇特(기특) 특별히 귀염성있는 태도를 취함
獨特(독특) 하나만이 특별함

透 (부)辶(辵)(책받침) (획)7 transparence 明
とうめい
통할투
トウ・すきとおる

밝을명
メイ・ミョウ・あける・あかるい

透　明

透明(투명) ①환히 속까지 트여 보임 ②물체가 빛을 통과시킴
透光(투광) 광선이 물체를 통과해서 비침
透寫(투사) 그림이나 글씨에 얇은 종이를 덧대고 베낌
透視(투시) 속의 것이 꿰뚫어 보임
明透(명투) 밝고 투명함

破 (부)石(돌석변) (획)5 ruin 滅
はめつ
깨뜨릴파
ハ・やぶる

멸할멸
メツ・ほろびる

破 ⽯ ⽯ 砕 破 破　滅

破滅(파멸) 깨어져 망함
破壞(파괴) 깨뜨려 부숨
破局(파국) 판국이 결단남
破廉恥(파렴치) 염치를 모름
破産(파산) 가정이나 회사가 망함
看破(간파) 보고서 속을 알아냄
大破(대파) ①크게 파괴함 ②대승(大勝)함

波 (부)氵(삼수변) spreading
(획)5 はきゅう
물결파
ハ・なみ

及 미칠급
キュウ・およぶ

波 沪沙波

及

波及(파급) 어떤 사물의 영향이 차차
번져감
波動(파동) 파도와 같은 어수선한 사
태
金波(금파) 금빛으로 출렁거려 보이
는 것
餘波(여파) 어떤 일이 끝난 뒤에도 가
시지 않은 영향
秋波(추파) 은근한 정을 표시하는 눈짓

罷 (부)罒(网)(그물망)
(획)10 discharge
파할파
ヒ

免 면할면
メン・まぬかれる

罷

免

罷免(파면) 직위를 뺏고 내어보냄
罷業(파업) ①일을 안 하고 쉼 ②동
맹파업
罷職(파직) 관직을 파면시킴
罷退(파퇴) 그만두고 물러남
罷病(파병) 몹시 피로하여 병이 남

派 (부)氵(삼수변) dispatch
(획)6 はけん
물갈래파
ハ

遣 보낼견
ケン・つかう・つかわす

派

遣

派遣(파견) 임무를 맡겨 사람을 보냄
派閥(파벌) 출신・소속이 같은 패거리
派兵(파병) 군사를 파견함
派出婦(파출부) 하루를 단위로 남의
집에서 일해 주는 직업인
黨派(당파) 당의 파벌
分派(분파) 갈려 나간 파

頗 (부)頁(머리혈) abundance
(획)5
자못파
ハ・すこぶる

多 많을다
タ・おおい

頗

多

頗多(파다) 자못 많음. 널리 퍼짐
頗側(파측) 한쪽으로 치우침
無頗(무파) 치우침이 없이 공평함

播 (부)扌(재방변) sowing
(획)12 はしゅ
씨뿌릴파
ハ・まく

種 씨종
シュ・たね

播

種

播種(파종) 논밭에 씨를 뿌림
播說(파설) 말을 퍼뜨림
播植(파식) 씨앗을 뿌려 심음
傳播(전파) 널리 전하여 퍼뜨림
條播(조파) 고랑을 치고 한 줄로 씨
를 뿌림
種播(종파) 씨를 뿌림. 파종

判 (부)刂(刀)(칼도) decision
(획)5 はんけつ
판단할판
ハン

決 결단할결
ケツ・きめる

判 ⸋ ⸗ 半 判

決

判決(판결) 시비곡직을 바르게 결정
을 내림
判斷(판단) 사물을 어떤 기준으로 따
져서 가림
判明(판명) 애매했던 것이 밝혀짐
判定(판정) 판단해서 결정함
公判(공판) 법원의 재판수속의 하나
批判(비판) 선악이나 곡직을 따짐

板 (阜)木(나무목변) 획4
널빤지판
ハン・バン・いた

板

板橋(판교) 널로 건너지른 다리
板門(판문) 널로 만든 문
板本(판본) 목판으로 찍어 낸 책
板紙(판지) 널처럼 두껍고 단단한 종이
看板(간판) 상호 따위를 써 붙인 널
苗板(묘판) 못자리
鐵板(철판) 쇠를 널처럼 만든 것

橋 다리교
キョウ・はし
いたばし

橋

八 (八)(여덟팔) 획(2) all directions
여덟팔
ハチ・やつ
はっぽう

八 丿 八

八方(팔방) ①동서남북과 그 중간 방위 ②온갖 방면
八道江山(팔도강산) 한국의 전국 산수
八方美人(팔방미인) ①누구에게나 잘 보이도록 처세하는 사람 ②온갖 재주를 갖춘 사람
八景(팔경) 여덟 군데의 좋은 경치
二八靑春(이팔청춘) 20 세 미만의 젊은 나이

方 모방
ホウ・かた

方

販 (貝)貝(조개패변) 획4 sale
팔판
ハン
はんばい

販

販賣(판매) 상품을 팖
販路(판로) 상품이 팔리는 방면이나 길
街販(가판) 노점 따위에서 팖
共販(공판) 농산물 따위의 공동판매
市販(시판) 일반 시중에서 팖
總販(총판) 한정된 지역에서 판매권을 독점함

賣 팔매
バイ・うる
はんばい

賣

貝 (貝)貝(조개패) 획7
조개패
バイ・かい
ばいか

貝 冂 目 貝

貝貨(패화) 옛날에 쓰던 조개로 만든 화폐
貝類(패류) 조개 종류
貝物(패물) 산호・호박・수정・진주 따위로 만든 장식품
貝子(패자) 옛날에 돈으로 쓰던 조개

貨 재물화
カ
ばいか

貨

版 (片)片(조각편) 획4 territory
판목판
ハン
はんど

版

版圖(판도) 한 나라의 영역. 영토
版權(판권) 저작물의 발행권
版木(판목) 인쇄하기 위해 글자나 그림을 새긴 널빤지
銅版(동판) 구리조각에 약품으로 그림이나 글씨를 새긴 판
出版(출판) 책을 찍어 냄

圖 그림도
ト・ズ・はかる
はんど

圖

敗 (攵)攴(등글월문) 획7 ruin
패할패
ハイ・やぶれる
はいぼう

敗 目 貝 貶 敗 敗

敗亡(패망) 패하여 망해버림
敗家(패가) 가산을 탕진하여 망함
敗北(패배) 싸움에서 패함
敗訴(패소) 재판에서 짐
敗戰(패전) 전쟁에서 짐
腐敗(부패) 썩어서 못쓰게 됨
失敗(실패) 일에 성공하지 못하고 망함

亡 망할망
ボウ・モウ・ない
はいぼう

亡

片 ㉤片(조각편)
㉣(5)
へんうん
조각편
ヘン・かた

雲
구름운
ウン・くも

片 丿 丿 片 片
雲

片雲(편운) 조각구름
片面(편면) 한쪽 면
片言(편언) 짤막한 한두 마디의 말
片月(편월) 조각달
斷片(단편) 끊어진 조각
一片丹心(일편단심) 한결같이 충성된 마음
破片(파편) 총알 따위의 부스러기

編 ㉤糸(실사변)
㉣9
compilation
へんちょ
엮을편
ヘン・あむ

著
나타날저
チョ・あらわす・いちじるしい

編
著

編著(편저) 편집하여 저술함
編隊(편대) 대오를 편성함
編入(편입) ①엮어서 짜 넣음 ②한동 아리에 끼게 함
新編(신편) 새로 엮은 책
前編(전편) 두 부분으로 된 책 따위의 앞의 것

便 ㉤亻(인변) convenience
㉣7
べんり
편할편・똥오줌변
ベン・ビン・たより

利
이할리
リ・きく

便 亻 仟 佰 佰 便 便
利

便利(편리) 편하고 쉬움
便法(편법) 쉬운 방법
便乘(편승) 어떤 기회를 틈타 이를 이용함
便益(편익) 편리하고 유익함
不便(불편) 거북하여 편하지 않음
船便(선편) 배를 이용하는 편
⇨변소(便所)

遍 ㉤辶(辵)(책받침)
㉣9
travels
へんれき
두루편
ヘン

歷
지낼력
レキ

遍
歷

遍歷(편력) 널리 돌아다님
遍談(편담) 빠짐없이 널리 말함
遍散(편산) 곳곳에 널리 흩어져 있음
遍在(편재) 두루 퍼져 있음
遍照(편조) 불광(佛光)이 두루 비침
普遍(보편) 일반적으로 퍼짐

篇 ㉤竹(대죽밑)
㉣9
へんしょう
책편
ヘン

章
글장
ショウ

篇 ⺮ 竺 芦 蒿 篇
章

篇章(편장) 문장의 큰 부분과 작은 구분. 편과 장
篇法(편법) 시문을 만드는 법
篇首(편수) 시나 문장의 첫머리
玉篇(옥편) 한문 글자를 찾아보는 사전

平 ㉤干(방패간)
㉣2
breast stroke
ひらおよぎ
평평할평
ヘイ・ヒョウ・たいら・ひらたい

泳
헤엄칠영
エイ・およぐ

平 一 ㄱ 亓 平
泳

平泳(평영) 개구리헤엄
平交(평교) 같은 또래로 사귐
平年(평년) ①보통 해. 여느 해 ②윤 년이 아닌 해
平素(평소) 평상시. 여느 때
公平(공평) 공정하고 평등함
泰平(태평) 나라가 편안함

281

評 ⟨부⟩言(말씀언변) ⟨획⟩5 reputation ひょうばん
평론할평 ヒョウ
評

評判(평판) 세상사람의 비평이나 판정
評價(평가) 사물의 가치를 논정함
評議(평의) 모여서 의논함
評點(평점) 실력·가치 등을 평가하여 점수를 매김
惡評(악평) 나쁜 평판
好評(호평) 좋은 평판

判 판단할판 ハン·バン
判

判决(판결)

廢 ⟨부⟩广(엄호밑) ⟨획⟩12 abolition はいし
폐할폐 ハイ·すたれる
廢

廢止(폐지) 하지 않기로 하고 그만둠
廢刊(폐간) 신문이나 잡지의 간행을 그만둠
廢鑛(폐광) 광물을 파지 않고 폐지한 광산
廢物(폐물) 못쓰게 된 물건
改廢(개폐) 고치고 폐지함
全廢(전폐) 모두 다 폐지함

止 그칠지 シ·とまる
止

閉 ⟨부⟩門(문문) ⟨획⟩3 closing of curtain へいまく
닫을폐 ヘイ·しめる
閉 門門門閉閉

閉幕(폐막) 무대의 막을 내림
閉講(폐강) 강좌가 끝나거나 없앰
閉門(폐문) 문을 닫음
閉店(폐점) 가게의 문을 닫거나 폐업함
閉會(폐회) 회를 끝마침
開閉(개폐) 열고 닫기
密閉(밀폐) 열지 못하게 꼭 닫아버림

幕 휘장막 マク·バク
幕

幣 ⟨부⟩巾(수건건) ⟨획⟩12 へいせい
폐백폐 ヘイ
幣

幣制(폐제) 나라의 화폐 제도
幣貢(폐공) 조정에 바치던 각종 공물
造幣(조폐) 돈을 제조함
紙幣(지폐) 지전(紙錢)
貨幣(화폐) 돈. 쇠돈과 종이돈의 총칭

制 억제할제 セイ
制

肺 ⟨부⟩月(肉)(육달월변) ⟨획⟩5 pneumonia はいえん
부아폐 ハイ
肺

肺炎(폐염) 폐장에 염증이 생기는 병
肺結核(폐결핵) 결핵균으로 인한 폐장의 병
肺病(폐병) 폐를 앓는 모든 병의 속칭
肺臟(폐장) 폐. 허파. 부아
肝肺(간폐) 간과 폐
心肺(심폐) 심장과 폐

炎 불꽃염 エン·ほのお
炎

蔽 ⟨부⟩艹(艸)(초두밑) ⟨획⟩12 へいや
가릴폐 ヘイ·おおう
蔽

蔽野(폐야) 들을 뒤덮음
蔽容(폐용) 자취를 감춤
蔽風雨(폐풍우) 비바람을 가리어 막음
隱蔽(은폐) 가려 숨김

野 들야 ヤ·の
野

弊 (⊕廾(밑스물입) abuse
⊕12   へいがい

폐 단폐
ヘイ

弊

弊害(폐해) 폐단과 손해
弊家(폐가) 자기집의 낮춤말
弊端(폐단) 괴롭고 번거로운 일
弊習(폐습) 나쁜 풍습
宿弊(숙폐) 오래 된 폐단
作弊(작폐) 폐를 끼침
疲弊(피폐) 지치고 쇠약하게 됨

害 해할해
ガイ

害

暴 (⊕日(날일)   outrag-
⊕11   eousness
            ぼうあく

사나울포(폭)
ボウ・バク・あ
ばく・あばれる

暴 | 旦 | 具 | 暴 | 暴 |

暴惡(포악) 성질이 사납고 악함
暴恣(포자) 난폭하고 방자함
暴疾(포질) ①거칠고 빠름 ②갑자기
           생긴 병
暴橫(포횡) 거칠고 방자함
橫暴(횡포) 도리에 어긋나고 몹시 난
           폭함

⇨폭음(暴飮)

惡 악할악・미워할오
アク・オ・わるい

惡

布 (⊕巾(수건건)
⊕2   proclamation
            ふこく

베포
フ・ぬの

布 | ノ | ナ | 右 | 布 |

布告(포고) 정부의 뜻을 널리 알림
布木(포목) 베와 무명
布衣之交(포의지교) 베옷을 입는 가
           난한 처지에서의 교제
公布(공포) 널리 세상에 알림
分布(분포) 널리 퍼져 있음
宣布(선포) 세상에 널리 알림

告 고할고
コク・つぐ

告

包 (⊕勹(쌀물몸) inclusion
⊕3   ほうがん

쌀포
ホウ・つつむ

包

包含(포함) 한데 속에 들어 있음
包容(포용) ①넣어 같이 쌈 ②받아들
           여 큰 도량으로 감싸줌
包圍(포위) 둘러쌈
包裝(포장) 물건을 쌈
內包(내포) 속에 같이 함유되어 있음
小包(소포) 우편으로 보내는 조그만
           보따리

含 머금을함
ガン・ふくむ

含

抱 (⊕扌(재방변) aspiration
⊕5   ほうふ

안을포
ホウ・だく・い
だく・かかえる

抱 | 扌 | 扌 | 扚 | 抱 | 抱 |

抱負(포부) 마음속에 품은 생각이나
           계획
抱腹絕倒(포복절도) 배를 끌어안고 몹
           시 웃음
抱恨(포한) 한을 품음
抱主(포주) ①기둥 서방 ②매음부를
           거느리고 있는 주인
抱合(포합) ①껴안음 ②물질의 화합
           (化合)

負 질부
フ・まける・おう

負

胞 (⊕月(肉)(육달월변)
⊕5   spore
            ほうし

태보포
ホウ

胞

胞子(포자) 이끼・균류(菌類) 따위에
           생기는 생식 세포
胞衣(포의) 태아가 싸고 있는 태막과
           태반
同胞(동포) 같은 겨레
細胞(세포) ①생물의 기본적인 단위
           ②조직의 최소단위

子 아들자
シ・ス・こ

子

飽 ㉠食(밥식변) ㉢5 satiety ほうまん
배부를포
ホウ・あきる

滿 가득할만 マン

飽 滿

飽滿(포만) 많이 먹어 배가 가득 참
飽聞(포문) 싫도록 들음
飽腹(포복) 포식(飽食)
飽食(포식) 배부르게 많이 먹음
飽學(포학) 학식이 높음
飽和(포화) 부족함이 없는 충족함

暴 ㉠日(날일) ㉢11 intemperance ぼういん
사나울폭・사나울포
ボウ・バク・あばく・あばれる

飲 마실음
イン・のむ

暴 飲

暴飲(폭음) 술을 마구 많이 마심
暴君(폭군) 포악한 임금
暴徒(폭도) 폭동을 일으키는 무리
暴落(폭락) 물가가 형편없이 떨어짐
亂暴(난폭) 몹시 난잡하고 포악함
自暴(자폭) 폭약을 스스로 터뜨려 죽음
⇨포악(暴惡)

浦 ㉠氵(삼수변) ㉢7 waterside village ほそん
물가포
ホ・うら

村 마을촌 ソン・むら

浦 村

浦村(포촌) 갯가의 고기잡이의 마을
浦口(포구) 작은 항구
浦民(포민) 고기잡이하는 백성
浦港(포항) 포구(浦口)와 항구
浦田(포전) 갯가에 있는 밭
浦漢(포한) 갯가에 사는 어부

爆 ㉠火(불화변) ㉢15 explosion ばくはつ
폭발할폭
バク

發 필발 ハツ

爆 發

爆發(폭발) ①화력으로 폭탄 따위가 터짐 ②어떤 일이 별안간 발생함
爆擊(폭격) 비행기로 폭탄 공격을 함
爆死(폭사) 폭발물로 죽음
爆音(폭음) 화약을 터뜨리는 소리
盲爆(맹폭) 아무데나 폭격을 함부로 함

捕 ㉠扌(재방변) ㉢7 grasp ほそく
잡을포
ホ・とらえる・つかまる

捉 잡을착 ソク

捕 捉

捕捉(포착) 붙잡음. 핵심을 잡음
捕盜(포도) 도둑을 잡음
捕卒(포졸) 옛날에 포도청에 딸렸던 관원
捕獲(포획) ①적병을 사로잡음 ②짐승이나 물고기를 잡음
生捕(생포) 사로잡음
討捕(토포) 토벌하여 잡음

幅 ㉠巾(수건건변) ㉢9 breadth ふくいん
폭폭
フク・はば

員 사람원 イン

幅 員

幅員(폭원) 땅의 넓이와 둘레
幅廣(폭광) 한 폭이 될 만한 너비
幅利(폭리) 이익을 제한함
廣幅(광폭) 광목처럼 넓은 폭
大幅(대폭) ①큰 폭 ②썩 많이. 넓게
半幅(반폭) 한 폭의 반이 되는 너비
全幅(전폭) 전체로. 온통

表 (튄)衣(옷의) (획)3 duplicity ひょうり 裏

겉표
ヒョウ・おもて・あらわす

속리
リ・うら

| 表 | 一 | 十 | 主 | 丰 | 表 | 裏 |

表裏(표리) ①겉과 속 ②겉의 태도와 속마음
表決(표결) 투표의 표수로 결정함
表面(표면) 겉면. 거죽
表明(표명) 의사를 겉으로 나타냄
公表(공표) 대중에게 발표함
代表(대표) 여러 사람을 대신하는 사람

漂 (튄)氵(삼수변) (획)11 drifting ひょうりゅう 流

떠다닐표
ヒョウ・ただよう

흐를류
ル・リュウ・ながれる

漂 流

漂流(표류) ①배 따위가 물에 떠서 흘러감 ②정처없이 유랑함
漂客(표객) 방황하는 사람
漂女(표녀) 빨래하는 여자
漂母(표모) 빨래하는 아낙네
漂白(표백) 빨아서 희게 함
流漂(유표) 흘러서 떠돌아다님

票 (튄)示(보일시) (획)6 vote ひょうけつ 決

표표
ヒョウ

결단할결
ケツ・きめる

票 決

票決(표결) 투표로 결정함
開票(개표) 투표한 것을 열어 봄
得票(득표) 투표에서 얻은 표
散票(산표) 표가 여러 사람에게 나누임
投票(투표) 어떤 일을 결정하거나 사람을 뽑기 위해 표에 써서 넣음

品 (튄)口(입구) (획)6 part of speech ひんし 詞

품수품
ヒン・しな

말사
シ

| 品 | 丶 | 口 | 口 | 吊 | 品 | 詞 |

品詞(품사) 낱말을 의미・형태・기능에 따라 나눈 구분. 명사 형용사 따위
品格(품격) 물품이나 사람의 됨됨이
品目(품목) 물품의 이름
品位(품위) 품격과 지위
珍品(진품) 진귀한 물건
賞品(상품) 상으로 주는 물건

標 (튄)木(나무목) (획)11 title ひょうだい 題

표표
ヒョウ・しるし

제목제
ダイ

標 題

標題(표제) 겉에 낸 제목
標本(표본) 다른 물건의 표준으로 보이는 견본
標語(표어) 주장・이념을 간명하게 표현한 말
標準(표준) ①목표 ②본보기가 되는 준칙
商標(상표) 제조소나 상품의 상징이 되는 마크

風 (튄)風(바람풍) (획)(9) scenery ふうけい 景

바람풍
フウ・フ・かぜ

경치경
ケイ

| 風 | 几 | 同 | 凨 | 風 | 風 | 景 |

風景(풍경) 경치
風琴(풍금) 악기의 하나. 오르간
風浪(풍랑) 바람과 파도
風霜(풍상) 바람과 서리. 세상에서 겪은 고난을 이르는 말
風說(풍설) 떠돌아다니는 소문
家風(가풍) 한 집안의 법도

楓 ㉐木(나무목) ㉑9
단풍나무풍
フウ・かえで

ふうりん

林
수풀림
リン・はやし

楓 (用 机 楓 楓 楓)

林

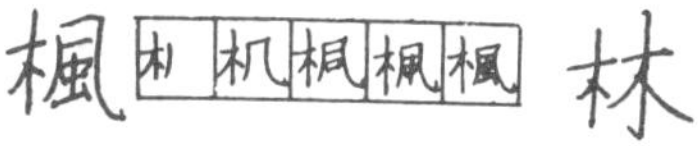

楓林(풍림) ①단풍든 숲 ②단풍나무
　　　　　의 숲
楓葉(풍엽) 단풍나무의 잎
楓香脂(풍향지) 단풍나무의 진. 약제
　　　　　로 씀
丹楓(단풍) ①단풍나무 ②초목의 잎
　　　　　이 단풍져 물이 든 것

彼 ㉐彳(두인변) ㉑5
저피
ヒ・かれ・かの

ひが

我
나아
ガ・わ(が)・われ

彼 (彳 彳 彷 彼 彼)

我

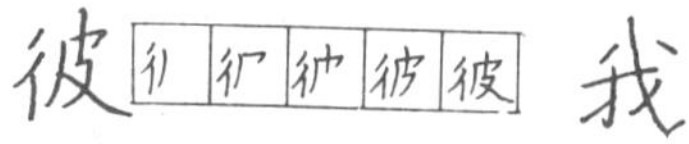

彼我(피아) 그와 나
彼岸(피안) 건너쪽 물가의 언덕
彼此(피차) ①그것과 이것 ②당신과
　　　　　나. 서로
彼此一般(피차일반) 당신이나 나나 입
　　　　　장이 같음
此日彼日(차일피일) 이 날 저 날 하며
　　　　　밀기만 하는 모양

豊 ㉐豆(콩두) ㉑11
풍성할풍
ホウ・ゆたか

abundance
ほうふ

富
부자부
フ・とむ

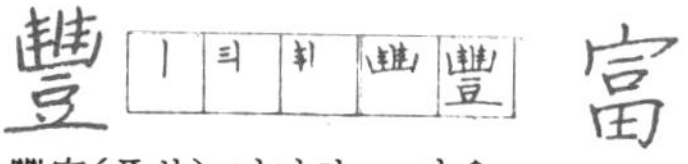

豊 (丨 刲 갞 豐 豐)

富

豊富(풍부) 넉넉하고 많음
豊年(풍년) 곡식이 잘 된 해
豊盛(풍성) 넉넉하고 썩 많음
豊足(풍족) 풍부하여 모자람이 없음
豊凶(풍흉) 풍년과 흉년
大豊(대풍) 큰 풍년. 또는 수확이 많
　　　　　음

疲 ㉐疒(병질엄) ㉑5
피곤할피
ヒ・つかれる

fatigue
ひこん

困
곤할곤
コン・こまる

疲

困

疲困(피곤) 몸시 지쳐서 곤함
疲弊(피폐) 피로하여 쇠약해짐
疲勞(피로) 몹시 지쳐 고단함
疲軟(피연) 피로하여 몸이 느른함

皮 ㉐皮(가죽피) ㉑(5)
가죽피
ヒ・かわ

skin
ひふ

膚
살갗부
フ・はだ

皮 (丿 厂 广 皮 皮)

膚

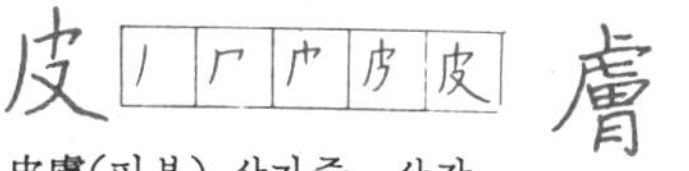

皮膚(피부) 살가죽. 살갗
皮骨相接(피골상접) 가죽과 뼈가 맞
　　　　　붙었음. 몹시 여위었다는
　　　　　비유
皮相的(피상적) 겉으로만 알고 속을
　　　　　모르는 것. 수박 겉 핥기
皮下(피하) 피부의 속
皮革(피혁) 짐승의 가죽

被 ㉐衣(옷의변) ㉑5
이불피
ヒ・こうむる

defendant
ひこく

告
고할고
コク・つげる

被

告

被告(피고) 소송사건에서 소송을 당
　　　　　한 사람
被動(피동) 남의 작용을 받아 움직임
被服(피복) 의복
被殺(피살) 살해됨
被選(피선) 선출됨. 뽑힘
被侵(피침) 침략을 당함
被奪(피탈) 빼앗김

286

避 ⊕辶(辵)(책받침)
㉑13
refuge
피할피
ヒ・さける

難
ひなん
어려울난
ナン・がたい・
むずかしい

避

難

避難(피난) 재난을 피함
避雷針(피뢰침) 벼락을 피하기 위한
　　　　　시설
避暑(피서) 더위를 피해 시원한 곳으
　　　　　로 감
忌避(기피) 꺼리어 피함
回避(회피) 이리저리 피함

筆 ⊕竹(대죽)taking notes
㉑6
붓필
ヒツ・ふで

記
ひっき
기록할기
キ・しるす

筆〔ㅗㅗ竹竺筀筆〕 記

筆記(필기) 종이에 적어 넣음
筆耕(필경) 글씨를 베껴서 씀
筆名(필명) ①글씨나 글로 이름난 명
　　　　　성 ②글을 발표할 때 쓰
　　　　　는 아호
筆者(필자) 글을 쓴 사람
達筆(달필) 글씨를 잘 씀
速筆(속필) 글씨를 빨리 씀

必 ⊕心(마음심)
㉑1
certain victory
반드시필
ヒツ・かならず

勝
ひっしょう
이길승
ショウ・かつ

必〔ㅗ丿义必必〕 勝

必勝(필승) 반드시 이김
必死(필사) ①꼭 죽음 ②죽기를 한함
必修(필수) 꼭 익혀야 함
必需品(필수품) 꼭 필요한 물건
必要(필요) 꼭 소용이 됨
期必(기필) 꼭 이루기를 기약함
何必(하필) 무엇 때문에 이것을. 어
　　　　　찌하여

畢 ⊕田(밭전)
㉑6
finally
마칠필
ヒツ

竟
ひっきょう
마칠경
キョウ

畢

竟

畢竟(필경) 마침내. 끝내. 결국
畢力(필력) 힘을 다함
畢生(필생) 일생 동안. 평생
畢業(필업) 학업 따위를 마침
檢定畢(검정필) 당국의 검정이 끝났음
納稅畢證(납세필증) 세금을 다 냈다
　　　　　는 증표

匹 ⊕匸(튼입구몸)
㉑2
rival
짝필
ヒツ・ひき

敵
ひってき
대적할적
テキ・かたき

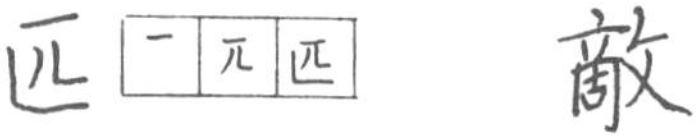

匹〔一兀匹〕 敵

匹敵(필적) 어깨를 겨룸. 맞먹음
匹馬(필마) 한 필의 말
匹夫(필부) ①하찮은 남자 ②한 명의
　　　　　남자
匹婦(필부) ①하찮은 계집 ②한 명의
　　　　　계집
配匹(배필) 짝. 아내나 남편. 배우자

下 ⊕一(한일)
㉑2
かだつ
아래하
カ・ゲ・した・しも・
もと・くだる・さげる・
おろす

達
통달할달
タツ

下〔一丁下〕 達

下達(하달) 윗사람의 뜻이 아래로 전
　　　　　달됨
下降(하강) 아래로 내려감
下等(하등) 아래등급
下命(하명) 명령을 내림
上下(상하) 위와 아래
高下(고하) 높고 낮음

夏 服

夏 ⑱夊(뒤져올치) ⑭7 summer clothes なつふく
여름하
カ・なつ
服 옷복
フク

夏 ｱ万百夏夏 服

夏服(하복) 여름 옷
夏季(하계) 여름철
夏穀(하곡) 여름에 거두는 보리·밀 따위
夏節(하절) 여름철
初夏(초하) 초여름
炎夏(염하) 무더운 여름

河 川

河 ⑱氵(삼수변) ⑭5 river かせん
물하
カ・かわ
川 내천
セン・かわ

河 氵氵河河 川

河川(하천) 시내. 냇물
河口(하구) 강물이 바다로 들어가는 어귀
河漢(하한) ①중국의 황하(黃河) ②은하수
河海(하해) ①강과 바다 ②극히 넓다는 비유
渡河(도하) 강이나 시내를 건넘
氷河(빙하) 얼음으로 언 강

賀 宴

賀 ⑱貝(조개패) ⑭5 banquet がえん
축하할하
ガ
宴 잔치연
エン

賀 ｱカ加賀賀 宴

賀宴(하연) 축하하는 연회
賀客(하객) 축하하러 온 손님
賀禮(하례) 축하하는 예식
賀正(하정) 새해를 축하함
慶賀(경하) 경사스런 일을 축하함
年賀(연하) 새해의 축하
祝賀(축하) 기쁜 일을 하례함

荷 主

荷 ⑱艹(艸)(초두밑) ⑭7 shipper にぬし
짐질하
カ・に
主 주인주
ス・シュ・ぬし・おも

荷 荷 主

荷主(하주) 짐의 임자
荷物(하물) 짐
荷花(하화) 연꽃
入荷(입하) 짐이 들어옴
重荷(중하) 무거운 짐. 또는 무거운 책임
積荷(적하) 짐을 쌓음
出荷(출하) 짐을 내어보냄

何 事

何 ⑱亻(인변) ⑭5 なにごと
어찌하
カ・なに(なん)
事 일사
ジ・ズ・こと

何 亻亻仃何何何 事

何事(하사) 무슨 일. 어찌된 일
何故(하고) 무슨 까닭
何等(하등) 아무런. 조금도
何時(하시) 어느때. 언제
何處(하처) 어느 곳. 어디
何必(하필) 달리 방법도 있을 터인데 왜 꼭
誰何(수하) 어느 누구. 어떤 사람

學 校

學 ⑱子(아들자) ⑭13 school がっこう
배울학
ガク・まなぶ
校 학교교
コウ

學 學 校

學校(학교) 학생들에게 공부를 가르치는 시설
學年(학년) 1년간의 수학 기간
學徒(학도) 공부하는 학생
學問(학문) 배워 익히는 글
苦學(고학) 학비를 스스로 벌면서 하는 공부
語學(어학) 언어에 관한 학문
入學(입학) 학교에 들어감

288

鶴	舞
훈鳥(새조) 획10	かくぶ
두루미학 カク・つる	춤출무 ブ・まう

鶴舞(학무) 학춤
鶴望(학망) 목을 길게 빼고 몹시 기다림
鶴髮(학발) 노인의 백발
鶴首苦待(학수고대) 학처럼 목을 길게 빼고 몹시 기다림
舞鶴(무학) 춤추는 학
白鶴(백학) 두루미

恨	事
훈忄(심방변) 획6	こんじ
원한한 コン・うらむ	일사 ジ・ズ・こと

恨事(한사) ①한탄할 일 ②원통한 일
恨死(한사) ①원한을 품고 죽음 ②원통한 죽음
恨人(한인) 다정다감한 사람
恨歎(한탄) 원통하거나 뉘우쳐 탄식함
多恨(다한) 한스러운 일이 많음
怨恨(원한) 원통한 마음. 또는 뉘우치는 마음

閑	居
훈門(문문) 획4	かんきょ
한가할한 カン	살거 キョ・いる

閑居(한거) 한가하고 조용하게 삶
閑暇(한가) 할 일이 없어 몸과 마음이 편함
閑寂(한적) 쓸쓸하고 고요함
等閑(등한) 대수롭지 않게 여겨 내버려 둠
安閑(안한) 편안하고 한가함
有閑(유한) 한가한 시간이 있음

限	度
훈阝(阜)(좌부방) limit 획6	げんど
한정한 ゲン・かぎる	법도도 ド・タク・たび

限度(한도) 정해진 한계
限界(한계) 사물의 일정한 한도
限死(한사) 죽음을 각오하고 일함
限定(한정) 일정한 한계를 정함
限平生(한평생) 한생전. 죽을때까지
局限(국한) 어떤 국부에만 한함
期限(기한) 날짜를 한정함. 또는 그 날짜

寒	暑
훈宀(갓머리) cold and heat 획9	かんしょ
찰한 カン・さむい	더울서 ショ・あつい

寒暑(한서) 추위와 더위
寒冷(한랭) 춥고 차가움
寒心(한심) 딱하고 기막히는 마음
寒村(한촌) 가난한 마을
飢寒(기한) 굶주림과 추위
防寒(방한) 추위를 막음
貧寒(빈한) 몹시 가난함

韓	國
훈韋(가죽위) Korea 획8	かんこく
나라한 カン	나라국 コク・くに

韓國(한국) 대한민국의 약칭
韓服(한복) 한국 고유의 옷
韓銀(한은) 한국은행의 준말
韓人(한인) 한국사람
三韓(삼한) 옛날의 마한·진한·변한의 세 나라

漢 文

[부] 氵(삼수변) [획]11

Chinese classics
かんぶん

한나라한 カン / 글월문 ブン・ふみ

漢 [氵 氵 氵 漌 漢] 文

漢文(한문) 한나라의 문장. 중국 글
漢方(한방) 한의술. 한방의학
漢詩(한시) 한문으로 지은 시
漢藥(한약) 한방약
漢字(한자) 한문 글자
惡漢(악한) 악한 사람
銀漢(은한) 은하수

割 當

[부] 刂(刀)(칼도방) [획]10

assignment
わりあて

가를할 カツ・わる / 마땅할당 トウ・あてる

割 當

割當(할당) 분배함. 또는 그 몫
割據(할거) 한 지방을 점령하고 지킴
割腹(할복) 배를 갈라 자살함
割賦(할부) 나누어서 배당하거나 지불함
割愛(할애) 아쉬움을 무릅쓰고 나누어 줌
割引(할인) 일정한 비율로 깎아줌
分割(분할) 나누어 쪼갬

旱 災

[부] 日(날일) [획]3

かんさい

가물한 カン / 재앙재 サイ・わざわい

旱 災

旱災(한재) 가뭄으로 인한 재앙
旱雷(한뢰) 맑은 날에 나는 우렛소리
旱炎(한염) 불같은 무더위
旱天(한천) 쨍쨍한 여름 하늘
旱害(한해) 가뭄으로 인한 피해
枯旱(고한) 초목이 다 말라죽는 가뭄
大旱(대한) 큰 가뭄

咸 氏

[부] 口(입구) [획]6

다함 カン / 성씨 シ・うじ

咸 氏

咸氏(함씨) 남의 조카의 존칭
咸告(함고) 빼지 않고 모두 고함
咸有一德(함유일덕) 임금과 신하가 다 한 가지 덕이 있음
咸興差使(함흥차사) 심부름을 간 사람이 좀체로 돌아오지 않음을 비유한 속담

汗 顔

[부] 氵(삼수변) [획]3

かんがん

땀한 カン・あせ / 얼굴안 ガン・かお

汗 顔

汗顔(한안) ①땀흘린 얼굴 ②무안하고 부끄러워 어쩔 줄 모르는 얼굴
汗滴(한적) 땀방울
汗蒸(한증) 사방이 막힌 굴 속에 불을 때어 땀을 흘리게 한 설비
冷汗(냉한) 식은땀
發汗(발한) 땀을 흘림. 땀을 냄

含 有

[부] 口(입구) [획]4

contain
がんゆう

머금을함 ガン・ふくむ / 있을유 ユウ・ウ・ある

含 有

含有(함유) 어떤 성분을 안에 가지고 있음
含量(함량) 어떤 성분이 들어 있는 분량
含笑(함소) ①웃음을 머금음 ②꽃이 피려고 함
含怨(함원) 원한을 품음
含蓄(함축) 어떤 깊은 뜻을 품음
包含(포함) 속에 함유하고 있음

陷 ㉠阝(阜)(좌부방) ㉡8 falling
빠질함
カン・おちいる

落 かんらく 떨어질락
ラク・おちる

陷

落

陷落(함락) ①땅이 무너져 떨어짐
②성이 공격을 받아 수비
군이 무너짐
陷沒(함몰) 한 부분이 푹 꺼져 빠짐
陷入(함입) 빠져 들어감
陷之死地(함지사지) 죽을 지경에 빠
져 듦
攻陷(공함) 공격하여 함락시킴

巷 ㉠己(몸기) ㉡6
거리항
コウ・ちまた

間 こうかん 사이간
カン・ケン・あいだ

巷

間

巷間(항간) 서민들 사이. 일반 시중
巷談(항담) 거리에 떠도는 소문
巷說(항설) 항담(巷談)
街巷(가항) 거리. 시중

合 ㉠口(입구) ㉡3 chorus
합할합
ゴウ・ガツ・あう

唱 がっしょう 노래부를창
ショウ・となえる

合  唱

合唱(합창) 여럿이 같이 노래함. 또
는 그 노래
合格(합격) 시험이나 조건에 맞아서
뽑힘
合計(합계) 모두 합친 총계
合理(합리) 이치에 맞음
結合(결합) 서로 맺어 합침
和合(화합) 서로 뜻이 맞음

港 ㉠氵(삼수변) ㉡9 harbour
항구항
コウ・みなと

口 こうこう 입구
コウ・ク・くち

港

口

港口(항구) 배가 드나드는 곳
港務(항무) 항구에 딸린 모든 사무
港稅(항세) 항구를 통하는 수출입세
港市(항시) 항구 도시
軍港(군항) 해군에서 쓰는 항구
良港(양항) 좋은 항구
出港(출항) 배가 항구를 떠남

恒 ㉠忄(심방변) ㉡6
항상항
コウ

產 こうさん 낳을산
サン・うぶ・うむ

恒 ㅣ 忄 忄 恒 恒 產

恒產(항산) 생활할 수 있는 일정한 재
산
恒久(항구) 바뀌지 않고 오래 감
恒茶飯(항다반) 항상 마시고 먹는 차
와 밥처럼 예사로움
恒常(항상) 언제나. 늘
恒時(항시) 보통 때. 평상시
恒用(항용) ①늘. 항상 ②늘 씀

項 ㉠頁(머리혈) ㉡3 item
목항
コウ

目 こうもく 눈목
モク・ボク・め

項

目

項目(항목) 조목(條目)
項領(항령) ①큰 목 ②목덜미
項羽(항우) 옛 중국의 무장의 이름.
기운이 센 사람의 비유
別項(별항) 다른 항목
事項(사항) 일의 조목
條項(조항) 조목으로 나누인 항목

抗議

抗 [부]扌(재방변) [획]4 protestation こうぎ **議**

겨룰항 コウ — 의논할의 ギ

抗 議

抗議(항의) 반대하는 의견을 제기함
抗拒(항거) 대항함
抗告(항고) 관청의 결정이나 명령이 억울하다고 상부 기관에 상신함
抗辯(항변) 대항하는 변론
對抗(대항) 맞서서 버팀
反抗(반항) 상대방에 반대하여 저항함

海岸

海 [부]氵(삼수변) [획]7 seashore かいがん **岸**

바다해 カイ・うみ — 언덕안 ガン・きし

海 岸

海岸(해안) 바닷가
海軍(해군) 바다에서 싸우는 군대
海內(해내) 국내
海流(해류) 해수가 흐르는 현상. 조류
海洋(해양) 넓은 바다
東海(동해) 동쪽 바다
航海(항해) 배로 바다를 건넘

航海

航 [부]舟(배주변) [획]4 voyage こうかい **海**

배항 コウ — 바다해 カイ・うみ

航 海

航海(항해) 배로 바다를 건넘
航空(항공) 비행기로 공중을 날
航路(항로) 배나 비행기가 다니는 길
航行(항행) 배를 타고 감
歸航(귀항) 출발지로 돌아오는 항해
難航(난항) ①배나 항공기의 항로가 험악함 ②일이 순조롭지 않고 어려움

亥月

亥 [부]亠(돼지머리해) [획]4 がいげつ **月**

돼지해 ガイ・(い) — 달월 ゲツ・ガツ・つき

亥 月

亥月(해월) 음력 10월의 딴이름
亥年(해년) 태세가 "亥"로 된 해. 병해(丙亥)・신해(辛亥) 따위
亥時(해시) 오후 9시부터 11시 사이

害毒

害 [부]宀(갓머리) [획]7 mischief がいどく **毒**

해할해 ガイ — 독할독 ドク

害 毒

害毒(해독) 해를 주어 독이 되는 것
害惡(해악) 해가 되는 악한 일
害蟲(해충) 직접・간접으로 인간에게 해를 끼치는 벌레
無害(무해) 해로울 것이 없음
水害(수해) 물로 인한 재해
被害(피해) 해를 입음. 또는 그 해

解答

解 [부]角(뿔각변) [획]6 answer かいとう **答**

풀해 ゲ・カイ・とく — 대답할답 トウ・こたえる

解 答

解答(해답) 문제를 풀어 대답함
解毒(해독) 독을 풀어 없앰
解凍(해동) 얼었던 것이 녹음
解放(해방) 풀어 주어 자유롭게 함
解產(해산) 아이를 낳음
曲解(곡해) 잘못 이해함. 오해
難解(난해) 풀기 어려움

奚琴

奚 [부]大(큰대) korean fiddle けいきん 琴
[획]7

어찌해 ケイ — 거문고금 キン・こと

奚 琴

奚琴(해금) 깡깡이
奚奴(해노) 종
奚若(해약) 여하(如何). 어찌
奚毒(해독) 바꽃의 뿌리. 약제로 씀
奚特(해특) 어찌 특히. 어째서 그것만

行動

行 [부]行(다닐행) action こうどう 動
[획](6)

행할행・항렬항 コウ・ギョウ・アン・い(ゆ)く・おこなう — 움직일동 ドウ・うごく

行 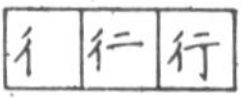 動

行動(행동) 몸을 움직이는 모든 동작
行方(행방) 간 곳
行商(행상) 돌아다니며 파는 장사
行列(행렬) ①줄지어 늘어섬. 또는 그 줄 ②(항렬)혈족 사이의 관계를 표시하는 계열
徐行(서행) 천천히 감
銀行(은행) 돈을 취급하는 영업 기관

該當

該 [부]言(말씀언변) がいとう 當
[획]6

갖출해 ガイ — 마땅할당 トウ・あたる

該 當

該當(해당) 어떤 조건에 들어맞음
該洞(해동) 그 동리
該博(해박) 모든 것을 널리 앎
該社(해사) 그 회사
該地(해지) 그 땅. 그 지방
當該(당해) 거기에 들어맞는 그것

幸福

幸 [부]干(방패간) happiness こうふく 福
[획]5

다행행 コウ・さいわい・さち・しあわせ — 복복 フク

幸 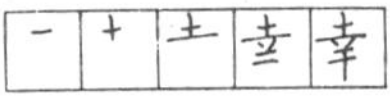 福

幸福(행복) 복되고 만족스러운 상태
幸不幸(행불행) 행복과 불행
幸甚(행심) 몹시 다행함. 매우 고마움
幸運(행운) 좋은 운수. 운명
多幸(다행) 행복스러움. 잘 됐음
不幸(불행) 불우한 상태
天幸(천행) 하늘이 준 다행

核心

核 [부]木(나무목변) kernel かくしん 心
[획]6

씨핵 カク — 마음심 シン・こころ

核 心

核心(핵심) 사물의 중심이 되는 요긴한 부분
核果(핵과) 살 속의 씨가 단단한 과실. 살구・복숭아 따위
核實驗(핵실험) 원자핵의 물리적 반응을 연구하기 위한 실험
結核(결핵) 결핵균에 의한 각종 병증
原子核(원자핵) 원자의 중심체

向後

向 [부]口(입구) hereafter こうご 後
[획]3

향할향 コウ・むく・むかう — 뒤후 コウ・ゴ・のち・あと・うしろ・おくれる

向 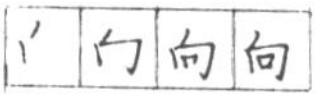 後

向後(향후) 앞으로. 이 뒤. 차후
向路(향로) 향하는 길
向背(향배) ①앞과 뒤 ②좇음과 등짐 ③형편
向上(향상) 위나 앞을 향해 발전함
傾向(경향) 뜻이 기우는 쪽
意向(의향) 뜻이 향하는 바. 생각

香 ㉘香(향기향) 劃(9)
향기향
コウ・キョウ・か・かおり

香 十 禾 禾 香

香爐(향로) 향을 피우는 작은 화로
香氣(향기) 향냄새. 향기로운 냄새
香木(향목) 향나무
香水(향수) 향을 넣은 액체
香油(향유) 향내가 나는 기름
芳香(방향) 좋은 냄새
燒香(소향) 향을 피움

爐 censer こうろ
화로로
ロ

爐

享 ㉘亠(돼지해머리) 劃6
누릴향
キョウ

享

享祀(향사) 제사를 올리는 일
享年(향년) 생존한 햇수
享樂(향락) 즐거움을 누림
享福(향복) 복을 누림
享有(향유) 누리어 가짐
大享(대향) 큰 제사. 대제(大祭)

祀 きょうし
제사사
シ

祀

鄕 ㉘阝(邑)(우부방) 劃10
시골향
キョウ・ゴウ

鄕 纟 幺 纟 纟 鄕

鄕里(향리) 나서 자라난 고장
鄕思(향사) 고향 생각
鄕愁(향수) 고향을 그리는 마음
鄕土(향토) 태어난 곳. 또는 시골
古鄕(고향) 자기가 자라난 옛 고장
歸鄕(귀향) 고향으로 돌아감
他鄕(타향) 고향이 아닌 객지

里 きょうり
마을리
リ・さと

里

虛 ㉘虍(범호밑) falsehood 劃6
빌허
キョ・コ

虛 虍 虍 虍 虍 虛

虛僞(허위) 거짓. 거짓말
虛禮(허례) 형식적인 예절
虛無(허무) ①아무 것도 없고 텅 빔
②마음에 사념이 없는 상태
虛報(허보) 허위 보도
虛弱(허약) 심신·세력 따위가 몹시 약함
空虛(공허) 텅 비어 있음

僞 거짓위 ギ・にせ・いつわる

僞

響 ㉘音(소리음) 劃13
울릴향
キョウ・ひびく

響

響應(향응) ①소리가 울려 되돌아옴
②남의 행동에 동조함
響卜(향복) 물건의 울림이나 사람의 목소리로 길흉을 판단함
反響(반향) ①되돌아오는 울림소리
②어떤 일에 대한 반응

應 きょうおう
응할응
オウ

應

許 ㉘言(말씀언변) permission 劃4
허락할허
キョ・ゆるす

許 言 言 言 許

許諾(허락) 바라는 바를 들어 줌
許可(허가) 어떤 신청을 허락함
許久(허구) 매우 오래임
許容(허용) 허락하여 받아들임
官許(관허) 관청에서 허가함
聽許(청허) 어떤 청을 들어 줌
免許(면허) 허가가 필요한 것을 인정해 줌

諾 きょだく
허락할낙
ダク

諾

軒 ㉘車(수레거변) ❸3 けんとう 燈
초헌헌 ケン・のき
등불등 トウ・ひ

軒

燈

軒燈(헌등) 처마에 다는 등
軒頭(헌두) 추녀 끝
軒敷(헌수) 집 수효
軒軒丈夫(헌헌장부) 외모가 훤칠하고
　　　　　쾌활한 남자
東軒(동헌) 옛날에 고을 원이 공사를
　　　　　처리하던 곳

驗 ㉘馬(말마변) ❸13 checking けんさん 算
보람험 ケン・ためす
셈할산 サン・かぞえる

驗

算

驗算(험산) 계산이 맞는지 안 맞는지
　　　　　를 알아보는 계산. 검산
　　　　　(檢算)
驗效(험효) 효력. 효험
經驗(경험) 실지로 겪음
實驗(실험) 실지로 해 봄
體驗(체험) 몸소 겪음
效驗(효험) 약 따위의 효력

憲 ㉘心(마음심) ❸12 constitution けんぽう 法
법헌 ケン
법법 ホウ・ハツ・ホツ

憲

法

憲法(헌법) 나라의 근본이 되는 법
憲章(헌장) ①법. 법도 ②본받아 밝
　　　　　힘
憲政(헌정) 헌법에 의한 정치
國憲(국헌) 나라의 법
違憲(위헌) 헌법에 어긋남
立憲(입헌) 헌법을 제정하여 내세움

險 ㉘阝(阜)(좌부방) ❸13 けんなん 難
험할험 ケン・けわしい
어려울난 ナン・がたい・むずかしい

險

難

險難(험난) 위험하고 어려움
險口(험구) 남의 단점을 들어내어 말
　　　　　함
險談(험담) 남을 헐뜯는 말
險相(험상) 험악스런 생김새
險惡(험악) 지형이나 형세가 몹시 나
　　　　　쁨
凶險(흉험) 흉하고 험난함

獻 ㉘犬(개견) ❸16 a collection けんきん 金
바칠헌 ケン・コン
쇠금 キン・かね

獻

金

獻金(헌금) 돈을 바침
獻納(헌납) 물건 따위를 바침
獻身(헌신) 몸을 바쳐 전력을 다함
獻策(헌책) 계책을 올림
貢獻(공헌) 이바지함. 기여(奇與)함
文獻(문헌) 학문연구에 도움이 되는
　　　　　책이나 문서

革 ㉘革(가죽혁) ❸9 renovation かくしん 新
가죽혁 カク・かわ
새신 シン・あらた・あたらしい

革

新

革新(혁신) 일체의 묵은 제도나 방식
　　　　　을 새로 뜯어고침
革帶(혁대) 가죽으로 만든 띠
革命(혁명) 통치자를 바꾸거나 헌법
　　　　　의 테두리를 넘는 정치적
　　　　　개혁
改革(개혁) 새로 고쳐서 혁신함
沿革(연혁) 지나온 경과

295

現 ⓑ玉(王)(구슬옥변) ⓗ7 げんぶつ 物
나타날현 만물물
ゲン・あらわれる ブツ・モツ・もの

現 丁 王 珇 珇 現　物

現物(현물) ①현재 있는 물건 ②물자
現今(현금) 지금
現金(현금) 맞돈. 현재 있는 돈
現在(현재) 이제. 지금
現職(현직) 현재 종사하고 있는 직업
實現(실현) 실제로 나타나게 함
表現(표현) 의사를 겉으로 나타냄

弦 ⓑ弓(활궁변) ⓗ5 げんげつ 月
시위현 달월
ゲン・つる ゲツ・ガツ・つき

弦　月

弦月(현월) 활처럼 굽은 초승달. 또
　　는 그믐달
弦管(현관) 거문고와 저
弦樂(현악) 현악기로 연주하는 음악
弦影(현영) 반달 모양. 또는 그 빛
上弦(상현) 초승달
下弦(하현) 그믐달

賢 ⓑ(貝)조개패 sagacity ⓗ9 けんてつ 哲
어질현 밝을철
ケン・かしこい テツ

賢 臣 臣 臤 臤 賢　哲

賢哲(현철) 어질고 사리에 밝음. 또
　　는 그런 사람
賢良(현량) 어질고 착함
賢明(현명) 어질고 영리함
賢母(현모) 어진 어머니
名賢(명현) 이름난 현인(賢人)
聖賢(성현) 성인과 현인

絃 ⓑ糸(실사변) ⓗ5 げんがく 樂
줄현 풍류악・즐길락
ゲン ガク・ラク・たのしい

絃　樂

絃樂(현악) 현악기를 연주하는 음악
絃琴(현금) 거문고
絃誦(현송) 거문고를 타며 글을 외움
管絃樂(관현악) 관악기와 현악기의 합
　　주
斷絃(단현) ①현악기의 줄이 끊어짐
　　②아내의 죽음을 비유한
　　말
續絃(속현) 상처한 뒤의 재혼. 재취

玄 ⓑ玄(검을현) ⓗ(5) げんみょう 妙
검을현 묘할묘
ゲン ミョウ

玄　妙

玄妙(현묘) 도리나 이치가 깊고 미묘
　　함
玄關(현관) ①복도로 들어가는 문 ②
　　주택의 정문
玄琴(현금) 거문고
玄米(현미) 껍질만 벗긴 쌀
深玄(심현) 이치가 깊고 미묘함
幽玄(유현) 도리가 깊어 알기 어려움

縣 ⓑ糸(실사) けんれい 令 ⓗ10
고을현 명령할령
ケン レイ

縣　令

縣令(현령) ①옛날의 큰 현의 원 ②
　　현의 명령
縣吏(현리) 옛날의 현의 벼슬아치
縣人(현인) 한 고을에 사는 사람
群縣(군현) 군과 현. 고을

296

懸 ㉠心(마음심) prize
㉑16 けんしょう
매달현
ケ・ケン・かける・
かかる

懸

懸賞(현상) 상금을 걸고 찾거나 모집
　　　　함
懸隔(현격) 썩 많이 동떨어짐
懸案(현안) 해결이 안 되어 걸려 있
　　　　는 안건
懸板(현판) 글씨나 그림을 새겨서 다
　　　　는 널조각
懸懸(현현) 마음이 불안정한 모양

賞 상줄상
ショウ

賞

穴 ㉠穴(구멍혈) cave
㉑(5) dwelling
구멍혈 けっきょ
ケツ・あな

穴

穴居(혈거) 굴 속에서 삶
穴見(혈견) 좁은 소견
穴處(혈처) 혈거(穴居)
孔穴(공혈) 구멍
洞穴(동혈) 굴로 된 구멍
巖穴(암혈) 바위의 굴

居 살거
キョ・いる(おる)

居

顯 ㉠頁(머리혈) remar-
㉑14 kableness
나타날현 けんちょ
ケン・あらわれる

顯

顯著(현저) 뚜렷이 심하게 드러남
顯考(현고) 돌아간 아버지의 존칭
顯官(현관) 높은 벼슬. 또는 그 사람
顯微鏡(현미경) 작은 물체를 확대해
　　　　서 보는 광학기계
顯妣(현비) 돌아간 어머니의 존칭

著 나타날저
チョ・あらわす・
いちじるしい

著

協 ㉠十(열십) cooperation
㉑6 きょうどう
화할협
キョウ

協 十 忄 忛 協 協

協同(협동) 힘과 마음을 합침
協力(협력) 서로 힘을 합침
協商(협상) 협의하여 의견이 일치되
　　　　도록 힘씀
協定(협정) 협의하여 결정함
協會(협회) 같은 목적을 위해 조직된
　　　　모임
不協(불협) 합쳐지지 않음
和協(화협) 의좋게 화합함

同 한가지동
ドウ・おなじ

同

血 ㉠血(피혈) ちまなこ
㉑(6)
피혈
ケツ・ち

血 宀 血 血

血眼(혈안) 핏대오른 눈
血氣(혈기) 젊은 의기
血色(혈색) 피의 색깔. 핏기. 살빛
血壓(혈압) 혈관 속의 피의 압력
冷血(냉혈) 차디찬 피
輸血(수혈) 피를 공급함
採血(채혈) 피를 뽑음

眼 눈안
ガン・め・まなこ

眼

脅 ㉠月(肉)(육달월) intimidation
㉑6 きょうはく
으를협
キョウ・おびやかす

脅

脅迫(협박) 으르고 다그침
脅息(협식) 무서워서 숨을 죽임
脅威(협위) 으르고 협박함
恐脅(공협) 무섭게 협박함
迫脅(박협) 협박
威脅(위협) 으르대고 협박함

迫 핍박할박
ハク・せまる

迫

兄弟

兄 [부]儿(어진사람인) [획]3 brother きょうだい 弟

만형 아우제
ケイ・キョウ・あに テイ・ダイ・デ・おとうと

兄 丨 口 口 尸 兄 弟

兄弟(형제) 형과 아우
兄丈(형장) 벗을 높여서 이르는 말
父兄(부형) 아버지와 형
長兄(장형) 큰형. 만형
仁兄(인형) 벗에 대한 높임말
老兄(노형) 나이가 자기보다 위인 사람의 존칭

亨通

亨 [부]亠(돼지해머리) [획]5 きょうつう 通

형통할형 통할통
キョウ ツ・ツウ・とおる・かよう

亨 通

亨通(형통) 모든 일이 뜻대로 잘 됨
亨熟(형숙) 충분히 익힘. 잘 삶음
亨運(형운) 순조로운 운수

刑罰

刑 [부]刂(刀)(칼도) [획]4 punishment けいばつ 罰

형벌형 벌벌
ケイ バチ・バツ・つみ

刑 二 于 开 刑 罰

刑罰(형벌) 죄지은 사람에게 주는 벌
刑期(형기) 형의 집행 기간
刑法(형법) 범죄와 형벌에 관한 법률
刑場(형장) 사형 집행장
減刑(감형) 형을 감해 줌
處刑(처형) 형벌에 처함
民刑(민형) 민사와 형사

螢雪

螢 [부]虫(벌레충) [획]10 けいせつ 雪

반딧불형 눈설
ケイ・ほたる セツ・ゆき

螢 雪

螢雪(형설) ①반딧불과 눈의 빛으로 고생하면서 공부했다는 옛 교훈 ②부지런히 공부함
螢光燈(형광등) 형광도료를 내부에 칠한 조명기구의 하나
螢石(형석) 열을 가하면 형광을 발하는 광석
螢火(형화) 반딧불

形態

形 [부]彡(터럭삼) [획]4 form けいたい 態

얼굴형 모양태
ケイ・ギョウ・かた・かたち タイ

形 二 于 开 形 態

形態(형태) 물건의 모양. 생김새
形相(형상) 얼굴 모양. 생김생김
形成(형성) 어떤 모양을 이룸
形容(형용) ①용모. 얼굴모습 ②사물의 상태가 어떻다는 설명
球形(구형) 공처럼 둥근 모양
無形(무형) 형체가 없음

惠顧

惠 [부]心(마음심) [획]8 けいこ 顧

은혜혜 돌아볼고
ケイ・エ・めぐむ コ・かえりみる

惠 㠯 叀 叀 恵 惠 顧

惠顧(혜고) 은혜를 베풀어 돌보아 줌
惠念(혜념) 동정하는 마음. 염려
惠書(혜서) 남이 준 편지의 존칭
惠澤(혜택) 은혜와 덕택
恩惠(은혜) 남이 베풀어 준 혜택
慈惠(자혜) 인자하게 돌보아 주는 은혜

慧 (뭐)心(마음심)
(획)11　けいがん　眼
지혜혜　　　　　눈안
ケイ　　　　　ガン・め

慧　　　　　　眼

慧眼(혜안) 예민한 안식(眼識)
慧巧(혜교) 영리한 슬기와 기묘한 기
　　교
慧鳥(혜조) 앵무새의 별칭
慧星(혜성) 살별. 장성(長星)
智慧(지혜) 슬기
敏慧(민혜) 민첩하고 슬기로움

乎 (뭐)ノ(삐침)
(획)4　(…かな)　哉
어조사호　　　　어조사재
コ・(か・や)　　サイ・(かな)

乎　ノ ﾉ ﾉ ⺍ 乎　哉

乎哉(호재) 감탄을 표시하는 말. …
　　런가. …로다
仁遠乎哉(인원호재) 인(仁)이 멀쏘냐
亦不樂乎(역불락호) 역시 즐겁지 않
　　을쏘냐
宜乎(의호) 당연한 모양

兮 (뭐)八(여덟팔)
(획)2　　　　也
어조사혜　　　　어조사야
ケイ　　　　　ヤ・なり

兮　　　　　　也

兮也(혜야) 어조사로 윗말을 완화하
　　고 아래의 말을 강조하는
　　뜻으로 쓰임. "也"가 붙
　　을 때는 종결의 뜻
力拔山兮氣蓋世(역발산혜기개세) 힘
　　은 산을 넘고 기개는 세
　　상을 뒤덮음
斷兮(단혜) 단호(斷乎)히

呼 (뭐)口(입구)
(획)5　こおう　應
부를호　　　　　응당당응
コ・よぶ　　　　オウ

呼　口 口ﾉ 口ﾉﾉ 叭 呼　應

呼應(호응) ①부르면 대답을 함 ②
　　기맥이 서로 통하여 배가
　　맞음
呼價(호가) 값을 부름
呼名(호명) 이름을 부름
呼出(호출) 불러 냄
點呼(점호) 하나하나 인원을 조사함
指呼(지호) 손짓으로 부름

戶 (뭐)戶(지게호)
(획)4　householder
　　　こしゅ　主
지게호　　　　　주인주
コ・と　　シュ・ス・ぬし・おも

戶　丶 ⼀ ⼀⼝ 戶　主

戶主(호주) 한 집안의 책임자
戶口(호구) 집과 사람의 수효
戶別(호별) 집집마다
戶籍(호적) 집안 식구의 여러 상황을
　　적은 공문서
戶庭(호정) 출입구의 뜰
門戶(문호) 외부와 연락하는 문. 대문

好 (뭐)女(계집녀변) a favo-
(획)3　rable comment　評
　　　こうひょう
좋을호　　　　　평론할평
コウ・すく・このむ　ヒョウ

好　く ⼥ ⼥ 好 好　評

好評(호평) 좋은 평판
好感(호감) 좋은 감정
好奇心(호기심) 신기하게 여겨 알고
　　싶어 하는 마음
好人(호인) 성질이 유한 사람
同好(동호) 같이 즐김
愛好(애호) 사랑하고 아낌

虎 ㉻虍(범호밑) ㉒2　ここう　口
범호
コ・とら
입구
コウ・ク・くち

虎 广 广 虎 虎 虎　口

虎口(호구) ①범의 아가리 ②극히 위험한 처지
虎父犬子(호부견자) 아버지는 잘났는데 아들은 못나고 어리석음
虎視(호시) 범처럼 노리고 봄
虎皮(호피) 범의 가죽
虎穴(호혈) 범의 굴

互 ㉻二(두이) ㉒2　ごじょう　讓
서로호
ゴ・たがい
사양할양
ジョウ・ゆずる

互

互讓(호양) 서로 양보함
互交(호교) 서로 교제함
互生(호생) 식물의 잎이 서로 어긋나게 남
互選(호선) 서로 상대방을 뽑음
互助(호조) 서로 도움
互用(호용) 서로 같이 씀
相互(상호) 서로서로

號 ㉻虍(범호밑) ㉒7　extra ごうがい　外
이름호
ゴウ
바깥외
ゲ・ガイ・そと・ほか・はずす

號 旦 旦 號 號 號　外

號外(호외) 임시로 발행하는 신문의 보도
號泣(호읍) 소리내어 욺
號鍾(호종) 신호로 치는 종
口號(구호) 입으로 외치는 짧은 표어
商號(상호) 상점의 이름
暗號(암호) 당사자끼리만 통하는 비밀 구호

胡 ㉻月(肉)(육달월) ㉒5　こてき　笛
오랑캐호
コ
피리적
テキ・ふえ

胡　笛

胡笛(호적) 날라리. 중국의 악기
胡弓(호궁) 궁현악기. 깡깡이
胡蝶(호접) 나비의 딴이름
胡地(호지) 중국의 북부 지방
胡亂(호란) ①사물이 거칠고 난잡함 ②호인들이 일으킨 난리

湖 ㉻氵(삼수변) ㉒9　lake こすい　水
호수호
コ・みずうみ
물수
スイ・みず

湖 氵 汁 汁 沽 湖　水

湖水(호수) 큰 못
湖心(호심) 호수의 한복판
湖海(호해) ①호수와 바다 ②호수 ③강호. 민간
大湖(대호) 큰 호수
江湖(강호) ①강과 호수 ②일반 사회

浩 ㉻氵(삼수변) ㉒7　こうよう　洋
넓을호
コウ
큰바다양
ヨウ

浩　洋

浩洋(호양) 물이 넓고 많은 모양
浩大(호대) 넓고 큼
浩然之氣(호연지기) 공명정대하여 부끄러움이 없는 크고 넓은 기상
浩浩漠漠(호호막막) 한없이 넓고 멀어 아득한 모양

毫 (몸)毛(터럭모) ⑩7　ごうまつ 末
잔털호
ゴウ
끝말
マツ・バツ

毫　末

毫末(호말) 터럭 끝. 아주 미세하다
　　　는 비유
毫毛(호모) 가는 털. 극히 근소하다
　　　는 비유
毫無(호무) 조금도 없음
毫忽之間(호홀지간) ①터럭만한 극히
　　　짧은 사이 ②서로 조금
　　　어긋난 동안
一毫(일호) 몹시 가는 한 가닥의 털

或 (몸)戈(창과) ⑩4　あるもの 者
혹혹
ワク・あるいは
놈자
シャ・もの

或 | 弌 | 弍 | 或 | 或 | 或 |　者

或者(혹자) 어떤 사람
或是(혹시) 혹여・설혹・만약
或曰(혹왈) ①어떤 사람이 말하기를
　　　②또 다르게 하는 말로는
間或(간혹) 어쩌다가. 가끔
設或(설혹) 혹시・혹여

豪 (몸)豕(돼지시) ⑩7　hero
ごうけつ 傑
호걸호
ゴウ
뛰어날걸
ケツ

豪　傑

豪傑(호걸) 도량이 크고 기개가 있는
　　　사람
豪氣(호기) 호방한 기상
豪言(호언) 호탕한 말. 흰소리
豪雨(호우) 세차게 쏟아지는 심한 비
强豪(강호) 강력하고 호탕함
文豪(문호) 문장의 대가
酒豪(주호) 술을 썩 많이 마시는 사
　　　람

惑 (몸)心(마음심) ⑩8　planet
わくせい 星
미혹할혹
ワク・まどう
별성
セイ・ほし

惑　星

惑星(혹성) 떠돌이별. 유성(遊星)
惑說(혹설) 남을 미혹시키는 말
惑世(혹세) 세상을 어지럽게 함. 또
　　　는 그런 세상
惑愛(혹애) 매우 사랑함
誘惑(유혹) 남을 꾀어 나쁜 길로 들
　　　어가게 함
疑惑(의혹) 의심하여 분별을 못함

護 (몸)言(말씀언변) ⑩14　defense
ごしん 身
보호할호
ゴ
몸신
シン・み

護　身

護身(호신) 몸을 지키고 보호함
護國(호국) 나라를 지킴
護喪(호상) 초상에 관한 일을 주선함
　　　또는 그 사람
護送(호송) 죄인을 경호하여 보냄
加護(가호) 보호를 가함
保護(보호) 잘 보살피고 지킴

婚 (몸)女(계집녀변) ⑩8　marriage
こんいん 姻
장가들혼
コン
혼인할인
イン

婚 | 女 | 女 | 女 | 姄 | 婚 |　姻

婚姻(혼인) 장가들고 시집감
婚期(혼기) 혼인하기에 알맞은 나이
婚談(혼담) 혼인하자는 얘기
婚處(혼처) 혼인하자는 상대
結婚(결혼) 혼인
未婚(미혼) 아직 결혼하지 않음
約婚(약혼) 혼인하기로 약속함

混 合

混 ㉥氵(삼수변) mixture
㉣8 こんごう
섞일혼　　　　　　합할합
コン・まぜる　　　ゴウ・ガツ・あう

混 氵 氵 泪 浞 混 | 合

混合(혼합) 섞어서 합침
混同(혼동) 뒤섞임
混線(혼선) ①줄이 뒤섞여 갈피가 혼
　　　　　잡함 ②말의 줄거리가 혼
　　　　　란됨
混食(혼식) 잡곡을 섞어서 먹음
混血(혼혈) 다른 종족과 피가 뒤섞임
混用(혼용) 섞어서 씀

忽 然

忽 ㉥心(마음심)
㉣4 こつぜん
문득홀　　　　　　그럴연
コツ・たちまち　ゼン・ネン・しかし

忽 | 然

忽然(홀연) ①문득. 갑자기 ②소홀
　　　　　하거나 손쉬운 모양 ③근
　　　　　거가 없는 모양
忽待(홀대) 푸대접
忽微(홀미) 아주 가늘고 잘음
輕忽(경홀) 언행이 가볍고 소홀함
疎忽(소홀) 대수롭지 않게 다룸

昏 睡

昏 ㉥日(날일) coma
㉣4 こんすい
어두울혼　　　　　졸수
コン　　　　　　　スイ

昏 | 睡

昏睡(혼수) ①아무 것도 모르고 깊이
　　　　　잠이 듦 ②인사불성이
　　　　　됨
昏迷(혼미) 정신이 흐리고 멍하게 됨
昏忘(혼망) 정신이 흐려 잘 보이지 않음
昏黑(혼흑) 날이 저물어 어두움
老昏(노혼) 늙어서 정신이 혼미함
黃昏(황혼) 날이 저물고 어두워짐

紅 裳

紅 ㉥糸(실사변)
㉣3 こうしょう
붉을홍　　　　　　치마상
コウ・ク・べに・　ショウ
くれない

紅 纟 纟 纟 紅 | 裳

紅裳(홍상) 붉은 치마
紅蓮(홍련) 붉은 연꽃
紅顏(홍안) ①붉고 윤색이 나는 얼굴
　　　　　②미인의 얼굴
紅一點(홍일점) ①많은 푸른 수목 가
　　　　　운데의 홀로 핀 한 송이
　　　　　꽃 ②많은 남자들 틈에
　　　　　낀 한 명의 여자

魂 氣

魂 ㉥鬼(귀신귀) soul
㉣4 こんき
넋혼　　　　　　　기운기
コン・たましい　キ・ケ

魂 | 氣

魂氣(혼기) 넋. 영혼
魂靈(혼령) 영혼. 넋
心魂(심혼) 마음과 정신
招魂(초혼) 죽은이의 영혼을 맞아들임
忠魂(충혼) 충의를 위해 죽은 사람의
　　　　　영혼
亡魂(망혼) 죽은 사람의 혼

洪 水

洪 ㉥氵(삼수변) flood
㉣6 こうずい
넓을홍　　　　　　물수
コウ　　　　　　　スイ・みず

洪 | 水

洪水(홍수) 큰물. 물이 넘치는 장마
洪業(홍업) 큰 사업
洪恩(홍은) 큰 은혜
洪波(홍파) 큰 파도
洪化(홍화) 큰 교화(敎化)

弘	報
(字)弓(활궁변) (획)2 클홍 コウ	public relations こうほう 갚을보 ホウ・むくいる

弘

報

弘報(홍보) 널리 알림. 광고함
弘大(홍대) 범위가 넓고 큼
弘文(홍문) 학문을 널리 폄
弘益(홍익) ①큰 이익 ②널리 모두 이롭게 함
弘化(홍화) 널리 덕화(德化)가 미침
寬弘(관홍) 너그럽고 도량이 큼

化	學
(字)亻(인변) (획)2 화할화 カ・ばける	chemistry かがく 배울학 ガク・まなぶ

化 [亻 亻 化]

學

化學(화학) 물질의 조성·성질·변화 등을 연구하는 학문
化工(화공) 화학공업의 준말
化粧(화장) 얼굴을 곱게 꾸밈
歸化(귀화) 다른 나라의 국민으로 옮겨감
進化(진화) 진보하여 더욱 발달됨

鴻	雁
(字)鳥(새 조) (획)6 기러기홍 コウ	こうがん 기러기안 ガン・かり

鴻

雁

鴻雁(홍안) 큰 기러기와 작은 기러기
鴻大(홍대) 큼. 거대함
鴻名(홍명) 큰 명예
鴻毛(홍모) 기러기의 털. 몹시 미세하고 가볍다는 비유
鴻業(홍업) 나라를 세우거나 다스리는 큰 사업

花	園
(字)艹(艸)(초두밑) (획)4 꽃화 カ・はな	flower garden はなぞの 동산원 エン・その

花 [一 艹 艹 花 花]

園

花園(화원) 화초를 심은 동산
花壇(화단) 꽃을 가꾸어 놓은 단
花粉(화분) 꽃가루
花信(화신) 꽃이 피었다는 소식
開花(개화) ①꽃이 핌 ②사물이 한창임
落花(낙화) 꽃이 떨어짐
百花(백화) 온갖 꽃

火	力
(字)火(…)(불화) (획)(4) 불화 カ・ひ	heat power かりょく 힘력 リキ・リョク・ちから

火 [丶 丷 少 火]

力

火力(화력) 불을 이용하는 온갖 힘
火急(화급) 몹시 급함
火氣(화기) ①불 기운. 불의 뜨거운 기운 ②가슴이 답답하고 울화증이 나는 기운
火傷(화상) 불에 뎀
火災(화재) 불이 나는 재앙
放火(방화) 불을 지름. 불을 놓음

貨	幣
(字)貝(조개패) (획)4 재물화 カ	money かへい 폐백폐 ヘイ

貨 [亻 化 竹 貨 貨]

幣

貨幣(화폐) 돈
貨物(화물) 짐. 물품
貨財(화재) 돈이나 재물
貨車(화차) 짐을 싣고 운반하는 차
外貨(외화) 외국의 돈
雜貨(잡화) 일용품 따위의 물건
通貨(통화) 한 나라의 화폐

和 睦

和 ㉠口(입구) ㉯5 harmony わぼく 睦

화합화
ワ・やわらぐ・なごやか

화목할목
ボク・むつま じい

和睦(화목) 서로 뜻이 맞아 친하게 지냄
和氣(화기) ①온화한 기운 ②화창한 일기
和音(화음) 높이가 각각 다른 소리가 함께 어울리는 음
和平(화평) 온화하고 태평함
柔和(유화) 부드럽고 온화함

華 麗

華 ㉠艹(艸)(초두밑) ㉯8 splendour かれい 麗

빛날화
カ・ケ・はな

고울려
レイ・うるわしい

一 艹 芢 莖 華

華麗(화려) 빛나고 아름다움
華甲(화갑) 회갑. 환갑
華商(화상) 중국사람의 장사・상점
華燭(화촉) ①화려한 촛불 ②결혼
繁華(번화) 번거롭고 화려함
榮華(영화) 귀하고 명예로움
豪華(호화) 웅장하고 화려함

話 題

話 ㉠言(말씀언변) ㉯6 topic わだい 題

말할화
ワ・はなす

제목제
ダイ

話 言 訐 訐 話

話題(화제) 얘기의 제목. 얘깃거리
話頭(화두) 말머리. 말의 서두
話術(화술) 말하는 기교. 말재주
對話(대화) 말을 서로 주고 받음
秘話(비화) 숨은 이야기
電話(전화) 전기를 이용해서 말을 전하는 장치
會話(회화) 서로 주고 받는 대화

禾 苗

禾 ㉠禾(벼화) ㉯(5) かびょう 苗

벼화
カ

모종묘
ビョウ・なえ

禾苗(화묘) 볏모
禾穀(화곡) ①벼 ②곡식
禾利(화리) 곡식이 난 땅을 팔 때의 그 곡식
晩禾(만화) 늦벼
麥禾(맥화) 보리와 벼

畫 報

畫 ㉠田(밭전) ㉯7 pictorial がほう 報

그림화・그을획
ガ・カク

갚을보
ホウ・むくいる

畫報(화보) 그림. 사진으로 시사를 보도하는 책
畫家(화가) 그림을 전문으로 그리는 사람
畫伯(화백) 화가의 높임 말
畫像(화상) 사람의 모양을 그린 것
畫室(화실) 그림을 그리는 작업실
洋畫(양화) 서양식 그림
⇨획책(畫策)

禍 福

禍 ㉠示(보일시변) ㉯9 weal and woe かふく 福

재앙화
カ・わざわい

복복
フク

禍福(화복) 재앙과 복
禍根(화근) 재화를 가져올 근원
禍變(화변) 매우 심한 재화
禍殃(화앙) 불행
奇禍(기화) 이상하게 당하는 사고
水禍(수화) 물로 인한 재난
戰禍(전화) 전쟁으로 인한 재화

確 實

確 [부]石(돌석변) [획]10 — sureness かくじつ

確: 확실할확 カク・たしか
實: 열매실 ジツ・み・みのる

確 實

確實(확실) 틀림없이 됨
確率(확률) 확실성의 정도
確立(확립) 확실히 정하거나, 굳게 세움
確保(확보) 확실히 보유함
確言(확언) 틀림없는 정확한 말
確定(확정) 틀림없이 작정함
明確(명확) 뚜렷하고 확실함

穫 稻

穫 [부]禾(벼화변) [획]14 — かくとう

穫: 거둘확 カク
稻: 벼도 トウ・いね

穫 稻

穫稻(확도) 벼를 거두어 들임
收穫(수확) 곡식 따위를 거두어들임
秋穫(추확) 가을걷이, 추수(秋收)

擴 散

擴 [부]扌(재방변) [획]15 — diffusion かくさん

擴: 넓힐확 カク
散: 흩을산 サン

擴 散

擴散(확산) ①퍼져 흩어짐 ②두 종류의 기체나 액체가 자연히 합쳐지는 현상
擴大(확대) 넓히어 크게 함
擴張(확장) 늘리어 넓게 함
擴充(확충) 넓히어 충실하게 함
擴聲器(확성기) 소리를 크게 하는 전기 장치
大擴(대확) 크게 넓힘

歡 迎

歡 [부]欠(하품흠) [획]18 — welcome かんげい

歡: 기쁠환 カン
迎: 맞을영 ゲイ・むかえる

歡 迎

歡迎(환영) 기꺼이 맞아들임
歡待(환대) 정성껏 대접함
歡樂(환락) 기쁘게 즐김
歡聲(환성) 기뻐서 외치는 소리
歡呼(환호) 기뻐서 큰 소리로 외침
悲歡(비환) 슬픔과 즐거움
哀歡(애환) 비애와 즐거움

患 者

患 [부]心(마음심) [획]7 — patient かんじゃ

患: 근심환 カン・わずらう
者: 놈자 シャ・もの

患 者

患者(환자) 병을 앓는 사람
患難(환난) 근심과 재난
患部(환부) 병이 난 곳. 상처
患憂(환우) 근심걱정
急患(급환) 위급한 병
病患(병환) 웃어른의 병
重患(중환) 중한 병

丸 藥

丸 [부]丶(점) [획]2 — pill がんやく

丸: 둥글환 ガン・まるい
藥: 약약 ヤク・くすり

丸 藥

丸藥(환약) 둥글게 만든 약
丸鋼(환강) 강철을 둥글게 만들어 길게 뽑은 건축재료
丸泥(환니) 한 덩이의 흙
銃丸(총환) 총알
彈丸(탄환) 총포의 탄알
砲丸(포환) 대포의 탄알

305

換 ㉿扌(재방변) ㉿9 かんげん 言
바꿀환 말씀언
カン・かえる ゲン・ゴン・こと・いう

換

言

換言(환언) 바꾸어 말함
換氣(환기) 공기를 바꾸어 넣음
換算(환산) 단위가 다른 수량으로 고쳐서 셈함
換錢(환전) 지금(地金)이나 종류가 다른 돈으로 돈을 바꿈
交換(교환) ①서로 맞바꿈 ②전화선 따위를 이어 줌

活 ㉿氵(삼수변) ㉿6 practical use かつよう 用
살활 쓸용
カツ ヨウ・もちいる

活 氵氵汗汗活

用

活用(활용) 못쓸 것을 다시 살려서 씀
活劇(활극) 격투 따위가 섞인 연극·영화
活氣(활기) 싱싱한 기운
活字(활자) 인쇄에 쓰이는 납으로 만든 글자
復活(부활) 다시 부흥하여 활기를 띰
死活(사활) 죽는 것과 사는 것. 생사
自活(자활) 스스로의 힘으로 살아감

環 ㉿王(玉)(구슬옥변) ㉿13 environment かんきょう 境
고리환 경계경
カン キョウ・ケイ・さかい

環

境

環境(환경) ①빙 둘러싼 구역 ②주위의 사정
環狀(환상) 고리같이 둥근 모양
環視(환시) 여러 사람이 주위에서 봄
環坐(환좌) 빙 둘러앉음
金環(금환) 금으로 만들거나 그렇게 보이는 고리·테
花環(화환) 둥글게 만든 꽃다발

黃 ㉿黃(누를황) ㉿(12) chrysanthemum きぎく 菊
누를황 국화국
コウ・オウ・き キク

黃 艹芒芒莆黃

菊

黃菊(황국) 꽃이 노란 국화
黃金(황금) 금. 순금. 또는 돈
黃栗(황률) 말려서 껍질을 벗긴 밤. 황밤
黃泉(황천) 죽어서 간다는 세상
牛黃(우황) 소의 쓸개에서 생기는 약제
朱黃(주황) 붉은 색을 띤 노랑
地黃(지황) 약초의 한 가지

還 ㉿辶(辵)(책받침) ㉿ send-off かんそう 送
돌아올환 보낼송
カン ソウ・おくる

還

送

還送(환송) 도로 돌려보냄. 반송
還國(환국) 자기 나라로 돌아옴
還都(환도) 딴 곳으로 잠시 옮겼던 정부가 다시 수도로 돌아옴
還收(환수) 도로 거두어 들임
歸還(귀환) 본디의 처소로 돌아옴
返還(반환) 도로 돌려보냄

皇 ㉿白(흰백) ㉿4 emperor こうてい 帝
임금황 임금제
コウ・オウ テイ

皇 宀白皀皇

帝

皇帝(황제) 임금
皇室(황실) 임금의 집안
皇太子(황태자) 임금의 자리를 이을 아들
上皇(상황) 자리를 물려 준 황제
先皇(선황) 먼젓번 황제. 선황제

況 (부)氵(삼수변)
(획)5
하물며황
キョウ・いわんや

況

況且(황차) 하물며
近況(근황) 최근의 형편
市況(시황) 시중의 물가시세
戰況(전황) 전쟁의 형편
情況(정황) 어렵고 딱한 형편

且
토차
かつ

且

會 (부)日(가로되왈) company
(획)9 かいしゃ
모을회
カイ・あう

會 侖 侖 侖 會 會

會社(회사) 영리를 목적으로 세운 조직
會見(회견) 만나봄
會談(회담) 회합하여 이야기함
會費(회비) 회에 참석하는 비용
開會(개회) 회를 엶
總會(총회) 전체가 모이는 큰 회의
閉會(폐회) 회를 닫음

社
모일사
シャ・やしろ

社

荒 (부)艹(艸)(초두밑) devastation
(획)6 こうはい
거칠황
コウ・あれる・あらい

荒

荒廢(황폐) 내버려 두어 거칠고 못쓰게 됨
荒唐(황당) 언행이 거칠고 주책이 없음
荒凉(황량) 황폐하여 쓸쓸하게 됨
荒野(황야) 거친 들
窮荒(궁황) 흉년으로 곤궁에 빠짐
色荒(색황) 여색에 빠져 타락함

廢
폐할폐
ハイ・すたれる

廢

灰 (부)火(불화)
(획)2 かいめつ
재회
カイ・はい

灰

灰滅(회멸) 불에 타서 없어짐
灰白色(회백색) 잿빛을 띤 하양
灰壁(회벽) 석회를 바른 벽
灰色(회색) ①잿빛 ②소속이 분명치 않은 중간 분자
石灰(석회) 소석회의 총칭

滅
멸할멸
メツ・ほろびる

滅

回 (부)口(큰입구몸) reply
(획)3 かいとう
돌아올회
カイ・エ・まわす

回 冂 冋 回 回

回答(회답) 물음에 대답함. 또는 그 대답
回甲(회갑) 만 60세의 생일
回覽(회람) 돌려가면서 봄
回報(회보) 회답의 보고
回收(회수) 도로 거두어 들임
前回(전회) 먼 젓번
每回(매회) 차례가 올 때마다

答
대답할답
トウ・こたえる

答

悔 (부)忄(심방변) regret
(획)7 かいこん
뉘우칠회
カイ・くいる・くやむ

悔

悔恨(회한) 잘못을 뉘우치고 한탄함
悔改(회개) 잘못을 뉘우치고 고침
悔心(회심) 잘못을 뉘우치는 마음
悔悟(회오) 잘못을 뉘우치고 깨달음
改悔(개회) 회개(悔改)
後悔(후회) 일이 지난 뒤에 잘못을 뉘우침

恨
원한한
コン・うらむ

恨

307

懷 ⑨↑(심방변) ⑧16 かいほう **抱** 품을회 안을포 カイ・なつく・ なつかしい ホウ・だく・いだ く・かかえる	**畵** ⑨田(밭전) ⑧7 かくさく **策** 그을획・그림화 꾀책 ガ・カク サク

懷 抱

畵 ⼱ ⼱ ⼱ ⼱ ⼱ 策

懷抱(회포) 마음 속에 품은 생각
懷古(회고) 지나간 일을 돌이켜 생각
　함
懷柔(회유) 어루만져 달램
懷疑(회의) 의심함. 의심을 품음
懷鄕(회향) 고향을 그리워함
感懷(감회) 마음속에 느끼는 회포
述懷(술회) 마음에 품은 생각을 말함

畵策(획책) 일을 꾀함
畵期的(획기적) 새로운 기원을 여는
　모양
畵順(획순) 글자, 특히 한자(漢字)를
　쓰는 획의 순서
畵一(획일) ①바르고 고름 ②한결같
　이 변함이 없음
字畵(자획) 글자의 획
⇨화보(畵報)

獲 ⑨犭(개사슴록변) ⑧14 acquisition かくとく **得** 얻을획 얻을득 カク・える トク・うる(える)	**橫** ⑨木(나무목변) ⑧12 usurpation おうりょう **領** 가로횡 거느릴령 オウ・よこ リョウ

獲 得

横 領

獲得(획득) 손에 넣음. 잡아 쥠
獲利(획리) 이익을 얻음
獲罪(획죄) 죄인이 됨
殺獲(살획) 죽여서 잡음
漁獲(어획) 물고기를 잡음
捕獲(포획) ①물고기를 잡음 ②적군
　을 잡음

橫領(횡령) 남의 금품을 가로챔
橫死(횡사) 비명에 죽음
橫書(횡서) 글씨를 가로 씀. 또는 그
　글씨. 가로쓰기
橫線(횡선) 가로 그은 줄
橫財(횡재) 뜻밖에 재물을 얻음
專橫(전횡) 권세를 독차지하여 멋대
　로 행동함

劃 ⑨刂(刀)(칼도방) ⑧12 uniformity かくいつ **一** 그을획 한일 カク イツ・イチ・ひとつ	**孝** ⑨子(아들자) ⑧4 こうし **子** 효도효 아들자 コウ シ・こ

劃 一

孝 ⼟ ⼎ 孝 孝 子

劃一(획일) 모두 한결같이 함
劃期的(획기적) 새로운 기원을 마련
　하는 모양
劃然(획연) 명확하게 구별된 모양
劃花(획화) 도자기에 칼로 파서 새긴
　무늬
區劃(구획) 구역을 갈라 정함
企劃(기획) 일을 꾸며 계획함

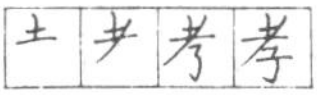

孝子(효자) 부모를 잘 받드는 아들
孝女(효녀) 효성스런 딸
孝道(효도) 부모를 잘 모시는 도리
孝行(효행) 효성스런 행실
大孝(대효) 크게 효성스러움
不孝(불효) 부모를 학대함
忠孝(충효) 충성과 효도

308

効 ㉔攵(등글월문) effect
㉖6 こうのう
본받을효
コウ・きく

能
능할능
ノウ

効 大 ナ ㄆ 刻 効 効   能

効能(효능) 효험. 효력의 능력
効果(효과) 보람. 효력의 결과
**効率(효율) 일의 능률. 기계의 일하
는 에너지**
効験(효험) 일의 보람. 공. 효능
發効(발효) 효력을 발생함
實効(실효) 실제로 나타난 효과

厚 ㉔厂(민엄호)
㉖7 こうがん
두터울후
コウ・あつい

顔
얼굴안
ガン・かお

厚 一 厂 石 厚 厚   顔

厚顔(후안) 낯가죽이 두꺼움. 염치가
  없음
厚顔無恥(후안무치) 뻔뻔스럽고 부끄
  러움을 모름
厚德(후덕) 두터운 덕과 행실
厚生(후생) 생활이나 건강을 유지・발
  전시킴
厚意(후의) 상대방의 친절한 호의
溫厚(온후) 온순하고 후덕함

曉 ㉔日(날일)
㉖12 ぎょうせい
새벽효
ギョウ・あかつき

星
별성
セイ・ショウ・
ほし

曉   星

曉星(효성) ①새벽에 보이는 별 ②샛
  별
曉旦(효단) 새벽
曉達(효달) 사물이나 도리를 환하게
  앎
曉解(효해) 깨달아 터득함
達曉(달효) 효달(曉達)
通曉(통효) 이치를 환히 꿰뚫음

侯 ㉔亻(인번) lords
㉖7 こうおう
제후후
コウ

王
임금왕
オウ

侯   王

侯王(후왕) 한 나라의 임금. 후국(侯
  國)
侯服(후복) 왕성 밖 500리에서 1,000
  리 사이에 있는 왕토
王侯(왕후) 임금. 후왕
諸侯(제후) 봉건시대에 봉토를 다스
  리던 지역적인 왕이나 거
  족

後 ㉔亻(두인변) remorse
㉖6 こうかい
뒤후
コウ・ゴ・あと・
のち・うしろ・お
くれる

悔
뉘우칠회
カイ・くいる・
くやむ

後 彳 彳 移 移 後   悔

後悔(후회) 나중에 잘못을 뉘우침
後年(후년) 내후년
後略(후략) 문장의 뒷부분을 생략함
後退(후퇴) 뒤로 물러섬
今後(금후) 지금부터 이후
事後(사후) 일이 끝난 뒤
戰後(전후) 전쟁이 끝난 후

候 ㉔亻(인번) candidate
㉖8 こうほ
기후후
コウ・そうろう

補
기울보
ホ・おぎなう

候   補

候補(후보) 결원이 있을 때 대신 들
  어설 만한 사람
候鳥(후조) 철새
氣候(기후) 날씨의 평균적 상태
天候(천후) 날씨. 일기
測候(측후) 기상을 관찰하는 일

喉 ㉠口(입구) ㉥9　こうぜつ
목구멍후
コウ

舌
혀설
ゼツ・した

喉

舌

喉舌(후설) ①목구멍과 혀 ②말 ③재
　　　　　상. 대신
喉骨(후골) 목의 뼈가 퉁겨져 나온 부
　　　　　분
喉頭(후두) 인두. 목구멍
喉聲(후성) 목에서 나오는 소리
喉音(후음) 목젖이 마찰되어 나오는
　　　　　소리

揮 ㉠扌(재방변) ㉥9　きごう
휘두를휘
キ

毫
잔털호
ゴウ

揮

毫

揮毫(휘호) 붓을 휘둘러 글씨를 쓰거
　　　　　나 그림을 그림
揮發(휘발) 액체가 증발함
揮筆(휘필) 붓을 휘둘러 글씨를 씀
指揮(지휘) 가리켜 지시하고 명령함
發揮(발휘) 어떤 힘을 떨쳐 드러냄

訓 ㉠言(말씀언변) ㉥3　precept　くんわ
가르칠훈
クン

話
말할화
ワ・はなす

訓 訁 言 言 訓 訓

話

訓話(훈화) 교훈이 될 이야기
訓戒(훈계) 타일러 경계함
訓練(훈련) ①무술을 익힘 ②가르쳐
　　　　　익숙케 함
訓令(훈령) 상급관청이 하급관청에 지
　　　　　시하는 명령
家訓(가훈) 집안의 가르침
敎訓(교훈) 가르쳐 타이름

輝 ㉠車(수레거) ㉥8　brilliance　きこう
빛날휘
キ・かがやく

光
빛광
コウ・ひかり

輝

光

輝光(휘광) 빛남. 또는 찬란한 빛
輝映(휘영) 밝게 비침
光輝(광휘) 번쩍이는 빛

毀 ㉠殳(갖은등글월문) ㉥9　injury　きそん
헐훼
キ

損
덜손
ソン・そこなう

毀

損

毀損(훼손) ①헐어서 못쓰게 됨 ②명
　　　　　예를 더럽힘
毀傷(훼상) 몸에 상처를 냄
毀譽(훼예) 비방과 칭찬. 비난과 찬양
毀折(훼절) 부딪쳐 꺾임
積毀(적훼) 남의 악담이 쌓이고 쌓임

休 ㉠亻(인변) ㉥4　rest　きゅうそく
쉴휴
キュウ

息
숨쉴식
ソク・いき

休 亻 仁 什 什 休

息

休息(휴식) 일을 하는 도중에 좀 쉼
休暇(휴가) 허락을 받고 쉬는 일
休眠(휴면) 쉬면서 편히 지냄
休養(휴양) 피로회복을 위해 잠시 쉼
休業(휴업) 학업・영업을 잠시 쉼
公休日(공휴일) 공식으로 쉬는 날
無休(무휴) 쉬지 않음

携 帶

[부] 扌(재방변) [획] 10 carrying along けいたい

携: 가질휴 ケイ・たずさえる
帶: 띠대 タイ・おび

携帶(휴대) 손에 들거나 몸에 지님
携手同歸(휴수동귀) 행동을 서로 같이 함
携持(휴지) 휴대함
携行(휴행) 무엇을 가지고 다님
提携(제휴) 서로 붙들어 도움
必携(필휴) 꼭 지니고 다니거나 가지고 와야 함

凶 器

[부] 凵(위튼입구몸) [획] 2 weapon a deadly きょうき

凶: 흉할흉 キョウ
器: 그릇기 キ・うつわ

凶器(흉기) ①사람을 해칠 때 쓰는 연장 ②불길한 물건
凶家(흉가) 불길한 일이 생기거나 도깨비가 나온다는 집
凶計(흉계) 흉악한 계책
凶惡(흉악) 성질이나 겉모양이 험상궂고 무서움
大凶(대흉) 크게 흉함

胸 像

[부] 月(肉)(육달월변) [획] 6 bust きょうぞう

胸: 가슴흉 キョウ・むね
像: 형상상 ソウ・ゾウ

胸像(흉상) 가슴에서 윗부분만 만든 조각
胸中(흉중) 가슴 속. 속마음
胸圍(흉위) 가슴의 둘레
胸中無宿(흉중무숙) 가슴 속에 아무 것도 없음. 선입관이나 편견이 없다는 말
心胸(심흉) 가슴 속

黑 幕

[부] 黑(검을흑) [획] (12) こくまく

黑: 검을흑 コク・くろ
幕: 장막막 マク・バク

黑幕(흑막) ①검은 막 ②겉으로 드러나지 않은 내막
黑髮(흑발) 검은 머리
黑白(흑백) ①검정과 하양 ②옳은 것과 그른 것
黑色(흑색) 검은 색
暗黑(암흑) 어두워서 캄캄함

吸 煙

[부] 口(입구) [획] 4 smoke きゅうえん

吸: 숨들이쉴흡 キュウ・すう
煙: 연기연 エン・けむり・けぶる

吸煙(흡연) 담배를 피움
吸收(흡수) ①빨아들임 ②액체・고체가 기체를 빨아들이는 현상
吸引(흡인) 안으로 빨아들임
吸入(흡입) 빨아들임
呼吸(호흡) 숨을 쉼. 내쉬고 들이쉼

興 亡

[부] 臼(절구구) [획] 9 the rise and fall こうぼう

興: 일흥 コウ・キョウ・おこる
亡: 망할망 ボウ・モウ・ない

興亡(흥망) 흥함과 망함
興味(흥미) 흥취를 느끼는 재미. 또는 관심
興奮(흥분) 감정이 북받쳐 일어남
興行(흥행) 연극・영화・서커스 따위의 영업
復興(부흥) 다시 일어남
餘興(여흥) 회합뒤의 나머지 흥

希 (부)巾(수건건) (획)4　hope きぼう　望
바랄희　キ　바랄망　ボウ・モウ・のぞむ

希望(희망) 소망을 가지고 장래를 기대함
希求(희구) 바라고 원함
希願(희원) 희망. 바라는 기대
希少(희소) 몹시 적음. 드묾
希貴(희귀) 드물고 귀함

戲 (부)戈(창과) (획)12　drama ぎきょく　曲
희롱할희　ギ・たわむれる　굽을곡　キョク・まがる

戲曲(희곡) 연극의 각본
戲弄(희롱) 언행으로 남을 놀려 줌
戲筆(희필) 자기의 글씨나 그림의 낮춤말
惡戲(악희) 몹쓸 장난
遊戲(유희) 일정한 형식을 따른 놀이
作戲(작희) 남의 일을 방해함

喜 (부)口(입구) (획)9　glee きえつ　悅
기쁠희　キ・よろこぶ　기쁠열　エツ

喜悅(희열) 기쁘고 즐거움
喜劇(희극) 사람을 웃기는 연극. 또는 그런 사건
喜怒哀樂(희로애락) 기쁨・노여움・슬픔・즐거움의 네 가지 감정
喜色(희색) 기뻐하는 안색
慶喜(경희) 경사스럽고 기쁨
大喜(대희) 큰 기쁨

噫 (부)口(입구변) (획)13　あいき　氣
느낄희　アイ・イ・(ああ)　기운기　キ・ケ

噫氣(희기) ①내뿜는 입김 ②트림
噫嗚(희오) 슬피 탄식하고 괴로워하는 모양

稀 (부)禾(벼화변) (획)7　scarcity きしょう　少
드물희　キ・まれ　적을소　ショウ・すくない

稀少(희소) 드물고 썩 적음
稀怪(희괴) 드물고 괴이함
稀貴(희귀) 드물어 매우 귀함
稀代(희대) 세상에 드물어 흔히 없음
稀有(희유) 드물게 있음
古稀(고희) 70세를 이르는 말
依稀(의희) 어렴풋하여 같아 보임

熙 (부)灬(火)(불화) (획)9　laughing with joy きしょう　笑
빛날희　キ　웃음소　シュウ・わらう・えむ

熙笑(희소) 기뻐서 웃음. 희소(喜笑)
熙朝(희조) 잘 다스려진 시대
熙熙(희희) ①화목한 모양 ②넓은 모양
熙熙壤壤(희희양양) 여러 사람이 번거롭게 왕래하는 모양

音 別 索 引

315

320

〔핵〕	革 294	〔혜〕	婚 300	〔확〕	悔 306	〔휘〕
核 292	〔현〕	惠 297	混 301	確 304	懷 307	揮 309
〔행〕	現 205	慧 298	昏 301	穫 304	〔획〕	輝 309
行 292	賢 295	兮 298	魂 301	擴 304	獲 307	〔휴〕
幸 292	玄 295	〔호〕	〔홀〕	〔환〕	劃 307	休 309
〔향〕	弦 295	戶 298	忽 301	歡 304	畫 307	携 310
向 292	絃 295	乎 298	〔홍〕	患 304	〔횡〕	〔흉〕
香 293	縣 295	呼 298	紅 301	丸 304	橫 307	凶 310
鄕 293	懸 296	好 298	洪 301	換 305	〔효〕	胸 310
響 293	顯 296	虎 299	弘 302	環 305	孝 307	〔흑〕
享 293	〔혈〕	號 299	鴻 302	還 205	效 308	黑 310
〔허〕	血 296	湖 299	〔화〕	〔활〕	曉 308	〔흡〕
虛 293	穴 296	互 299	火 302	活 305	〔후〕	吸 310
許 293	〔협〕	胡 299	化 302	〔황〕	後 308	〔흥〕
〔헌〕	協 296	浩 299	花 302	黃 305	厚 308	興 310
軒 294	脅 296	毫 300	貨 302	皇 305	侯 308	〔희〕
憲 294	〔형〕	豪 300	和 303	況 306	候 308	希 311
獻 294	兄 297	護 300	話 303	荒 306	喉 309	喜 311
〔험〕	刑 297	〔혹〕	畫 303	〔회〕	〔훈〕	稀 311
驗 294	形 297	或 300	華 303	回 306	訓 309	戲 311
險 294	亨 297	惑 300	禾 303	會 306	〔훼〕	噫 311
〔혁〕	螢 297	〔혼〕	禍 303	灰 306	毀 309	熙 311

한자단어사전

1980년 5월 25일 초판 발행
2024년 1월 10일 35쇄 인쇄
2024년 1월 25일 35쇄 발행

편 자 교학사 출판부
발행인 양   진   오

- -

발행처 ㈜ 교 학 사

서울특별시 금천구 가산디지털1로 42(공장)
서울특별시 마포구 마포대로14길 4(사무소)
전화 : 영업 (02) 707 - 5147
　　　편집 (02) 707 - 5350
등록 : 1962. 6. 26 (18 - 7)

정가 8,000원

部 首 名 稱

一 畫

一	한일
ㅣ	뚫을곤변
丶	점
丿	삐침
乙	새을변
亅	갈고리궐변

二 畫

二	두이변
亠	돼지해밑
人(亻)	사람인변
儿	어진사람인발침
入	들입
八	여덟팔
冂	멀경몸
冖	민갓머리
冫	이수변
几	안석궤
凵	위튼입구
刀(刂)	칼도방
力	힘력변
勹	쌀포몸
匕	비수비변
匚	터진입구몸
匸	터진에운담
十	열십
卜	점복
卩(㔾)	병부절변
厂	민엄호밑
厶	마늘모

又	또우

三 畫

夕	저녁석변
口	입구변
囗	에운담몸·큰입구몸
土	흙토변
夂	뒤져올치방
夊	천천히걸을쇠받침
大	큰대
女	계집녀변
子	아들자변
宀	갓머리
寸	마디촌
小	작을소
尢(尤)	절름발이왕방
尸	주검시밑
屮	왼손좌
山	메산변
巛(川)	개미허리
工	장인공
己	몸기
巾	수건건변
干	방패간변
幺	작을요변
广	엄호밑
廴	민책받침
廾	밑스물입
弋	주살익
弓	활궁변
士	선비사변

彐(彑·彐)	터진가로왈
彡	터럭삼·삐친석삼
彳	두인변·중인변
忄(心)	심방변
扌(手)	재방변
氵(水)	삼수변
犭(犬)	개사슴록변
阝(邑)	우부방
阝(阜)	좌부방

四 畫

心	마음심
戈	창과
戶	지게호
手	손수변
支	지탱할지
攴(攵)	등글월문방
文	글월문방
斗	말두
斤	날근변
方	모방변
无(旡)	이미기방
日	날일변
曰	가로왈
月	달월변
木	나무목변
欠	하품흠방
止	그칠지변
歹(歺)	죽을사변
殳	갖은등글월문
毋	말무
比	견줄비
毛	터럭모

氏	각시씨
气	기운기밑
水(氺)	물수
火(灬)	불화변
爪(爫)	손톱조밑
父	아비부밑
爻	점괘효
爿	장수장변
片	조각편변
牙	어금니아변
牛(牜)	소우변
犬	개견
耂(老)	늙을로엄
艹(艸·艹)	초두밑
辶(辵)	책받침

五 畫

王(玉)	구슬옥변
玄	검을현
瓜	오이과
瓦	기와와
甘	달감
生	날생
用	쓸용
田	밭전
疋	필필변
疒	병질엄
癶	필발밑
白	흰백변
皮	가죽피변
皿	그릇명받침
目	눈목변
矛	창모변